▲　吴季松与季羡林先生谈受控热核聚变

▼　季羡林先生为《我的父亲吴恩裕教授》（吴季松著）题写书名

我的父親吴恩裕教授

季羡林　题

季松兄

季羡林 2002.4.12

留德十年

季羡林

▲ 季羡林先生赠吴季松《留德十年》

▼ 吴季松在巴黎意大利广场戈德弗鲁瓦街 17 号周总理故居前

◀ 吴季松在巴黎近郊卡赫姆－哥伦布镇迈德里克街 39 号邓小平同志故居前

▼ 1992 年 3 月 31 日，吴季松（左一）参与中国加入《关于特别是作为水禽栖息地的国际重要湿地公约》仪式，左三为蔡方柏大使，左四为联合国教科文组织总干事马约尔

▲ 1992年担任联合国教科文组织科技部门顾问期间，吴季松与联合国环境规划署技术、工业和经济司司长拉德瑞尔女士在巴黎

▼ 1997年吴季松在肯尼亚内罗毕与联合国环境规划署总干事道得斯维尔女士会谈

▲ 1999年吴季松（前排左一）参加在美国国务院举行的中美环境与发展论坛第二次会议并做首席发言，讲述修三峡大坝的理由，说服了对方

▼ 2000年吴季松带领中国代表团参加欧洲奥委会年会，在展台前会见国际奥委会主席萨马兰奇

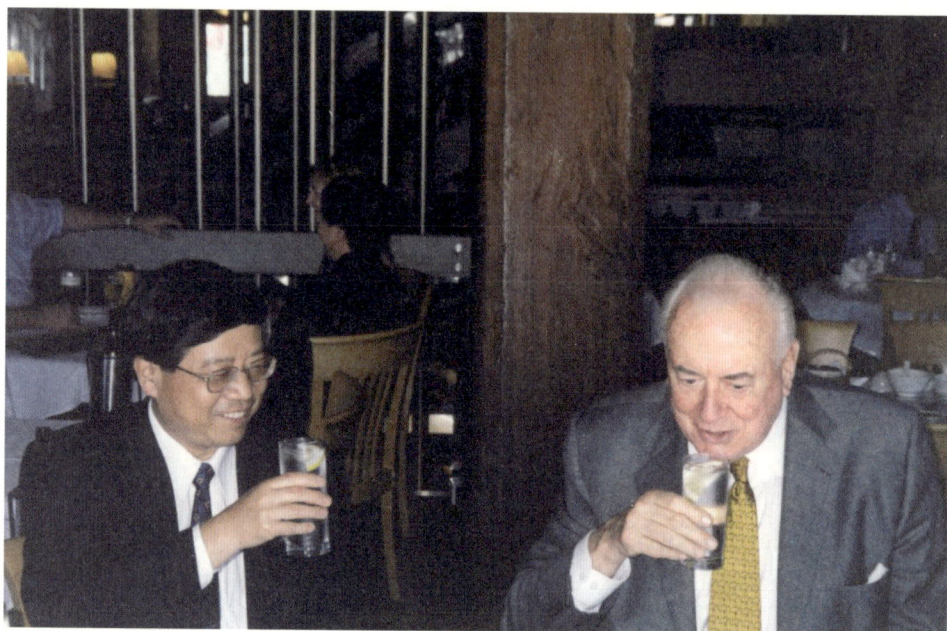

▲ 2000 年，吴季松率北京申奥团考察悉尼奥运会，应父亲的校友、澳大利亚前总理惠特拉姆先生之邀共进午餐

▼ 2000 年吴季松与悉尼奥运会组委会主席奈特先生在一起

◀ 吴季松的好朋友、全力支持北京申奥的法国拉巴诺斯子爵夫妇在他们巴黎近郊的城堡前

▼ 2001年萨马兰奇宣布北京申奥成功后，吴季松（左一）和北京申奥代表团成员全体欢呼

▲ 2001年北京申奥成功后，国际奥委会委员、德国奥委会主席特格勒尔教授一路追着吴季松到大厅门外衷心祝贺

▼ 2001年北京申奥成功后，吴季松和老朋友、即将当选国际奥委会主席的罗格先生在中国驻俄罗斯大使馆中互相祝贺

▲ 2001 年北京申奥成功后，吴季松与国家体育总局局长袁伟民在中国驻俄罗斯大使馆庆祝会上

▼ 2001 年在德国波茨坦，国际淡水资源大会国际指导委员会全体委员合影，前排右三为吴季松

▲ 在2003年第三届世界水论坛上，吴季松和荷兰前首相、世界著名经济学家、联合国难民署高级专员吕贝尔斯教授在一起

▼ 2004年北京循环经济促进会成立大会，左起为：新华社副社长徐锡安，国防科工委副主任于宗林，国家环保总局副局长、中共中央委员宋瑞祥，两院资深院士王大珩，北京市副市长范伯元，北京市原副市长胡昭广，国家行政学院教育长方克定，吴季松

▲ 在 2007 年诺贝尔奖获得者北京论坛上，诺贝尔物理学奖获得者鲁比亚博士上台祝贺吴季松成功主持论坛，称其为"国际最高水平的主持人"

▼ 2007 年，诺贝尔化学奖获得者克鲁岑博士（右一）应吴季松邀请在北京航空航天大学讲演后，到吴季松办公室座谈

▲ 2009年吴季松当选瑞典皇家工程科学院外籍院士后，由院主席团主席莉娜（左二）和院长尼尔森（左一）介绍给瑞典国王（右一）

▼ 2023年3月，吴季松在西溪湿地生态文化研究中心陈琳主任（右一）陪同下考察杭州西溪国家湿地公园

大事小情

吴季松 ——

著

中国原子能出版社　中国科学技术出版社

·北　京·

图书在版编目（CIP）数据

大事小情 / 吴季松著 .—北京：中国原子能出版
社：中国科学技术出版社，2023.8
　ISBN 978-7-5221-2792-7

Ⅰ . ①大… Ⅱ . ①吴… Ⅲ . ①吴季松—自传 Ⅳ .
① K825.3

中国国家版本馆 CIP 数据核字（2023）第 114252 号

策划编辑	方　理
特约编辑	宋竹青　屈昕雨
责任编辑	付　凯
文字编辑	方　理
版式设计	蚂蚁设计
封面设计	创研社
责任校对	冯莲凤　焦　宁
责任印制	赵　明　李晓霖

出　　版	中国原子能出版社　中国科学技术出版社
发　　行	中国原子能出版社　中国科学技术出版社有限公司发行部
地　　址	北京市海淀区中关村南大街 16 号
邮　　编	100081
发行电话	010-62173865
传　　真	010-62173081
网　　址	http://www.cspbooks.com.cn

开　　本	710mm×1000mm　1/16
字　　数	599 千字
印　　张	34.75　彩插 6
版　　次	2023 年 8 月第 1 版
印　　次	2023 年 8 月第 1 次印刷
印　　刷	北京华联印刷有限公司
书　　号	ISBN 978-7-5221-2792-7
定　　价	128.00 元

自 序

　　一般文集都附有作者年谱，我的文集自然称不上年谱，只可称作大事年表。历史的大事年表都由专家编写，但由此就出现了两个问题。一是个人选的大事，是否公允？这个问题还不大。二是历史就是江山史，而"江山就是人民"，历史是人民书写的，则谁是人民？历史的大事年表似乎从来都忽视"人民"，历史人物可以说是人民的代表，但不等于人民。为什么不记述人民？原因就在于"谁是人民"的确难以说清。共产党传统上就重视人民，天安门人民英雄纪念碑的浮雕，原方案是有林则徐雕像的，但中央领导一致同意不出现任何历史人物，只有人民。考虑到人民就是由千千万万个人组成的，我也是人民的一员，所以本书有个创新：写自己，也写我看到的人民的"小情"，尽管只是森林一木、沧海一粟，但只要是真实的，就也对后代有意义。习近平总书记讲："走得再远、走到再光辉的未来，也不能忘记走过的过去，不能忘记为什么出发。"这就是我不拘一格写本书的初衷，作为一种写史创新的尝试。

　　这个文集并不只是我个人的文集，也是从我家"三代"共产党员（姨父和父亲年龄相差甚大，可以算两代人）的经历，看中国共产党奋斗的百年史。姨父高崇民（1891—1971 年）1911 年由宁武介绍，参加同盟会，自此投身革命，1935 年决心跟随共产党，参与策动西安事变，曾任东北救亡总会会长，全国政协副主席（负责常务）。

　　我的父亲吴恩裕（1909—1979 年）在抗日的烽火中婉拒了世界名师拉斯基"可以当律师"的挽留，回到了重庆。1940 年，他曾申请去延安，后遵从党的安排，以教授身份继续反蒋活动，于 1945 年在商务印书馆出版《马克思的政治思想》，是整个 20 世纪 40 年代国民党统治区宣传马克思的唯一正式出版物。此后，1948 年，他在北平家中掩护大学生地下党员，帮助其转移至解放区。在十年浩劫中，他潜心研究《红楼梦》和曹雪芹。

本书记述了我家"三代"人"有初心，记使命"，88 年来在党的领导下为中华复兴和我国人民所做的点滴贡献。

从 1986 年至今，我多次发表访谈、序言和会议发言等，努力在自己的工作领域积极落实中央精神。我发表的文章包括《新华文摘》2 篇（不包括其他内部刊物），《人民日报》33 篇，《光明日报》11 篇，《经济日报》14 篇。作为北京市人民政府专家咨询委员会委员，我尽职尽责在《北京日报》、北京科研项目和出版物作序 15 篇。在其他重要报刊，北至黑龙江的《党的生活》，南到广东的《深圳特区报》，我也都有文章发表。

国际上，我在各种以水为主的国际论坛上发表讲演，包括世界思想者节日论坛（参加者中有 10 位是诺贝尔奖获得者）。在欧洲原子能联营法国原子能委员会芳特诺核研究所担任题目组组长期间，我发表了合作报告（内部）。在担任联合国教科文组织科技部门顾问期间，我发表了多篇内部报告，在联合国教科文组织《国际社会科学杂志》上以 6 种联合国官方语言发表文章；著有 SCI 学术论文一篇《北京奥运促进北京地区温室气体减排》（"Olympic Games Promote the Reduction in Emissions of Greenhouse Gases in Beijing"），引用率很高。这些文章被多位诺贝尔奖获得者誉为"有重要国际影响"。

本书简单记述了我对 106 个国家和地区的城市化和生态系统进行的实地考察，10 次作用较大的创新，所遇国内外名师，所交革命元老和外国总统、总理，一生上过的 6 所大学（国内 4 所、国外 2 所，包括社会大学），学习和教授的大小上百个学科。

本书的写作目的有两个。一是讲好中国故事。习近平总书记说："讲好中国梦的故事，讲好中国人的故事。"本书讲述了百年来我家"三代"人中国梦的故事，讲述了作为一个中国人的我的故事。习近平总书记说，"讲故事就是讲事实、讲形象、讲情感、讲道理"，本书讲的都是我听到、见到、经历的事实，讲了三代中国人的真实生活，讲了我与他们发自内心的情感；考虑到西方人的思维逻辑，讲了他们能接受的道理。

我曾任高级外交官，国务院新闻办（即中央外宣办）国际局副局长、代局长，在 1992 年形势十分不利的国际讲坛上，针对"埋葬共产主义"的言论，讲"我仍然坚持共产主义信念"；针对"没有全心全意为人民的政治家"的言论，讲"周恩来就是一个全心全意为人民的政治家"，取得了良好的效果。

本书的另一个写作目的，源于 2021 年我组织 15 位全国政协委员作出提案《关于建立湿地生态修复国家重点实验室，加强湿地生态基础研究的意见》，受到全国政协领导高度重视，已委托科技部和国家林草局给予充分肯定、高度评价的书面答复，成立了以我为主任的湿地生态修复全国重点实验室筹委会。本书可以成为我们团队的历史、资质和成绩的证明，在筹办过程中呈送领导作为参考资料。

至今，在西方媒体评选的年度十大畅销书中还没有出现过我国的书籍，本书能否有幸成为第一本？这也是我的中国梦。

习近平总书记所讲几代科技工作者铸就的六大精神的代表人物与我的交往

2023 年 2 月 21 日，中共中央政治局就加强基础研究进行第三次集体学习。习近平总书记强调：

"加强基础研究，是实现高水平科技自立自强的迫切要求，是建设世界科技强国的必由之路。各级党委和政府要把加强基础研究纳入科技工作重要日程，加强统筹协调，加大政策支持，推动基础研究实现高质量发展。"

"党和国家历来重视基础研究工作。新中国成立后特别是改革开放以来，我国基础研究取得了重大成就。当前，新一轮科技革命和产业变革突飞猛进，学科交叉融合不断发展，科学研究范式发生深刻变革，科学技术和经济社会发展加速渗透融合，基础研究转化周期明显缩短，国际科技竞争向基础前沿前移。应对国际科技竞争、实现高水平自立自强，推动构建新发展格局、实现高质量发展，迫切需要我们加强基础研究，从源头和底层解决关键技术问题。"

"我国几代科技工作者通过接续奋斗铸就的'两弹一星'精神、西迁精神、载人航天精神、科学家精神、探月精神、新时代北斗精神等，共同塑造了中国特色创新生态，成为支撑基础研究发展的不竭动力。要在全社会大力弘扬追求真理、勇攀高峰的科学精神，广泛宣传基础研究等科技领域涌现的先进典型和事迹，教育引导广大科技工作者传承老一辈科学家以身许国、心系人民的光荣传统，把论文写在祖国的大地上。"

我与上述六大精神的代表人物都有亦师亦友的交往。本书虽然是对中国知识分子在共产党领导下百年历史的全面回顾，但"科技工作者的接续奋斗"也是主线。

"两弹一星"精神：热爱祖国、无私奉献，自力更生、艰苦奋斗，大力协同、勇于登攀

王大珩（1915—2011 年）："两弹一星"功勋奖章获得者，曾经获得国家科技进步特等奖，参加了第一次核爆试验，在光学研究、光学仪器制造和国防光学工程领域无私奉献。

汪德昭（1905—1998 年）：热爱祖国，在解放战争中接受党的任务；长期从事水声学、国防水声学的研究，为海军研制了海下预警声呐；在核爆炸次声测试方面勇攀高峰。

西迁精神：胸怀大局，无私奉献，弘扬传统，艰苦创业

宁嘉风（1912—1980 年）：响应党和国家号召，1959 年 3 月从中国人民银行总行赴青海任青海财经学院副院长，爱国奉献，无怨无悔。

载人航天精神：特别能吃苦、特别能战斗、特别能攻关、特别能奉献

杨嘉墀（1919—2006 年）：我国自动化与控制技术的主要开拓者之一，始终积极参与我国载人航天发展规划、方案论证，艰苦奋斗，对技术攻关做了大量卓有成效的工作。

科学家精神：胸怀祖国、服务人民的爱国精神，勇攀高峰、敢为人先的创新精神，追求真理、严谨治学的求实精神，淡泊名利、潜心研究的奉献精神，集智攻关、团结协作的协同精神，甘为人梯、奖掖后学的育人精神

卢嘉锡（1915—2001 年）：我国结构化学学科的开拓者和奠基人，始终坚持脚踏实地，走自己的创新道路，先后培养了一大批与物理化学相关的专业顶级人才。

王选（1937—2006 年）：带领团队研发汉字信息处理与激光照排技术，荣获国家最高科学技术奖，为中华文化在信息时代的传承做了重大创新。

探月精神：追逐梦想、勇于探索、协同攻坚、合作共赢

栾恩杰（1940—）：探月工程首任总指挥，直接参加或主持我国航天工程和多个型号航天运载器研制工作，协同攻坚，为我国探月工程做了开创性贡献。

新时代北斗精神：自主创新、开放融合、万众一心、追求卓越

陈芳允（1916—2000 年）："两弹一星"功勋奖章获得者，曾经获得国家科技进步特等奖，提出"双星定位通信系统"设想，为"北斗"卫星导航试验系统做出了卓越贡献。

在与他们的个人交往中体验，我深刻地感受到他们的一些共同特点。

第一是爱国。宁嘉风留英，于 1938 年回国，在抗战中回到水深火热的祖国。王大珩留英，于 1948 年回国；陈芳允留英，于 1948 年回国；他们在内战时期回国跟共产党走。汪德昭留法 22 年后于 1956 年回国；杨嘉墀留美，于 1956 年回国；他们放弃国外的优厚待遇，冲破重重阻碍参加祖国建设。

第二是学贯中西。卢嘉锡的英文写作水平可与外交部专业人员相比，宁嘉风若非英文水平极高是做不了拉斯基教授的学生的，王选中文功底深厚，都是我亲眼所见。

第三是不计个人荣辱，坚定跟党走。他们为党工作不计个人得失，都曾受到冲击，但从不抱怨，不向我提起；王大珩受到严重迫害，也从未对我提起。

第四是以国家的荣誉为自己的最高奖励。我曾经与栾恩杰交谈，深感其以登月工程为国争光为己任，鞠躬尽瘁。

第五是一身正气，不事张扬。我曾经任国务院新闻办国际局领导，了解他们的为人，他们放弃了大多数上电视的机会。

第六是对晚辈真心赞赏，平等待人，全力提携，是年轻人的良师益友。

目录

一

我的童年

立志走遍世界，至今一百零六国

四岁半为做地下工作的姐姐传递情报（用小纸条）

1944 正值第二次世界大战，在欧洲战场转入大反攻之际，日军发起豫湘桂战役，蒋介石节节败退，举世震惊。
日军继续重庆大轰炸。

1945 8月15日，日本宣布无条件投降。

1946 6月26日，全面内战爆发。

1947 3月13日，延安保卫战开始。

1948 5月26日，中共中央进驻河北省平山县西柏坡村。
9月，解放战争三大战役开始。

1949 1月31日，北平和平解放。
4月23日，解放军占领南京。
10月1日，中华人民共和国中央人民政府成立。

·1944 年·

上天生下我们，是要把我们当作火炬，不是照亮自己，而是普照世界。因为我们的德行如果不能推及他人，那就无异于没有。

——［英］莎士比亚

亡了国、当了奴隶的人民，只要牢牢记住自己的语言，就好像拿了一把打开监狱大门的钥匙。

——［法］都德

·大事·

吴恩裕教授出版《民主政治的基础》（商务印书馆）、《政治思想与逻辑》（重庆文化服务社）。

·小情·

出生在渣滓洞山顶的歌乐山医院

六月三十日，我出生于重庆歌乐山中央医院，父亲的同乡及同学、外科主任吴英恺（我后来认为义父）一直操持，他后来在北京创办了著名的安贞医院。山脚下就是白公馆和渣滓洞，不过当时无人知晓。在日军对重庆的大轰炸中，我父母看见过江中的运猪船被炸翻，猪漂满江。

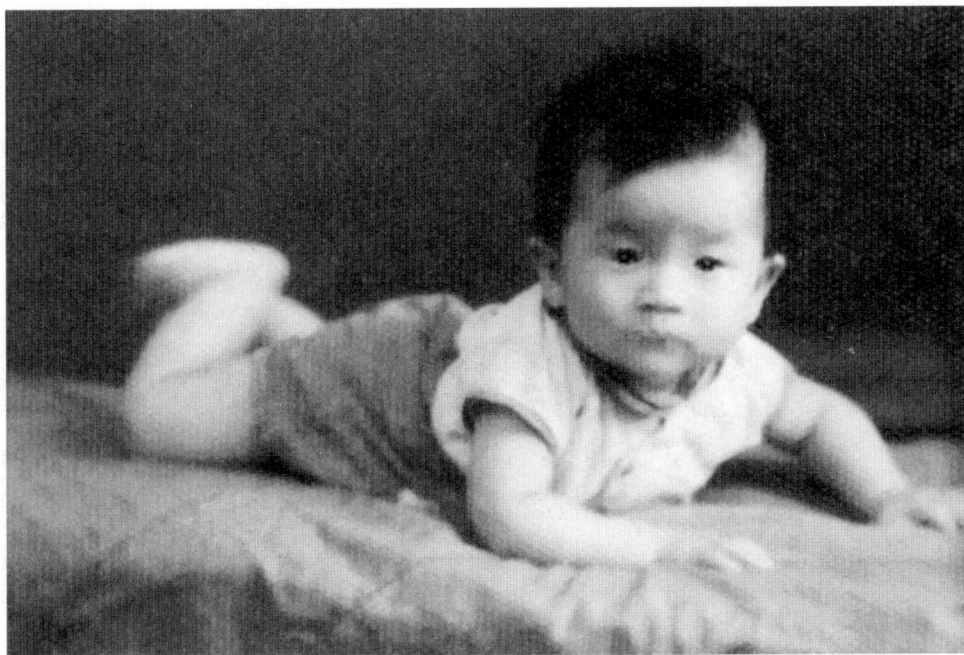

吴季松出生在重庆歌乐山医院

我出生时的卫生署副署长、后来的上海第一医学院副院长、我国现代外科的开拓者沈克非教授（1898—1972年）也是我父亲的朋友，听母亲讲，她住院生我时也多蒙沈教授照顾。沈教授也算是我只见过一面，但从不认识的人了。沈教授是浙江人，又是医生，与我父亲并非同行，还长我父亲11岁，为什么能成为父亲的朋友就不得而知了，大概是当时的留学生，尤其是归国抗日的英美留学生经常在同一个社交圈子里交往的缘故吧。

难能可贵的是，沈教授身为副署长仍坚持在中央医院上班，每星期四上午查病房处理问题，星期五亲自做手术，星期六给内迁的上海医学院学生上课。这样的官员医生，我后来游历世界百国，耳闻过的也不过寥寥几个，见到的则更少，可是沈教授在多年前就做到了。

我出生的歌乐山中央医院，周恩来和蒋介石都曾来此看过病，宋美龄更是来过多次，因此这所医院在当时十分著名。

关于我的生日：我后来报考小学，报的生日是阴历六月三十日，改阳历后误报为八月十七日。

重庆歌乐山医院，现在只有地基还是旧物

日军对重庆的大轰炸

"重庆大轰炸"是今天的青年不知道的一个名词，但对于 20 世纪 30 年代末到 40 年代中期在重庆住过的人来说，这是一个令人谈虎色变的名词，它意味着逃难、流离失所、死亡、血肉横飞。我们一家和当时的重庆市民一样，天天抱婴携幼奔波于住所与防空洞之间，食无宁日，寝无安夜。一听到警报，父母就立即收拾细软，抱起我飞奔，汇入汽车、牛车和手推车的洪流，向防空洞奔去。拥挤不堪的防空洞里阴暗潮湿，上面有岩顶凝结的水珠滴下来，下面有各家带进来的猫、狗、猪、鸡。洞里鸡鸣狗叫，大人喊小孩闹，人声鼎沸，空气污浊，对人的伤害远超现在最重的 PM2.5 污染。母亲抱着我坐在潮湿的地上忍耐着，当时她是怎么挺过来的，走遍世界的我至今难以想象。他们那一代人什么都经过了，数度历险。有一次我们还没进防空洞门，就有炸弹在附近爆炸。

·1945 年·

　　一场战争结束了，很快另一场战争又开始了，世界的千年史就是如此。人类在 20 世纪末才从瓦砾成堆、血流成河的前车之鉴中基本明白了这个道理：资源不仅可以在你争我夺中获得，也可以由知识共同创造，共同受益。21 世纪，无论在国际还是国内，"分蛋糕"的信条都应该改变，代之以"做蛋糕"的理念。这就是知识经济与生态文明。

——吴季松

·大事·

　　吴恩裕教授出版博士论文中译本《马克思的哲学、伦理和政治思想》（商务印书馆）。

·小情·

父亲申请去延安未果

　　1944 年，父亲由于多方面原因去当时的中央干部学校任教，举家迁到柏溪。在《新华时报》对父亲的文章《唯物史观的考证与解释》发表短评以后，国民党特务就开始对他进行政治迫害，1945 年竟指使暴徒打伤他的肋骨，当时延安的《解放日报》发布了"民主教授吴恩裕被国民党特务打伤"的消息。其后，父亲曾向中共驻重庆办事处提出去延安的申请，党让他留在国民党统治区继续斗争，因此他留下未走。父亲后来曾对我回忆起这件事："我是教政治学的，一直没有积极要求入党，最重要的原因就是一直考虑：当时真刀真枪的时候没有去（延安），现在却要求加入执政党？"

父亲首先用"原生态"一词

抗战期间，在重庆漫长的 7 年时间里，父亲除了教书，一直在钻研、写作。他这样描述这段生活："这些文章是在悠长的时间中写的，所以写的地方情境也都大为不同。有的是在重庆的南温泉和鹤林，这两个地方都是风景区，有山水之胜。有的是在原生态的柏溪和沙坪坝的嘉陵江畔。我每天放眼望见江边的劳苦者拖着载重的船只，口里叫喊着为解脱身体疲劳的歌声，不禁想到俄国人那首《伏尔加河上的船夫曲》，心情是沉重的。抗战正酣，离乡已久，哪能不动怀念之思？但那时候是有希望的，希望有一天能回到北京，再细味十余年前的生活。"他在文章中写嘉陵江和江边拉船船工的自然和人文的原生态，应是国内第一次用"原生态"一词。

当时大多数学生家住沦陷区，经济来源无着落，全靠贷金救济为生，生活清苦，穷者着草鞋、穿破衣，冬天在薄被子上加盖麻袋或报纸取暖。校舍简陋，几十人挤一间房间很平常，食为"八宝饭"——沙子、稗子、谷皮加霉味的糙米饭，还要不断向外挑沙子，常年吃白菜、蚕豆、豆芽、甜菜，偶尔加几片薄肉。当时在昆明西南联大读大学和中学的杨振宁及李政道都过着这样的生活。

后来，我们全家搬到沙坪坝高家花园 5 号的中央大学教授宿舍。1998 年我去重庆时重游故地，发现那其实是较富裕农民的瓦房，在当时也是平常房屋，50 多年后更是破旧不堪。我问了很多人，好不容易找到了高家花园 5 号。它年久失修，瓦顶已经残破不全，白墙已经变成了灰色，房子坐北朝南，里面隔出四五间，都不大，而且采光很差；地面不是砖地，更不是水泥地，是夯实的土地。屋子前面是个小园子，后面就是土坡，坡上是农民的菜地。幸运的是我还能看到当年的旧貌，留下一张照片。我走后不久，这里就被拆掉盖楼了。真不能想象当年父亲就是在这样的条件下著书立说的。

1998 年，吴季松在重庆儿时旧居门前

·1946 年·

钱是没有外貌和形象的东西，落在谁手里就会像谁。

——［保加利亚］维任诺夫

·大事·

中国共产党组织精锐军旅和干部队伍 11 万人挺进东北，成为后来在 3 年内打败蒋介石、解放全中国的关键。

·小情·

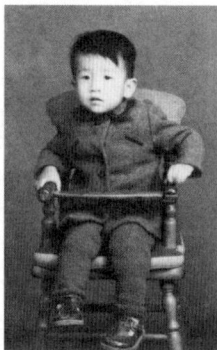
吴季松在两岁半时
到达北京

抗战胜利后，由于抗战而迁渝的政府机关、大中专院校、公司商号和无数的"流亡者"像潮水一样涌回东部地区，沿江而下去往南京、上海，而我的家庭则选择了回北京，当时叫北平。我们乘坐的是当时最紧俏的交通工具——飞机，但从抗战胜利到 1946 年 8 月，机票整整等了一年也是个奇迹。可见票都给了达官贵人和富商巨贾，而东归的接收大员们"五子登科"（即车子、房子、票子、位子、孩子），把抗战胜利带给百姓的无限喜悦变成了满腔怨恨，人们唱出了："解放区的天是明朗的天……"

父亲回到北京大学任教

10月父亲回到北平后，在北京大学法学院政治系任教，当时年仅37岁，被称为政治系年轻教授"三杰"之一（另两人为楼邦彦、王铁崖）。

据家人讲，我刚到北京的时候讲一口重庆话，保姆都听不懂，可是不到一年，一句重庆话也不会讲了。1981年我到美国哈佛大学语言研究中心才知道，语言的持久记忆力是在9~12岁以后才会有的，也就是说，此前学的语言，如果以后不用，就和没学过一样。所以，如果不是让孩子连续不断地学英语，9岁以前甚至两三岁让孩子苦学英语是没有意义的，不如让他们玩儿，长长身体。

官员"五子登科"的缩影——职员用权挟私分房

返京后，我家安在沙滩北大红楼旁的东斋教职工宿舍。这是日本占领北平时所建，为日本宪兵司令部家属宿舍。

国民党反动统治不只是有四大家族，他们也是有社会基础的，从北京大学返京后的分房就可以看出。东斋院子分三部分，最北部只有一排大单元，是日本将官住的，有墙隔出。中间三排是校官住的，中间有路隔开。路南的后三排是尉官住的，房子很小，东部与北大红楼仅一墙之隔，还有瓦砾没有清除，杂草丛生，小孩都在那里捉蟋蟀。

当年的北大职员以安排复校为名，头头都比教授更早拿到机票，捷足先登，而且近水楼台，住进了日本将官的房子，教授们来到后也不让出。

父亲是年轻教授"三杰"之一，却只分到校官的房子，后来校方实在看不过去，才在大门口安排了没有后窗的东房给他作为书房。

直到1955年要拆建时我家才从这里搬出。当时我已11岁，住了9年日本房，印象很深。我家房子总计60多平方米，但厨房、厕所、浴室、客厅俱全，隔出很小的三间，其中一间是上下铺，可住两女一男（或两男一女）即三个小孩，设计十分合理紧凑，很是花了一番心思。将官宿舍也仅有约100平方米，北京宪兵司令部的官员应是规格最高的侵华日军，但宿舍远不如现在电视剧中的日本占领军奢华。

1998年负责全国水资源工作后，我与日本水利高官交往很多，他们的部、厅、处级官员的住房也和东斋宿舍差不多大小。

·1947 年·

每个民族都有进展的可能，这是历史给我们的最实际的智慧。

——［日］柳田国男

·大事·

吴恩裕教授出版《西洋政治思想史（上古中世编）》（上海文化服务社）。《负生偶记》连载于 1947—1948 年上海《观察》杂志。

·小情·

特务袭击我家打伤父亲

父亲在北京大学讲授马克思的哲学思想课程，据当时听过他课的人回忆，听众很多，影响极大，引起国民党当局的恐慌。同时父亲热情支持地下党领导下的学生运动，参加过游行，成为当时有名的民主教授。因此国民党反动派把他看成眼中钉，于 1947 年组织暴徒捣毁了他在北京大学东斋的书房。这一举动惊动了当时住在东斋的上百户北京大学教职员工，成为北平的一次著名事件，使国民党反动派进一步暴露了本来面目，遭到各界的一致谴责。

我至今仍清晰地记得被特务捣毁的父亲的书房。当时东斋大门朝西，大门两侧有两排中式平房，后墙就是东斋的西院墙，北边一排是北大幼儿园，南边的一大间就是父亲的书房。我当时感觉父亲的书房很大，现在想起来只有 30 多平方米，里面有大写字台和书柜，在我看来是个"圣殿"。我也清楚地记得"圣殿"被捣毁的惨状，就像电视剧中演的一样，横幅镜框和笔筒成了地上的碎片，断裂的写字台成了木片，书和纸稿满地狼藉。父亲愤怒和伤心交织的表情我至今难忘，而我处于有生以来最大的惊恐之中，很长时间张着嘴说不出一句话。这是我至今仍有印象的第一件大事，当时我只是一个3岁多的孩童。当然，这对历史来说只是小情。

据当时受地下党派遣做进步教授工作的吴惟诚同志（后任北京市委统战部副部长）回忆："吴恩裕教授一直住在1947年以后已作为讲师和助教宿舍的东斋里，没有搬出来，不计较待遇。他没有架子，每天专心教学，潜心治学；也不出头露面，不好出风头。但是他对学生民主运动十分支持，只要地下党找到他，不论是参加活动还是签名，他都从未推辞过，不考虑个人得失。"

卢浮宫与紫禁城的比较

我从小长在紫禁城边，实在没有想到43年后的1990年会住到巴黎距卢浮宫不到1200米的地方，而且一住就是3年多。在我游历世界的过程中，法国是与中国最像的欧美国家，巴黎是与北京最像的欧美城市，卢浮宫也是与紫禁城最像的欧洲宫殿。当我晚饭后散步到塞纳河畔的卢浮宫时，每每会想起儿时晚饭后在护城河边玩耍的情景。40多年过去，两代人的时间，从北京到巴黎，万里之遥，世界发生了多大的变化啊！紫禁城和卢浮宫都立在那里默默地见证着。

我走遍法国，发现中法两国在历史上有许多相似之处。中国和法国分别曾是亚洲和欧洲这两块古老土地上最强盛的封建帝国。中国的康熙大帝在位61年（1662—1722年）；法国的路易十四在位72年（1643—1715年）；他们几乎同时在位，在位时间又都极长，而且亲政都达50年以上，在位时都东征西讨，进行了许多战争，缔造了盛极一时的帝国。

紫禁城始建于1406年，建成居然只用了14年，即使放在今天也是建筑的奇迹。卢浮宫最早建于1204年，但当时不过是一座小城堡，直到1546年才大体建成今天的形状，建了342年之久。这一方面说明当时中国明朝国力之强盛，另一方面也说明西方千年大计的建筑理念。

紫禁城呈长方形，长约1000米，宽近800米，占地72公顷；卢浮宫呈长梯形，长约700米，宽约300米，占地面积不到紫禁城的三分之一。紫禁城建筑面积15万平方米，有9000多间房；而卢浮宫建筑面积逾20万平方米，因为它是楼。紫禁城有城墙、护城河环绕，而卢浮宫长梯形的楼体就是它的外墙，只有一栋大楼。相同的是两座宫殿中都极少有树木，由巨石或青砖铺地，不露土，显示出皇帝凌驾于自然之上的权威和富贵。不同的是，中国皇帝不住楼，要接地气，有院墙自我封闭；法国国王要住楼，不接地气，但要看到臣民。在1662—1715年长达54年的时间里，这两个东西方最强大的国家的一代英主同时在位，紫禁城的红墙和卢浮宫的黄墙铭记着他们的业绩。

吴季松家与紫禁城近在咫尺，天天可以望见角楼

·1948 年·

抛弃为个人幸福而做的奋斗，驱逐对眼前欲望的渴求，满怀激情地追求永恒的事物——这就是解放，就是自由人的尊严。

——［英］罗素

·大事·

吴恩裕教授出版《唯物史观精义》（上海观察社）、《政治学问题研究》（商务印书馆）。《法律、道德与大众需要》刊于 1948 年《观察》杂志；《论马开维里的政治思想》为北京大学 50 周年纪念论文；《论用和平方法不能实现社会主义》《论社会主义必须实行计划经济》刊于 1948 年《新路》杂志。

·小情·

父亲与国民党反动派做斗争

父亲没有被国民党特务的威胁所吓倒，反而直接展开了与国民党反动派的斗争。1948 年 8 月，由他领衔，55 名教授联合签名，在天津《益世报》上发表宣言，抗议国民党反动派镇压学生运动。他在潜心研究和宣传马克思主义 22 年以后，以极大的勇气真正投入到了斗争的实践。正如他自己所说："我不过是认定了一个目标，就喜欢坚定不移地走到底罢了。"

就在宣言发表之后，1948 年 8 月 19 日，国民党反动军警包围北京大学，搜捕地下党和进步学生，父亲不顾安危，和母亲一起，掩护政治系学生康敏心等数名北大学生地下党员突围，转移到解放区。

1948 年 8 月正是中国人民解放战争处于关键转折的时候，辽沈战役即将开始，国民党政权已经处于风雨飘摇之中，北平的白色恐怖也达到了极点。国民党在北平对学生进行最后的大逮捕。1948 年 8 月 19 日，北平各报刊登了国民党当局发布的第一批拘传名单，包括 11 所大学的 250 名学生。国民党军警到北大搜捕，东斋宿舍亦在包围中。康敏心等人从北大红楼越墙来到我家，当时我已 4 岁多，依稀记得在睡梦中被惊起，街上车鸣狗叫，大家神色紧张。母亲找出旧衣服给学生换装，换好装的学生迅速越墙而去。中华人民共和国成立后，父亲绝少对人提起这段往事（茅盾先生知道并将其写入回忆录）。

父亲和康敏心、赵宝煦（后为北京大学国际政治系主任及著名教授）等北大学生地下党员后来还成为终生朋友。赵宝煦因肺病、家贫拟辍学，父亲把他接到书房养病，嘱咐我不能进入。之后我为了看书多次进入书房，结果 1950 年我上小学时，体检发现我的肺部有钙化点，应是被赵宝煦所传染。

听过他的课的学生地下党员就更难以计数了，当时的北大工学院学生胡启立同志在父亲去世时送了花圈。康敏心在中华人民共和国成立后改名为史筠，后来在全国人大常委会法工委任主任。1995 年我在全国人大环资委研究室工作时去看他，当时史筠同志已在重病之中，他对我说："吴先生是我的恩师，他对马克思主义研究的执着追求，他的正直，他的侠义之风，我永远不能忘记。当时的学生都永远记得他。"不久后史筠同志就去世了。如今想来，史筠同志这段话恍如昨日。在那样的情况下说出的话，当是肺腑之言吧。

为地下党传递情报

我的姐姐当时是个中学生，参加了地下党的外围组织。她在一篇回忆文章中写道："解放前夕，他（指我）还不满 5 岁时，一批参与过学生运动的大学生因受到迫害，必须逃往解放区。我和父亲都介入了帮助大学生逃走的事情，约定将联络字条放在老北大红楼东北方的一片草丛中。及时取放字条按原来的约定是我的任务，但一个高中生老在同一块草地上转来转去也会引起特务的注目，因此父亲想到，不如叫 4 岁的孩子在草地上爬来爬去，显得更为自然。4 岁的大弟接受了任务。对于草地要一寸一寸地检查，不允许有遗漏；找到字条时不能高兴地乱叫乱跳，而要一声不响地抓在手中不能丢，直到回家才能交给大人看等，他都做得很好。问题出在时过境迁了，他仍然要去那块草地上找字条，怎么劝也劝阻不住。直到1949年10月1日后，他还去过那块草地，但当然没找到任何字条。这就是他认准了一条理，就一竿子插到底的'坚持到执拗'的素质，也是他个人历史上光荣的第一页。"

北大红楼

我在北大民主广场发现了叛徒

1948年下半年，国民党的特务组织在做垂死挣扎，一些参加了外围组织的大学生也被逮捕。宪兵的卡车就停在北大民主广场上，车上绑着被逮捕的学生，周围挤满了围观的教职工，我也在其中。

我在人群中发现了一个告密的叛徒，他个子不高，人较瘦，五官端正，衣着很旧，是个典型的穷"白面书生"。这个人站在人群中面色慌张，左顾右盼，恐惧、悔恨，同时故作镇静的表情十分明显。我个子太矮，他注意不到我在观察他。警车开走了，周围的人也四散而去。叛徒一溜烟地向北大医学院的方向跑去，我追都追不上，很快不见了踪影。后来我多次在医学院附近找他，再也找不到了，可能是随国民党南撤了。北平解放后，人们问返回的北大学生相关情况，他们说的确有叛徒，医学院也有。看来我发现的这个叛徒八九不离十。70多年过去了，如果他还在，我极有可能还可以辨认出来，因为我对他的印象太深刻了。我姐姐就是地下党员，也许会由于他的告密而被捕，而一旦被捕，以她的性格极可能牺牲。

当时我虽然不到 5 岁，但是极可能真的认出了叛徒。一是他显然在密切观察其他人，而没有看到我；二是直觉往往正确，小孩的直觉尤其不受复杂思想的干扰。

后来我在国外工作，外国同事说，上述认识是共识。

·1949 年·

我有一个梦想，有一天，每一道深谷都升高，每一座山岭都削平，每一条歧路都平坦，每一个弯道都挺直……我有一个梦想，某一天，我的四个孩子将生活在一个不是以他们的肤色而是以他们的品质来评判他们的国家。

——［美］马丁·路德·金

·大事·

1949 年 1 月北平解放，后改称北京。

9 月 14 日，在全国政治协商会议上，东北解放区代表高崇民发言。

·小情·

我为什么不能上幼儿园

1949 年中华人民共和国成立，我印象最深的事就是自己不能上幼儿园。为什么？因为我母亲宋漱青是北京大学幼儿园主任，怕自己的孩子在幼儿园，好多事情说不清楚。当年北京大学幼儿园设在东斋教职工宿舍前院靠近大门的地方，是一排西房，有个竹篱笆隔开的小院。母亲上过女子师范，学的是幼儿教育，去过英国陪读，也进修过幼儿教育，有这样资历的幼儿园主任才不会有负众望。担任幼儿园主任之后，她更是严以律己，所以不允许我上幼儿园。这在贪污腐败的解放前是无法想象的。

这也成了我当年最困惑的问题："为什么母亲是幼儿园主任，儿子就不能上这个幼儿园呢？难道父亲是北京大学校长，儿子就不能上北京大学了吗？"但想归想，实际上毫无办法。我只能每天趴在篱笆墙外看幼儿园，那"宽阔"的场地（现在想来只有大约200平方米），场地中彩色的滑梯、秋千和木马，像迪士尼乐园一般吸引着一个5岁的儿童。我听着那些幸福的小孩欢歌笑语，闻着分发点心时散出的香气，更何况母亲就在其中，真让人难以克制，却只能学会忍耐。

幼儿园的一个老师是京剧女演员孟小冬的妹妹，二十五六岁，我管她叫孟阿姨，人长得很漂亮，打扮也十分时髦，是当时的时尚青年。她没结婚，晚上老去跳舞，这都是我听其他阿姨说的。进入北京大学幼儿园当老师的要求是很高的，一定要幼儿师范也就是中专毕业，而只有经济比较富裕的人家的女孩才读得起中专。孟阿姨很同情我，只要我母亲不在，她和另一个姓张的阿姨就把我拉进幼儿园，像对待其他小朋友一样分给我点心和水果，还说："宋先生（指我母亲）真是，自己的小孩为什么就不能上幼儿园！"在我幼小的心灵中，当年的孟阿姨简直是天使，因此我对其他阿姨的闲话甚至有些气愤："人家下班去跳舞，你管得着吗？"2008年电影《梅兰芳》热映后，我从报刊上看到了女主角孟小冬的照片，在我的记忆中，她还不如她妹妹漂亮，可见非情人的眼里也可以出西施。孟阿姨活到今天应该快100岁了，在历次政治运动中一定没少受磨难，您还健在吗？

当时，幼儿园对我真是有极大的诱惑力，即使白天有机会进了幼儿园，晚上还是想去。有个姓赵的大女孩十分淘气，晚上经常带着一帮小孩潜入幼儿园，有时我也是其中之一，只记得随同前去的还有一个叫齐小石的女孩。真不知当时她们是怎么打开的门？

白天不能上幼儿园，我就在大院里乱转。靠西墙的刘家引起我很大的兴趣，他家白天也拉着窗帘。后来听人说刘先生是北大的职员，但娶了两个老婆，而且是亲姐妹俩。在中华人民共和国成立前这本没什么，而中华人民共和国成立后就成了众人瞩目的焦点。这姐妹俩我都见过，都是20多岁，长得都很好，而且看起来心情也不坏。这也是我儿时感到困惑的另一个问题，为什么这么好的姐妹俩要嫁给一个人呢？

有时我也读报纸，而且读得十分认真。后来我姐姐上了清华大学，我读书的情况便成了大学生黑板报的内容："当时他才5岁，就能记得斯大林、马林科夫的全名，大人怕他太费脑力记不住，让他只说斯大林、马林科夫就可以了。他偏不肯，一定要一字不漏地认真说出报上每一个人的全名。"

北大红楼和民主广场

因母亲不让我上幼儿园，我只好在邻居、北大图书馆负责人王爷爷带领下去北大红楼玩。我模糊地记得，才四五岁的我和小伙伴去红楼地下室玩，依稀可见抗日志士已经变成黑色的血迹。那时日本已投降三四年，但是作为日本拷打国共两党潜伏人员和抗日志士的刑讯室的红楼地下室仍没有清理，给我留下了蒋介石政府无能的深刻印象。我默默在墙前站立半小时，知道了4年前的血痕是什么颜色。现在大约只有刑事侦查人员才知道了。

王爷爷一般让我去一楼东南角李大钊同志的办公室，嘱咐我"不要动东西"。当时桌子、椅子都是原物，我就爬上椅子四处看。窗外就是臭沟北河沿（直通通惠河，已被填），我问王爷爷："李大钊先生在时也这样吗？"他说："差不多，从清朝末年就没人管了。"我想："国民党真是腐败，从北洋军阀那里接管北京这么多年，什么事也没做。"王爷爷还给我讲了不少红楼和北京的故事，使我虽然从记事到解放才在北京生活了一年多，但对于解放前的北京，不仅比同龄人了解的多得多，连一些成人都比不上。王爷爷真是我的"社会导师"，以他为邻真是幸事。

当时的民主广场就是北京大学操场，我最感兴趣的是每星期六的露天电影，《列宁在1918》，《保卫察里津》，高尔基三部曲《我的童年》《在人间》《我的大学》都是在这里看的，至今记忆犹新。当时没有大人陪同，都要自己搬小马扎占座位。我不懂在最前排看大屏幕要仰视，中间位置才最好，于是看完电影后脖子往往很疼，不过睡一觉就好了。北京大学学生都来看电影，这是最生动的教育，后来有人因此参加志愿军。看到高尔基被大石碑压得几乎跌倒时，后面有个中年男子说，高尔基的"亲兄弟（实际上是同父异母）都这样对他，看来不是什么好货"。我瞪了他一眼，他却回我个笑脸，意思是"你懂什么！将来就知道什么是人世间了"。

儿时如何看保姆

当时我对保姆的印象与现在可谓天差地别。由于不能上幼儿园，我是保姆带大的，当时对保姆以其姓氏叫"×妈"，先后在我家干过的除了老王妈以外，还有张妈和李妈。在我的印象中，"老妈子"是当时社会上部分人的概念，就像人们认为演艺界属于"下九流"一样。我记得十分清楚，我家门前的乞丐打着竹板唱："叫小爷，您听熟，要饭的不在下九流。"所以在当时，对保姆有看法是一种行业歧视，而不仅是雇主的看法。

在我们小孩眼里，张妈、李妈更多是第二个妈妈的意思。保姆绝大多数出自贫困的农村，或者揭不开锅，或者孩子有病需要救命钱，或者遭到丈夫和婆婆的打骂，她们到雇主家里后都勤劳温顺，顺从家主，喜欢孩子，拿很低的工资，和雇主家庭相处得很好。当时是买方市场，保姆很好找，不遇天灾人祸，鲜见保姆辞别主人的现象。工人普遍都很老实，不少保姆还对自己的工作有更深刻的理解。张妈向我解释她为什么任劳任怨："我们和扫地工不一样（东斋大院里有清洁工），我们是自己到您家里来了，当然得听教授的。"

北京自然环境的变迁

从1949年至今，北京的自然生态系统发生了巨大的变化。那时我当然不懂什么是"生态"，但是对70多年前北京的风霜雨雪、春夏秋冬还有清晰的记忆，这也是我今天研究生态的基础吧。

先说风。一提到"风"，人们自然会想到"沙尘暴"。其实一般人说的沙尘暴并不是科学的概念。直到2002年我到内蒙古阿拉善盟考察黑河水资源时遇到了真正的沙尘暴，才知道北京也有沙尘暴，不过那已经是半个世纪以前的事了，以后发生的只是扬沙天气。沙尘暴以能见度为界定标准，能见度小于1000米的才叫沙尘暴。在我的印象里，在北京能见度小于1000米的沙尘暴天气只发生在20世纪50年代初。

我记得1950年前后，妈妈把这种天气叫作"下土了"。这个词很形象，就是天空下尘土。这样的天气显然是不能出门的，我就躲在家里，坐在窗边看"下土"。我们住的东斋，建筑质量很高，门窗等设施也很好，窗户是很严的。但是下土时，窗框上就出现了一层土，我用湿布擦去后，过半个小时又是一层土，如此一次一次地擦，一次一次地落土，直到我厌烦了为止。我由此明白了什么是"下土"，窗户挡得住下雨，滴水不漏；但挡不住下土，一层又一层。

偶然间我得以逃出"囚笼",跑到大门口,拼命张望,却连紫禁城的角楼都看不见,后来一量,这距离才500米。自此以后再没有这样的天气了。

再说雨,当年的倾盆大雨,估计一次降雨量在50毫米以上。在今天,尤其是21世纪以来这也非常少见了。下雨天我也是不能出门的,只能蹲在屋门口看雨。瓢泼大雨顺着房屋瓦顶的沟壑流到地下,像小瀑布,半个小时就能把地面砸出一个小坑,冲走所有土壤,小坑中只剩下小石块、小砖块和大沙粒,水的"神力"在那时我就有所体会。这样的雨有时一下两三个小时,一直到我看烦了,还没有停的意思。

当时,夏天有大雨,冬天有大雪,所以院里和街上的树从没有人去浇。我记得街上有个人周而复始地用脸盆端水去浇树,大人说"他是疯子"。而今天,北京五环以内的树,哪棵不浇水能活下去呢?我曾对园林局局长开玩笑,问他是不是"疯局"。

还有冷,当年北京是很冷的。科学地说,零下15℃的天气很常见,大人小孩冬天都要穿棉袄、棉裤,戴帽子,围围脖(即围巾,北京人叫"围脖"),还有不少人戴口罩,不是为了预防传染病,而是为了保温。我清楚地记得,刚上小学时,到了冬天,我们最怕的事就是早晨轮流值日去生煤球炉子。拿铁铲运煤球仿佛在拿冰,当时只有分为拇指和其余四指的棉手套,我人太小,戴上手套又拿不稳,真是想到就害怕的、最艰苦的劳动,今天再爱劳动的小孩也没有这种体会了。记得有记述"一二·九"运动的文章写过,警察用水龙带浇游行学生,水落到棉袍上就结成冰。班上淘气一点的同学会装一瓶水泼一点到别的同学身上试试,美其名曰"让你当英雄",实际上真的能看见亮晶晶的浮冰。今天再淘气的小孩泼再多的水也办不到了。

最后说热。老舍在书中写的柏油路几乎被晒化(当然,当时的柏油质量差),狗蹲在树荫下伸长舌头散热的情况,我是亲眼见过的。当时,我从东斋大门口过马路去对面的王家小铺买糖,来回走一次,布鞋底就黏上了东西——柏油。抗美援朝以后开始打狗,狗不多见了,好不容易看见一只,的确在树荫下伸长了舌头一动不动。但是那时只热不闷,有钱人家中也极少有电扇,当然更没有空调。盛夏晚上,全家老小都出去乘凉。这是小孩难得的大聚会,尽情嬉闹,也忘了热,但是9点多就要回去睡觉了,有时还觉得没玩够。

中华人民共和国成立70多年来,北京的自然环境和生态系统是不是变了呢?肯定是变了。仅以水为例,建北京城时就调查了水源是否充沛。直至

1949 年，北京城区不过 220 万人，加上郊区也不到 400 万人。而今天仅常住人口就达 2300 万，当年一个人的水现在五六个人喝，当然不够了。更不必说经济发展和生活提高，每个人"喝"的水都比以前多了。

二

我的小学

学校是一座旧庙，学生应不信"佛"

北京大学从红楼搬出，"我还能上大学吗？"

1950 10 月 19 日，中国人民志愿军跨过鸭绿江，开赴朝鲜战场，抗美援朝开始。

1951 中共中央决定开展"三反"运动。

1952 全国高等学校院系调整。

1953 6 月 15 日，中共中央政治局召开会议，确定对资本主义工商业实行利用、限制和改造的方针。

开始执行国家建设的第一个五年计划。

1954 4 月至 7 月，周恩来率中国代表团参加日内瓦会议。

1955 4 月 18 日，亚非会议（又称"万隆会议"）在印度尼西亚万隆召开，周恩来率中国代表团参加。

国家机关工作人员实行工资制。

人民解放军实行军衔制。

·1950 年·

教育的目的，在于使人能继续教育自己。

——［美］杜威

·大事·

东北人民政府副主席高崇民任东北区抗美援朝总会副会长。

·小情·

父亲参加土改工作团

1950 年年初，父亲积极报名参加了土改工作团，奔赴广西剿匪反霸的前线，在那里工作了半年多。

现在有不少电视剧如《乌龙山剿匪记》等，都是反映当时广西、湘西和广东剿匪情况的。工作团是十分危险的，常被土匪偷袭、殴打甚至杀害，手无寸铁、年过 40 岁的教授处境更危险，随时都有牺牲的可能。作为大学教授的父亲毅然前去，的确反映出他对新中国真挚无比的热爱，不怕流血牺牲。

父亲回来以后情绪很高，给我们讲了许多广西剿匪和土改的小故事，把他所遇到的危险都当成笑话来讲，所以没有给我留下这段经历特别危险的印象。只记得有一次土匪来了，一位老大娘把他们藏了起来，当时我认为这像捉迷藏一样。他大概一是不想夸耀自己，二是觉得给不到 6 岁的我多讲不利吧！

考上两所小学，尝试毛主席吃过的早点摊

考小学时，我考上了东高房和北池子两所小学，一所是第一名，另一所是第二名。后来，我选择了上北池子小学，是第一批读新中国课本的小学生。

北大红楼南墙外有几个卖早点的小吃摊，1918年毛泽东在红楼图书馆上班，每天早上都到这里吃早饭，一碗豆浆或一碗小米粥，两根短粗的油条，再加一个烧饼。吃完再买两个烧饼就是午饭，省出时间看书。

上小学后，我有了一点零用钱，立即在上学前去那个早点摊，问摊主老爷爷："您还记得毛主席吃过的早点吗？"他说："小声点，当然记得，他天天来。"我按毛泽东当年的习惯要了一份早点，吃得无比香甜。

年末，志愿军即将赴朝参战，这在中央也是经过不同意见的反复讨论才最后决定的。老百姓当然对此有不同意见，但像北大民主广场上的热血学生一样，青年报名参军、要上战场是主流。

北池子小学校址凝和庙于清雍正八年（1730年）敕建，俗称云神庙，是故宫外八庙之一，占地6000平方米，原建筑基本完整，是北京市级文物保护单位。庙以云雾可凝结为水而得名，雍正题有"兴泽昭彩"匾额。庙门坐东朝西，殿宇均坐北朝南。

凝和庙在民国二十二年（1933年）成为北平市立第四十三小学（北池子小学前身）的校址。

北池子小学，原为凝和庙

我认识的民警抓故宫飞贼的故事

有一个关于"故宫飞贼"的真实故事，很能说明中华人民共和国成立初北京的情况。1950 年北京的秩序很快恢复了正常，与我家近在咫尺的故宫博物院也恢复开放，这时发生了我生平听到的第一个重大案件——飞贼偷故宫珍宝的大案。以前我也听过关于北京飞贼燕子李三的传说，但都过于传奇，这次可是街道派出所的民警亲耳听破案人讲述后，又讲给我们这些小学生的，其真实感与听传说是无法相比的。

有一个飞贼处心积虑地要偷故宫的珍宝，做了充分的准备工作。他首先是天天下午去故宫，在进馆时藏入厕所，躲过闭馆时的检查；然后在夜里出来摸清故宫夜间巡逻的时间和路线；最后准备了切割玻璃的刀子和逃跑用的绳索，然后又一次在进馆时躲入厕所。

在一个月黑风高的夜晚，他实施了盗窃。首先，他成功地躲过了巡逻队，潜入珍宝馆，拨开门锁，用刀子划开了展品橱的玻璃。当时没有报警铃，于是他从容地把珍宝取出来放入书包，匆匆离去。路上他又躲过了巡逻队，从马道走上城墙，把带来的绳索拴在箭垛上，准备沿绳索缒下城逃跑。正在这时，给我们讲故事的民警的朋友——故宫巡逻队的一位不当班队员因为拉肚子而起夜，

有 8700 多间房子的紫禁城

看到了城头上的黑影后大声呼喊。结果追出来的巡逻队在城外护城河内侧的城墙下把飞贼候个正着，抓捕归案。不知那个年轻民警给我们转述时有没有添枝加叶，但这个故事是真实的，我们从大人那里得到了证实，后来那个起夜报警的队员立了功。这个故事也说明中华人民共和国成立初北京潜藏特务、恶霸流氓和飞贼小偷的猖獗。这大概是当时没有广为宣传，以至这个故事不为众人所知的原因吧。

·1951 年·

贪污和受贿已经成为世界性的难题，我走遍世界听到无数说法。为什么会贪污受贿呢？因为有权力就要把它变成钱。为什么不放弃权力自己去挣钱呢？因为多数人只会做官，而没有得到更高收入的本事。

——吴季松

·大事·

5 月，高崇民任中国人民赴朝慰问团东北分团团长。

吴恩裕教授被任命为国家出版总署编译局特约编审。这是个重要职务。我后来才知道马克思、列宁、李大钊等都当过编辑。

此后，吴恩裕教授又回到北京大学，以极大的热情专心任教，并且撰写了许多著作，这是他学术生涯中的丰产期。

·小情·

不为人知的北大红楼

我家住的东斋门前有两棵洋槐，是百年老树。而今，当年在北大红楼的人都已不在，图书馆王爷爷也已作古 60 年，只有两棵老树还在，是从北大红楼开始五四运动、创建中国共产党的活生生的历史见证。直到北平解放，北大红楼都是共产党活动的中心，也是共产党革命史的见证。

1918 年，毛泽东在北大图书馆工作时住在三眼井胡同的一间小平房里，六七个人睡一个大炕，翻身要先打招呼。他对这段生活记忆深刻，多年后讲给了采访他的斯诺先生。他上班天天要从北大红楼走过。

北大红楼也是学者的圣殿。1950 年我上小学后，父亲和同学、同事季羡林先生常站在两棵老树前，面对红楼聊天，有时长达半小时之久。他们谈什么我听不清，可能是对新中国的认识，也可能是留英、留德时的回忆。我家就在旁边的院里，为什么不进屋喝一杯茶呢？可能他们觉得在红楼下触景生情更有意义。他们的深厚友谊在多年后季羡林先生给《我的父亲吴恩裕教授》题写书名时与我的谈话中更能体现。我以为时间太久，情谊会淡，但季羡林先生慨然答应。那一代大家就是这样对朋友、对知己的，这就是大家的良知，历久弥新。

同样住外院的一北大职员娶了姐妹俩为妻，两姐妹都不愿意执行婚姻法，说自己是"自愿"的。我第一次知道，只有法律下的"自由"，自愿吃亏也不能违法。

·1952 年·

失败也是我所需要的，它和成功一样对我有价值。只有在我知道一切做不好的方法以后，我才能知道做好一项工作的方法是什么。

——［美］爱迪生

近代史证明，任何一个国家要发展，首先要政局稳定，其次要科学决策，这是我游历世界所看到的。

——吴季松

·大事·

高存信（我大表哥）发表《从志愿军炮兵作战经验中得到的几点体会》，刊于《八一杂志》1952 年 12 月第 23 期。

1948 年 12 月，高存信任晋察冀炮兵旅长，在驻地沙河奶子房

·小情·

满街口罩

特务散布的谣言在小学生中传播，把沙洪作词的《你是灯塔》改成"你是等她，两人一块去北海公园"让小学生传唱。30年后，我把此事讲给亦师亦友的词作者、中组部秘书长沙洪，他听后哈哈大笑。

美国开始细菌战，作为班干部、路长（当时没有家长接送小孩上下学，班里按住家方向自组成"路"放学回家），我天天检查同学是否戴口罩。满街口罩在70年前就有。

1952年，镇压反革命活动和大规模剿匪作战结束，朝鲜战争和平谈判取得进展，全面开始了大规模的和平建设，也开始了"五反"运动。自辛亥革命后生活在不间断战乱中的人民也唱出了"蓝蓝的天上白云飘，白云下面马儿跑，挥动鞭儿响四方，百鸟儿齐飞翔……"，表达了人民追求美好生活的强烈愿望。

教授们看高等学校院系调整

1952年高等学校院系调整，对中国文化教育界来说是一件大事。全国211所高等院校变为182所，清华大学、北京大学都有了翻天覆地的变化。

当时是学习苏联，把大专院校按文理分科，殊不知苏联的体制却在很大程度上是照搬拿破仑创立的专科学制。如果当时知道，可能就未必这样做了，因为拿破仑显然不是"无产阶级"。

清华大学成了工科院校，而北京大学成了文理科学校，另外新建了许多专科学校。外文的"大学"原是拉丁文，词根"Universe"是"宇宙的、全体的、普遍的"意思，要的就是学科齐全，国外有"至少拥有文、法、理、工、医五个学院才能称大学"的要求。按这个说法，大名鼎鼎的清华大学在院系调整以后实际上不是大学了，直到近半个世纪后才又变回大学。孰对孰错很难评说，其实万变不离其宗，"大学者，大师之谓也"还是真理。

北京大学教授中，李四光去了北京地质学院，我父亲和钱瑞升、楼邦彦等法学教授去了北京政法学院，季羡林和王铁崖留在了北京大学。清华大学的文科教授陈岱孙、金岳霖等人和部分理科教授周培源、熊庆来等调到北京大学。以清华大学航空系为班底，建立了北京航空航天大学。中国的教育界发生了巨大的变化，比21世纪初的大学合并动作大得多。

院系调整的一个结果是著名的燕京大学撤销了，在红楼和民主广场达40年之久的北京大学搬进了未名湖畔燕京大学的校园。但直到今天，说起北京大学，我的第一反应还是沙滩的红楼。

非独我如此，在当时的中国甚至国际学界中，"红楼即北大"约定俗成。北大迁离自然引起了很多人的感叹，但那时是一声令下，大家都服从。

院系调整在学界引起极大反响。例如上海交通大学的主要部分克服多重困难迁至西安，今天已成为交通大学历史的美谈，但当时多少教职工做出了舍家弃业的牺牲。北京也有许多著名教授迁到外地，例如父亲的好友宁嘉风迁到青海财经学院。这就是人民的历史，应予记录。

院系调整后，北京大学搬到了未名湖畔

改姓

班里有一个同学姓金，同学说他家是"金半城"，东至今天的民航大楼，西至故宫筒子河，都有他家的房子。他住在北大红楼对面的新开路胡同，我去过他家，过了几座破烂的大杂院，深处就是他家，庭深院阔，我第一次知道了什么叫"大宅门"，是商人比不了的。他跟着爷爷住，据说父母都去了台湾，没来得及把他带走。

民国后，很多满族人改姓。叶赫那拉氏改姓"叶"等，瓜尔佳氏改姓"关"，钮祜禄氏改姓"钮""郎"等。金同学则是爱新觉罗氏改的姓。他是典型的满族长相，很低调，很少说话，小学毕业后就不知去向了。

北海清淤农民工捡到了金戒指

1952年夏天，北海清淤惊动了东斋大院里的小孩。当时我8岁，已经上了小学二年级，在那时是可以独立行动的年纪，小孩们以大带小出发去北海看清淤。北海大桥距东斋大院门口约3千米，是上学路程的4倍，对8岁的小孩来说是长途行军了。

到了北海大桥上，我们看到北海中的水被抽干，但底下仍然是黑乎乎的烂泥。我不禁心生疑问："这清的是什么淤，不还是满底的泥吗？"原来当时北京地下水埋深不过3~4米，把淤泥清完后地下水又涌了上来，水和泥和在一起，好像淤泥，让大人

景山公园原来驻扎着防空炮兵，
开放后母亲常带我去玩

都以为淤泥根本没有清。但是，20世纪90年代，即距离上次清淤近半个世纪后，北海又一次清淤。最近我又乘车路过，看来所有小孩都不会再发出我当年的疑问了，清过的池底像游泳池一样，没有水，也没有泥。这是为什么呢？因为半个世纪以来，北京地下水的埋深下降了23米。那么再过半个世纪呢？如果再下降23米，北京真的会荒漠化。

看挖泥只是图个热闹，清淤还有比挖泥更好看的，这也是吸引我们去的

主要原因。据说有大金鱼两腮带着慈禧等太后和贵妃们给穿的金环，自此再也浮不到水面上，只能在水底生存至死，于是金环就留在泥中。还有后妃们来游玩时，在船上嬉戏打闹掉下的金戒指和金耳环，也能从泥里清出。这才是大家去看清淤的原因，除了小孩，还有很多大人。

我既没有看到金耳环，也没有看到金戒指，但在人堆里听到了工头讲的故事："一队工人10个，经常在早上点名时就少了一两个，都是在前一天捡到东西了，不是玉镯就是金戒指，发财回家买房置地，一去不回头了。"听的人无不叹息，大家问："你见过吗？"工头答："怎么没见过？"大家又问："你为什么不拿了走呢？"工头答："我是工人啊！怎么能和农民散工一个样，那还建设什么新中国！"

·1953 年·

不幸是一所最好的大学。

——［俄］别林斯基

当时的北京大学著名教授，不少人我都见过，后来被尊为大师。什么是大师呢？以我人生 80 年、游历 100 多个国家的经历来看，大师就是学问精深、见闻广博、永远探索，并且认为"科学是为了公众利益而又大于利益，学术是为了修身而又大于个人"，这样的人就是"大师"。

——吴季松

·大事·

3 月，高存信被任命为志愿军炮兵司令员。

吴恩裕教授出版《批判资产阶级国家学说》（上海平明出版社），《列宁〈国家与革命〉注释》（中国青年出版社，原刊《学习》杂志）。翻译恩格斯《共产主义原理》，刊于《新建设》杂志。

·小情·

父亲贯彻中央要求，出书译著，积极宣传马克思、恩格斯和列宁的重要思想。

当年像我这样 4 岁就认家的小学生，放学前在课堂上就能做完作业，没有"减负"一说。父母都忙，我就在门口街上闲逛，到小酒馆听市民（也有地痞）聊天。"什么是北京人，就两个字'义气'"，给我留下了十分深刻的印象。

当时，不少城市贫民没有职业，生活十分困难。一位姓陈的同学家里是"后妈"（继母），天天吃不饱，到了我家，母亲就给他馒头。他大口嚼着说："真好吃，伯母是天下最好的人。"

当年 50 多岁已是老人，我们的老师 40 多岁已显得苍老。教珠算的狄老师还不到退休年龄（60 岁），已经老态龙钟，满头白发，满脸皱纹，拄了拐杖。不过这些老师教学都很认真，使北池子小学成为北京名校，出过国庆节上天安门给毛主席献花的候选人。那年选中的是瞿弦和（曾任中国戏剧家协会副主席）的夫人张女士，而瞿弦和是北京二中高我一届的校友。那时北京好学生的圈子不大。

一个从良的妓女——我家的保姆

解放前北京的妓女是很多的，今天大家都知道的前门外八大胡同，其实只不过是集中地而已，其他地方的，再加上北京话叫"暗门子"的暗娼，据 1949 年公布的数字推算有五六千人之多。当时北京城区不过 180 万人，除去老幼，妓女与成年男子的比例高达近百分之一。1949 年，北京市人民政府以雷霆之势取缔妓院，妓女经过培训有了职业，百分之百地从了良，但是老年妓女很难再择业。

妈妈因为甲状腺病住院后，爸爸就用了个保姆叫"许姑"。许姑当年 50 岁出头，但看上去又老又瘦，个子矮小，沉默不语，态度十分温和，说话细声慢气，干活很麻利，从不提任何要求。她是苏州人，看得出年轻时十分清秀。她在北京无亲无故，看来是被拐卖来的。许姑曾经是妓女，但她给我的印象不但与书中的交际花陈白露（当时社会上认为她是高级妓女）大相径庭，与今天的"小姐"也毫无共同之处，只让人感到同情和怜悯。

我对许姑很好奇，有时也有意和她说几句话，但已懂得不要触到她的痛处。她的脸总是那么忧伤，又那么平静，仿佛在看着尘世之外的什么东西；说话总是那么轻声细语，从没有被欺辱强暴过的痕迹，也没有逆来顺受的低声下气，仿佛看透了人世之间的关系。在中国的影视剧中，我从未见过这样的妓女，国外的电影中也只有不多的几部有如此深刻的刻画。记得许姑对我说："要好好读书，才能干自己想干的事，不干自己不想干的事。如果没有本事干自己想干的事，就只能干自己不想干的事。"应该说，她这番道理教得比老师都好，以后一直是我学习的重要动力之一。

很长时间以来，许姑在我脑海中都是一个挥之不去的记忆。她与今天违法从事这种事情的人有很大的不同，那种曾经在污泥中挣扎的痛苦，那种一个有良知的女人的悔恨，仿佛都写在脸上。当时我想，她还是有本事的，能说出让人忘不掉的话，也识字，为什么不当老师呢？当然，我还是知道妓女不能当老师的；但我总是想：她不是常人说的"妓女"啊！

"新北京"——清华大学的新宿舍楼

当时经常听到一个词"新北京"，北京大学东斋宿舍院里的小孩都说："我们家要搬到新北京去了，那里到处是高楼大厦，家家都有大花园，人人都坐汽车。"我听了真是又羡慕又痛苦，因为我已上了北池子小学，我们家不搬去新北京。

所谓"新北京"，就是今天的海淀区东南部的高校，当时称八大学院。南有北京铁道学院（今北京交通大学）、北京外国语学院，中有北京医学院（今北京大学医学部）、北京政法学院（今中国政法大学）、北京工业学院（今北京理工大学）、北京航空学院（今北京航空航天大学），北有北京钢铁学院（今北京科技大学）、北京地质学院（今中国地质大学）。

"新北京"的诱惑力实在太大了，我从小便愿冒险尝试，某个星期天一大早，我借了一辆女式自行车，把车座降到最低，骑上直奔在清华大学的姐姐家。9岁的我已有1.5米高，但骑起来仍十分吃力，不能连续蹬，深一脚，浅一脚，大约3小时才从北大红楼的家骑到了清华大学。

姐姐第二天要上班，我吃过午饭不久，看了眼在"新北京"的清华大学新宿舍楼就往回骑。姐姐的同事说："你到西直门就要天黑了，可能会遇上狼。"当时的确有西山下来的狼在学院路一带流窜，但我从小就不愿麻烦人，不听劝阻，坚持要骑回去。回去太累了，我骑得更慢，骑到土城附近时，太阳已经落山，路上空无一人，路边也没有树。当年土城遗址是小山岗，上有小树林，我听到几声叫，不同于家狗的叫声，像嗥，真不知是野狗还是狼（在新疆待过后，我才知道应该是野狗）。到了西直门我才算松了口气，这时天已经全黑了。

看来北京真正的生态恢复，应该以在生物链顶端的狼回归西山为标志，当然要有防范措施，这是后话。

·1954 年·

作家没必要吃下一整只羊后才说出羊肉的滋味，他只要尝一小片就够了。

——［英］毛姆

人为什么要写书、写戏、编剧呢？是为了把自己的体验告诉别人。为什么要寄托这种希望呢？因为一个人不能经历一切，但一个人可以理解他人；因为从普遍意义上讲存在人性。

——吴季松

·大事·

吴恩裕教授与徐方合著《联共党史名词解释》（中国青年出版社）；发表《曹雪芹的生平》，连载于香港《大公报》；《关于曹雪芹》刊于《新观察》杂志；《永忠吊曹雪芹的三首诗》刊于《文学遗产》（《光明日报》副刊）。

1954 年初，吴恩裕教授应邀参加起草《中华人民共和国宪法草案（初稿）》的咨询讨论工作，第一次为中国人民自己的宪法贡献了自己的学识。

·小情·

我的小学在庙里

1954 年我 10 周岁，进入了高小。当时高小可是个不低的学历，一般读过 2 年私塾就算有文化，上了初小就是小知识分子，如果读完高小则学历不低了。设了高小的学校叫"完小"，因为一般小学只有初小，即"不完全小学"。

像中华人民共和国成立前一样，我的同学里有不少人读完初小就辍学了，贫民出身的陈同学、姨太太的儿子陈同学等，都在我进入高小后就再也看不到了。

我对写作的兴趣源于我的班主任李老师，她个子很矮，40多岁，短头发，十分精干，但好像一只眼睛有毛病。她是中华人民共和国成立前的女子师范毕业，当时算高级知识分子、老教师了，所以是骨干，一直任高小的班主任，从五年级送到六年级毕业，周而复始。她常以我的作文为范文在班里读，激起了我对写作的极大兴趣，但至今只记得一篇《我的母亲》。她自己文学水平很高，出口成章，板书也写得好，除了教音乐的禹老师外，她是在小学给我印象最深的老师。

北池子小学距中南海很近，班里有不少"高干子弟"（那时并没有这个"名头"）。但当时的作风的确很好，左同学是左权的直系亲属（或是女儿改名），对此同学们只是听说，不打听，更不问本人，也看不出她有任何优越感。同学中还是有"等级"的，但只以学习成绩论。

放学后我仍无所事事，有时会去被处决的日本间谍川岛芳子在北池子的旧居（好像没人住）看看，那个四合院很大，想："中国人被日本人收养就会成为日本特务吗？"

我还去过清宫穷太监聚居的院子，他们都已50岁以上，个个眉清目秀，不长胡子，说话"公鸭嗓"，对我很客气，还给我吃他们自制的点心，毕竟是宫里出来的，手艺不凡。他们都是当年的小太监，还来不及学习"内斗"，因此相处还算和谐。大太监钩心斗角是不少，但有的电视剧渲染得过分了。清宫制度很严，太监也有人管束、监视。我叫他们"公公"。

随父亲调研曹雪芹

父亲从1954年起就在北京西郊香山的崎岖山路上开始了脚踏实地的调查。我自小学到中学曾随他去过多次，清楚地记得父亲在日本占领时期遗留的炮楼下乘凉，擦去满头大汗，解开鞋带抖去砂粒；清楚地记得他坐在老乡家布满尘垢的土炕上与主人亲切地交谈；清楚地记得父亲有了一点点新发现时孩子般喜悦的表情。现在，这一切都快过去70年了，我却丝毫没有淡忘。

当时的香山、北京植物园一带给我的感觉是"赤地千里"，树很少，草也不多，火辣辣的太阳晒在黄土地上，好像能生烟似的，植被远不如现在。但是当年产北京烤鸭原材料的池塘还在，樱桃沟的溪水水量充沛，常年流淌，不脱鞋是下不去的。此后由于人口激增、生产发展、城建扩大，拼命抽地下水，自然北京周围"有河皆干"了。

1954年，北京植物园一带的农村正像对当年曹雪芹落魄生活的描写，"蓬牖茅椽""绳床瓦灶""举家食粥"。接待我父亲的是中华人民共和国成立初还很贫苦的老农，满脸皱纹，满腮胡须，穿着已经发黄的白土布褂子、黏满泥土的自制千层底布鞋，操着一口北京话，怀着一颗诚实的心。老农的房子都是草顶、土墙，木椽已经乌黑，茅草已经焦黄。除了一盘土炕，家徒四壁，只有那炕席油亮亮的，其他都是灰蒙蒙的，包括炕上那打满补丁的被垛。每一家老人听说有大学教授来，都吃惊得说不出话，我的印象是似乎家家都口吃，可是与和颜悦色的父亲多谈几分钟后，说话又惊人地流利，仿佛我父亲会治口吃似的。我父亲在每一家谈过后，必定留下一元钱，尽管他也并不富裕。一元钱在那时对农民来说的确不是个小数目，我至今清楚地记得，那些有沙眼的老农眼中本来就有的泪液，怎样变成了泪珠，他们怎样推却，又怎样千恩万谢地收了下来，我在之后的半个世纪中再也没有见过几次那样真诚的道谢。他们把父亲送出门，无论我们怎样挥手都不肯离去，以致我们行走200米大约用了5分钟，直到看不到他们。

曹雪芹就在这样的凄凉困苦之下，草舍茅屋之中，伴着西山的夕阳、塞北的寒风，"披阅十载，增删五次"，写就了《红楼梦》这部不朽的巨著，真是"字字看来皆是血，十年辛苦不寻常"。10岁的我常想，如果当年他的条件更好，这部书会写得更好。但是当20世纪90年代末我家有空调时，我写的书并不比90年代初我家没有空调时写得好，于是我明白了，只要有创作的激情，只要有社会责任感，在生理忍受限度之内，什么热啊、冷啊就不在话下了。的确，"障碍会创造天才"，可能我父亲也为这种精神所感动，才不辞劳苦地调研曹雪芹。

为了搞清曹雪芹在香山的住处，经多人提供线索后，父亲自1954年至1977年23年间实地调查50余次，访谈百余人，其间还在香山租房，驻地调查达数月之久，足迹遍布北京西郊。最后父亲得出结论：曹雪芹自1750年前后迁出位于北京崇文区（现属东城区）的旧居后，不断西迁，先住在颐和园东南方向蓝靛厂火器营一带；后辗转北迁至香山镶黄旗营北上坡，还住过正白旗；自乾隆二十三年（1758年）从香山北迁至温泉白家疃，乾隆二十九年

（1764年）去世。他的这个调查无疑对研究曹雪芹的生平与思想提供了十分有价值的资料。

父亲在1954年的批判中没有被波及，在"反右"中未被错划，但任何人都想不到，他居然在1978年被波及，而且也提到政治高度上。这里只举其中一个可笑的小例子。父亲查证"乾隆十七年（1752年）除夕，西山飘雪"，而无知者从清朝的《晴雨录》查证，建在建国门的天象台记录没下雪，从而得出结论父亲的查证不实，并上纲上线。

曹雪芹香山故居

我不懂《红楼梦》研究，但事有凑巧，1998年我成了全国水资源管理的具体负责人，对降水略知一二。建国门至曹雪芹居住处直线距离18千米，"十里不同天"是古训，一处下雪另一处不下是常事。所以，这种"批判"真是无知，"无知者无畏"。

·1955 年·

一个人的真正价值是由他从自我解脱出来的程度及意识所决定的。

——［美］爱因斯坦

让我们荡起双桨，小船儿推开波浪……

——《让我们荡起双桨》

·大事·

实行义务兵役制。

吴恩裕教授翻译恩格斯《共产主义在德国》，刊于《史学译丛》；出版《第一国际与巴黎公社》（上海四联书店）。

·小情·

对于一个教授来说，如果"清"是指清廉、不图名利，"高"是指学问高，"清高"有什么不好？难道"浑低"才好？当然清高又谦虚可能更好，但作为一个教授，如果"高"不是政治上的企图，那这种求全责备就是多余的了。

正是"清高"给父亲带来了 10 年的逆境。1955 年父亲开始与新来的校领导不和，这使得他受到了不公正待遇。这年起实行了干部工资制。以前父亲的收入都是多少斤小米，实际上是货币的折合，并不真给小米。现在改为按级别定工资。而校领导在高教定级时采取了不公正做法，把父亲压低为四级教授，直到 1978 年才得到纠正。

今天的年轻人大概不能理解当年的状况，既然受压制，个人有本事，为什么不调走？原因在于，当时的人才实际上是"单位所有制"或者说是"单位领导所有制"，不用你、压你，更不能让你调走，包括像父亲这样的名教授也不行。父亲多次申请调回北京大学，北京大学也十分愿意接收，还有上级领导打招呼，但单位仍然不放，甚至连兼职、兼课也不许。其实父亲找自己熟悉的更高层领导是可能解决这个问题的，但是那个年代的知识分子不这样做，认为借权势不好。

定级低对父亲打击是很大的，当时 11 岁的我记得很清楚。但父亲仍然积极译著、宣传共产主义。

解放军实行了军衔制。大表哥高存信，东北世交张学思、郭维城和王振乾等都被授予少将军衔。我从小就知道解放军的"将军"是什么样。当时军人很少着军装上街，看到个校官就很不容易，大盖帽、金肩章和黑皮鞋实在让我们这些小孩羡慕得不得了。

我家搬进了四合院

1955 年，中宣部决定拆除东斋宿舍，改建楼房宿舍。这原本是日本人给宪兵司令部家属盖的宿舍，建筑质量很高。一律水泥地基，红砖墙一砌到顶，十分坚固，而且有上下水卫生设备，是当时北京的大宅门都不能比的。我记忆犹新的是，由于房子坚固得无法人力拆除，施工时不得不叫来了推土机，即便如此，推倒后整块的墙体依然不散。观看的大人小孩都惊叹："这么结实的房为什么要拆？！"这个院子如果能留到今天，一定是文物保护单位了，记录了日本占领北平的历史。

吴季松在中老胡同旧居前

东斋被拆，我们不得不搬家，搬进了红楼旁的中老胡同，也是北京大学的宿舍。今天它已经面目全非，但我儿时的印象还是十分清楚。东斋大门的对面是一条当时在北京算比较宽的街，大约 20 米。街对面就是王家小铺，其实是个小杂货铺，但对小孩却有着魔幻般的吸引力。

摆满五六个大玻璃罐子的五彩糖豆，一分钱三四颗；"铁蚕豆"是北京的特产，一咬真能硌坏牙；花生就是奢侈品了，买后都用草纸包上递给你，是否干净当然就没人考虑了。小铺还有男孩的专属，就是内有花心的玻璃弹球；女孩的专属则是北京话叫"猴皮筋"的橡皮筋。另有"赤包"，即一种像小柿子的植物，是拿在手中玩的，不好吃。《四世同堂》中"大赤包"的名字确实很形象，脸红，又胖又软，肌肉松弛。王家小铺是夫妻店，公私合营后小店关了门，夫妻去当工人。他们应该算"小业主"。这类人成了当时北京工人的主要组成部分之一。

我们的新家是一个四合院。这不是大宅门，而是北京平民胡同中标准的四合院。四合院的门开在正房后墙的一侧，也有一个小门楼，门环和石墩是必备的。正对大门的是厕所，只有一个蹲坑，每天早晨有掏大粪的背个桶进院来掏，然后倒在串胡同的粪车上。后来北京赫赫有名的劳动模范时传祥干的就是这种工作。掏大粪也讲"一勺准"，即用粪勺掏出，要一点不洒，百分之百地扔在自己后背的桶里，是个技术活。厕所天天打扫得干干净净，但气味仍然不小。

我戴上两道杠——少先队中队长

我开始有了零用钱，"没有一毛钱的关系"的说法在当时可不成立。我的午餐是2毛钱，能买2个小面包，2根短香肠。如果只吃3个小面包，就可以节约5分钱来买书。

我家是东北人，亲友抗战14年，对纪念抗战胜利10周年十分重视。有个远亲来家里住了几天。他不到50岁，曾在沈阳加入了抗联抗日，给我讲抗联的故事："日本巡逻兵单兵作战能力极强，如果用枪杀日本哨兵，他们马上会派人来支援，基本上我们就跑不了。所以只能用刀，一刀致命，然后迅速撤离。我5年只杀了4个日本兵。1936年以后抗日更为困难，只能进入深山老林。我们不怕日本兵，只怕叛徒，杨靖宇、赵尚志都是被叛徒出卖的。杨靖宇死时面对的只有1个日本人。"今天有些抗日电视剧，一阵枪扫倒一片鬼子，真是有些可笑。

小学的政治气氛还正常，大家都沉浸在新中国豪强被镇、生活质量提高的喜悦之中。小学老师的积极性很高，出身不好的同学也不再说"家有三斗粮，不当孩子王"，开始努力学习，给我起了个外号叫"大博士"。

"出身论"还没有萌芽，我不但加入了少先队，还被选上了"中队长"，戴上了两道杠，开始与家里商议，要考北京的哪一所中学，考北京四中，还是考北京二中？当时没有辅导，更没有家教，像我这样有家长出出主意已属幸运，多数家长漠不关心。还有许多家庭比较贫穷，对此从不过问。不少家长甚至不让孩子上中学，小学毕业就开始打零工补贴家用。在那时说"不要输在起跑线上"，如同梦呓。

三

我的中学

《中学生》登出小文

曹雪芹读过的姊妹学校

1956 1月15日，北京举行庆祝社会主义改造胜利联欢大会。
9月15—27日，中共八大召开。

1957 4月27日，中共中央发出《关于整风运动的指示》，6月转向反右派斗争，被严重扩大化。

1958 "大跃进"和人民公社化运动掀起高潮。

1959 7月2日—8月1日，中央政治局扩大会议召开，后期错误地批判彭德怀。

1960 11月，中共中央要求坚决纠正农村人民公社的"共产风"。

1961 1月，中共八届九中全会提出"调整、巩固、充实、提高"的方针。
5月，中共中央决定在全国各城镇精简职工队伍。

·1956 年·

人与动物的区别：人是直立行走的动物，他要看到远处；人是会说话的动物，他要说话算数；人是穿衣服的动物，他要知道羞耻；人是有思想的动物，他要不断创新。

——吴季松

欧洲人到达美洲以后，对印第安人文化进行了毁灭性扫荡，要把西欧文化全盘移植到美洲以取代之。利马就是将欧洲文化移植到美洲建立的第一个城市，因此它也引起了我的极大兴趣。

——吴季松

·大事·

吴恩裕教授在学校组织的科学讨论会上发表了题为《论中国国家的起源问题》的学术论文，被评为一等奖，先在《新建设》杂志上发表，后由上海人民出版社出版单行本。

·小情·

1956 年埃及宣布把苏伊士运河收归国有以后，英法联军于当年 10 月 31 日武装入侵塞得港。才上中学两个月的我参加了支持埃及反武装侵略的示威活动，众多北京中学生挤在埃及大使馆门前，不知谁说："这里哪是埃及大使馆，这里是'挨挤'大使馆！"童言无忌，引起一阵哄笑。这是我第一次参加国际性政治活动。

进入北京二中

　　我在小学是优秀学生，在班里稳居前几名。当时北京最好的中学是西城区的北京四中、东城区的北京二中和北京师大附中，考虑到北京师大附中距家太远，我就没报名，只报了北京四中、北京二中和北京二十五中，但考试失常，仅差两分没有考上第一志愿北京四中。后来听说1956年开始实行按地域上学的精神，北京四中只收了少数家住东城区的学生。不管怎样，反正我没考上。

　　北京二中在北京东城区东四南大街的内务部街，因北洋政府内务部曾设这里而得名，著名学者梁实秋就曾住在内务部街20号。

重修后的北京二中校门

　　仅过了一年，北京有了无轨电车，我至今记得很清楚，9路无轨电车可以从沙滩上车，一直坐到南小街，从南小街向南走进内务部街到学校。

　　我上北京二中时，是没人敢追溯北京二中历史的，因为在当时革命的政治氛围下，这些都是封建糟粕。现在则大兴追溯历史之风。北京二中的前身是清朝于雍正二年（1724年）建立的左翼宗学，原在东四南大街路东，是贵族子弟学校。清八旗分左翼和右翼，左翼是镶黄、正白、镶白和正蓝四旗。右翼宗学后来成为西城区的北京三中，曹雪芹当年就曾在右翼宗学教书。事有凑巧，我父亲就是满族，属正黄旗，祖上是武将，参与过建立清朝的征讨，后来厌倦官场争斗，大约在18世纪上半叶返回沈阳（奉天）。我的祖上在右翼宗学上过学吗？

内务部街在明朝叫勾阑胡同，清朝乾隆年间改为勾栏胡同，光绪三十二年（1906年），清政府改巡警厅为民政部，宣统年间这条街改名为民政部街，后来北洋政府改名为内务部街。1912年，京师公立第二中学校成立，后改名为北平市立第二中学，1936年迁入原内务部的现址，1949年改叫北京市第二中学，简称"北京二中"。

学校北面是一层的大礼堂，也是新建的，但到1959年突然倒塌，可见当时奸商偷工减料还是很严重的，幸好倒塌时空无一人，没有伤亡。

我上小学时，拼音用的是日本的片假名，所以没学过英文字母、汉语拼音，给我多年后学习打字造成很大困难。当时同学们也抱怨："汉字简化太迟了，我们字都认了，又要重来，不过写起来还是省点事。"

当时留学生在北京仅以千计，二中就有3个分别在英国、日本、美国留过学的教师，安心教我们这些中学生。

我所看到的公私合营

1月，北京市首先在全市范围内完成全行业公私合营。到处锣鼓喧天，喜报一批接着一批。实际上，北京不仅没有像样的现代私营工业，连像样的现代商业也没有，所以最大的资本家就是北京同仁堂药店的前身——乐家老铺的老板（北京叫"掌柜"）乐松生。就像上海的荣毅仁当了副市长一样，乐松生也当了副市长，电视剧《大宅门》的原型就是乐家。

我对公私合营有亲身感受，对其中三家店铺很熟悉。一家是沙滩北街原北京大学东斋宿舍北路东的面包店，另一家是路西的小酒馆，还有一家是沙滩后街的四川饭馆，属于北京大学沙滩校区最大的商店。

面包店是个小糕点店，既卖中式点心，又卖面包、蛋糕，也是个夫妻店，只雇两个人，主要做北大教授和大学生的生意。公私合营后，老板失去了往常心满意足的欢悦，不久小店就关了门，夫妻俩不知到哪里去了。

小酒馆不大，大概可摆四张方桌（北京叫"八仙桌"），是一个茶酒馆，就像老舍写的"茶馆",但规模小,档次低,主要顾客是大学生和三轮车夫。中华人民共和国成立后,骆驼祥子拉的两轮"洋车"逐渐减少,到1956年基本被三轮车取代。小酒馆老板虽然没文化,但是混过了北洋军阀、日本占领和国民党当政几个时代,十分世故。公私合营后没两年,这家小酒馆也关了。

四川饭店是这一带最大的企业,夫妻俩原在重庆沙坪坝开饭店,为中央大学的师生服务。日本投降后,不少中央大学的教授回到北京大学,他们居然也跟过来了。无独有偶,30多年后我到巴黎,发现在香榭丽舍田园大街上有一家著名的中餐馆,驻法使馆人员至今都是那里的常客。餐馆老板在抗战时期专门为驻重庆的美军服务,战后那里的美军去了巴黎,老板也跟着到了巴黎。我问他见没见过中美合作所的领导梅乐斯,他说:"当然见过,我还知道他爱吃什么菜。"

四川饭店大概有十张桌子,老板亲自掌勺,和我父亲是朋友,还经常交流厨艺。老板十分客气,父亲付钱时他总是不收,说:"月头上算。"还说,"您炒鸡蛋的火候是一绝,我比不了。"公私合营之后,尤其是"反右"以后,教授们去得少了,老板生意惨淡,没两年就关了。

这三个老板如果活到今天都有100岁了,他们一定认为今天是他们发展事业的天堂,可惜生不逢时。今天北京的这类小店也多是外地人开的,而当年和谐的气氛再也见不到了。但我在游历世界的过程中,却看到这种和谐的景象仍存在于英国牛津大学、美国普林斯顿大学和瑞典隆德大学的大学城中。

·1957 年·

生活的悲剧不在于人们受到多少苦，而在于人们没有得到什么。

——［苏格兰］卡莱尔

我们生活在同一个地球上，就像病毒一定会向世界蔓延一样，世界上任何一处的政治动荡都可能有扩散效应，认识到这一点会使人少走弯路。

——吴季松

·大事·

吴恩裕教授发表《亚里士多德的雅典宪法和恩格斯的〈家庭、私有制和国家的起源〉》，刊于《人民日报》（1957 年 5 月）。

·小情·

父亲自 1955 年就因为交恶校领导而受到不公正待遇，居然没有被定为"右派"，可以说在北京高校中也是一个小小的"奇迹"。大概一是因为父亲真的没有发表过任何可以被用放大镜找出的"反党反社会主义"的言论。由此可见，即便在那样的时刻，也不是领导的"家天下"。二是可能有了解父亲的中央领导、北京市委大学部的领导和校内一些正直的同志讲了话。我由衷感谢那些保护了父亲的人，不论他是高层领导，还是一般的工作人员，这并不完全是因为他们保护了我的父亲，而是因为他们保护了人民，保护了民族的精神。谁又能说他们不是给邓小平同志平反，给"右派"分子平反，让人民走进改革开放新时代的推动力量呢？他们是历史的主流。

《北京日报》的编辑李滨声被打成"右派"，听他的亲友——我的同学讲，他说："不当编辑也罢，我可以唱京戏，再不成当大师傅，挣钱更多。"我当时就想："太天真了吧。"

我进入北京二中后，印象深刻的老师有教数学的张老师，山东人，把我的名字叫成"吴弟兄"；教语文的吴眉令老师，我曾在黑板上写"'无没零'老师不来了"，引起哄堂大笑。

当时男人穿一条白裤子就是最时髦的，著名足球运动员年维泗穿了一条裤缝笔直的白西裤乘公共汽车（那时还没有出租车），就像今天在公共汽车上见了张艺谋，全车目光齐聚，我就遇到过一次。女士时髦叫"港"，"港式的鞋后跟高，港式的裤子没裤腰，港式的头发乱七八糟"，这是充满酸味的羡慕。

我所认识的"右派"

我认识的一个"右派"是我的老师，姓陶，不到30岁，高大健壮，浓眉大眼，略胖，总是满面红光，光彩照人，穿着时髦，是一个游泳运动员，教地理课。最使我们敬佩的是他参加了奥运会的选拔赛，纯业余的锻炼能达到这种水平，可见其毅力之强。

陶老师为什么成了"右派"呢？或许是因为他的地理课妙趣横生。他半开玩笑地说，非洲落后是由于"天热人懒"，不知被哪位同学告诉了其他老师。陶老师当然是个"出头鸟"，于是被批判"污蔑黑人兄弟"，最后被定为"右派"。我至今记得学校的院子里挂满了大字报，高中以上的学生可以写，初中的只能看，大概是怕我们写得太出格。我看到陶老师脸上光彩顿失，低着头走路，心中对他无比同情。后来我就再也看不到陶老师了。

我认识的另一个"右派"是父亲的东北老乡和老同学林里夫，我叫他林伯伯。林伯伯是个老革命，在20世纪20年代末参加革命，任北平地下党领导，是电视剧《潜伏》中余则成原型的前辈，当时我父亲还替他保存过文件。后来他去了延安，由于地下工作的经历，在"审干运动"中曾被关押了几年之久，但他投身革命矢志不渝。他孩子很多，还有一个儿子是智障，妻子没有工作。他家在东黄城根北街和五四大街交叉处的东北角，是几间低矮破旧的平房，要从院中的公共水龙头接水，生活条件很差。

父亲当时也不宽裕，特地买了5元钱的猪肉（有七八斤），让我提了送去。

我一进那破旧的小院就看见了林伯伯，他那时不到 50 岁，头发已花白，是一个个子不高的慈祥"老人"，神情平静恬淡，但还是非常感激地对我说："你爸爸老想着我。"看到他那智障儿子见到肉后不加掩饰的狂喜和他妻子的诚挚感激，我心中很不是滋味，心想他们当"右派"不知要多少年，能不能等到我挣钱，等我挣钱了也一定给他们买肉。林伯伯于 1980 年被平反，还当了全国政协委员，生活条件可谓天翻地覆。他们夫妇和智障儿子与我多年不见，仍十分高兴地接待了我。

我见到的国外"右派"

关愚谦

我还认识一个"漏网右派"，是 1999 年我在德国的事了。当时德国政府每年邀请一位中国知名人士进行考察访问，我被德国驻华大使推荐为 2000 年的访问学者，对易北河全流域进行考察。德国政府接待很认真，专门给我配了一名翻译，她的丈夫就是曾任德国华人协会主席的关愚谦先生（1931—2018 年）。我被邀请去他家玩，关先生已近 70 岁，中等身材，从脸上就可以看出饱经沧桑，但没有磨去他的思想和经历。关先生是学阿拉伯语的，大学毕业后在中国人民对外友好协会工作，给郭沫若先生当翻译。后来离开北京，辗转来到埃及，被当局作为难民送到德国，一住就是 40 年。

那天晚上我们尽兴长谈，我说关先生的经历真可谓传奇，可是关先生说："您的经历比我更传奇。"关先生夫妇送我出来后，汉堡的夜空布满星星，我不由得望着祖国的方向。关先生著述颇丰，还签名送了我几本。他也多次回国，为中德友好做了很多工作。

我还认识一个"洋右派"的家属，她是我 1985 年在斯德哥尔摩世界高级研究所联盟工作时的房东。房东老太太已经 70 多岁，原籍匈牙利，30 年前移居瑞典。

　　无法想象，当年他们无亲无故，没有财产，语言又不通，是怎样在这异国他乡挣扎奋斗的。这所房子就是她的丈夫买来屋架，自己一砖一瓦盖起来的，是他们从流浪者到小康之家的真实见证。房东老太太人很好，有文化，喜欢听音乐、看小说，经常在节假日里送我一些她自己做的匈牙利小点心。我也帮她修剪花园，那里时常有又肥又懒的野兔和松鼠光顾。

　　老太太会讲法语，因此我们交谈没有障碍。一天，老太太在我的客厅里挂了一张大地图，对我说："这样您可以常看看北京，我可以常看看布达佩斯。"她的思乡之情溢于言表。每当天气预报说第二天有雨，她总提醒我带上雨伞，有时我把雨伞忘在单位里，她就拿出自己的雨伞说："拿着吧，这是我丈夫的伞。您是真正的男子汉，将来不定会遇到什么事，不保护好身体可不行啊！"

　　当我搬家离开她去瑞典南方的时候，这位饱经沧桑的老人深情地出门来送我，拉着我的手说："您是我见到的最好的房客，您走了，也没有人帮我修剪花园了，我会记住这几个月的。我看见您在雨中长跑，我看见您房中夜里一点还亮着灯，见到您就像我第一次看见中国，中国一定会富强起来的。"汽车开动了，我还清楚地看见那闪烁着泪花的眼睛和布满皱纹的面容。这座我住了半年的房子和相处了半年的匈牙利老房东会永远留在我的记忆之中，如果她还健在，应该会变卖家产回匈牙利去吧，落叶归根是古今中外人们的夙愿。

·1958年·

时间是真理最好的朋友，偏见是真理最大的敌人。

——［英］查·科尔顿

人是自然的敌人，人也可以成为自然的朋友，是敌是友全取决于人的知识。

——吴季松

·大事·

吴恩裕教授出版《有关曹雪芹八种》（上海古典文学出版社）。

在1958年的学校"拔白旗"运动中，父亲被批判为"个人名利思想的典型""资产阶级白专道路的代表"，要作为"白旗"被"拔掉"。具有讽刺意味的是，将父亲划为"白旗"的主要依据是他于1956年在学校科学讨论会上获一等奖的《论中国国家的起源问题》等至今仍有影响的文章。

此后，他所教授的国际政治和政治学等课程被视为资产阶级的一套而取消，法学课程也大大压缩，成了一个"不授课"的教授。1960年以后入学的学生几乎再也没有听到过这位在30年代末以"授课精彩引人"闻名的教授的声音。此后的20年间，父亲也未能重返讲坛，留下了无尽的遗憾。当1978年他又重新开始作学术报告时，往日的学生已年近半百，他们看到他

吴恩裕教授所著《有关曹雪芹八种》

作报告时动情地说："吴教授风采依旧。"

·小情·

学校受到冲击，各处招工，十五六岁的同学都去工厂报名，马上就被录取试工。有的同学一个月换了三个厂，说石景山炼钢车间虽然累点、热点，但是有汽水喝，要找"可以免费喝汽水的工厂"干。班里人心惶惶，老师无可奈何。学校也要"大跃进"，一个学期的课要两个半月教完，而不少学生心不在焉，真是难为老师了。我不为所动，继续认真学习。虽然以前我在班里就名列前茅，但是此时等于比别人多读了半年，还多了很多时间打下坚实的知识基础。十三到十五岁是一个人记忆力最佳的时候，此时学会的知识将终生难忘。

政治方面有所松动后，我的一位姓刘的同学去香港接家族的班，一个月后给我写信，寄来了自己穿西装打领带的照片，十分神气，让我更全面地认识了香港。原来香港不只是"港式的鞋后跟高，港式的头发乱七八糟"，还十分富裕。我暗暗下定决心，"一定要去看看"，但亲临香港已是1/4个世纪以后了。

我参加深翻土地——挖大坑

"大跃进"真是一个"激情燃烧、社会沸腾"的年代，为了把钢产量从535万吨翻一番到1070万吨，全国可谓烽烟遍地，到处建起了土高楼。家家找尽了废钢烂铁，最后只得把大门门环都摘了去炼钢。

我从小认真，第二天早早到了学校找到老师，要看炼出的钢，老师吞吞吐吐地说已经交上去了。我不甘心，满院子找，在垃圾堆里找到了"土法炼的钢"，实际上是废铁渣。我望着黑灰的铁渣发呆，为什么要把好好的铁锅和门环炼成这种东西呢？小孩不懂，大人也不懂吗？

如果说我对炼钢是有疑问的话，对深翻土地则是否定了。14岁的我在北京宣武区（现属西城区）龙潭湖附近深翻土地，算是亲身参加了"大跃进"。当时的北京外城，即宣武区和崇文区，在城墙里面还有大片的农田。

学校组织我们初中生到崇文区的龙潭湖边深翻土地，种实验田。说是深翻土地，其实是挖大坑，挖 4 米深的大坑。不要说我才 14 岁，就是大人站在坑里把土扔上去也困难，所以不得不搭上板子，推着小车向坑外运土。在不宽的板子上，把载有 300 斤重泥土的小车推上 4 米高的地面可是个力气活加技术活，不知是哪个学校的老师在半路翻车掉了下来，不但摔坏了小车，还摔伤了胳膊。

我的工作是向小车里装土，我对此大惑不解。我没种过地，但五六岁时种过花，在东斋宿舍屋前的空地上种一种叫"大芍药"的花。以我多年种花的经验，埋花籽的坑的深浅是一定的，深了花长不好，种小麦难道不是一样的道理吗？种这么一小块地就要这么多人挖大坑，种全国的地要挖多少坑呢？而且，一斤粮食才值多少钱，这么多人挖大坑要多少工钱？再加上受伤老师的药费，就是多种出点粮食，这粮食合多少钱一斤？这些问题不断困扰着我，我从来不是只想不动，向小车里加的土一铲比一铲少。但是也没用，我加的少，别人就得多加，这样做还对我产生了恶果，一位姓梁的老师认为我劳动不积极，好在只是背地说说，没有公开批评。

那时北京还有一件大事，就是再也见不到麻雀了。1958 年全民除"四害"，麻雀被定为"四害"之一。清除的方法也尤为特别，就是中学生敲锣打鼓连喊带叫地在地下追麻雀，让麻雀不停地飞到累死为止。我经常看到麻雀气衰力竭，一头栽到地上，睁几下眼，动几下爪就死去了，心里很不是滋味。同学之间议论纷纷，吃粮食的动物很多，为什么麻雀就该绝种呢？这样做还真有效果，几年之内，北京的麻雀几乎绝迹。而 1958 年 4 月，科学院党组书记上交了由著名科学家朱洗、郑作新、冯德培、张香桐、徐京华、黄万里和黄秉维所撰写的《关于麻雀益害问题向主席的报告》，但并未能阻止这场灭麻雀的运动。

逝去的老北京

我在走遍世界之后，仍然觉得老北京的逝去是个历史的遗憾。

在我看来，1958 年以后老北京就渐行渐远，此后来到北京的人看到的就不是那个北京了。根据我的记忆，可以为老北京大致勾画一个轮廓。

北京内城有完整的城墙，墙前有广阔的空地，大街上有彩绘的牌楼和有轨电车。胡同有层次之分，大胡同里有许多大宅门；小巷狭窄，但也没有乱搭的小房。城中没有高楼，五层就是摩天大厦了。外城几乎无楼，多是小巷，房屋又破又旧，外城的南部有不少菜园和荒地。

北京几乎没有大商店和大饭店，多是夫妻小店，他们的主顾主要是附近的居民，是一种亲切的邻里商业，可以做到童叟无欺。就连挑着担子走街串巷的菜贩和推车子卖零食的小贩也包干划片，卖的都是老主顾，吃坏了肚子是找得着人的。北京还有一种"打鼓的"小贩，实际上是打着小鼓收旧货的，流动范围较大，但也几乎和胡同里的人都认识。市民几乎都在这个小社会生活，只有在买衣服、看电影和看病时才去那些大的公共设施。

北京的基本居住单位是胡同，对胡同有多种说法，我取信是"井"的意思，因为我问过多位蒙古族人，蒙语"井"的发音几乎与北京话"胡同"一模一样。胡同也有不同的层次，有"西城贵，东城高"之说，东西城各自的胡同也有层次之分，而一条胡同之内的院落又有层次之分，同层次院落中的住户来往较多。

大约从1952年运动开始以后，北京的"宅门"开始发生了极大的变化，北平解放时尚未离开的国民党军政人员家属、资本家和为欧美领事馆与公司工作的人员开始出走，被运动打倒的人开始迁出，加上政府的征用，大宅门甚至中宅门开始变成大杂院或宿舍大院，开始了新的大院文化。

1958年，为了迎接中华人民共和国成立10周年，天安门广场开始扩大，许多大街开始拓宽，人民大会堂、历史博物馆、民族文化宫、电报大楼、中国美术馆和华侨大厦等北京十大建筑开始建设，拆除了许多胡同和大宅门，也取代了以前的牌楼成为北京的新地标。听说这一年还有拆故宫新建党中央大楼的建议，是彭真书记坚决顶住了，真是千秋之功！

随着国家和北京的发展，老北京是不可能不变的，但从我游历世界的经历来看，保存历史却是完全可能的。在今天的罗马，古罗马的城墙、皇宫和街市等遗址，皇城周围的居民区以至斗兽场都在，尽管多已房倒屋塌，但遗迹都是原物，仍能真切地体味生活气息。

·1959 年·

历史好比一艘船，装载着现代人的记忆驶往未来。

——［英］史蒂芬·史宾德

神圣的宗教是基于神学的信仰，伟大的理想是基于科学的信仰。神学中可能有科学的部分，而科学绝不是神学，这就是宗教和理想及其基础神学与科学的区别。

——吴季松

·大事·

7月26日，高崇民与老友南汉宸、胡愈之考察西北，到达乌鲁木齐的当天就去六道湾原盛世才宾馆（后为新疆艺术学校）凭吊老友杜重远烈士。杜重远是西安事变西北军的主要策动人。

我身边投身抗日，被授予少将、大校军衔的亲友不少。没有人私下批判彭德怀，反有同情的表示："他是个正直的人。"

吴恩裕教授再版《有关曹雪芹八种》（上海中华书局）。

·小情·

我买了公共汽车月票，坐车不用再买票了，十分兴奋。想要走遍世界，先得走遍北京。我乘车最远到达的汽车终点站是宣武区的南菜园，那时还是真正的菜园，绿油油的菜园用大粪浇，气味不小。

到崇文区就是去龙潭湖，那时的龙潭湖白天绿水清波，岸上垂柳轻拂，一派自然美景。除了岸边有人种点地，就是个荒湖。到了晚上月黑风高之时，行人绝迹，是十分危险的地方。一是湖岸曲折，苇塘密布，极易失足落水；二是还有歹人出没，抢劫案时有发生。我回到公共汽车的始发站时，常常只有我一个乘客，司机和售票员两个人为我服务。满心喜悦地乘上"专车"后，售票员关切地对我说："下次不能再这么晚回去了，多危险！"

走进菜农小村，我看到垃圾无人清理，其中有吃剩的半个白面馒头和被倒掉的有肉片的剩菜。两个老农在聊天，一个说："现在粮食吃不完，没地方放，要再盖仓库。"另一个说："真的吗？就算是真的，吃大食堂也不能扔，暴殄天物，粮食不是他种的吗？不知道辛苦。城里人还好说，农村人也这样，撑不了多久。"这大概属于"反动言论"，但我很敬重他们，说得真好。于是我带着敬意默默离开了。

获得北京市优良学生金质奖章

我从小就是好学生，初中三年，年年获得优良学生奖章。优良奖章的获奖条件是"操行"（即现在的政治思想品德）要得"良"以上，以及所有科目中，最多只有一门副科拿4分（5分制）。我都做到了，年年只有体育是4分（体育算副科）。初中毕业时，全市评选金银质奖章获得者共几十人，条件是年年得优良学生奖章，且年年操行是"优"，我也都达到了，所以获得了北京市优良学生金质奖章。对于一个初中毕业生来说，这是最大的荣誉了。

金质奖章获得者保送本校高中，所以在7月大家挥汗如雨准备中考的日子里，我得以清闲自由。我记得自己前后一个月都沉浸在荣获金质奖章的喜悦里，似乎看什么都是发光的，老师称赞，同学羡慕，邻里夸奖。父母自然更不必说。母亲以美食慰劳，当时的美食不过是红烧肉、炒豆腐和西红柿炒鸡蛋，已经是小康之家的奢侈了。父亲给我的礼物是灯芯绒裤子和浪琴牌钢笔，灯芯绒裤子是不少男生向往的"时装"，也是我有生以来穿上的第一条，浪琴牌钢笔则是我用上的第一个"名牌"。

在喜悦中，却有一个问题总困扰着我：是否放弃保送北京二中，而去考初中时落榜的北京四中？应该说，对于考上北京四中我是有把握的，但是，得奖的气氛的确使我为难，尤其是怕伤了以我为骄傲的北京二中老师的心。在这场没有告诉任何人的思想斗争中，最后"讲义气"还是战胜了"荣誉感"，我决定，不能为自己争一口气而对不起辛勤教导我的北京二中老师，上北京二中，不考北京四中了。

然而，乐极生悲是常常发生的。我把金质奖章带在身上，爱不释手，但又怕人看了笑话，所以能自由反复欣赏的只有两个时间段：一个是睡觉前，但我经常很快入睡；另一个就是上厕所的时候。没想到就在一次上厕所欣赏奖章时，我一不小心把奖章掉进厕所中。我急得满头大汗，又不敢声张。当时的厕所是蹲坑，下面全是粪便，奖章一落下就不见了。我找了根棍子拨，怎么拨都不见踪影。第二天我起了个大早去迎掏粪工，掏粪工很同情我，一勺勺掏上来，让我用棍子找，但已经过了一夜，当然是找不到了。他还安慰我，说："到高中再得。"我至今记得那个掏粪工，身高体壮，粗声大气，很像国家主席刘少奇接见过的全国劳动模范、掏粪工时传祥，直至今天他仍然是我心目中的"时传祥"。尽管出了这样的插曲，这枚金质奖章却极大地改变了我的人生。

参与组织中苏儿童大联欢

我最早的涉外活动是1957年参加为庆祝苏联十月革命40周年而举行的中苏儿童大联欢。1959年，我又在敬爱的周总理的直接指导下，作为名校北京二中的少先队大队委员，和其他少先队员代表一起，参与组织了庆祝中华人民共和国成立10周年的中苏儿童大联欢。这是我再次近距离看到周总理，给我的印象至今难忘。周总理光彩照人，一进门就好像看了每个人一眼，对我们这些小孩也不例外，其他见过周总理的人也是这种感觉，这需要多充沛的精力和多深厚的人文精神啊！之后我走遍世界，见到这样的人不超过2个。

这次联欢会共有近千人参加。除了在北京的苏联专家的孩子，还有很多小朋友专程从苏联赶来。我是北京的5个少年主持人之一。联欢会结束后，苏联驻华大使契尔年科握着我的手说："感谢你出色的组织工作。"

分别时，大家真是依依不舍，尤其是我和一个黄头发、蓝眼睛、比较脑膜，但是十分真诚的苏联男少年。我们以最简单的俄语——主要依靠手势——进行交谈，他叫瓦西里，不是大城市人，非常热爱中国。我们的确是真情惜别，我看见他的蓝眼睛里像水晶一样蒙上了一层泪花。他说："我们能通信吗？"尽管我刚开始学俄语，但还是不自量力地、坚定地说："当然可以！"后来我们果然不间断地进行了5年信件往来。从他来信的地址看，他住在靠近欧亚分界的小城，能选入苏联儿童代表团，想必是出类拔萃的少年。后来随着两国关系的不断恶化，我们通信的间隔越来越长，我清楚地记得，是我发出了最后一封信，然后再也没有收到回信。但是即使在 20 岁的当年，我也十分理解：或许他没有收到我的信，或许他已无法发信？

1990 年我担任中国常驻联合国教科文组织代表团参赞衔副代表期间，苏联常驻联合国教科文组织副代表、苏联团中央副书记真诚地对我说："如果当年中苏关系不破裂，我们仍然是最好的盟友，世界会是什么样子呢？"是的，如果中苏关系不破裂，世界是什么样子呢？我们这一代人都还有那个时代的赤诚童心，问题是有可能不破裂吗？破裂的原因是什么呢？如果历史重演一次，我们应该怎么做呢？历史能够重演吗？现在，我们进入了一个生活富裕的时代，但不应该是一个思想贫瘠的时代；我们进入了一个娱乐享受的时代，但不应该是一个无所事事的时代，否则历史的潮流会掀起巨浪，甚至让时代在短时期内逆转。这应该就是历史的轨迹吧？

天安门广场是世界上最大的首都广场吗

为了庆祝中华人民共和国成立 10 周年，北京市不但新建了人民大会堂和历史博物馆，对天安门广场也进行了大规模扩建。自那时起就有个说法，天安门广场是世界上最大的广场。今天我们也常听到导游对外国人说，北京是世界上最古老的首都，天安门广场是世界上最大的首都广场，颐和园是世界上最大的皇家园林。实际上如何呢？

北京是世界上最古老的首都吗？

北京建成成规模的城市是在 1115 年前后，距今只有 900 多年，不仅晚于公元前 406 年前后建成的希腊雅典和公元 1 年前后建成的罗马，也晚于 1078 年建成的伦敦和 1080 年建成的巴黎。北京的确有 3000 年前的城池可考，但其距离今天的北京城很远，按国际惯例不能算作同一座城池。同时，由于北京的建筑多为木结构，所以大多数已经不是原物，而罗马和雅典不乏 2000 年前古建筑的原物（不少已破损），伦敦与巴黎也不乏 800 年前的古建筑。当然，说明这一切并不会有损北京古都的声誉，只不过真实是人类共同的追求。

天安门广场是世界上最大的首都广场吗？

天安门广场以原紫禁城南门天安门为北端，以北京内城南门——正阳门为南端，在 1949 年中华人民共和国成立后逐步扩建。天安门广场面积约 44 公顷，是巴黎凯旋门广场的 4 倍，是莫斯科红场的 2 倍。如果包括周边区域与道路，面积则超过 70 公顷，可容纳百万人集会。天安门广场的长安街是北京最长、最宽和最重要的大街，长 55 千米，宽 120 米，长宽远超过巴黎的香榭丽舍田园大街。

但是天安门不是世界上最大的首都广场。印度新德里的印度门与对面的总统府隔着巨大的拉姆斯广场相望，拉姆斯广场比天安门广场还大，堪称世界上最大的广场。广场呈长方形，南北宽约 450 米，东西长达 2 千米，中间是一条宽阔的水泥路通道，两边是广阔的绿草地，草地中央还有长条形的人工湖，中间被捷安大街拦腰切断。草地经过修剪，平如地毯；湖水经常抽换，总是湛蓝；东边是淡紫色的印度门，西边是赭红色的总统府。由于广场太大，站在广场中央向两头一望，雄伟的印度门和宏大的总统府好像是儿童用积木搭的玩具，只有走近时才能体会它们的宏伟。

此外，如果广场的定义是空地的话，美国首都华盛顿的广场也比天安门广场大，当然地面没有铺设水泥，绿草如茵，而且其中除了华盛顿纪念碑外也没有其他建筑物。

颐和园是世界上最大的皇家园林吗？

颐和园总占地面积 290 公顷，即近 3 平方千米，其中水域占 2/3。巴黎的凡尔赛宫占地 7 平方千米，是颐和园的 2 倍多。但若论有建筑的花园部分，凡尔赛宫只有 1 平方千米，是颐和园的 1/3，且它的水域部分也不如颐和园大。

对于我们热爱的北京，最重要的不是争最古老的都市的头衔，而是让世界游客和我们的后代能亲眼看到这座城市的古老；最重要的不是争最大的首都广场和皇家园林的头衔，而是尽力保持它与周边的和谐，让世界游客和我们的后代能领略它的文化底蕴。

·1960年·

历史是一首写在人类记忆里的回旋诗歌。

——［英］雪莱

在走遍世界百国之后，我最深刻的感触就是：没有一个国家在自己的历史上没有走过弯路，而强大的国家在历史上走重复的弯路更少。

——吴季松

·大事·

苏联下令撤走全部援华专家，带走资料和图纸。

·小情·

除了粮票、油票，政府也开始发行芝麻酱票、豆腐票，节日的花生米票、水果糖票等，有的只记在购货本上，林林总总 10 多种，票证开始被视为珍宝。我也学会了如何平均分配，力求吃饱。

但是人民还是要生活，来客人、过生日时，邻里之间还有借票买芝麻酱的情况，一碗芝麻酱拌面就相当于今天的海参面了。

由于粮食紧缺，街上一般冷冷清清，乘公共汽车的人大大减少，与去年我乘车时有人喊"别挤了，再挤我成壁画了"引起哄堂大笑的情况完全不同了。有时，精神的力量的确可以胜过物质的力量，我也吃不饱，但还是乘公共汽车跑遍了全城，成了北京的"活地图"。好心的女售票员问我："你瞎跑什么？不饿吗？"可今天我这个活地图没用了，全拆了，只能写北京史了。

饥饿的年代

　　提起 1960 年，1955 年以后出生的人的最深印象就是
"自然灾害"及其引起的饥荒。全国遭受了百年不遇的自
然灾害，受灾面积达 9 亿亩，占耕地的 1/2。粮食定量是
人们最关注的数字，国家主要领导人是 26 斤 / 月，而我
的定量也是 26 斤 / 月，因为正在长身体。棉布自 1954 年
已有定量，每人每年 21 尺，大约一年只能做两件衣服，
即使对于正在长个的少年，这也是很不足的。

母亲宋淑青

　　母亲千方百计让我们吃饱，办法有三个：一是自己
少吃，二是让东北老家的亲戚寄粮票来，三是把不知从
什么地方找来的野菜掺入窝头里蒸。

　　有一次，年届 70 的姨父来家中看望母亲，车子停在远处，以免影响不好。
他和母亲在外屋谈话，我从不偷听别人谈话，但里外屋只隔着一层木板墙，声
音难免飘进来。他们回忆起已故的姨母。姨父说："小孩去我家吧！条件总好
一点。"母亲说："您小孩也不少，不能给您添麻烦了。"姨父说："一只羊也是
放，两只羊也是放。"姨父临走还要留下点什么，大概是粮票，母亲坚辞不受。
（姨父在三年困难时期还帮助过许多被整干部的家庭，他们感激至今，这些都
是我听表哥和司机说的。）

　　当时我总是感到饿，但只得克制。从那时起，我养成了除准时的三顿饭
外其他时间基本不吃任何东西的习惯，延续至今。当时只吃三顿饭是为了节省
粮食，而准时则是因为到了时间已饥肠辘辘，无法再忍耐了，这种条件反射直
至今日。

　　由于母亲费尽心血，我没有得浮肿病，但产生了一个至今存在的后果。
我在 1960 年 16 岁时身高就达到 169.7 厘米，在班里从小学的小个子长到了中
学的大个子，但从 1961 年起我再没有长 1 毫米。而且我的骨架大，但手小脚
小，买衣服要买身高 1.80 米的人穿的衣服，再把袖子截短。这可以说是自然
灾害年代留下的永久记忆。

　　我只是不再长高，母亲却由于饥饿、营养不良得了黄疸型肝炎，眼睛明
显发黄。我心中的滋味实在难以形容，能做的只是自己尽量少吃，但有时也会
忘记；让母亲多吃，但也不是每次都看着她吃进去东西。为了看病，母亲托人

认识了北京著名中医方鸣谦，只吃了他开的几服每服几角钱的药，病就好了，方大夫真是妙手回春。

方大夫还治好了我的病，这更是有点传奇。我少年时体弱，常患扁桃体炎，一发烧就达 40℃，弄得母亲十分紧张。20 世纪 50 年代初我是去北大红楼对面的一家外国人开的诊所，大夫和护士都是德国人，态度很好，也药到病除，但总不去根。大概在 1956 年公私合营以后，北京外国人开的诊所就绝迹了。

1960 年母亲为了彻底解决我的扁桃体问题，决定切除。我住进了协和医院，这是我自出生以来第一次住院，第二次住院居然是在 47 年以后，2007 年因为肾结石住进了宣武医院。其间的 47 年我非但未住过院，连点滴都没有打过，以致 2007 年住院时不知怎么打点滴，让护士都大吃一惊。

母亲在病被治好后，对于方鸣谦大夫十分崇敬，就又带我去看扁桃体炎。方大夫住在一个四合院中，房子并不宽敞，但在当时的北京已算上等了。方大夫中等身材，态度和蔼，一看就是德高望重的老中医。他仔细诊断后开了一服药，每服仅 1 角 7 分钱。大概吃了 10 多服药，不到 2 周时间，我的病就好了。奇迹是自那时起至今，我再也没发过扁桃体炎，连感冒都极少，即使感冒了，扁桃体也不发炎！方大夫真是神医！

从科学角度来看，我病愈有两个因素。一是药确有奇效，药到病就根除。据说方大夫还用中医方法治疗了周总理专门邀请来华诊治的印度尼西亚苏加诺总统的肾结石，没有开刀，使苏加诺十分感谢，为当时中国和印度尼西亚的"蜜月"关系添了一砖。二是那时正是我开始坚持锻炼的时期，以后我的体质一直比较强壮。

我从小比较体弱，且不喜欢体育运动，这年我想，应该各方面都不比别人差，于是开始体育锻炼。我制订了自己的锻炼计划，包括长跑、举重、单双杠、倒立、俯卧撑，都是最枯燥的项目，但我一直凭毅力坚持下来，直至今天。不管酷暑严冬还是刮风下雨，不管是在新疆的戈壁荒滩上开拖拉机还是住在瑞典的王宫里，日日夜夜，我真不记得哪天是没运动的。中学时长跑没有场地，我只得早早去上学，在内务部街胡同里进行；上大学时去北京体育学院；工作后在戈壁荒滩、乌鲁木齐郊野，到合肥后在科学岛；出国后在巴黎郊区的小山、卢森堡公园、斯德哥尔摩郊野；回国后在工人体育场、香山。虽然因为年龄增长不断改变运动方式，从长跑到登山，再到快走、游泳，但是我至今没有间断。自那时起我身体强壮，至今仍在工作，除一次工伤、一次痛风和一次肾结石外没请过一天假，已经超额完成入清华大学时的誓言"为祖国健康工作五十年"八年（从 1965 年参加"四清"算起）。

我的文字第一次变成铅字

吴季松在《中学生》上发表文章

尽管从小学到初中我的作文一直是范文，但最多只是上黑板报。当时北京的报纸杂志很少，面向青少年的只有《中国少年报》和《中学生》，在外地的就更少了。更何况在 1960 年，自然灾害引起了各种物资的匮乏，纸张是严重匮乏的物资之一，许多报刊停刊。因此，一个少年的文字要能发表是十分不容易的。

就在这种形势下，我的第一篇文章在《中学生》杂志第 4 期发表了，题目是《要坚持天天读报》。《中学生》是一本全国发行的小杂志，只有 13 厘米宽、18 厘米长，像小人书一样大小，每期只有六七十页，是一个小册子。我的文章在第 32—33 页，一共不到 800 字，是一个豆腐块文章，后面还有一首小诗，结尾是"报纸内容一看完，首先要想所以然，联想归纳和分析，提高觉悟作宣传"。

当时发表文章的少年实在太少了，文章发表后，我接收到上百封全国各地中学生的来信，当时不断地复信，从激动、荣耀和热诚变成厌烦、无奇和平淡，每封信的 8 分邮票也是一个不小的经济负担。但一个广西壮族自治区的姓陆的同学和我一直通信到 1966 年初，后来他好像做了当地革委会的头头。陆同学，今天你在哪里？

中苏关系恶化的影响

中苏关系恶化在社会上引起很大震动，尤其是在留苏生中。18 年后的 1978 年，全国科技大会（我参与了一些工作）召开，会上组织看当时难得一看的美国和日本电影，而留苏生一致要求看《静静的顿河》。历史在人民中是难以磨灭的。

这件事对我的影响也不小。为了准备留苏，老师指定我学俄语。同学都说："俄语没用了。"但我想，知识总是有用的。结果，13 年后搞受控热核聚变实验（苏联的 Tokamak）时，我就真用上了。

我从小在北大民主广场看高尔基三部曲《童年》《在人间》《我的大学》，《列宁在 10 月》和《列宁在 1918》等苏联电影，唱《莫斯科郊外的晚上》《喀秋莎》和《三套车》等歌曲。中苏关系恶化对我这样的中学生和数以万计的留苏生影响巨大，不过我们只是在下面议论："党的关系为什么要波及国家？"当时学生中已无人敢唱苏联歌曲，当然没什么禁令，不过可以说明当年的政治气氛。至于娶了苏联妻子的留学生，大部分都离婚了，更是造成了悲剧。

苏联红军少将当我校校长和校中盗窃案

1960 年，北京二中迎来了一个空前绝后的校长——姜校长。姜校长是苏联红军的预备役少将，在中苏关系恶化后坚决重返故土，居然到北京二中当校长。姜校长当年约 60 岁，中等身材，很健壮，脸色黝黑，目光炯炯，俄文流利，说中文很困难，但可以大致听懂。姜校长为什么当了苏联红军的少将呢？原来，第一次世界大战中 30 万华工被征去欧洲战场，其中到俄国战场的有 5 万，他是其中之一。他是跟着叔叔去的，当年才 16 岁。据说他在战场加入了苏联红军，还见过列宁，后来一直在红军中服役，又参加了第二次世界大战，浴血奋战，升至上校，退役后为预备役少将。

姜校长很爱和学生聊天，但不少同学怕他，我们几个不怕的就成了他的小朋友。当时我刚学了一年多俄语，我们的交谈就用汉语、俄语加手势进行，了解了他的身世。说起学俄语，还有一段故事。当时高中分俄语班和英语班，因为父母都会英语，所以我就想报英语班，可以得到"家教"。但老师对我说，你是北京市优良学生金质奖章获得者，有留苏的可能，一定要学俄语。我回家问父亲，他也说："学俄语！"我只得改报了俄语班。

姜校长上任不久，学校就发生了一起大案。财务科的工资款项被盗，而门窗乃至保险柜都完好无损，钱是怎么被偷的呢？以姜校长的资历，这个案子直接惊动了北京市公安局局长，派了精锐警力来我校调查，不但有大批警察，还有多条警犬。我们最感兴趣的当然是警犬。警犬神气活现地嗅遍财务科，然后出门，入院，出校门，进胡同，昂首阔步，胸有成竹，当向西走到胡同口的东四南大街时，气味太杂，闻不出来了，警犬就一屁股坐在地上，垂头丧气，警察拉都拉不起来，十分可笑。

在校园里也掀起了破案的群众运动，各班同学都在老师主持下提供线索。有住校的华侨同学说夜间上厕所时看到黑影越过高墙。当老师问案发当天有谁向外打过电话时，淘气的同学说："不敢说！"老师忙说："有我做主，有什么不敢的？"同学说："就是你！"原来那天老师给女朋友打电话，自己却忘了，弄得全班哄堂大笑。

如此大动干戈，最终却没有破案。倒是一年以后，由其他案件牵出了真凶，正是财务科曹科长监守自盗。曹科长是中华人民共和国成立前的党员，参加过游击队，所以没人怀疑到他。但他早已堕落，监守自盗。

·1961 年·

人总是有物质和精神两种需求。当物质需求不能满足时，人们会转向精神需求，当物质需求基本满足时，人们也会转向精神需求。作为人，物质需求是第一位的，但精神需求也是必不可少的。

——读书札记

俄罗斯的顿河草原、中国的呼伦贝尔草原和阿根廷的潘帕斯草原是世界三大草原，面积都有上百万平方千米，有着丰富的畜产，但是今天，草原和草原湿地都面临着程度不同的生态蜕变。如何科学地对待它们，是三国人民的共同课题。

——吴季松

·大事·

高崇民以全国人大常务委员会委员的身份视察东北（这是他 7 年后重返东北），考察吉林特产研究所，对湿地动物河狸有浓厚兴趣。

·小情·

精简职工在我的邻居家中也引起了动荡。穆大姐是同仁医院的护士，丈夫是首钢的工程师。按规定，大城市职工要向小城市迁，穆大姐上了迁兰州的名单，她丈夫可以不去，但穆大姐以离婚相威胁，她丈夫只得跟着去了兰州。

至于全家下放的自然就没有这种问题了。他们的子女出了不少名人、名作家，真是"磨难出人才"。

流言在北京流传

1961 年以一幅轻松的漫画开始,《北京日报》登了一幅漫画,两个小孩对看一张写着"1961"的纸,互相说:"你看倒了。"这幅漫画真是独具匠心,使人至今难忘。

然而,1961 年对北京市民来说却不是轻松的一年。除了吃不饱和浮肿病流行外,"蒋介石要反攻大陆"的流言在大街小巷流传。尽管几乎没有人公开讲,但是只要看到街上一堆人在议论,十有八九就是这个话题。以一个少年的感觉来说,多数人对此感到恐慌,高兴和仇恨的都是少数。在机关和学校里当然是另一种气氛:"打倒蒋介石,解放台湾岛"。我更多观察了班里反动军官出身的同学的表情,得出的结论是,他们没有什么变化。

我也因此对台湾产生了兴趣,尽管小学地理课上就学过阿里山和日月潭,但是直到这时我才找出书中的照片看它的样子,并想象着何时能登上台湾岛。台湾是个沉重又神秘的地方,"谁的父亲在台湾""谁的亲戚在台湾"成了不少中学生心灵上沉重的包袱,"台湾又派来了特务""台湾要反攻大陆了"成了这些幼小心灵中的大事。我们还听说国民党反攻大陆的指挥部设在阿里山上。这一切激发了我的好奇心,想看台湾、上阿里山的愿望越来越强烈。走遍世界先得去台湾啊!但我对去时自己可能的身份一直模糊不清,是特工,还是解放军?

直到 2005 年,我才真正踏上台湾岛,登上阿里山,在 2007 年 4 月又去讲学,两次共在台湾住了一个月。

我看到的第 26 届世界乒乓球锦标赛

在 1961 年那饥饿沉闷的岁月里,科学家甚至提出"少活动、晒太阳"以增加能量,来对抗饥饿感,甚至换算出晒多久太阳相当于吃一个"太阳鸡蛋"。这是洋办法、科学的办法。后来又出现了土办法、迷信的办法,即打鸡血可以包治百病,真有不少人抱着小公鸡去医务室抽血打自己身上。有一个想有好嗓子唱歌的同学,被同学开玩笑说可以打驴血,他当时居然认真地问:"是吗?驴血可不好找。"

1961 年最让人激动的事大概就是在北京举行了第 26 届世界乒乓球锦标赛,

那真是体育狂潮，群情激奋。当时东四十条处的城墙早已拆除，城外拆出了宽敞的工人体育场北路。说是"路"，其实不是城市的路街。路南是工人体育馆，路北就是农田和水塘。为了挡住农田，让外国运动员看到北京建设的新区，就在路北沿街盖了一排住宅楼，其目的是遮挡住农田。这在世界城市建设史上也是少有的建筑目的，但确是当时的需要。这些楼房至今仍存在，也是北京城内第一轮拆迁户的住所，我一个小学同学的家就从中老胡同搬到了这里。

当时去工人体育馆看比赛还没有公共汽车可乘，住在城里的人要乘 9 路无轨电车沿朝阳门外大街出城到神路街下车，然后向北走 500 多米到工人体育馆。沿途可以看到农家乐的情景。北京这一带原来水源充沛，东大桥、大北窑和苇子坑等至今存在的地名，都与水有关。从神路街下车，就进入柳荫密布的小村，村中有池塘，塘里有鸭鹅在嬉戏。村中一片黑暗寂静，星星点点的几盏灯光与近在咫尺的灯火辉煌、人声鼎沸的工人体育馆完全是两个世界。我当时想，如果家住这里该多好，看比赛太方便了。没想到，38 年后我的家真搬到了工人体育场对面，相距不到 200 米的地方，但那时我已不到现场看体育比赛了，尤其是足球。我在这里住了 8 年，仅仅在绕工人体育场长跑时进赛场看了一眼没有多少观众的足球赛，门卫连票都不要，就让我进去了。

1961 年的工人体育馆真是偌大北京市中仅有的欢乐与激情的海洋，可容纳 18000 人的体育馆几乎场场座无虚席。那难得的自豪感和荣誉感，那被压抑的郁闷心情，那对民族与国家的激情，都在场中一阵又一阵地爆发出来，无人不被这种气氛所感染。我就是在这时开始对体育比赛情有独钟的。

在第 26 届世界乒乓球锦标赛期间，流传着日本男队员星野展弥在输给徐寅生后被教练打耳光的传言。当时我在场内坐的位置靠近日本运动员的出场口，不但清清楚楚地看到徐寅生和星野展弥对打的十二大板，也清楚地看到星野展弥下场时教练向他挥过手去，是脸的位置，至于是否打上了耳光，由于教练员是背对着我，就没看见了。

放弃了大家想得到的机遇

高考是一次人生的抉择，而我的抉择在高考之前就确定了。当时北京广播学院还没有毕业生，电视节目也没有"主持人"一说，中央电视台的播音员是从高中二年级以上的优秀学生中选拔符合条件的，赵忠祥和宋世雄等著名播音员都是这样进入中央电视台的。中央电视台来我们学校选拔时也考虑到了我，但我并不想去，想考大学，于是说了句实话："优秀学生应该说自己想说的话，而尽量不说自己不想说的话。"这句话当然传出去了，结果中央电视台连面试也没找我。而在 40 年后，我父亲的同学和同事、为我题写书名的大师季羡林先生也说了同样的话。

35 年后，我在全国人大常务委员会工作时见到赵忠祥先生，谈起这段故事，他说："您要当时做了播音员一定比我强。"这当然是谦虚之词。人大常务委员会的工作人员请我向他提出合影的要求，我照办了，他欣然应允。合影的人事后十分兴奋地说："如果不是您，这是办不到的。"其实未必，名人也有保持自己习惯的权利。我不是名人，也不太愿意合影，所以那次别人都合了影，而我和赵先生没有合影。

我的大学

我非"田舍郎"，校非"天子堂"

大学六年在清华（其中一年农村大学，一年社会大学）

1962 3月2日，周总理出席全国科学工作会议及全国话剧、歌剧和儿童剧创作座谈会，作《论知识分子问题》报告。

1963 2月，中共中央召开工作会议，决定在农村开展以"四清"为主要内容的社会主义教育运动。

1964 10月16日，中国第一颗原子弹爆炸成功。
12月21日，第三届全国人民代表大会召开。

1965 国民经济调整任务基本完成。

1966 5月16日，中共中央政治局扩大会议通过《中国共产党中央委员会通知》（即"五一六通知"）。
学生全国大串联开始。

1967 6月17日，中国成功试爆第一颗氢弹。

·1962 年·

科学是使人的精神变得勇敢的最好途径。

——［意］布鲁诺

每个人的一生中都会有机遇，每个人也都会做出事后看来不是最佳的抉择，这就是一个人的成长过程，这就是人生。重要的不是莫名追悔，也不是自我安慰，而是总结经验，认识世界，感悟人生，活成一个明白的人。

——吴季松

·大事·

吴恩裕教授出版《曹雪芹的故事》（上海中华书局）、《有关曹雪芹十种》（上海中华书局）；翻译《布尔什维主义的政治理论》（商务印书馆）；发表《凯尔森纯粹法学的实质》，刊于 1962 年《人民日报》。

·小情·

高考的选择与高考准备

由于有亲戚在军队工作，在高考前我就得知，我有可能以北京市优良学生金质奖章获得者的资格进入海军学院，所以进入 1962 年，对高考复习我很放松，和一般上课没有两样。考前的放松心态和充分的休息时间，反而使得我在考试中发挥了最高水平。不过出于一些原因，最终我没有选择上军校。如果我上了军校，以我严守纪律、勇于冒险的性格而言，应该是个不错的军官。

不去军校，是我做的第一次选择。接着我又面临第二次选择：考文科，还是考理工科？我的文理科成绩均为优秀，我有些拿不定主意，便去请教父亲。他颇费了一番思量后，用一种令人难以理解的复杂目光望着我，严肃地说："还是考理工科吧！在中国学理工科容易集中精力，为国家争口气，为人民做点实际的事情……我当初要是学理工科就好了。"当时我还搞不明白，为什么学文科就"不容易"，但还是听从了他的意见，报考了清华大学。

我的备考现在看来是轻松的，由于胸有成竹，我真是"不贪黑，不起早"。

不但奇迹多从厄运中产生，许多受用终生的好习惯也是在恶劣的条件下养成的。自那时起，我养成了看1小时书必休息10~15分钟的习惯，至今不变。这种习惯还是我从书上学到的，即经过多个实验案例统计分析，人的注意力高度集中的持续时间最多是45分钟，这个结论在我身上很适用。

从高考复习起，我就总结了一套方法，在以后的考试和工作中屡试不爽。对于数学、物理和化学的复习，我主要是整理中学所学基本概念，按自己的心得梳理成系统。以数学为例，每一个基本概念做3~5道题，反复用多种解法练习，力求达到自己可以出考题的水平，完全不采取"题海战术"。对文史学科，我也是先梳理基本知识，然后自己按大类出作文题目，例如理想类、记述类、议论类和描写类等，每类自己出两三个题目，并写出作文，构成基本模块，上了考场见到作文题目后，就选择已有的基本模块拼装，剩下的工作就是联结和发挥了。用这种方法，我的复习和高考非但不是劳苦、负担和烦恼，反而是轻松、有趣、有序和有创造性地完成了一项重要的工作。

1962年的高考是中华人民共和国成立以来对家庭出身放得最宽的一年，除了有直系"杀关管"亲属的学生外，均能报考重点学校。

我考上了清华大学，后来中学老师说我的作文《雨后》得了北京市最高分，他们还议论这个学生为什么不上北京大学。2018年我曾去北京档案馆查过，对方却说没有存档。大数据有什么作用呢？

我家终于两代三人入清华，父亲是在20世纪30年代，姐姐（长我12岁）是在50年代，我是在60年代。清华大学犹如湿地，人才源源流入，大部分净化成才后流出。

吴季松考上清华大学后
在北海留影

颐和园游泳遇险

考入清华大学后我十分兴奋，与中学同学去颐和园划船，在后湖无人处，几个人偷偷下水游泳。我刚学会游泳不久，触底后脚蹬了一下，没想到湖底都是淤泥，脚拔不出来。喝了几口水后，我拼尽所有力气，头才露出水面。我至今仍记得当时的情景，几个同学都泳术不佳，我的确有葬身湖底的可能。

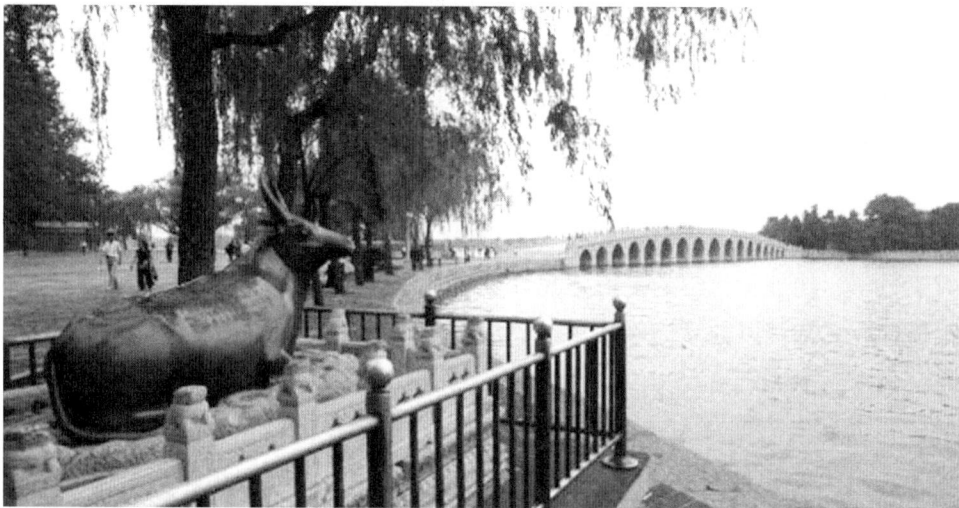

1962 年，吴季松在昆明湖十七孔桥西的湖中遇险

我所知道的清华大学历史

清华大学的前身是清华学堂，是 1911 年清政府用美国退还的庚子赔款在旧皇家园林——清华园创办的留美预备学校。辛亥革命后，清华学堂改名为清华学校。1914 年冬，梁启超来清华演讲，引用《周易》中的两个象辞"天行健，君子以自强不息""地势坤，君子以厚德载物"激励学子，后来"自强不息，厚德载物"成为清华的校训。1925 年设大学部，采取四年制的学制，1928 年改名为国立清华大学。清华大学的第一任校长是唐国安（1858—1913年），是 1873 年曾国藩选派的第二批留美幼童中的一个，时年 15 岁，后肄业于耶鲁大学。

清华大学的建成得益于两任校长，一位是 1931 年至 1948 年担任了 17 年校长的梅贻琦（1889—1962 年）。抗战期间，学校于 1937 年迁入昆明，与北京大学、南开大学组成西南联合大学，他主持了在昆明的 8 年工作，以及 1946 年艰难的迁回工作，不但保存了清华的元气，还能使学校有所发展，实属难能可贵。他提出的"所谓大学者，非谓有大楼之谓也，有大师之谓也""师资为大学第一要素"是办学的至理名言。

另一位校长是 1952 年至 1966 年担任了 14 年校长的蒋南翔（1913—1988 年），他使清华在中华人民共和国成立后保持了全国数一数二的地位。他提出的"为祖国健康工作五十年"，清华要成为"红色工程师的摇篮"，也激励了几代的清华人。我们父子两代，分别是在 1930—1934 年梅校长领导下的清华和 1962—1966 年蒋校长领导下的清华受的大学教育。

此后清华的党委书记何东昌，校长张孝文（1988—1994 年）、王大中（1994—2003 年）和顾秉林（2003—2012 年）就不仅是与我见过面，而且与我相识，并有较多的交谈了。

清华大学的几则趣闻

一是一位姓李的东北同学有一个中号搪瓷盆，既当脸盆又当脚盆，还当饭盆。当时大家刚从饥饿中缓过来，食堂开饭到最后，稀粥可以随便喝，瘦小的李同学就用他的盆盛了粥，慢慢地全部喝下去。后来他做了中国银行香港分行的高级负责人，勤俭节约、精打细算应该是内行。

二是一位福建来的同学，出自渔民家庭，吃饭时看到米饭并不动筷，一直在等"饭"来，搞得大家莫名其妙。原来他们村里的穷苦渔民吃饭时，水煮鱼是饭，而用油炒一下的米是菜。后来他成了地方高校的负责人，宴请时应该还记得当年的"笑话"吧。

三是一位来自北京的龚同学，矮壮精明，小职员出身。可能因为家里孩子多，经济情况也不好，为了省几分车钱，宁可提早一站下车走路，以便达到车费最优化。这本来很好，但是他认为这很丢脸，让我去问售票员到哪站要多少钱的票，我当时并没什么感觉，帮着问了，他也很感激。但奇怪的是，在两年之后的运动中，他开始整人。他曾担任班里的团支书，为了某种目的，在我不在的情况下，当众造谣说"吴季松的父亲是'右派'"。

又过了 5 年，这位团支书父亲的单位来了不少人调查，说他父亲是有劣迹的伪警官，有根有据。看来他父亲在单位也是小头头，民愤不小。这些人知道他是团支书后，居然要在我们宿舍的楼道里斗他。

我从 1960 年开始长跑，因为自然灾害期间只能吃个半饱，不得不停止。1962 年上半年，我又开始了坚持半个世纪的长跑，后改为登山。在二中内务部街一同锻炼的还有家住于此的冯玉祥的夫人、卫生部部长李德全，她的锻炼方式是快走，年过半百，身体强壮，健步如飞，我们相遇时都会打招呼。

·1963 年·

　　我只能写我体验过的东西，我思考过和感觉过的东西，我爱过的东西，我清楚地看见过和知道的东西，总而言之，我写我自己的生活和与之常在一起的东西。

——［俄］冈察洛夫

　　啊！尼罗河，我赞美你。

　　你从地里涌出，养活埃及，一旦你的水流变细，人们就停止了呼吸。

——埃及法老时代诗歌

·大事·

　　1963 年 12 月 14 日，周总理开始访问亚非十四国。我立下宏愿，想要走周总理走过的国家，但至今只走了埃及、摩洛哥、突尼斯、加纳、缅甸、巴基斯坦和苏丹七国，仅为周总理走过国家的一半。时过境迁，如今只有埃塞俄比亚和阿尔及利亚还应该去。

·小情·

独游荒芜的圆明园

　　圆明园经 1860 年和 1900 年两次浩劫后，5200 亩地都成了一片废墟，但砖石和未燃尽的木料遍布全园。先是北洋政府负责管理的军人和长官拉料，后来巨商富贾也天天成车地拉料，再后来北京的居民也都去拉料盖房，20 年间就拉了至少 700 万辆满载的大马车。圆明园成了北京免费的石料厂，先是对每车收大洋 1 元，后来就没人管了。大至原来的燕京大学（现在的北京大学）、清华大学、香山慈幼院、保定的城南公园（现在的保定动物园），小至今天的达园宾馆和北京后起的大宅门，用的都是圆明园的石料。这个石料场之大、材料质量之高，堪称世界之最，在我考察的世界 106 个国家和地区的历史中首屈一指，空前绝后。然而这个"世界之最"是耻辱的，为什么要在外国人毁了世界名园后趁火打劫呢？派车的人做何感想？拉车的人就什么也不想吗？

我进入清华大学后，1963 年曾在课余时间前后 20 次深入圆明园废墟考察。20 世纪 60 年代，石料已经拉完，而对圆明园的大规模勘察尚未开始，曾被喻为"北京江南""世外桃源"的圆明园无人问津，不知是否有考察者与我同温这段历史。

我从清华大学骑车进入圆明园丛林密布的曲折小路，从南到北大约有 3 千米。树林连着树林，池塘连着池塘，稻田连着稻田，独户的农舍散落其间，尤其是夕阳西下时，寂静一片，神秘莫测，是一片水乡迷宫。圆明园树林之绿为北京之冠，因为劫后半世纪的草木灰是用不尽的肥料，再加上地下水十分充沛，这里的稻田同样长得极好。使用圆明园石料的民居堪称富户，居民个个见人就躲，谈两句话也讳莫如深，口音很杂，更不会吐露身世。在人民公社组织严密的那几年，这里好像是"几不管"地带，别处大会接小会，这里却从未见开过会。这里的居民很大部分是外来户，种田为名，挖宝是实。挖到宝贝（只剩金戒指、耳环和小元宝等埋入土中的小件）后就马上返回，或南窜北逃到荒凉地带。这段历史的主人公最年轻的也已超过 80 岁，不知如今还能否找到。如能找到，那段时期互抢、互殴甚至谋杀的故事当可写一本小说。

·1964 年·

我不能说事物在变化中一定会改进，只能说如果事物要改进，那就一定要变化。

——［德］利希滕贝格

中国这么大，人口这么多，发展这么快，问题这么复杂，处理和解决这些问题，如果仅仅因循外国和前人的思路，从科学上来讲成功的概率很低。我们必须创新，自主创新，原始创新。

——吴季松

·大事·

周总理主持西安事变28周年纪念会，称张学良和杨虎城将军为"千古功臣"。李维汉、林枫、南汉良、高崇民夫妇、张学思夫妇、杨拯民（杨虎城之子）均参加了纪念会，高崇民赋诗"今日座中皆旺健，一人憔悴在东南"。

高崇民发表《西安事变杂谈》（3.2万字）。

1964年，清华大学与中央和北京的很多单位混编成社会主义教育工作团，以大学四年级以上的学生为主，赴北京郊区的区县参加"四清"运动。

·小情·

在那个激情燃烧的年代，我自觉枪法尚可，曾想报名参军去抗美援越，后因军队不要大学生而作罢。

骑车去天津的见闻

1964 年我进行了第一次骑自行车远行。沿着老京津公路，从清华到天津，大约 135 千米，第二天从天津到塘沽，往返 90 千米，再从天津骑到北京沙滩 120 千米，两天半时间骑了 345 千米，平均每天骑行 138 千米，是我迄今为止最长的一次自行车旅行。

五一节前的星期五，寝室同学正要午睡，我准备睡醒后回家过五一，大家聊起了骑自行车，忽然一个同学说："敢不敢现在骑车去天津？"我和家住天津的杨同学应声说："敢！"于是我们翻身下床，穿了衣服就骑车去天津。大概只有 20 岁的年纪才有这样的冲动，不做任何准备，下午 1 点从清华骑车去天津。

我们兴致勃勃地一路骑去，当时没有瓶装水，渴了只能去路边老乡支的茶摊。4 月底的下午已经很热，茶摊不多，所以我们一路都很渴。在朝阳区骑行时，我们遇到了三个警察，也要去天津方向。问明我们要去天津后，他们向我们发出了挑战："小伙子，看谁先到天津怎么样？"年轻气盛的我们当然应战。途中双方交替领先，胜负不断易手，十分胶着。我们以每小时 25 千米以上的速度飞驰了 3 个小时，沿途经过河西务一带，这里是一片河流纵横、渠道交错的水乡，碧水绿田，一派农家乐的景象。很快到了杨村。几个警察哈哈大笑："你们上当了，我们到了。"当时已下午 5 点，距天津还有 40 多千米，可我们已耗尽了体力，实在骑不动了，当时真是恨死了这几个恶作剧的警察。

又骑了 1 个多小时，天黑了，这下子可出了大麻烦。当年的京津公路是条很窄的柏油路，而且弯路很多。周围四处是水，到处反光，白花花的。路灯很稀，又十分昏暗，根本不敢骑快，只怕一头栽到水里，真是胆战心惊。35 年之后我做海河流域水资源规划时，真是感慨万千。修水库拆东墙补西墙，修得九河汇海的天津不到 30 年就没水了，"科学发展"真不是个"名词"，而应该成为行动啊！

到了天津已经是晚上 8 点，即将进入市区，我们实在骑不动了，又无处可歇息，只得坐在路边的地下，怎么待都不舒服，最后一个"大"字躺在路上。好在路上一个人也没有，这是我的经历中出过的最大洋相之一。

杨同学的父亲是个慈祥的长者，也是天津市人民医院的院长，著名的西医，很洋派，家在小洋楼里。我在客厅里诚惶诚恐地见杨院长，也是我一生中最狼狈的时刻之一，站起来就坐不下去，坐下去又站不起来，显得很没礼貌，时时局促不安。好不容易熬过这一生中难忘的"接见"，就如释重负地去睡觉了。

毕竟是 20 岁的年纪，第二天早晨起来我就恢复如初了，当天下午又往返90 千米骑去塘沽。第三天上午返回北京时，我牢记了要适当分配体力的教训，早上 7 点出发，除吃饭外仅用 6 个小时，下午 2 点前就到了北京，平均每小时骑行 20 千米，对普通自行车来说算是很快了。

这次骑行能够成功，除了我坚持锻炼，身强体壮、体力充沛外，很大程度上得益于我的自行车，这是姐姐留苏带回来的一辆捷克车，质量的确好。当时班里的男同学大多数不会骑车，都是用这辆车学会的，车子多次摔倒不说，撞到铁栅栏上瓦圈都不变形。后来和我一个年级的、清华大学自行车队姓郭的女同学还曾借我的车，把轴拆下去参加公路赛，如此来回折腾，好像对车也没什么影响。34 年后我到了捷克，自行车厂的厂址还在，但已经不生产这种自行车了。世界上少了一个好品牌，真是遗憾。

如今，京津之间的大部分湿地已经消失，仅剩小池塘。当年傍晚沿京津公路骑车，水面波光粼粼、怕骑入水中的现象，是再也看不到了。

·1965 年·

凡是值得思考的事情，没有不被人思考过的；我们必须做的只是重新加以思考而已。

——［德］歌德

人民真是伟大，人民就是江山。

——吴季松

·大事·

1 月，高崇民在全国政协会议上当选副主席，分工为常务副主席，主持日常工作。

8 月，高崇民参加中央代表团庆祝西藏自治区成立，历时半月，以 74 岁高龄创下干部入藏年龄最高纪录，受到周总理表扬。

12 月，高崇民完成《上半生简述》，全文收录于《高崇民诗文选集》（沈阳出版社，1991 年版）。

·小情·

作为大四生，我参加了"四清"，被编入上庄工作团的梅所屯工作队，驻在第四生产队，与农民"同吃同住同劳动"，开始了我的第一次农村生活。

"四清"的生活是十分紧张的，早晨起来要训练民兵，除了队列还要教 50 米卧射；白天要参加劳动，插秧、施肥和收割都干，我还参加过修京密引水渠的高强度劳动。京密引水渠是从平地挖出的一条人工河，这里说的"人工"是货真价实的，几乎完全没用机器。挖渠工地十分壮观，连绵几十里都是帐篷，几个人住一顶帐篷，席地而睡，日夜三班挖渠，一天 24 小时只有干活出汗、大吃馒头和倒头大睡三件事。我们需要从十几米深的渠底把装三百斤土的独轮小车从跳板推上地面，如果在最后筋疲力尽的时刻把不稳，就会连车带人翻下去，折臂断腿。

现在我走过农民工工地时总要观察，发现几乎没有农民工能适应当年的劳动强度，这也是不得不承认的另一种"代沟"。

第一次住在农村——梅所屯

我所在的生产队，队长吴健和姓张的副队长都来自中共中央党校。吴健是十三级，即县委书记一级的干部，当时叫小高干；张副队长则是十二级，由于被打成"右倾"，只当了副队长。生产队中还有来自海淀区政府的领导，剩下的就是我的同学了。梅所屯在海淀区的最北部，隔北沙河与昌平区相望，过了河就是昌平的马池口公社。

星期天可以休息，我一般在星期六晚上借农民的自行车回家，星期天返回，全程大约 30 千米，我每次只骑一个半小时，可以说是风驰电掣，竭尽全力。

那时一出德胜门就全是农村，公路两旁槐树成荫，除了稀疏的郊区公共汽车站，一路上都没人。夏天刚出城时，路两旁还有几个卖瓜棚子，再向北路上就没有人了，车也很少，所以我越骑越快。现在当年的老路已不复存在。

进入土路，就到了远郊的农村。和在外省一样，完全看不到城市的踪影。土路很难骑，连个人影也见不到，在天黑前进村都有些瘆人。梅所屯是个大村子，从西到东拉了有一里多长，全村分成 4 个小队，每个队都有七八十户人家。村里以沿北沙河种水稻为主，在京郊还算比较富裕，但农民的贫困是现在难以想象的。只要家里没有在城里工作的人，平时全家连几角钱都拿不出来，买油买盐都要拿鸡蛋去换，所以老母鸡就是"小银行"。

梅所屯的阶级成分

梅所屯一队有几个大姓，孔、张、萧、陈和黄。孔姓应该是孔子的正宗后裔，按孔氏家族的"昭、宪、庆、繁、祥"来排辈分，在村中的主要是

"昭、宪"两辈，幼儿也有"庆"字辈的，比孔祥熙还大了两辈。中国过去有"穷大辈，富小辈"之说，看来很符合实际。孔姓多是贫民和下中农，刚成立的贫下中农协会主席就姓孔。

张也是大姓，多是中农，但出了队里唯一的一户地主。张地主的经历有些传奇，在中华人民共和国成立之前三年还是贫农，古北口的一次巧遇改变了他的一生。他在一个土窑井里碰上被警察追赶的大烟贩子，大烟贩子把烟土压在石头下，说："等我回来，对半分。"而张地主随后就把烟土拿走卖掉了。他拿着这笔钱买了地，雇了工，划分成分时，刚好被定成地主。我们进村时他才不到40岁，天天低着头，与电影里看到的地主形象大相径庭。他非常能干，干活十分卖力气，3个儿子也个个老实，一样在队里低头干活。村里人都说他坑了大烟贩子，"恶有恶报"。我想：这真是现世报吗？但大烟贩子也不是善人啊！

萧姓也有几户人家，且出了"走资本主义道路的当权派"——生产队的萧队长。萧队长已有50多岁，早年曾在北京前门著名的"吴裕泰"茶庄当学徒，据群众揭发，他做学徒时就吃喝嫖赌。当时村民很少进城，与萧队长的关系又不好，不知他们是怎么知道的，有什么根据，我后来多次调查也未能查实。现在看来，萧队长其实是个管理人才，把队里生产搞得很好，但是人很厉害，要求严格，言语伤人，树敌很多，因此成了斗争对象，真是人言可畏啊！萧队长后来被批斗自杀，更让人遗憾的是他那身体强壮、干活拼命的儿子，也一起自杀了，两条人命。

陈也是大姓。有个贫农是开展斗争的积极分子，脸黑眼大，体格健壮，1946年参加解放军，后复员回乡，为人正直，与我脾气相投。我住在另一户姓陈的贫农家里，至今对于那个有槐树、有猪圈，住了10个月的小院记得很清楚。但2000年我去故地看时，小院已经被卖给了城里人，安上了大铁门，只有探出墙的槐荫还是旧物，年年吐绿。

还有黄姓。有个下中农，也是斗争的积极分子，一脸麻子，人很活，话很多。1945年他参加过游击队，胳膊落下了残疾，很早就回乡了。他不太能干活，我当时想，是不是不爱干活的人就爱搞运动？另一个姓黄的青年比我略小，高中毕业，也是下中农，在生产队里干活是个能手，正在和队里"特务"的女儿谈恋爱。"特务"姓张，是个中农，其实也不过是在国民党军队抓游击队时给带过路，就成了历史问题，"四清"时更上升成特务。据说黄青年没考上大学和他的恋爱很有关系。当时我对这对恋人寄予了很大的同情，这种人也

2000 年，吴季松在梅所屯曾住过的农民老宅前

是特务？而且特务的女儿也没罪啊，她的男朋友就更不该受牵连了！

村中"隐侠"

梅所屯还有几户称不上大姓的。有个李师傅，是外来户，属于江湖好汉，在梅所屯蛰居，可见当年这一带卧虎藏龙。李师傅 50 多岁，在村中不与人来往，但很正直，威信很高，和我谈得来。说到他的本事，我亲眼所见的就有三样。

一是画画。有个别群众向我们反映说李师傅家的里间总挂着厚厚的帘子，从不让人进去，怀疑是有特务电台，但鉴于李师傅在村中的威信，从未与他正面接触过。后来我接受上级任务，很坦诚地对他说："李师傅，听说您的里屋从不让人进，现在搞运动，您看以我的为人，能不能进去看一下？"李师傅在江湖上行走了一二十年，见多识广，没想到一个大学生会这样提出要求。他凝视了我两分钟，江湖义气占了上风，说："可以。"我进了屋，发现屋里的窗帘在白天都是拉上的，但借透进的光线可以看到，墙上挂着一幅真人大小、说大鼓书的女人素描半身像，可以说是我走遍世界看过的最生动的画像。我只问了一句："您画的？"李师傅点头，我就退了出来，感慨很多。这个女人是谁？是他的妻子？情人？中华人民共和国成立 16 年来，他孤身一人，只有个 20 岁的女儿，这之中有多少饱含血泪的故事，实在叫人难忍好奇。但我说了只看一下，就应该信守诺言。自此以后我再未提过此事，只是回来向吴队长作了汇报："屋里什么都没有，只有一幅画。"

二是积肥中显出的功夫。冬天大家都挑担子向田里送各家的绿肥，50多岁的李师傅也挑了一副担子参加。路上结了冰，下坡时他脚下一滑，身体后仰30°以上，眼看就要仰面朝天地倒下去，忽然他一个鲤鱼打挺就站了起来。在侧后方的我把这一切看得真真切切。以我学力学的眼光来看，这似乎有点不可思议，可见他是有真功夫的。

三是我们闲聊时，他说："您是学力学的，您说人怎么做可以发出最大的打击力量呢？"我说："双脚踢！"他说："对，但这不练个两三年常人做不到。仅次于它的是用胯骨打击，这很容易练，每天左右晃胯九九八十一下，百日就是功夫。"我之前一直锻炼身体，但都是西式的，想着这中式练法也不妨试试，就练了几个月，也忘了这件事。1966年，寝室的同学分别出去串联，有时会换了锁出去，别人再来时，门就打不开了。我想起了这一招，用胯击门框，门锁铁荷叶上6个螺钉脱框而出，门还完好无损。因为这件事，我后来还有了点小名气，帮其他年级的同学也用这种办法"开"过锁。

我不拿清华大学学生和工作人员的架子，和农村青年打成一片。我们在小沙河畔割稻，放声大唱《十送红军》。清华大学的实验员康组长好心地提醒我："这样做是不是有点小资产阶级情调？"在劳动中，农村青年偷偷地问我："美国人是不是老吃饺子？"我该怎么回答呢？

姨母曾昭惠是烈士吗

姨母曾昭惠（1908—1941年）是我母亲的同母异父姐妹，两人关系十分亲密。她于1926年入读沈阳女子师范学校，在高崇民原配李素质病故后，于1928年秋嫁给高崇民，抚育14岁的高存信而终生未育。

自1929年起，高崇民全身心投入反日斗争。"九·一八"事变后，高崇民就和杜重远等人上了日本特务机关的预捕黑名单，可以想见，这对一个少妇该是多大的精神压力。后来，高崇民到北京成立"东北民众抗日救国会"，组织东北民众自卫义勇军。11月5日，他率东北民众请愿团赴南京当面质询蒋介石"不抵抗"愧对东北，对蒋介石说："我们尊敬你是因为你抗日，如果不抗日，还不如当街的警察威风！"蒋介石气得面色铁青，据说在场的特务头子戴笠说："见过不怕死的，没见过这么不怕死的。"自此高崇民夫妇受到日本和国民党特务的双重监视，压力可想而知。高崇民夫妇和我家亲友多人参加义勇军，在日军压力下，高崇民夫妇迁居北平。1935年杜重远被捕，为了解救他，高崇民先赴上海，后来又去西安对张学良和东北军日夜做工作，还经杜重远引荐，拜访了杨虎城。之后，高崇民又为安置东北难民做了大量工作，然后又从重庆再赴西安，住在王家巷84号。

自1929年起，曾昭惠就随高崇民过着颠沛流离的生活。高崇民无暇顾家，没有正常生活来源，生活十分清苦。曾昭惠出去买菜都被日本和国民党所派特务跟踪。在政府、经济和安全三重重压之下，身体很好的曾昭惠备受折磨，终日不得安宁，患了精神疾病。1937年7月，高崇民陪她到临潼疗养。同年2月，高存信自黄埔军校毕业后，经周恩来介绍去延安。1940年他回西安探亲，被国民党特务跟踪，高崇民让高存信藏入西安八路军办事处，自己因此被关押了3天。曾昭惠视高存信为己出，病情加剧。1940年日寇轰炸西安，高崇民每日携病妻躲避空袭，苦不堪言。这年7月，在周总理的关怀下，高崇民开始领取党给的生活费。1941年4月，为去新疆营救被盛世才监禁的战友，杜重远被戴笠骗到重庆软禁；加之1939年底东北抗联就已处于绝境，曾昭惠的亲友不断传来噩耗，双重巨压使她受到最后一击。

但从1940年2月的照片来看，曾昭惠的身体和精神还好，而6月就传讯她在陕西扶风县城医院自杀。高崇民得知爱妻的噩耗，大病一场。他对我母亲说："我从未这样重病，精神恍惚。"但两人当然既无能力，也不可能调查曾昭惠的真正死因。他们多次共同回忆起曾昭惠，说她和我母亲长得很像，提到曾昭惠当时的困境，两人长时间对坐不语。

姨父高崇民与姨母感情至深，姨母牺牲自己，全身心支持他艰险的抗日工作。中华人民共和国成立后，姨父为杜重远等多人的公正待遇给中央领导和有关部门写过几十封信（见《高崇民全传》）。但我了解他，他从未为自己的亲友写过信，更何况是自己的妻子。我的大表哥也继承家风。

我在1965年"四清工作团"时随海淀区武装部长（原抗日敌后武工队长）办过不少案件，知道在医院暗杀是最常用的手段。曾昭惠自杀只是县医院的通知，而且迅速被葬于扶风城荒郊，没有一个亲友在场。如何能判定她不是被特务用药，威逼而死？

我一直想证实这件事，她是不是烈士？但直到1995年我才有机会匆匆经过陕西扶风一带，此后一直没去，忙至 2004 年退休后仍任务不断，没有官方身份去也不方便，这件事就一直拖下来，至为遗憾。每当我路过天安门广场人民英雄纪念碑时，总觉得有姨母曾昭蕙的身影，铭念在心。这样的革命烈士何止千万，没有一纸证书，但后人有责任，不应该让他们随风飘去。遗憾的是如今 82 年过去，很难调查证据，不知是否有热心读者可提供线索，至为感谢。

开始按科学思路看水

受清华大学土木建筑系陶葆楷教授影响，我已注意到"生态"的问题。南沙河水量充沛，村边池塘水满，所以梅所屯可以引水浇灌京西稻田。春节前，贫苦的社员利用人力把池塘舀干，在冰冷的泥中欢呼雀跃地捡鱼过年，是一年中的大喜事。由于地下水位高，不久池塘的水就又满了。据老社员说，周而复始已经百年。

所以水利权威张光斗院士说北京不缺水是有科学依据的，只是随着北京人口增多，产业发展，人均水资源量就不够了。实践使我们有了共同语言，这已经是 1998 年我到水利部的后话了。"实践出真知"，知识总是有用的。

·1966 年·

进步的艺术是在变革中保持秩序，在秩序中保持变革。

——［英］怀特黑德

我要扼住命运的咽喉，它休想使我屈服。

——［德］贝多芬

·大事·

我从梅所屯结束"四清"回清华大学，校长、党委书记都被打倒了。

8 月，高崇民同志完成《西安事变杂谈》，全文收录于《高崇民诗文选集》（沈阳出版社，1991 年版）。

·小情·

"四清"的对敌斗争阶段

我们在村里搞运动时，晚上还要整理材料，一般要到 11 点后才能睡觉。更大的问题是吃不饱。我们在村里吃饭是吃"派饭"，所谓"派饭"就是在农民家里吃饭，一天换一户。当时粮食已不太困难，上面对参加"四清"的大学生还特地多加了几斤粮票，所以我们每天可以给被派农户一斤半左右的粮票，理论上应该吃得饱。但我们的工作队队长说："我们要时刻想着贫下中农，吃饭时也不例外。每天最多吃一斤粮，剩下的给贫下中农留下。"当时的热诚和自觉是今天不可想象的，大家几乎都照做，但一到晚上就饿得不行。有人从家里带来了一些吃的，但干完了工作，尽管饥肠辘辘，还是连吃的东西都来不及拿出就倒头便睡。可见人在不饿到极点的时候，睡觉是比吃饭更迫切的需要。

附近还有个奇特的小村庄，那里有十来户的主妇是日本女人，据说是抗战胜利后亦农亦匪的强悍农民"接收"了无依无靠滞留北京的日军家属。男的个个是干活的好手，在人民公社化以后仍不让女人出来挣工分，一人苦干就可以养活全家。而这些女人也是料理家务的能手，我去过一家，的确收拾得窗明几净。

1966年春节以后，由于全国政治斗争的大形势，"四清"进入对敌斗争阶段。其实北京郊区的农村里无非是些被刺刀所逼曾给日本人带过一次路的"汉奸"，在敌我拉锯时帮助过国民党军队两次的"特务"，农闲时上山抢劫过三四次的业余"土匪"。但是这些人强悍不驯，想着当了阶级敌人怕是活不了，于是四处逃窜，不少人就潜伏在庄稼地里，搞得我们这些工作队队员晚上出去都要十分警惕。

有一次，一个有历史问题的土匪被隔离审查，轮番审讯后，一气之下拔出刀把自己的舌头割了。这件事给我留下了深刻的印象，以后出去调查讯问"阶级敌人"时都格外小心。

在对敌斗争中也不只是虚惊，我还遇到了一件至今不解的事情。一天夜里，我带着民兵在生产队的场院里巡逻，这是"阶级敌人"最可能搞纵火破坏的地方。我巡逻到稻草垛间的夹道时，看见中间有个黑影，立刻大喊着追过去，但是出了夹道黑影就不见了。我追出去时，和我一起巡逻的两个民兵中的一个说他也清清楚楚地看到了，而且说那人中等个子、消瘦身材，与我看到而未讲出的一致。人究竟到哪里去了？有三种情况，一是他出了夹道飞奔出场院，但夹道距场院边篱笆墙和场院房都至少有20米，人不可能在三四秒内消失；二是他有功夫，从草垛中挤了出去，但草垛扎得紧，也不可能；三是他跃上草垛，但这应该是能看得见的，而且没有助跑半径，人不可能跳上3米高的草垛。人究竟到哪里去了？

学生"大串联"

"大串联"是一段历史，就是中学以上的学生和教师可以凭学生证和工作证登上任何一列还可以上得去的火车，住在任何一所中学和大学还可以住得进的教室，如果那里有食堂，还可以免费吃饭。我与两个男同学、两个女同学一起去串联是在 1966 年 10 月 25 日。

那天很冷，下午我们穿上棉大衣挤在人山人海的北京站广场，傍晚上车。当时乘火车的经历是今天的城市青年没有的，也是农村的打工青年很少经历的。无所谓车票和对号入座，甚至连车门的概念也淡漠了，学生可以从窗户、厕所或者其他地方上车。上车以后可以坐在地上、厕所里，躺在行李架上或椅子底下，总之一切空间都挤满了人，喝不到水、吃不上饭更是平常事。当年的铁路职工在混乱不堪的情况下，尽了最大的努力，创造了铁路运行史上的"奇迹"，更甚于前些年的春运。有了那种经历，完全能适应战争时期的运输。

1966 年吴季松与同学在武汉长江大桥留影

我们第一站到的是武汉，住在武汉大学优美的珞珈山校园，首先去游览了长江大桥，还用十分紧张的经费在长江大桥上留了影。在武汉拥挤的轮渡上，我们看到一个妇女抱着小孩在啜泣，是不是她丈夫被打成了反革命？当时正在批判电影《早春二月》，同学看出我对那个妇女的同情，半开玩笑地说："小资产阶级情调又来了。"

之后我们从武汉出发去了广州。我第一次见到亚热带城市，对临街大门洞开、晚上上班的商店很感兴趣。我对小说《三家巷》记忆深刻，曾单枪匹马去找三家巷，但没有找到。我们住在中山大学，学校临着珠江，在 11 月中旬的珠江游了泳，并不觉得冷。

后来我们又去了湛江，这个城市更具有热带风情。可惜当时城市很小，走不了多远就出了城，市政府不过是个小小的二层楼。这是我第一次到湛江，之后再未去过。

从湛江出来后，我们向西前往桂林。桂林山水的确甲天下，我们都被那自然胜景所吸引。漓江清澈见底，以致一个清华游泳队的队员不辨深浅，从岸上跳水，结果因为水浅头触底而丢了性命。那时的漓江真是秋水满涨，我绝不会想到自己在近 40 年后又来桂林制定了《漓江补水生态修复规划》。

从桂林到贵阳，我们乘的是刚竣工的贵昆线，还在试运行阶段，半路停车一天多，加上为了抢座位没来得及吃饭，我们饿了两天，饥渴难耐，只得跳窗下车去买农民的甘蔗。蔗农把甘蔗递到车窗口说："又解渴，又解饿。"收到两角钱后便蹦跳着下了路基（家里可以买点油了）。今天回忆起来，我才真正知道忍饥与挨饿的区别。"挨饿"是三年困难时期天天吃不饱，是长期的。人是有耐受力的，只要能吃个半饱，不大运动，也就渐渐适应了。"忍饥"则是短时间的，比如这两天的滴水未进，真正让我体会到了"人是铁，饭是钢，一顿不吃饿得慌"。这些并不是痛苦的回忆，而是人生的经历。自那时起，我再不浪费粮食，甚至会吃剩了 3 天（放在冰箱里）的饭。

从贵阳去昆明，我们住在云南大学，一个大问题是所有吃的都加辣椒，使我们十分头疼。于是我们在晚上去食堂厨房找未拌辣椒的米粉，想拿回来留到第二天早晨吃，没想到我们去时已经拌好了辣椒，真弄得我们哭笑不得。上了滇池边的西山，我们为悬崖巨石上凿出的庙堂而惊叹，为一碧万顷的滇池而赞叹。没想到，40 年后我会专门考察治理滇池污染的问题。

从昆明出来后，我们去了重庆。重庆是一定要去的，那是生我的地方，20余年后重归意义不小。到达重庆朝天门码头是在晚上，我们对重庆的"摩天大厦"大吃一惊，想必纽约的高楼也不过如此。第二天再看才明白，原来重庆是个山城。来到重庆的第一件事就是去找我的出生地——高家花园，但当时只找到了现重庆大学附近的区域，没有找到高家花园确切的位置。

12 月底我才回到北京。这历时两个月的大旅行是我第一次游历祖国，行程加起来有 6000 千米，以当时平均不到 40 千米 / 小时的火车车速，我们在火车上至少待了 6 天，即 1/10 的时间，其艰苦程度不言而喻。我们在全部旅程中没参加过一次批斗和抄家，只"串"不"联"，也就是没有"革命"，只是游览了祖国的大好河山。

·1967 年·

把你的名字刻在人们的心上，而不是刻在大理石上。

——〔美〕爱迪生

除了实验，没有别的办法可以识别错误。

——〔法〕狄德罗

愚昧从来没有给人带来幸福；幸福的根源在于知识。

——〔法〕左拉

·大事·

6 月 7 日，我家世交吕正操将军被逮捕。7 月 12 日，志愿军原参谋长解方被逮捕。10 月 1 日，姨父高崇民最后一次上天安门。

父亲作为"反动学术权威"与季羡林先生一样被关入"牛棚"打扫厕所。

·小情·

一个人民——女售货员

我进行了第二次串联，去了江苏、上海和山东 3 个省市，行程约 2500 千米，加上第一次串联，以及之前在河北和天津的旅行，共去了 12 个省市，行程约 8000 千米，算是在 23 岁时走了半个中国。

在上海有件记忆至今的事。我即将离开上海前，因为旧手提包的拉链有些问题，到石门二路的一个杂货店去买背包带，但我掏遍所有的口袋，还是差了5角钱。一个十七八岁的女售货员看我着急的样子，说："你拿走吧，我垫上。"我当然不肯，她说："看得出来你急用，别客气。"我盛情难却，说："我一定还你。"就飞奔去赶火车了。没想到我再来上海，已是5年后的1972年了，小姑娘已离开那个商店，而无人知道去向。30年后我因工作关系与上海市许多领导都很熟悉，又尽力找过当年的小姑娘，但都因为我不知她的姓名而未果。要知道5角钱就是当时小姑娘月收入的1/36，对于现在拿1万元的人也是近280元钱了。我愿意加百倍、千倍偿还，但我知道这不是金钱能够偿还的。小姑娘今天应该已有70多岁，你在哪里？

"逍遥生活" 与万里长征

对于政治，很多人从激情到迷茫，从迷茫到厌倦，从厌倦到失望，从失望到不满。我也是其中的一员。不满，但又没有其他办法，就只能做彻底的"逍遥派"，对运动不闻不问，进入了自己安排的另一个世界。

我想正像姨父所说的，这样的时代总会过去，最重要的是有个好身体，将来做点事。于是我开始了高强度的身体锻炼计划。每天睡过午觉，下午3时从清华大学北部的13号楼宿舍出发，向西跑，出清华附中旁的北校门，穿过操场，进入通往北京体育学院的路。向北沿路跑过4年前多次来过的圆明园，那里绿树如故，稻田依旧，仍然没人，这片土地默默地在那里见证着百年历史。到北京体育学院全程3千米，我跑的速度大约是每分钟200米，全程大约15分钟。由于经常锻炼，我跑到北京体育学院并不太累，算是为游泳做了准备活动。

歇息了一阵后，我就在北京体育学院的露天游泳池中游泳。我没有正规学过游泳，游得很慢，1千米要游半个多小时。游完泳又休息一阵，再慢跑回学校。整个锻炼近2个小时，一星期进行4~5次。开始时还有几个同学和我一起锻炼，但毕竟比较艰苦，后来坚持到底的只有我一人。我现在80岁，但基本上仍能像25岁时一样每天工作6小时，很大程度上就得益于那些年的锻炼。

另一个人民——小大师傅

回到宿舍，我洗澡换衣，然后去楼下的食堂吃饭，一般已经到下午5点半，大多数同学已经吃完饭。胖胖的女大师傅其实和我差不多年纪，但已像三四十岁的妇女。她知道我的生活规律，每次都笑脸相迎，不用问就给我上固定的菜谱：二两一个的大窝头三个，一大盆稀饭，一大盆炒白菜，几乎挑光了食堂大菜盆里剩下的肉片给我，当然多是肥肉，盛在了我的碗里。今天我的血脂高，当年的肥肉片可能也是原因之一。虽然天天不换样，但我觉得这是世界上最美味的大餐，原因很简单：实在是饿了。后来我在巴黎的银塔等最高档餐馆吃饭，并不觉得比当年清华大学的晚餐好吃，而且吃了什么根本记不住。感谢那位大师傅保证了我的营养，今天你应该已经七八十岁的年纪，身体还好吗？

我当年的锻炼还包括每周骑车带人往返城里与清华之间一次，要骑行近30千米，加上跑步和游泳，正是今天的"铁人三项"运动，每周总计达65千米。从1967年到1968年底，我一共练了70多周，总计约有5000千米，即1万里之遥，可以说，我经历了一个名副其实的"万里长征"。

如此"逍遥派"

我也不是闭门逍遥，而是接触一些自己认为有益的人。一个是鲁迅的儿子周海婴（1929—2011年），其实他家原本距我家很近，在景山前街，后来他母亲许广平去世，他严守规定，很快就搬走了，搬进居民区中一个狭小的单元楼，房中到处是书。周海婴体瘦肤白，是学无线电的，完全是一副书生的模样，对政治并不感兴趣，我们聊了不少事情。聊到现代科学技术，尤其是无线电技术，都认为以后会有极大的发展。他对我说："不能虚度光阴。"我说，"您千万要注意身体"，希望他能抽时间锻炼。他说："积习（指不爱锻炼）难改，努力为之。"我们谈得兴起，往往忘了时间，夜深了我才匆匆离去，赶上不按时停站的、空空荡荡的夜间公共汽车。

鲁迅的书我看得很少，向他请教应该先看什么。他说："先读一首诗吧！'横眉冷对千夫指，俯首甘为孺子牛。'"我牢记至今，而且在以后的工作中身体力行。

另一个人是我在上庄"四清"工作团梅所屯工作队的队长吴健（1921—1992年），他是中共中央党校党史教研室的教师，1939年还是高中生时就参加了新四军，成为一名抗日的热血青年，后来一直在新四军军报做记者。他虽然身材高大，一脸络腮胡子，但是人却斯斯文文，讲起话来慢条斯理，据说"反右倾"时也被批判，说话行事都谨小慎微，让我无法把他和那个当年投身抗日的热血青年联系起来。他在20年后还能流利地说出新四军1至7师的师长、副师长和参谋长的名字。后来我多次去中共中央党校找他，谈的都是党史问题，还借了他不少书看，同时也看大字报。中共中央党校的大字报的层次比较高，我对那里世外桃源般的清幽环境十分喜欢。十年浩劫结束后，吴教员成了党史教研室的负责人，许多领导人都在中共中央党校听过他教授的党史，后来他身体一直不好，于1992年病故。

我还认识了高等军事学院一个姓黄的教员，他仪表堂堂，人高马大，虽然只是上校，却颇有将军气。我们经常互相来往，我去高等军事学院找他，他来清华大学找我。他给我讲了很多战例，也有亲身经历过的，我从他那里学到了不少军队的历史。

驻我班的工宣队、军宣队

在学生造反引起一片混乱之后，中央向学校派驻了工宣队和军宣队。我们年级里有军宣队，班里有工宣队。

军宣队的是农村来的小兵，一年多已疏于训练，但对在城市里"养尊处优"的大学生还是一肚子气。清华大学女生本来就不多，尤其是在工程力学数学系中，更少有身强力壮的，于是就成了改造的对象。军宣队热衷于带女生在操场跑圈，我的冲劲又上来了，对小兵说："我家里当兵的也不少，我们赛一下长跑怎么样？"小兵打量了一下戴眼镜的我，马上应战，略带轻视地说："我们可是练过的，跑3000米怎么样？"我故作犹豫，说："那么长，行吧。"小兵马上趾高气扬起来，挺直身子走上了跑道，说："开始！"他还故意先不动，让我几米。我也故意在一开始落在后面。跑了800米后，小兵看到没把我落下，紧张起来；我们又几乎并肩跑了800米，小兵有些吃不消了，气喘吁吁地说："我这两天感冒。"小兵一是轻敌，二是不会分配体力，以至最后的800米败局已定。为了他的面子，我故意放慢脚步。到了终点，小兵说："厉害，不过我最近身体不好。"我说："我平时不行，正赶上我今天身体特别好。"自此以后，那个小兵再也不领女生长跑了，不过好像也没报复我。这种比赛在31年后还进行过一次，当时我已54岁，家住工人体育场对面，每周3次绕工体外围跑3圈，有时也进场跑。有一次我遇到北京国安队做准备活动，便跟在后面跑了800米，不比队员吃力。两个队员议论："一定是体育总局下来考察的领导，还真有两下子，能跟我们跑2圈的人不多。"

　　工宣队的是一位40多岁的老师傅，可惜现在我连他的姓也想不起来了。他中等身材，体格健壮，脸色较黑，态度严肃。他在全班会上说："大家要学吴季松，你们看他立如松，行如飞，声如钟。"我真的搞不清他为什么欣赏我，大吃一惊，自1964年后我从未受过这种表扬。不过这些对我都没有实际意义，最后的毕业分配方案是半惩罚性的，我去了新疆，或者说被"发配新疆"。

两位值得记忆的老师

　　在大学期间，有两位老师给我留下了最深刻的印象。一位是教研组的吴学曾老师，留苏生，不知为什么没有得到应有的学术地位。但我看老师，首先看的是其"为人师表"的品质而非其地位。吴老师正直、热情，是共产党员，但在当时的政治气氛下不是政治积极分子。他诚实、朴实，对同学热情，给人以亲切感，我们都是东北人，关系就更亲近。

　　他关心我的事情很多，这里只举一件。我被分配到新疆后，只有他仍和我联系，还写信把我推荐给一位在呼图壁县（我们芳草湖农场属于该县）支队的远亲王园长，大意是，吴季松是个正直、有理想、有能力的学生。我至今记忆犹新。

　　另一位是体育老师郭文长，可以说他给我的爱国教育比学校中的任何

吴季松在清华大学时居住的13号楼，许多名人都曾在这里住过

一个人都更深刻。他是一位普通的归侨老师，之所以值得纪念，是因为我们应该永远记得有那样一个时代，那样一个人。

尽管我们在长达 6 年的时间里一直是亦师亦友的关系，但是我对他有真正了解还是在 2006 年我第二次去印度尼西亚之后。过去我只知道他是归国华侨、印度尼西亚富商的儿子。到印度尼西亚后我才知道，郭家是印度尼西亚最大的华侨富商之一，郭老师出自一个世界，至少是亚洲知名的家庭。他相貌英俊，身体矫健，只是脸上有个刀疤，我从未问过他刀疤的来历。他是个撑竿跳运动员，1958 年他在澎湃的爱国热情的驱使下回到祖国，就读于中国体育最高学府——北京体育学院，后因受伤中止了运动员生涯，改学体育教育，毕业时也是佼佼者，但仍不回印度尼西亚，来清华大学任教。

我们于 1962 年同时进入清华大学。他为人正直，知识丰富，教我体育，自此成为挚友，是唯一多次来我家的清华老师，尤其在 1966 年初期还多次来看望我受到冲击的母亲，为人之侠义可见一斑。他很少谈外国的事情，从不谈自己的家世，只是在 1966 年受到冲击时，有一回带着从未有过的惆怅说："家里让我回去继承家业，但我不去。人选定了路，不管有多难，都不应该再回头。"后来他和清华大学的老师一起去江西鲤鱼洲干校劳动，他有献身的热诚，无疑是劳动模范，但不幸染上了血吸虫，而且很重。据说劳动时越拼命的人，血吸虫感染得越多，病越重，他显然是这种情况。1973 年我们都回到北京时见过一面，他还是那样乐观，只是简单地说了一句："我也得了血吸虫病"，但带着一丝不易察觉的忧郁。后来我又到外地工作，没想到这次见面竟成为永别。没过两年，我听到他因血吸虫病去世，时年不过三十七八岁。

多年后，我漫步在印度尼西亚雅加达富人区的大街上，想到这就是郭文长老师青少年时走过的地方，不觉心潮起伏，不能自已，郭老师音容笑貌俱在，像在北京一样与我同行。我想，所有在清华大学与郭老师有过较多接触的人，应该都会带着不同程度的遗憾永远地记住他，记住世界上有这样一个人，并不亚于任何典型。

1990 年吴季松在雅加达街头寻访郭文长老师当年的足迹

五

新疆五年

无私才能无畏，历史不能重演

苦难磨意志，大漠出真知

1968 全国掀起知识青年上山下乡的高潮。

1969 4 月 1—24 日，中国共产党第九次全国代表大会召开。

1970 4 月 24 日，中国第一颗人造地球卫星发射成功。

1971 10 月 25 日，第 26 届联合国大会以压倒多数通过决议，恢复了中华人民共和国在联合国的一切合法权利。

1972 2 月 21—28 日，美国总统尼克松访华。

9 月 25—30 日，日本内阁总理大臣田中角荣访华，中日两国正式建立外交关系。

·1968 年·

过去属于死神，未来属于你自己。

——［英］雪莱

最好的预言是过去。

——［英］拜伦

从清华大学的学生到新疆芳草湖的职工，其落差之大，对于任何人都是一个打击。但同样，对任何人来说，人生旅途是平直、坦荡的大道只能是梦想。

——吴季松

·大事·

10 月 8 日，高崇民被捕入狱。接着，炮兵学院院长、志愿军炮兵司令、少将高存信在炮兵学院被非法专政。

阎宝航（1895—1968 年）去世。

·小情·

我因为父亲是"教授"的出身，原应在 1968 年 2 月毕业，结果拖至 12 月才被分配到新疆呼图壁县芳草湖农场。

大漠孤烟直

我们去新疆走的是包兰线，从北京乘火车向西北经山西大同、内蒙古包头、宁夏银川后到达兰州，大约 1500 千米的路程。这是我第一次到大西北，也第一次知道什么是荒凉，什么是"西出阳关无故人"。

晋北是黄土高原，这片中华民族的发祥地经过风侵水蚀，已变得千沟万壑，看不到几棵绿树，只见一片黄土。包头一带更是茫茫沙漠，除了稀疏的蒙古包外就是砾石和沙滩，偶尔看到的一群白羊就是仅有的生灵。进入宁夏，除了光秃秃的贺兰山外就是一望无际的黄色沙漠。这样苍茫的景色在当时的政治气氛中更让人倍感凄凉，国家已经如此，为什么还要人斗人呢？而且，越来越多的人成为"阶级敌人"，什么时候能够消灭光呢？在火车上，思考这些问题成为我打发时光的良药。

火车走了两天一夜、30 多个小时才到达兰州，我们在兰州住了一夜。当时的兰州雾漫漫，灰蒙蒙，比 20 年后的污染更严重，天好像在下土，什么东西都蒙上了一层灰。最令人吃惊的是，一家商店挂着厚厚的棉布门帘以便保温，门帘外面已经被千万个掀帘人搞得乌黑油光，仿佛黑塑料一般。进得门去更让人惊讶，这里既卖煤球炉子也卖眼镜，这两样东西可以在一起卖，在北京真是闻所未闻。

从兰州再乘兰新铁路去乌鲁木齐。火车艰难地爬上乌鞘岭，当时蒸汽机车动力不足，要一个火车头拉，一个火车头推，时速不到 20 千米。乌鞘岭海拔大约 3000 米，车厢里好像透风，更让人感到寒冷。过了乌鞘岭，继续沿河西走廊西行。河西走廊在两山之间，是古丝绸之路的故道，素有"金张掖""银武威"之称，这里的人烟稠密起来。1992 年我成了联合国教科文组织"重走丝绸之路"项目的负责人，这段亲身经历就派上了用场。

火车离开了关内最后的一个大城市酒泉，出了嘉峪关就是真正的出关，到塞外了。那漠野中兀立的嘉峪关城楼至今给我以深刻的印象，不过我登上去已经是 33 年之后了。嘉峪关之外就是大漠，黄沙连着黄沙，大漠连着大漠，不但会引起人的视觉疲劳，而且会引起人心境的变化。我的心情还是像其他时候一样，从凄凉中看到壮阔，从失望中看到希望，从历史中看到未来。

达坂城的姑娘

都说过了星星峡就是新疆，而兰新铁路并不过星星峡。但是，进入新疆后到乌鲁木齐，无论是公路还是铁路都要经过达坂城。王洛宾的《达坂城的姑娘》真是千古绝唱，大概每个到过达坂城的中国人都会想起这首歌，我也不例外。

在 20 世纪六七十年代末，达坂城还是个荒凉的小镇，并没有什么达坂城的姑娘特别漂亮的说法，反而由于达坂城是个风口，那里的人，包括姑娘的皮肤都比较粗糙。到新疆后我才知道，原来两颊绯红被称作"红二团"。那个年代除了雪花膏没有护肤用品，而就是雪花膏，那里的姑娘也买不起。

王洛宾之所以能写出那样真情荡漾的歌曲，很大程度上是因为他入疆是乘坐汽车，比我的经历更荒凉、更艰难；他在达坂城才见到了人，一定觉得见到的人个个和善，而见到的姑娘个个漂亮。我在新疆经历过一段苦难的生活，感到王洛宾是个意志坚定、十分有献身精神的人。原因就在于，人毕竟要受环境的影响，要想超脱并不容易。到过新疆的人不少，但在逆境中难有好的作品，而王洛宾却写出了传世佳作，不同凡响。

到了乌鲁木齐，我在农垦厅报到，领了自己的工资，每个月 56 元。一般大学生未转正只有 46 元，新疆是艰苦地区，所以有补贴。我领到工资后的第一件事就是给母亲寄钱。

在农垦厅的招待所里，我大概等了 3 天，被分配到乌鲁木齐西北 80 千米的昌吉自治州呼图壁县芳草湖国有农场四分场第四生产队。

新疆的戈壁滩

对阎宝航同志的误会

阎宝航同志的丰功伟绩后来被一系列的影视报刊广为宣传，是关注的焦点。因儿时印象，我一度误以为阎宝航是我姨父的晚辈，与我父亲同龄。实际上我姨父出生于 1891 年，阎宝航出生于 1895 年，我父亲出生于 1909 年。为什么我会有这种错觉呢？因为 1954 年 8 月姨父高崇民调到北京工作，在北京工作的亲友都去看他。我由此见到了阎宝航，他对姨父称"高老"，对父亲称"惠人（父亲的字）兄"。不但这样称呼，他实际上也待我姨父为长辈，待我父亲如兄弟，所以我有上面的感觉。今天想起来，阎宝航的确尊重别人，给任何人，在秘密斗争中也包括给敌人以好感，所以能在最复杂的斗争中左右逢源，这是一种品质，更是一种斗争艺术。

我的误会还有一个原因是姨父任全国人大常务委员会委员（正部级），而阎宝航同志任外交部办公厅副主任（局级），故我以为他比姨夫小很多。实际上周总理知人善任，外交部办公厅是最适合阎宝航的岗位。我后来也做过高级外交官，不过以强硬著称。外交斗争的强硬不是指"无耻、卑鄙、下流"，强硬是立场，要"立"，但要立在"场"上，这个"场"就是知识的基础。我父亲被导师拉斯基教授誉为"90% 英国人的英文都不如吴先生（指写作）"，我可以比美国人更好地信手画出美国地图，所以受到尊重，从未丢脸。而阎宝航的风格是"不战而屈人之兵"，是更高境界的斗争艺术。希望以后能多出阎宝航式新一代的外交家吧！

·1969年·

唯一办事聪明的是裁缝，他每次总要把我的尺寸重新量上一番。而其他的人，总是抱着老旧的尺码不放。

——［英］萧伯纳

我和我的祖国一刻也不能分割，无论我走到哪里，都流出一首赞歌……

——《我和我的祖国》

·大事·

10月1日，北京地铁一期工程建成通车。

·小情·

大漠荒草湖改名为"芳草湖农场"

分配结束，来自各地的大学生就各奔他乡了，清华大学的学生似乎都被分到了芳草湖农场。这里原名"荒草湖"，本来是一片长满苇草的荒湖，后来入疆部队在这里建起了国有农场，复员军人就是第一批职工，改名叫"芳草湖农场"，名不副实，真的很荒凉。

我们从乌鲁木齐乘车，一直开到了芳草湖农场，路差车破，80千米的距离开了两个小时。出了乌鲁木齐，不远处就是准噶尔盆地古尔班通古特沙漠的边缘，白茫茫的积雪掩盖了一切，除了蓝天、白雪和塞外的寒风外，好像什么都不存在。车厢里的人像只蚂蚁，下去就会冻死在雪地里。

　　到了四队，这里几乎不成村落，只是荒原上的几户人家。村子最北面是安徽支边农户的"地窝子"。所谓"地窝子"，就是连拖土坯、干打垒的房子也盖不起，只能在地下挖个坑，由地下的土埂分出"厨房""堂屋"和"卧室"，再挖个土台阶通向地面，顶上用树干和草席搭成房顶，上面再掩土加固。远远望去，"地窝子"很像坟冢，傍晚从这里出来的人就像"小沈阳"在春节联欢晚会上讲的从"坟圈子"出来的幽灵，但他没有这种生活经历，不知道这种故事不用编，在30年前的现实生活中就存在。

　　新疆农场最难忍受的是冬天，因为太冷；最好过的也是冬天，因为劳动不太繁重。当地取暖是在火墙里烧"索索"柴。火墙就是砖砌的空心墙，或与锅台连通，或与大炕连通。烧的"索索"是一种沙生灌木，又矮又粗，可以储存水分，减少蒸发。大索索有百年树龄，但生长极缓慢，所以木质极密，比重很大，燃烧值与煤相近，加一炉索索柴可以烧一夜，到早晨屋里还不会太冷。经过多年伐烧，今天在新疆索索已不多见了，无法固沙，也是形成沙尘暴的重要原因之一。冬天的好处是早上9点才出工，但需要经常在零下近30℃的严寒中挖渠，人们只有用尽全力才不太冷。

　　夏天也不好过，新疆骄阳似火，没在烈日下晒过4个小时的人是体会不到的。在烈日下收玉米时，女同学可以和农场女职工比赛。那时的下乡学生为了人的尊严，拼尽了体力，不少人留下了后遗症，至今饱受折磨。

　　在新疆农场我才真正知道了什么叫"赤日炎炎似火烧"。夏日的高温可达50℃，我们还在大田里劳作；也知道了什么叫"火烤胸前暖，风吹背后寒"，我们在零下30℃的积雪田野里工作，休息时只能生柴火取暖，后背还是凉的，真是"透心凉"。夏冬80℃的温差我都经历过，也不枉过了80个春秋。所以，现在我家里的空调夏天从不低于26℃，冬天也从不超过27℃。我永远记得那寒冬、酷暑，以及那些只能忍受的日子。

我吃牛用黄连素治慢性痢疾

　　我倒是创造了个"小奇迹"，至今还没见有什么后遗症。我到新疆后不久就得了痢疾，由于我从来不愿意看病，治疗不及时而拖成了慢性病。当时也没什么好药，结果怎么也好不了，一天腹泻五次。开始时我还休息了两天，后来基本照常劳动，居然也顶了下来，但人日渐消瘦。这可能是我成人后最瘦的时候，当时没有秤，估计不到 90 斤。分场来的大夫说："你这样拖下去可不成，人一定要垮，还要留后遗症。我有个建议，你自己决定，敢不敢吃牛用黄连素？"我说："敢！"于是吃了几天蚕豆大的牛用黄连素后，还真把腹泻止住了。这个好心的大夫真是个"兽医"。

彭加木是怎么在沙漠中迷路的

现在学骑马已经成为一种时尚，但当年我在新疆学骑马是为了生存。因为芳草湖农场只有总场有邮局，要取北京寄来的包裹只能到距离 20 千米的总场去。去总场的路上浮土有二三十厘米厚，骑自行车是不可能的，在尘埃中步行跋涉也十分艰难，20 千米的路要走五六小时，当天不能来回。那就只有骑马了。取什么包裹呢？是从北京寄来的食品，主要有香肠和腊肉之类。因为当时缺油少肉而劳动量极大，我一天天瘦下去，北京的亲属很担心，就寄食品来，至于多久能收到，收到后会不会发霉变质致癌，就顾不上了。饿垮了是眼前的事，得癌是以后的事，这就是人在困苦中的逻辑。

学骑马不是一件易事，好在马是很通人性的动物。一是人要有臂力，强壮、野性的马要强力拉缰绳才服帖，否则就故意欺负你；二是要会为马看路，掌握马跑的节奏，如果你总走错路，并且让马跑得快慢不匀，马也不服气；三是在马跑时要随着马上下同步起伏，否则不但马不舒服，人的屁股也受不了。我学骑马还算顺利，有个乌鲁木齐的姓文的中学生，高大健壮，人也精神，但学骑马摔断了锁骨，接骨时又错了位，落下了终身残疾。

有一次我骑马还差点出了意外。我在总场遇到一个北京的中学同学，万里他乡遇故知，两个人谈天说地，太阳已西下时才看表，已经下午 3 点

1969 年吴季松在新疆的荒漠中，马是交通工具

多了。他住得较近，邀我去他那里住，但我从来不愿意给人添麻烦，当然谢绝了，跳上马立刻往回奔。

常旅行的人都知道，荒原和大海上的太阳落得最快，而在荒原上，太阳落山时，仿佛所有参照物的位置都与红日当头时有了变化，本来认路能力很强的人也难以适应这种变化。大约走了两小时，太阳落山时，我发现自己对路犹疑起来。我曾经历过"老马识途"，以前偶然不识路时马曾帮助过我，所以我放松缰绳让马自主行动。马很通人性，这时昂首阔步，一副自信从容的样子。大约走了一小时，天渐渐黑下来，我发现马转回了出发点，它再也不神气活现了，反而吓得满身大汗，羞愧得装着低头找草吃，"老马先生"也不认路了。

正在这时，我看到远处有一点亮光，应该是荒漠上单个定居的牧羊户，这真是救命之光。我赶快策马跑了过去，那里只有一个院子，我叫门后，一个十六七岁的放羊娃走了出来，他个子不高，光头圆脸，脸在暗淡的油灯下仍显得红扑扑的，是典型的新疆放羊娃。他说："天黑找路太难了，你住一夜再走吧。"我坚持要走，他给我详细讲了路线后，送我走出院门，说："如果找不到路一定要回来，荒漠上走不回家是常事，不值得。"

再次上路后，我才体验到了荒漠之夜的可怕。漆黑的夜空像大锅一样罩住你，好像处处都有狼的眼睛，叫人心里不住地打鼓，不知是獾还是狐狸的小动物在马肚子下窜来窜去，仿佛要咬破马肚子把你拉下来。这种经历也让我能理解以后为何彭加木和余纯顺会死在沙漠里。彭加木和余纯顺都训练有素的专家，低级的错误自然不会犯，但是我觉得他们出事可能是因为他们有一叶孤舟在海上航行一样的恐惧感，从而产生海市蜃楼的幻觉，走错了方向，向沙漠中心走去，没有食物，没有水，先是马是不行了，后来人也不行了，沙丘就变成了坟场。他们都是探索大自然、牺牲在生态战场上的烈士。

我竭尽全力辨别方向走了一个小时后，终于有了自知之明，现在不是能不能走回家的问题，而是能不能找回牧羊娃院子的问题，否则真有生命危险。如果说人有基本需求的话，第一便是生命。尽管我当时口渴难耐、饥肠辘辘，但我的脑海中并没有出现一块饼或一碗水，而是运用自己所有的记忆、经验和知识找到回去的路。

我终于找到了路，那个牧羊娃正在院门口等我，见到我后高兴得直跳，说："真不简单，找回来了。"放羊娃姓张，是个孤儿，我和他在炕上睡了一夜。

第二天分别时，我拿出了钱，他脸上出现了不悦的神色，我很理解，于是把家里寄来的香肠和腊肉拿出来一些，说："你再不收就是看不起我了。"他收了这些从未见过的东西，还问我怎么吃。送我出门时，他像前一天夜里一样，站在那里，并不挥手，放羊娃没有这个习惯。我不断回头挥手，一直到看不到他那瘦小的身影。2003 年回到芳草湖后，我尽力打听他，人们都说那牧羊点早不存在了。放羊娃，你在那野兽出没的荒凉戈壁滩上表现出的人性至今闪光，让我不能忘怀。今天你在哪里？

·1970 年·

你要宣扬你的一切，不必用你的语言，要用你的本来面目。

——［法］卢梭

因为这三大发明（印刷术、火药和磁铁）首先在文学方面，其次在战争方面，最后在航海方面，改变了整个世界许多事物的面貌和状态，并由此产生无数变化，以致似乎没有任何帝国、任何派别、任何星球能比这些技术发明对人类事务产生更大的动力和影响。

——［法］弗兰西斯·培根

·大事·

发布了第一个号令：疏散北京人口。

世界上首屈一指、雄伟壮观的北京外城墙被拆除殆尽，只保留了西直门城楼。

·小情·

1970 年我回家探亲，北京城里一片萧条，但总算是见到了亲人，心里还是热乎乎的。晚上骑车去黄城根北街，伸手不见五指，也没有路灯，路上还横了块大木板，自行车一下子撞到木板上，车速太快，人向前摔出去了五六米远。我的第一反应就是找眼镜，重配太贵了。黑暗中，一个好心人赶过来说："眼镜不要紧，人摔坏了没有？我陪你上医院。"这件事让我感到北京还不是荒漠，人的亲情还在，可惜我连他的模样也没看清。

还击挑衅的小农工

做农工时，我记忆最深的一件事是与当地农工打架。我在中学时虽然达到过摔跤三级运动员的标准，但从不打架，这次倒真是为了人的尊严动了手。当时机耕队的拖拉机手来耕地，要找队里的农工打犁，虽然尘土很大，但毕竟是轻体力活，而且可以摆弄机器，所以是青年农工向往的。我到队里后，和机耕队的天津、山东青年都相处得很好，他们总找我打犁，还找机会教我学开拖拉机。这可惹恼了一个姓萧的当地青年农工，在我满脸是土从犁上下来时，他无故伸腿把我绊倒，摔得我满身是土，十分狼狈。在这没有法治的环境中，人的尊严还是要维护的。我拉住萧农工的领子就把他摔了个仰面朝天。他太意外了，大学生居然敢打农工，而且是贫下中农出身的农工。他瞪着眼睛，躺在地上，一分钟没有起来。机耕队队员带头哈哈大笑，曲拖拉机手还大叫："动作利落！"人还是有正义感的，这种声援使我们成了真正的朋友。"高级工人"——机耕队队员都支持我，萧农工和他的伙伴就没敢再有动作。

事后几个机耕队队员好心地说："您胆子也太大了，四队刚发生打死知识青年的事，恐怕他们要报复。"我说："大学生也是人，也是有胆量、要尊严的。至于报复，我等着。正因为之前打死了人，我想他们不敢再动手了。"机耕队队员个个伸出大拇指，说："我们第一次见到这样的大学生，我们一定请您到机耕队来，过两年选您当队长，您一定能带好我们，在新疆做个'人'。"我很感谢他们，后来真在他们的努力下去了机耕队，但没当上队长就离开了。

萧农工事后并未报复，一是他不是队里的大姓，势力不大；二是他为人并不太坏，当时也是一时冲动；三是刚出了打死人的事，他也不敢轻易造次。但我还是做了准备，找了个棒子放在床头。

在农场值得记忆的事当然不只是"打架"，还有自然现象。1970年8月8日正是立秋，我和一个清华同学从场部去六队玩，要走十五六里。走到半路突然下起瓢泼大雨，我在新疆5年，这是仅有的一次。大雨真像瓢泼，而新疆的荒野既没有人家，也没有树，我们无处躲藏，只能挨雨浇。大雨使农场的土路变得泥泞，一走一滑，我们两个人索性蹲在地上聊天，等雨停。大雨滂沱，既不避雨，又不前行，像落汤鸡一样，蹲在雨中聊天，这怕是古今中外都少见的奇事，更不用说是两个清华大学的毕业生，但这就是那个时代发生的真实故事，正是"倾盆大雨任平生，荒漠旷野点点坑"。大雨下了一个小时，我们就聊了一个小时，雨停了才上路。自此我记住了 8 月 8 日，在中国北方，绝大部分立秋都在 8 月 8 日，而且从立秋那天起，天气就一定会从炎热向凉快转变，至少是在夜间。

当上拖拉机手

我顶着慢性痢疾，扛着锹镐干了一年大田作业后，由于干活出色，被队里推荐参加机耕队，学开东方红履带拖拉机。开拖拉机的要求，一是当时全是苏式的"傻、大、黑、粗"的机器，转动各种手柄没把子力气是不行的；二是要根据土质及时调整，犁得深浅一致；三是要犁成直线。我靠着清华工科的基础，日夜学习，一个月后便成了副驾驶。

履带式的东方红拖拉机和坦克一样，驾驶时用的不是方向盘，而是一对操纵杆。听说会开汽车的人学开坦克很困难，因为习惯了方向盘。我当时不会开汽车，自然没有这个问题。在短短 3 个月的时间内，我又达到了一般学徒要 2 年才能达到的二级驾驶员的水平，可以正式作业了。开拖拉机最高的技术是在犁受到强阻力时调节操纵杆走成直线，与汽车不同的是要时刻调节，不能把着方向盘不动。

后来我还在军校开过坦克。30 年后我率团去荷兰代尔夫特国际水研究中心乘船，司机是一位复员军人，得知我会开汽车和坦克后，大胆地把船给我开。入港后，我的团员看到我在开船时都大吃一惊。到 65 岁时，除了只在模拟室中开过飞机以外，我已经把所有能开的交通机械都开过了。

当年在农场，只要进了机耕队，哪怕是当打犁手也比大田作业高一等，是人人想干的好差事，但就是这等差事，今天的青年能干的大概也不多。新疆下雨极少，地面都是浮土，拖拉机犁地时，后边就拖着一条烟尘的尾巴，也是蓝天白云下漠野中的一道风景。在大漠中开拖拉机之苦难以想象，戴上两层口罩，收工以后两个鼻孔中仍然全是黑泥，要洗半天才能干净，坐在下面打犁的有多辛苦就更可想而知了。

新疆种瓜人的本事是"会挑生瓜"

当我们看到自己种出的西瓜大丰收时，那种极度的喜悦至今难忘。西瓜又大又甜，在新疆的农场里送人两个好瓜，相当于送一把芝麻，是开玩笑或骂人，要送起码送一小推车。收的西瓜堆积如山，我们就把它们塞进拖拉机的驾驶室，把腿架在瓜上面，开到田野上作业。把犁打到最深，开足马力犁出一道深沟，再把西瓜都放进去，做上记号，等下次作业时来吃，是天然冰箱。但是，经常因为刮大风或狼和狐狸光顾把标记搞没了，这样一沟的西瓜就丢了。不过因为瓜太多，我们也不觉得可惜。

种瓜的人自然是会挑瓜的。挑好瓜时要一看瓜茎，二看纹络，三拍颤音，一般可以挑个八九不离十，还是比较容易的；难的是挑生瓜。为什么要挑生瓜呢？一是对外卖不能卖生瓜，送人更不能有生瓜；二是对于我们拖拉机手来说，生瓜还有个特殊的用途，就是洗手。田里有的是瓜，就是没水，吃了瓜满手黏，没法洗，要用百分之百的生瓜，即不含糖的生瓜洗，手才能洗干净，这是没到过荒漠的人不知道的。

大漠耕耘才知道绿洲与沙漠的生态关系

不久，我就对当初引以为自豪的犁地工作产生了疑问。我们开垦的是千年处女地，第一次犁开时虽不像东北的黑土地那样肥沃，但由于固沙植物对水土的保持，也是深褐色的湿土。如果当年天山上雪水融化得多，千年沃野加上充足的雪水，种什么都是大丰收，真是玉米长，西瓜大。但是如果第二、三年雪水少，这些地就无法耕种，荒上两年，很薄的表层土壤就会沙化，整个开荒区就沙漠化，于是半荒漠半绿洲地区就变成荒漠了。而开荒时犁掉的千年固沙植物可是"铁犁铲得尽，春风吹不生"，想修复则不可能了。所以在戈壁滩上真是"有了水才有生命，有了生命才有人"。

最迟到 21 世纪初，新疆已无荒可开，所谓开的"荒"全是沙滩与绿洲之间的过渡带，也是保护带。由于水量是一定的，你在这里开了 100 公顷的荒，在那里就要损失 100 公顷的绿洲，得不偿失。后来我在国务院会议上提出这个观点，得到了农业部长的支持。

夜班归路遇险：拖拉机吊在"桥"上

开拖拉机不仅脏、累，还常会遇到危险，这些危险往往是致命的，结果如何全取决于你的知识、冷静程度和运气，有时这三者是相结合的。

一种险情就是"拖拉机犁人"，这看起来有些不可思议，但难以避免。拖拉机夜班有3个人，一个开机器，一个打铧犁，另一个睡觉。必须约定好"右翻"，即拖拉机作业以一条线为基准线，一圈一圈向右犁，绝不许向左去，因为睡觉的人就睡在左边。

我差点经历过一次意外。换班后我筋疲力尽地把毯子铺上，盖着大衣倒头便睡，拖拉机的轰鸣都吵不醒。两个作业手也又困又累，开始时还按照约定右翻，迷迷糊糊地就换左翻了，一直开到我身旁不到5米的地方。打犁手睡眼蒙眬地看见地上有人，我睡得雷打不动，却也感觉到声音越来越大。当打犁手跳下来，我跳起来的时候，两人相对无语。但我们都清楚地知道迟一分钟的结果——我就成了肉泥烂酱，给新疆的土地增加肥力了。

另一次险情就更严重了。我和正驾驶、打犁手值夜班，下班后困得糊里糊涂地回村。打犁的小杨一再要求由他把拖拉机开回去，学学技术，我们只得同意了。我们刚进入梦乡，忽然听得小杨大叫一声，原来是在过一座由大树干搭成的小桥时，小杨胆怯，操纵失误使拖拉机转了向。这时正驾驶老王立即醒来，瞪圆眼睛，双脚以迅雷不及掩耳之势踏过去刹车、熄火，踢开了小杨的脚。那反应之快，赛过任何运动员，真不愧是志愿军的侦察兵。

我们本来必死无疑，但真是命不该绝，一根足够坚固的大树杈挂住了履带，已经歪斜的拖拉机被挂在桥上。这次是我的反应快，告诉大家必须一动不动地等人来，否则失去平衡只能翻车。我想多数人，尤其是有经历的男人，在死神面前表现出的都不是无理智的惊恐和神经错乱。但是，所有人都有一段或长或短的绝望无助的经历，仿佛有人把你的心掏空了一般，有一种万念俱灰的世界末日感。但是，紧接着迸发出来的是作为人的尊严，"大丈夫生死有命"，怕什么？其次是理智，现在还没死，慌什么？最后是知识，一定要运用所有的知识想尽办法死里逃生，傻什么？

在黎明的晨曦中，我们等待别人前来救助。惊恐过后大家反而泰然自若，都讲起自己的生死经历。老王经历了解放战争和朝鲜战争，当然故事最多；小杨也讲了只身遇狼的故事。当年在戈壁滩上土里刨食的人，谁又没在阎王殿前走过一遭呢？

之后来了个放羊娃，披着刚升起的朝霞，但在我们看来像个仙女。他见到我们所处情势时露出的表情我至今记忆犹新，先是睁大眼睛，然后张大嘴，过了一分钟才哇的大叫一声，然后扔下羊群扭头就向村里飞奔。

大约过了半个小时，放羊娃带来了 3 辆拖拉机和一群人。这半小时真难熬，但总算有了盼头。我们已是死里逃生的人。来的人都带着惊异和同情的表情，像看恐怖电影一般。在这不为人知的荒凉原野上，上演着一幕人性大剧，可惜当年没有录像机。

机耕队副队长经验丰富，临危不乱，让 3 辆拖拉机在水渠两岸挂上我们，他拿着小旗指挥 3 台机器，时刻保持平衡，终于把我们的拖拉机拉正了位置。我和老王对小杨说："还是你！开出去，大不了再死一次！"小杨的眼神从惊恐到犹豫，从犹豫到坚定，他没有说话，把拖拉机顺利地开过桥去了。

你见过野狼群吗

当下，不少年轻人都对狼很感兴趣，2015 年播出的《狼图腾》引起很大轰动。尽管拍摄有保护，可能也不是野狼，但还是冒了很大风险，实为不易。

如果年轻人真的想有看到野狼群的切身体验，那就去新疆荒野开拖拉机犁地吧，我就有这样的经历。

有一次值夜班时，在伸手不见五指的黑暗中，远处来了一群"小电灯泡"，有 7 匹，是一群野狼，正在向我们的拖拉机逼近。尽管我在学生时期多次在军队靶场度过暑假，也见过一只逃窜的野狼，但头一次见到这种阵势，心里还是发慌："它们跑过来怎么办？我们 3 个人 6 只手，只有扳手和加油枪，打不过 7 匹狼。"老驾驶员已多次见过这种情况，说："别慌！只有 7 头，不太敢和我们斗。"

狼群向我们逼近，我们就用拖拉机大灯照，因为狼怕光。但头狼迟疑了一阵，就又率队向前了，欺负我们人少。老司机说："开发动机，狼怕响。"头狼又迟疑了一阵，再次带队向前。狼群最后离我们只有大约 40 米，我们把灯光打到最大，发动机开到最响，同时用扳手和锤子敲工具箱，使铁器发出射击一样清脆而有节奏的声音，有点像枪响，狼群终于止步了。

但狼群并没有走，而是和我们对峙，双方都在考虑攻防策略。对峙了半小时，头狼看到我们严阵以待，又无良策（狼太少，无法围攻），便扭头率狼群跑了。

我松了口气，对老司机说："出汗了。"他说："太险了，我也出汗了。它们只有 7 头，如果是十几头大狼群包围上来，我们怕是要光荣了，这算因公牺牲吗？"我说："大概不算。"3 人哈哈大笑。他事后说："狼扑上来就会咬人喉咙，虽然你有两下子，但是第一招挡得开才有得救。狼不是程咬金，没有三板斧。第一下挡不开就完了。"

后来我吃过狼肉，极瘦，又柴又酸，不好吃。

·1971 年·

缺乏真正的朋友是最纯粹、最可怜的孤独；没有友谊，世界不过是一片荒漠。

——［英］培根

卑鄙是卑鄙者的通行证，高尚是高尚者的墓志铭。

——北岛

没有在中国的农村较长时间住过，你就不可能真正地了解中国。

——吴季松

·大事·

1971 年 7 月 30 日，姨父高崇民含冤去世。

·小情·

在芳草湖四分场场部当小头头

我在机耕队干得不错，又被选入了四分场场部的"一打三反"办公室。到了场部，我的生活质量提升了一级，住上了砖砌的房屋，食堂的肉菜也多了；周围有小树林，总算见到绿了；更为重要的是当了小头头，有了点"小权"，但我从未用它整过人，而是用它来比较主动地安排点时间，干点事。

在场部工作时，我遇到一个奇人，是分场革委会的滕副主任。他原来是个汽车司机，造反后当了革委会副主任。他是山东人，30 多岁，人高马大，阔脸大眼，典型的山东大汉长相，但又十分精明。他能当造反派的头，不是因为整人和打砸抢，而是因为他工作出众、车技一流、行侠仗义，本来就是司机的头。他做造反派的头非但谁都没有整，而且维持了秩序。我们一见如故，十分谈得来，他对我很好，一再说："我们是一样的人。"人民的评价就是最高的评价。他并不愿意当官，当上了也我行我素。有一次总场领导来分场时，他正在两个桌子之间做倒立，领导见了一个"倒主任"。

场部的另一个奇人是哈萨克族的巴维力，他是哈萨克人，还得过哈萨克斯坦撑竿跳冠军。哈萨克斯坦的撑竿跳是有传统的，一直到现在都位居亚洲前列。由于受到政治迫害，巴维力来到芳草湖农场，在副业队当一名普通工人，住在地窝子里。巴维力大约40岁，大概受过不少摧残，像50多岁的人，撑竿跳冠军的痕迹已荡然无存，但是手风琴拉得很好。

没几天，就有农工来向我汇报，说巴维力听西方音乐。我说："不是，他听的是《红色娘子军》。"其实当时的样板戏《红色娘子军》中吸收了不少《天鹅湖》的成分。

保护了一个好同学

我在分场中的一件大事是接受了一次"外调"。什么是外调呢？就是找知情人调查有问题的人，调查对象是我同宿舍的同学。一天早晨，同在分场工作的清华同学紧张而郑重地告诉我："今天找你有重要外调，来调查的是国防工业口高级别的调查组，调查的是你的老同学。"然后他目光一转，露出几分奇怪的表情说："我们是老朋友啦，你可一定要如实反映情况啊！不然对你我和大家都不好。"我真有点丈二和尚摸不着头脑。

原来被调查的就是我在清华同寝室的凌同学。凌同学工人出身，身体强壮，为人诚实，本来不显山不露水，不知为什么在政治运动中被激发起了热情。由于出身好、工作踏实，他被吸收到造反派头头的核心机构动态组——"老实话"战斗组。他做了不少外调，接触过一些机密。他曾悄悄地告诉我，自己还去监狱里见过 ××。

调查组有3个人，总场还陪了人来，的确规格不低。调查组上来就对我说，你是我们外调的最后一个人，我们不远千里跑到新疆来，他的问题很严重，希望你能协助组织搞清他的问题。调查组先问："凌 ×× 平时表现如何，是不是坏人？"我答："据我所知，他平时表现很好，不是坏人。'老实话'战斗组可能不老实，但是他老实。"又问："你们是不是好朋友？"答："他和谁关系都不错，谈不上好朋友。"再问："你知道他背地里都调查过什么重要人物？"答："他几乎天天不在宿舍，多数时间都在外边睡；我是逍遥派，天天出去锻炼，而且家在北京，常回家，所以我们几乎一星期都见不上一面，不了解他的这些情况。"以上我说的都是实话。调查组还问："听说你要求入党？"答："是！"接着问："他有没有说过去调查××？详细情况是什么？"答："没对我说过。"这不全是真话。凌同学对我说过他见过××，但的确未讲详情，说出来也没意义。这在我是极少有的"善意的谎言"，为人得讲义气。如果说"得饶人处且饶人"对的话，那"能护人处且护人"更对。调查组显然不满意，但也没有办法。

事后同分场的清华同学显然对我不满意，说："哪能问一句答一句，应该主动让党了解情况。"因为我自十五六岁起为人一贯强硬，所以他也没敢多说。我心里想："他们就是党吗？凌同学毕竟与我有6年同窗之谊，只能少说，不能多说。"他又说："若不是滕副主任保你，怕连你也牵进去了。"滕主任，谢谢你！我们都尽了做人的本分，国家多几个像你这样的人是幸事啊！

在新疆仪表厂，车工不好当

我从新疆回北京探亲，父亲不能回来，事后多次抱歉地对我提起。更为严重的是他患有青光眼，得不到治疗，后来视网膜脱落却不准回家医治，以致一目失明。谁能想得到此后多年他发表的数以十万计的文字都是用一只眼睛写就的啊！

返回新疆后，我被分到了新疆仪表厂当车工。

1971年的乌鲁木齐还是个不大的城市，市中心在乌鲁木齐老城的南门一带，但已有了一个新城的中心，即红山。红山是乌鲁木齐西部雅马里克山的余脉，一座与北京景山差不多大小的孤零零的小山。在红山顶上建了凉亭，成了小公园，附近有百货大楼等商业设施。我所在的新疆仪表厂就是刚从新疆轴承厂分出来的一个小厂。当时的北京南路和北京北路只是一条孤零零的十里长柏油路，两边有各单位的三四层楼房。这些单位的东面是农田，西面是古河道的荒滩，大块的黑色砾石布满荒野。

新疆仪表厂说是个厂，实际上只有一座两层小楼和大约 400 平方米的一个小院。厂长（当时叫革命领导小组组长）姓夏，是江苏支边青年，成了造反派的小头头。书记是个河南分来的中专生。

我在厂里干的是车工，师傅姓马，是六级钳工，老新疆人。他尽其所能耐心地教我，以至于我三四个月就达到了二级工的水平，可以独立干活了。当然，在当时的政治情况下，马师傅也有"师傅"的架子。车工最关键的技术是磨车刀，所谓"磨刀不误砍柴工"。磨车刀真是个技术活，一是眼要准，在砂轮上磨成什么角度，眼睛要像尺子一样有数；二是手要稳，手一定要拿得稳，否则会打刀；三是不能怕烫，磨刀时砂轮转速很快，与合金钢不断打出火花，溅到脸上、手上都不能躲，否则将前功尽弃。在当时的社会状况下，财产是第一位的，人甚至连第二位都排不上，所以连女车工都不太怕脸上烫出疤，更不用说男车工了，这也是今天的男女青年难以想象的。不过谁都怕烫着眼睛。我第一次感到戴眼镜也有好处，工友也说："你们戴眼镜的真好。"

和工人出身的厂长吵架

我在农场打了农工，在工厂又和工人出身的厂长吵了一架，为的是打抱不平。因为他总看不上一同分来的女同学，有时甚至肆意挑衅。我借故与他大吵一架。在哪个时代要有哪个时代的吵法，我说："你三代贫农有什么了不起，我母亲五代贫农。"我从不撒谎，这是事实。我母亲家里世代是农村的私塾先生，几代从未有过土地，土改时被定为贫农。我还说："你是工人有什么了不起，工人之所以伟大是能干活，我们干个工件比一比。"这种吵法使我未占下风，工人中反而是同情我的居多。应该说夏厂长还是个真正朴实的工人，之后虽然在一周内见我就瞪眼，但是没有报复。尤其是当时有一个绝佳的机会，我读错了报纸，把"打倒刘少奇"读错了，他作为厂长没有报复，说明他具有真正的工人的品德。

·1972 年·

我们爱我们的民族，这是我们自信心的来源。

——周恩来

世界上本没有路，走的人多了，也便成了路。

——鲁迅

海内存知己，天涯若比邻。

——王勃

·大事·

政治气氛有所松动，周总理亲自批示，黄克兴、钱端升、曾炳钧、吴恩裕和龚祥瑞等 7 名北京政法学院教授（当时雷洁琼还是"右派"）可以从安徽濉溪"五七"干校回家。这四五年艰苦的生活条件严重损害了父亲的身心健康。他本来身体强健，去干校前人都说像 30 多岁，回来已像 60 多岁的老人了，还一目失明。没有经过那个时代的人是不可想象的。敬爱的周总理能了解到这些（他认识父亲）并救助了大学教授，他救了多少人呐。

·小情·

住在乌鲁木齐："换大米"，去饭馆，看内部电影

在乌鲁木齐，我又恢复了在芳草湖农场停了两年的长跑。傍晚的时候，老师傅都会好心地嘱咐我："别向北跑太远，荒野地里不安全。"

为了改善生活，新疆仪表厂还有一项工作就是"换大米"。这项工作可不像小品中坐等上门换大米那么容易，得自己骑自行车去20千米以外的米泉县（今米泉区）换，因为米泉县产米，而新疆人喜欢吃面，所以用面换米。那里有庞大的新疆农贸市场，卖羊、卖鸡、卖米、卖菜的应有尽有，十分热闹。不少交易是以物换物，汉族、回族和维吾尔族和睦相处。当年在新疆要想吃点水果、油、花生，或其他紧俏食品都要设法换，或用高价买。虽然溢价都不高，一般会高出正常价格的20%~30%，但一般工人是舍不得的。

当时乌鲁木齐的饭店很少，最有名的一家好像叫"稻香村"，是个平房大院，里面有不同菜系的分部，我们去过两次，算最高享受了。而芳草湖农场的农工能去一次乌鲁木齐街上的小馆子，就好像今天在北京去王府饭店。街上的维吾尔族饭店全是小馆子，卖馕和烤羊肉，充满了异域风情。每个饭馆门口都是被顾客掀得油光发亮的棉门帘，里面生的都是汽油桶一样的大火炉，炉前有簸箕盛着炉灰。有一对清华同学，男的姓陈，家里是上海的大资本家，女的姓叶，是北京慈禧太后叶赫那拉氏的宗亲，这一对旧时代的贵人在街边摊上吃了烤羊肉串，陈同学吃完就得了肝炎，一直拖了很长时间才好，此后身体一直不好。

当时在乌鲁木齐几乎没有文化生活，上演的全是样板戏。不少人，尤其是干部和教师子弟都想尽办法到剧团演出，争取跑龙套，当《智取威虎山》中的八大金刚喊两声。最主要的不是为了上台，而是为了吃演出后的一顿夜宵。后来新疆出了很多"北漂"成名的演员和主持人，不知与这个传统有无关系。我幸好有个北京的周同学在新疆军区文工团工作，得以看了一些演出和《山本五十六》等内部电影，那真是最大的享受了。当时李双江就是团里的一般演员，不过听得出上台时唱得比别人好。

我的第一次创新——试制新型内径千分尺

我当了车工，3个月出师，达到了二级工的标准，便开始了有生以来首次有价值的创新——组织试制新型内径千分尺。

这次创新不仅是为了满足生产需要，在一定程度上还是出于生存需要。厂里的主要产品是内径千分尺，一种量圆桶或圆管内径的量具。这种量具的形制从19世纪问世以来从未改变过，一根钢管，头上安一个带外冠的支架，可以伸入管道定位。定位靠什么呢？在支架外冠上打两个孔，再拧入两个螺母，碗状螺母里分别放一个滚珠，然后拧上螺帽，就可以利用滚珠定位，测量内径。

由于配件太多，系统误差很大，所以废品率很高。首先，支架上的孔要打得十分精确。其次，螺母和螺帽要车得十分准确。最后，滚珠必须达到标准圆。这些要求说起来容易做起来难，一段至少 1 厘米粗的钢筋要车成小小的螺母，后端直径只有 3~4 毫米，一不小心就要折断；前端的碗状孔，稍一用力就要变形，的确是高技术活。六级的老师傅也会出废品，青工废品率则超过30%，学徒更是半数以上为废品。除了螺母、螺帽难车，打孔再加上买来的滚珠，这么多部件的系统误差加起来，使得出厂一把合格的内径千分尺难上加难，因此整个厂的生产效率很低，工人的积极性也不高。

只过了半年，我从学徒、车工跃升为技术组组长，相当于现在的技术科长。当时是大组套小组，从中央文革小组到我所在的这个小厂的技术组的领导，全是组长。当了组长就有责任解决这些技术问题，进行创新。其实我在当工人时就想：外国人怎么这么笨，设计出这么复杂的东西？螺母、螺帽加滚珠，不就是为了定位吗？支架冠不就可以直接定位吗？把冠的弧度车大些与被测管壁相切，不就能定位了吗？如果怕磨损，可以再淬一下火，不就耐用了吗？于是我开始计算、设计新型内径千分尺。

大约过了两周，新型内径千分尺就设计出来了。老师傅在观望，厂领导则表示默许。这个创新得到了青工的大力支持，他们不但以高昂的热情按我的设计制作，还对我说："老吴，您专心设计，买菜、做饭的家务活我们全包了。"我当然不会让他们这样干，但在那个知识分子被叫作"臭老九"的时代，这种情况是绝无仅有的。"工人阶级可以领导一切"，但知识分子也可以领导工人。凭什么领导工人？凭你的知识、能力和行动来解放工人，你把工人从繁重、艰难的劳动中解放出来，工人就服你，根本不理会有人倡导的"臭老九理论"。其实，革命不就是如此吗？工人可以跟着知识分子为自己的解放献身，义无反顾。

我们的新型内径千分尺试制成功了，而且开始生产，厂领导和老师傅都欣喜万分。但成批生产要到当时的一机部去鉴定，我借探亲的机会去了一机部多次，那里正在打派仗，东推西支无人负责，我只得悻悻返回。据说六七年后，日本生产了与我的设计几乎一样的内径千分尺，当然申请了专利。如果在今天，我的创新也可以申请专利，甚至自己开公司，建一个生产这种产品的工厂，赢利将很可观，可以创造几个百万富翁。十年浩劫埋葬了多少这种创新，更重要的是埋葬了多少人创新的欲望。通过这件事，我懂得了什么是真正为了工人阶级。

带工人去上海实习

在我的推动下，厂领导做了一个有远见的决定，1972年派我带工人去上海实习，见识见识真正的工人阶级。去上海的火车要4天4夜，实在熬人，我们分成两个半段，中途在西安停留，参观了西安仪表厂，也休息了一下。

到了上海，依然有一种破旧的感觉，但深入上海人的生活中，就发现上海人在十分艰苦的条件下，仍在努力提高自己的生活质量。上海不少工人和城市贫民的居住条件十分差，一家4口的住房只有12平方米，即平均每人3平方米。怎么住呢？楼下2平方米的厨房能做出美味佳肴；8平方米的客厅也是晚上父母睡觉的卧室；2平方米的阁楼睡2个小孩。厨房、卧室、客厅和餐厅俱全，而且早饭都要有两三种小菜，至于当时的华丽衣服——毛的确良，每人也有2套。

黄河仪表厂的好食堂

我吃过的第一个好食堂是1966年在中国民航局东四总部实习时的食堂，每餐有七八种菜、三四种汤，主食则天天米饭、面条、烙饼、包子和饺子俱全。当时中国民航局属于军队，这样的好伙食引得家在农村的小兵每次探亲假未到期就回来。

我吃过的第二个好食堂是法国原子能委员会芳特诺核研究所的食堂，只需买个象征性的餐券，就可以取饭量大的人都吃不了的、比餐馆还美味的食品，以至研究员级别的高薪者在假期居然开着车回来吃饭。

相比之下，在1972年的经济状况下，上海黄河仪表厂的食堂当然不能算最好的，但在那样低廉的价格下能够办到那种水平，的确罕见。早餐的味道不错的咸菜和午餐的猪血汤仅卖半分钱，小盘红烧带鱼仅卖7分钱。

我们的青工在食堂闹了一个小小的笑话，能够说明上海人与新疆人的差别。李青工个子瘦小但很能吃，去食堂窗口打饭时，一下要了 8 份带鱼，还有其他菜。旁边的上海女青工说："这 4 个人真能吃！"后来看到并没有人和李青工一起吃，于是大吃一惊，说："两个人吃这么多！"最后看到没有人与他分食，几乎惊呆了，瞪大了眼睛几十秒才喊出来："天哪！一个人吃！"

我的朋友，六代产业工人

经过几个星期相处，一位姓郑的老师傅、八级钳工大概认为我是可以说真话的人，在和我聊天时对"工人阶级领导一切"发表议论，给我的印象十分深刻。他说："我是真正的三代工人出身，1870 年我曾祖父就在洋人的工厂里当工人。我是 1927 年进厂，今年 61 岁了。工人第一位的就是会干活，进了工厂，不会干活只会造反，算什么工人？工人要让谁都不敢看不起你，就要有本事。在英国人的厂里，我每月拿 1 两黄金，日本人来了也不敢少给，国民党也一样。现在是共产党的天下，我每月拿 100 多块钱，还是 1 两黄金，这才叫工人。"他不但说出了工人阶级的本质，而且和爱因斯坦一样，认为"作为一个人，首先要有自食其力的能力"。郑师傅讲很多工件和工序都用英语，是和英国师傅学的，有时刚说出口又马上改用中文，无可奈何地说："不许说英语了，为什么还用英国人发明的车床啊！"他说他的儿子、孙子都是本分工人，儿子不造反，孙子想去造反让他喊住了："先学会干活，再去造反。"郑师傅一家六代工人，是中国的传奇。

六

中国科学院合肥科学岛六年

地球万物靠太阳

受控热核聚变要实现

1973 8月5—20日，第一次全国环境保护会议召开。

1974 4月6日，邓小平率中国代表团出席联合国大会第六次特别会议。

1975 1月13—17日，四届全国人大一次会议在北京举行。

1976 1月8日，周恩来逝世。

7月6日，朱德逝世。

7月28日，河北唐山丰南地区发生7.8级大地震。

9月9日，毛泽东逝世。

1977 8月19日，中共十一届一中全会举行。

恢复高考制度。

1978 5月11日，《光明日报》发表《实践是检验真理的唯一标准》。

12月16日，中美两国发表《中美建交公报》，美国承认中华人民共和国政府是中国唯一合法政府。

·1973 年·

英雄不仅比普通人有勇气，而且能把五分钟勇气无限地延长。

——［美］爱默生

环境已经成为今天人们的热议话题和时髦语言。究竟什么是"环境"？环境实际上是人类对其生存空间的感觉，你处在一个什么样的环境里，完全取决于你对人生价值的认识和由此产生的生产与生活方式，从而也决定了人类向何处去。

——吴季松

·大事·

吴恩裕教授发表《曹雪芹的佚著和传记材料的发现》，刊于《文物》杂志1973 年第 2 期。

父亲的境遇略有转机，这与他在一目失明后依然锲而不舍地研究曹雪芹有关。当时发表文章没有任何稿费，父亲只得到了 50 多本杂志。为了送给知己和素不相识、来函索要的读者（他们多是平民百姓），他还花了 30 多元买了杂志寄去。

邓小平恢复工作，让被下放劳动锻炼的名牌大学生技术归队，建立了一些尖端科学项目。

·小情·

离开新疆前，在俞工友等人帮助下，新疆仪表厂给我批了点木板包装箱，我将其打成几个大箱子用来搬家。冯工友手巧，还弄了几件家具，我视为至宝。

回中国科学院从事受控热核聚变研究

1973 年 1 月，北京物理所、安徽光机所共同向中国科学院提出建立合肥受控热核反应研究实验站的报告。4 月，中国科学院予以同意，并从全国各地召集大批经过劳动锻炼的北京大学、清华大学、复旦大学和中国科技大学等名牌高校毕业生，先到北京物理所的受控热核反应研究室实习。负责人是近 40 岁的陈研究员（已故），是留苏的副博士，还有现已是院士的严研究员和现已出国定居的刘研究员等人。我得以入选。

我们在北京物理所参加实验，第一次从事科学研究，不但有极大的新鲜感，而且立志把它作为自己终生奋斗的事业。当时的幸运感、荣誉感、责任感和事业心相互交织，可以说是豪情万丈。因为同一时期分配的大学生，包括名牌大学毕业生，绝大多数还在基层，我们真是凤毛麟角，一步登天。

受控热核聚变研究就是氢弹的和平利用的研究。地球上的一切能量都来自太阳，煤、石油和天然气是太阳能量亿万年的积累，而农作物吸收的是当年的太阳能量。受控热核聚变是像太阳一样产生能量的研究，是划时代的科学研究。原子弹的和平利用就是核电站，在原子弹爆炸后仅 9 年，1954 年苏联就建成了世界上第一座民用核电站；而 1952 年美国第一颗氢弹爆炸后，氢弹的和平利用一直未实现。20 世纪 60 年代，欧美和苏联都开始了受控热核聚变的研究。问题出在如果热核离子密度不够高就不反应，密度一高则会爆炸，后果不堪设想，但难以控制其爆炸规模，所以如何使反应可控就成了研究的关键。

受控热核聚变的原料是氢或其同位素，实际上就是太阳释放能量的反应，所以又被称为"人造太阳"。目前实验反应利用的是氢的同位素氘（D）和氚（T），在特定的高温和约束条件下进行的可以控制的核聚变反应，可以聚合成较重的氦（He）原子核，并释放出巨大的能量，简单的反应公式如下：

$$D+T=He+ 能量$$

1 千克氘和氚的混合物进行热核聚变反应可以释放出相当于 9000 吨汽油燃烧的能量，是相同重量的铀（U）进行核裂变反应释放能量的 5 倍。氘和氚与铀等稀有重金属不同，可以取自海水，1 千克海水中可以提取 34 毫克氘。也就是说，1 升海水可以相当于 360 升汽油，这就是所谓的"海水变汽油"。

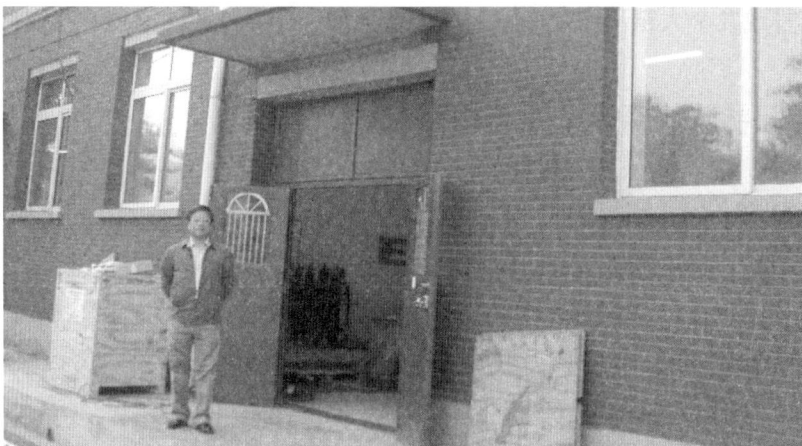

2009 年，吴季松在曾经工作过的北京物理所低温车间前

世界上的海水至少可以提取 23 万亿吨氘，以目前世界的能源消耗来计算，可供人类使用 100 亿年以上，是取之不尽、用之不竭的富有能源。

同时，受控热核聚变不产生放射性污染，它是一种清洁能源。氢广泛蕴藏于海水和各种矿物、生物之中，可以循环再生，因此它还是可再生能源。设施建成后，原料价格十分低廉，因此受控热核聚变能又是一种十分廉价的能源。是故，对受控热核聚变能的利用是彻底解决人类能源问题的根本途径。

人类面临的另一个问题是缺水，其实我们有取之不尽、用之不竭的海水，关键在于，使其淡化需要消耗大量的能源，代价高昂，所以如果可以获得廉价的受控热核聚变能源，那么人类缺水的问题也可以得到解决。

受控热核聚变的实验研究始于20世纪60年代，由于耗资巨大、技术困难，在很长时期内被认为是基础研究。同时，发达国家由于各种原因，对人、物和财的投入长期举棋不定，时起时落，使人们对这项研究的应用前景产生了悲观的论调。2006 年 5 月日本报道，日本的受控热核聚变装置 JT-60 创造了新的世界纪录，使核聚变等离子体约束了 28.6 秒，而达到商用水平至少要约束 400 秒，使输出能量大于输入能量的 10 倍。

我国在 20 世纪 70 年代就开始这项研究，应该说启动是不迟的。但当时和今天的科研大不相同，国际合作几乎没有，当然没有人员交流，所以我们只能看文献，照猫画虎，依葫芦画瓢。另一大困难是科研经费十分紧张，也没有支持单位，没法多给加工单位钱，只能到处求人。我们虽然都是优秀学生，但是从未搞过科研，要从头学起。这几乎就算不上困难了，自己克服吧。

科学家的笑话

我在沈阳出差时还遇到一件趣事。一天早上，刘研究员起床后找不到自己的袜子，我们问他："您就带了一双袜子？"他说："是。"后来还是别人提醒，他才发现自己把两只袜子穿到一只脚上了。

全国知名的严研究员也有趣事。据说在北京物理所开会时，他让人去他办公桌上取东西，结果抽屉里除了资料还有馒头。负责人陈研究员在生活上更是糊涂，据说因为不管家务，狗丢了，被前妻所逼，在晚上于中关村宿舍区张贴启事，结果贴的是《寻猫启事》。

他们都是业务尖子，与陈景润有类似的地方，那就是把全部精力用于科学研究，其他事就顾不上了。世界上大脑特别发达和特别不发达的人都是极少数，根据国外有关研究机构抽样调查的结果，这两种人各占2%左右，95%以上的人智力都是差不多的，看你把聪明往什么地方用。高级研究员多记不住早市的菜价，但主妇和老太太则如数家珍。

在当时的政治气氛中，作为负责人的科研人员要有政治头脑，否则不但干不了事，还会挨批。陈研究员就是这样一个人，执着中带着灵活，憨厚中带着狡黠，还有几分政治敏锐性，这也是那个时代的产物。

世外桃源——在合肥董铺科学岛上

在我去合肥前，一位在合肥住过的北京朋友对我说："在合肥最热闹的芜湖路上，你可以横拿着竹竿走路，碰不到人。"这当然是一句玩笑话，不过能够说明当年合肥的情况。

到了合肥，虽然不至于横拿着竹竿走路，但是芜湖路上人的确不多，整个城市基本上像个发达县城。1973年的合肥没有今天市中心的南淝河水环绕，只有稻香楼饭店、包河公园和逍遥津公园三片水域。合肥人说"逍遥津"的发音与普通话的"小妖精"一模一样，我们一听还以为是什么妖怪公园。

城西的梅山路附近是大学集中区，安徽大学、安徽医学院和安徽农学院都在这里，还有刚从北京搬来的中国科技大学。中国科技大学门前就是郊区汽车站，周围是农贸市场，所以经常有农民挑着筐、提着鸡上公共汽车，我们和他们坐在一起，一路鸡叫不断，甚至压过了旧汽车的马达声。更麻烦的是下雨天，菜叶、瓜皮和鸡毛满车都是，是真的"一地鸡毛"。

我们的单位在合肥西北部蜀山湖中的董铺岛上。说是湖，其实是个水库——董铺水库，岛其实是半岛，三面环水。进入董铺岛，这里树木扶疏，青草遍地，像个公园，里面有编号为1号、2号和3号的3幢高大的楼房，东部的密林中还有别墅。原来这里是当年曾老干部主政时，为争取在合肥召开中共九大自作主张预先盖好的设施，但现在已被职工家属用作鸡窝。

筹建中的合肥受控热核反应研究实验站在2号楼，5层，十分高大。我被分在一间100平方米的会议室暂住，是我到那时为止住过的最大的房子（在瑞典斯德哥尔摩住王宫则是后话）。由于屋顶没有装饰，天色一暗，白顶发蓝，有点住在露天的感觉。遥望大玻璃窗外的绿林蓝水，真是心旷神怡。在这间房子里也闹过笑话，房间太大，找我开会的人开门没看见人，就说不在，其实当时我正躺在门边墙角的床上睡觉。

董铺岛真是我前所未见的工作天地。一是有山有水，董铺岛三面环水，水库中央有100米高的大蜀山。二是大，我们受控热核反应研究实验站才十几个人，安徽光机所加上家属不过百余人，但全岛从西到东有1500米长，总面积有1平方千米。办公室也大，30平方米的办公室里只有一两个人。三是绿，全岛都被乔木、灌木和草地覆盖，除了楼、路和湖边沙滩外都是绿色，真是潜心做学问的世外桃源。

我充分利用这个世外桃源的自然条件来丰富自己的生活，尤其是在湖水中游泳。从办公室楼后下水，游到对岸的大蜀山，大约是400米，水深一般2米左右，中间有一段不过1米多深，人可以站起来，但找不对地方就无法站立休息。我经过多次摸索，能准确地找到这片水中高地，感到又是一次发现。我一般是花不到10分钟横渡，在对岸沙滩上晒10分钟太阳再游回来。尽管我一直认为，在新疆茫茫大地开拖拉机也是一种人生经历，但这里的感受的确比在新疆旷野黄沙中好多了。

董铺岛打鸟，多年后戒枪

董铺岛可利用的自然条件还包括茂密的树林，人们可以在树林中打猎。岛东部的小树林中有许多鸟，我用气枪打鸟，经常可以击中喜鹊的头部，然后送给同事做菜，自己从来不吃。那时大家完全没有保护野生动物的概念，反而会因枪法好而受到夸奖。我现在仍能想起喜鹊挣扎的样子。当时我有练枪备战的想法，但野生动物也是生命。人的思想是会随时代改变的，但只要初心在，就能跟上时代。

六年后的 1979 年，我成为改革开放后的第一批出国访问学者，与联合国教科文组织接触，有了生态学知识，了解到野生动物在生态系统中的作用，就再不打野生动物，而且戒了从十岁用起的枪，在多次诱惑下也不再摸枪，包括气枪、猎枪、步枪和手枪。只在菲律宾旅游时玩射击游戏，为了给国人争气，我打过一次枪，引起各国游客惊赞。

今天我投身环境保护和生态修复工作，对当年的行为很后悔，但这就是人的成长，人类也如此。我现在全心全意修复白洋淀，为禽类提供更好的栖息地，算是对当年行为的补偿吧，也是新时代的新征程。

我还曾和安徽光机所的李师傅乘月光去湖滩上摸过螃蟹。摸螃蟹我不是内行，只是跟着做。首先要会找螃蟹洞，一般洞边会有螃蟹挖出的松土。其次要会把棍伸进去赶螃蟹出来，这就是技术活了，力大力小都不行。最后就是提着马灯抓爬出洞的螃蟹，也要稳、狠，"一抓准"才行。

·1974 年·

字典里最重要的三个词，就是意志、工作和等待。

——［法］巴斯德

世界上只有一样东西是永恒的，那就是"变化"。

——吴季松

·大事·

吴恩裕教授发表《〈红楼梦〉的反儒和〈废艺斋集稿〉残篇中的近墨反儒思想》，刊于《文物》杂志 1974 年第 5 期。

·小情·

合肥受控热核反应研究实验站总体组成员

合肥受控热核反应研究实验站的研究人员都是各处推荐来的，到合肥工作后，我就被任命为总体组的三位成员之一。总体组负责总体设计和协调全站业务工作。当时还是大组套小组，总体组实际上就是今天研究所的科研处，总体组成员就是科研处副处长。我也不太清楚为什么任命我，要知道大家都是业务尖子。可能是因为我在新疆仪表厂当过技术组组（科）长，这是其他人没有的资历。从干了 5 个月的工作来看，我认为自己还是能胜任的。

在这 5 个月中，我发挥了自己宏观思维的特长，对于受控热核聚变研究的全面布局和轻重缓急提了不少好意见，多数都被采纳。但我想搞科研实践，于是向领导提出想去搞具体的实验工作。于是我被任命为中性束注入器设计组组长，兵只有一个，北京大学的陈同学。

这半年的"科研处副处长"在我一生的经历中有十分重要的意义，使我在不到 30 岁的时候，已经做过了学生、学生干部、拖拉机手、农场分场负责人、车工、工厂技术组组长、总体组成员（相当于科研处副处长）。

吴季松工作过的合肥受控热核反应研究实验站
（今中国科学院等离子体物理研究所）

我的桥牌水平

不做总体组成员后，我不用加班开会了，下班后就有较多的休息时间，于是常和几个要好的同事打桥牌。我打桥牌始自新疆，在新疆与清华同学聚会时会打桥牌，一周一次。当时我们在新疆灯泡厂的陈同学处打桥牌，我的搭档是李同学。据说李同学的父亲是傅作义在北平起义时的十位联名者之一，他为人低调、和善，我们曾合作击败过上海青年桥牌比赛的第 6 名。在董铺岛，我桥牌打得更多了，但水平并未有多大提高。

1994 年我最后一次在国外常驻后回国，应邀参加在北京饭店举行的桥牌比赛。我没有搭档，好心人给我介绍了一位轻工业部的年轻干部，我们只在前往比赛的路上匆忙交流了一下叫牌法和习惯，就仓促上阵。结果聂卫平和邓朴方得了冠军，我们在十八队中得了第十二名。事后看，如果不是第一次配合，又没有准备时间，不出两个荒唐的错误丢了两副牌的话，进入前八名应该是有可能的。我学过一些技术，后来几乎都有用，只有桥牌除外，这次的第十二名就算最高成绩了。此后近三十年，我一直忙于工作，再未打过一次桥牌，以后真正"退下休息"以后，是不是可以考虑重操"旧业"，与高手再试高低呢？

看乐山大佛，登上峨眉山

当时国内也搞受控热核聚变研究的只有在四川乐山的二机部585所，我们前去参观交流，工作之余还去看了著名的乐山大佛，而且就近登上了峨眉山，这是我第一次游历祖国名胜。

那时还没有"旅游"这个名词，游览条件也和今天天差地别。第一是没有旅行社，买票、找路和住宿全靠自己；二是各种条件都很差，旅店不如后来乡一级招待所的水平；三是路差，火车平均时速不过60千米，汽车时速也就30千米，100千米的路走上半天是常事。但也有三点好处。一是人少，到哪里都没有多少人，更没有现在这么多商业设施；二是可以看到名胜的原形，未经修缮、装点；三是可以接触到传统的出家人和质朴的山民，让你感受到这些文化遗产的人文环境。

乐山大佛距二机部585所很近，在岷江、青衣江和大渡河三江汇流的峭壁之上，自然环境十分奇特。它从713年到803年，凿了90年才完成。大佛背靠山，脚踏江而坐，高大雄伟、巧夺天工，体高71米，耳郭里就能站两个人，是中国最大的摩崖石刻造像。我们看大佛时，大佛身上到处是风雨侵蚀留下的黑斑，没有任何维修。不过，大佛没在"破四旧"中被毁就已经是万幸了。

峨眉山是我国佛教四大名山之一，也是我去过的第一座3000米以上的高山，位于青藏高原的边缘，山连着山，峰接着峰，气势浩大。我们进入峨眉山才真正认识到什么是山区的原始森林，千年古树遮天蔽日，其间只有僧侣和樵夫用脚走出的小路。山路多处都十分危险，上有峭壁，下有悬崖，中间的土路宽仅1米，还有30°的下倾角，女同事吓得不敢过。如果是雨天，这样的路是根本不能走的。

经过了这些难走的小路，我们看到了雄伟的报国寺、海拔1000米处的万年寺和海拔1700米处的仙峰寺，在仙峰寺还见到了猴子，但不成群，因为并无成群的游客来喂食。

在仙峰寺附近海拔 2000 米的地方，有座我忘记了名字、但至今难忘的庵。庵中全是尼姑，年纪都在四五十岁，个个眉清目秀，温文尔雅，但她们那脱俗出世的神态中都有一丝连笑都赶不走的忧愁。我和一位尼姑攀谈起来，她说自己是燕京大学英语系的学生，中华人民共和国成立前出的家，庵中像她这种情况的有不少人。我估计她们出家的缘由多是失恋，想当年她们也是追求激情和理想的女青年，我试图从她们脸上找回当年的痕迹。

她们已把峨眉山当作自己的家，兴奋地回忆起佛教的兴衰史，说峨眉山最盛时山上有"十万和尚三千庙"，这话出自大学生之口，应当不虚，我记忆至今。当时峨眉山受到"破四旧"摧残，大概只有"五百和尚三百庙"。

尼姑们说山里不安全，热情地留我们住宿，并忙着准备晚餐。庵内晚餐可以说是"全竹席"，菜全出自竹子，有卤咸竹笋、凉拌竹笋和炒竹笋，味道鲜美，清香可口，可惜全是素菜，难以补充我们白天登山消耗的体力。尼姑们几乎过着自给自足的生活，从山下买的只有油、米、盐，其余全部自己种植、制作。她们在山上已待了 20 多年，如果不是真心脱俗、六根清净，是难以坚持的。

晚饭后我们在庵边散步，尽管天已漆黑，但周围鸦雀无声，真是深浅莫测，凶险不知。但我们越走胆越大，来到一个山洞旁就钻了进去。小山洞九曲十折，在尽头处居然亮着一盏油灯，是那种小灯碗里有油，再加上灯芯的最简陋的农村油灯。点灯的人在哪里？我们顿时心惊胆战，仗着人多四处寻找，找遍附近也不见人。点灯人显然是听到有人来才跑的，在附近藏了起来，我们终究没找到他。

晚上，我在峨眉山死寂的黑夜中，在阴冷的禅房内盖着略带潮湿的被子，不断想点灯人是谁呢？我们的惊扰是否促使他走上了绝路呢？如果是，那真是悲剧。不过在那个时代，像我这样的外来人已经麻木到不再多想，可以安然入睡。

·1975 年·

科学的唯一目的是减轻人类生存的苦难，科学家在为大多数人着想。

——［意］伽利略

美是到处都有的，只有真诚和富有情感的人才能发现它。

——［法］罗丹

·大事·

吴恩裕教授发表《现存己卯本〈石头记〉新探》，收入南京师范学院 1975 年编印的《红楼梦版本论丛》。

乔冠华与父亲在清华大学政治系学习时同住一间宿舍，父亲回京后去看他（乔冠华和章含之结婚后，住在史家胡同章士钊家）。外界并不了解，他在风头正劲之时，实际上十分矛盾、苦闷，书生气很重。乔冠华对父亲说："你后来去伦敦看过马克思墓吗？"父亲说："我怎么可能出国？"乔冠华沉默一会儿又说："你是国际知名的法学家，我算什么？"父亲说："你当然是政治家、外交家。"乔冠华不语。

·小情·

我从小立志，一是走遍世界，二是做科学家，二者相辅相成。这一年我作为合肥受控热核反应研究实验站一室中性束注入器题目组组长做出了显著的成绩，为 1977 年被选为首批出国访问学者打下了基础。

中性束注入器题目组组长

我担任中性束注入器题目组组长时，手下只有一个兵——研究员小陈。他是北京大学物理系毕业的，东北人，当年能从东北农村考入北京大学是十分不易的。他身材很高，人很谦和，我们合作相处得一直很好。听说他现在人在美国，如果当年问受控站的研究人员中谁有能力，而又最不可能留在美国，十之八九的人会说是小陈夫妇，没想到他们竟然就留在了美国。

所谓中性束注入就是因为受控热核聚变的高能粒子数不足，因此反应温度不高，需要注入高能粒子以便提高反应的温度和粒子密度，而又必须是中性，不至于击中任何一极。中性束注入器就是输入这种粒子的装置，形状像一个圆桶，关键是其中要抽成绝对真空，否则事先与其他粒子相碰撞，能量就损失了。我们的任务就是设计这种装置，不单是总体设计，每个部件都要自己或找人来设计。我们又从未见过这种东西，只能从北京物理所的 6# 装置和二机部 585 所的装置上借鉴。但是，我们要设计的 8# 装置较前者大得多，所以只能看外文文献，自己摸索着干。

设计完了就要去跑加工，一些部件可以在董铺岛上安徽光机所的工厂里加工，难度大的就要去北京物理所的工厂加工，封接的陶瓷环还要从陶瓷厂定制。部件加工完毕，安装调试全是自己的事，顶多在必须要 4 个人抬东西时，找 2 个人来帮忙。所以，当时我集设计师、绘图员、采购员、搬运工、安装工和调试工 6 职于一身，常常从早上 8 点上班一直干到深夜。

这项工作我在董铺岛上从 1973 年干到 1979 年，在法国芳特诺核研究所又从 1979 年干到 1982 年，全部受控热核聚变工作干了整整 10 年，度过了我一生最美好的年华，是与我后来管理 6 年半的全国水资源不相上下的大事。可惜我 1982 年回国后该项目下马，只得转行搞行政，对于我来说是终身遗憾。

不过，值得欣慰的是，1991 年 10 月 31 日，我已离开受控热核聚变研究10 年之后，在英国牛津卡拉姆实验室欧洲受控热核聚变研究中心的实验器欧洲大环（JET）上，首次取得了正功率输出，实验验证了受控热核聚变能商用的理论根据——劳森判据的成立，当时用的中性束注入器就是我作为主要参与者设计的。当年投身这个研究的人都在世界各地互相联系，雀跃祝贺，从电话中我能听到不少外国老研究员激动得声音颤抖，啜泣，仿佛自己就在实验器之前一样。这是 20 世纪的重大科学发现，但参与此项工作的 8 个国家在前后 20

多年中，像我一样干过 10 年以上，达到题目组组长（包括在国外）一级的人估计多达 200 人，而诺贝尔奖规定最多授予 3 个人，因此无法授奖。但就"开创性的、使人类受益的杰出工作"这个诺贝尔奖标准而言，我这 10 年时光是无愧和无悔的。皇天不负有心人，我在 2009 年 6 月 4 日的瑞典皇家工程科学院院士大会上当选为外籍院士，并可能参加诺贝尔奖提名委员会的工作，也算是一种补偿。

吴季松曾工作过的中国科学院科学岛中性束注入室

受工伤成就了英语口语学习

当年我们虽然是研究人员，但是两个人抬三四百斤变压器的活都是自己干。在北京物理所，我就经常和张研究员抬二三百斤的线圈。张研究员北京大学毕业，为人精干，身高 1.60 米，但练过武术，很有力气；我 1.70 米，抬线圈时他常半开玩笑地埋怨："真倒霉，和你抬全压在我身上了。"张研究员是当时国家领导人的亲戚，但人很好，没有任何特殊，和我们干一样的活，后来当了中国科学院的领导。

在合肥受控热核反应研究实验站抬变压器的情况就倒了个儿了。我的助手陈研究员身高 1.80 米，我这才真正体验到张研究员的苦衷，每次抬时我至少承担五分之三的重量。有一次抬 400 斤重的变压器，两个人没配合好，我顿时觉得腰间一阵剧痛，忙喊他："一、二、三，快放下！"这次我们两个还算默契，谁都没先放开，否则另一个人的腰就完了。变压器被完好无损地放到了地上，但我的腰已经不行了。

陈研究员扶我到所卫生所看病，据说现在对腰椎间盘突出也没什么好的方法，当时的一个科研所卫生所更不可能有办法，大夫开的处方是在硬板床上睡一个月。

在记忆里，此前我除了睡觉外真不记得在床上躺过10分钟以上，躺一个月对我来说就和刑罚一样，但得了病也没办法，自此我就开始了病榻生活。开始时疼痛难忍，但我坚持不吃止痛片。翻个身要10分钟，下床倒杯水要20分钟，上厕所要20~40分钟。饭虽然是陈研究员、何研究员和谢研究员等人帮忙从食堂打来，我躺在床上吃也要半个小时，这些"工作"就占了我大半天时间。这样一天天过得还很快。

四五天后，上述活动用时大大减少，剩余时间就多了，我躺在床上就感到寂寞起来。干什么呢？我忽然想起：为什么不学英语呢？我从高中到大学，外语学的都是俄语，大三通过了俄语考试后，没过多久就去海淀上庄参加"四清"了，所以没正式学过英语。我父亲虽然留英，论文被导师、国际知名教授拉斯基先生评为"我所见到的最短、最好的论文之一"，但是在那个年代，为了激励我学俄语，竟没教过我一个英文字母。

趁着病痛稍轻、又躺在床上什么也不能干的时候，我就开始自学英语。先是用音标学发音，然后请来看我的、英语好的同事纠正，再开始读简单的课本。当时买不起录音机，也没有电视，即便有电视也没有《跟我学》的节目。但是，因为中美之间有了来往，好像从收音机中不用偷听"敌台"就能收到《跟我学》的广播节目。尽管连书也没有，但我全凭强记也跟上了。

就这样，我每天躺在床上至少学11个小时以上的英语，7天学了大约80个小时，英语就会说了，学习效果可能不比现在最成功的英语学校差。我终于在31岁时开始说最简单的英语。这件事让我后来受益无穷，就是靠着这点基础我才通过英语考试，成为改革开放后的第一批出国访问学者。

去醴陵扛回实验器陶瓷环

腰好后一个多月，我就去湖南醴陵陶瓷厂取我订制的陶瓷环。我们中性束注入室的主任姓陈，是一个很好的上海人，复旦大学毕业，他和陈研究员都劝阻我，说"搞得再复发不值得"。我说："不会的，又不是我去扛。"

醴陵像那个时代的所有县城一样破旧，但南方古城的韵味还在，城门和城墙都有，街边的瓷器店有百年之久，小饭馆乡味很浓。在县城里来往的多是农民，十分贫困，几乎没有人衣服上没有补丁。补丁少，而且颜色比较和谐的大概就是富裕农民了。

晚上我住进了澧县招待所，这大概是县里最好的"宾馆"了。第二天去陶瓷厂，取陶瓷环十分顺利，产品合格，交付清楚，我打算立即踏上返程。没想到因为前一天太累，睡过了头，早饭没吃，所有事情办完已经是中午12点半了，得赶快去吃饭，填饱肚子。正所谓饥不择食，我就在路边的一个乡村小店就餐。饭店就是里外两间的农村草房，老板看到来了稀客，马上满面笑容地让我进"雅间"。土墙上挂着黑板，就是菜谱。我开始点菜，先要一条鱼，老板问我："是大条、中条还是小条？"我看中条只要4角，就说中条。然后又要了一个炒猪肝，也要中盘，是3角。老板忙说："您可能吃不了。"他一定是看我戴着眼镜，一副文弱书生的样子。我说："我太饿了，吃得了。"又要了一份排骨汤，也是中碗，2角，然后要6两米饭是1角2分。这里大概没人有钱吃1元钱的一顿饭，老板笑逐颜开，喜出望外，只是口中喃喃地说："点的太多了。"等菜端上来，我大吃一惊，一条大约2斤的鱼，直径30厘米盘子的一大盘炒猪肝，也有半斤多，再加上一大盆排骨汤。结果我费了九牛二虎之力也只吃了大半条鱼、半盘猪肝和半盆汤，当然都是分食的。吃完后，老板要找我8分钱，我连忙挥手，他很过意不去地说："您还剩了这么多。"老板把我送出门，还在门外仰头站了许久。

出门后我赶路去火车站。陶瓷环大约重50斤，还不算重，但是直径1.2米，很不好拿，尤其是要走几段田间小路，我真是举步维艰。正在这时，我看到一个推小车的农民，连忙招呼，问他愿不愿意帮我把陶瓷环送到火车站，他马上应承，陶瓷环放在独轮车的架子上正好。我如释重负，走路也快了很多，半个多小时就到了火车站。农民又帮我托运，扛着陶瓷环到处跑，大约过了1小时，一切安排停当。我给了那位40多岁的矮壮农民1元钱，他连连摆手说："我没钱找，这么点事不要钱。"我说："都是给你的，不用找。"因为他的确帮了我大忙，否则我的腰椎间盘突出可能复发。他瞪大眼睛说："这绝不成！我3天也挣不了这么多钱，这才多大工夫。"他的诚实更使我执意要把钱给他，他真诚地推了几分钟后千恩万谢地收下了，分手后他在出车站的路上停下来3次回头看我。

　　我至今记得小老板和农民那诚实、质朴和纯真的样子。今天这样的乡村小饭店老板和农民是绝迹了，这是社会的进步，还是退步呢？农民的本质是纯朴的，是社会改变了他们这种天性，但这不是社会的真正进步。

·1976年·

真理是时间的女儿。

——［意］达·芬奇

探索终极似乎是人类的本能，比如，人能不能长生不老？朝代能不能万世永传？世界有没有终极？古欧洲人找到了世界的终极，他们认为芬兰就是陆地的尽头。

——吴季松

巨星陨落环球衰，参天大树倒下来。

——吴季松

·大事·

1976年是大事连发，大事小情难分的一年。

年初，敬爱的周总理逝世，许多老干部和老科学家痛哭失声："周总理不在了，国家怎么办？"这是人民的心声，江山震撼。

站领导通知我在1月10日举行的全董铺岛各单位悼念大会上代表科研人员发言，我的心情很激动，因为我意识到这不仅是荣誉和责任，更是我的良知。由于时间紧迫，我充满激情地熬夜写了发言稿。

在大礼堂中，在一千多心情沉痛、长久肃立的与会者面前，我代表科研人员发言，这可能是我一生中最激动的发言，也是最成功的发言之一。会场的气氛也是我一生中在几十个国家的几百次讲话中最为激动人心的，在15分钟的发言中，全场寂静，如果用"掉一根针在地上都能听得见"来形容，也的确不过分。

会后，不少科研人员、工人和教师都来向我走来，其中还有几个干部，激动地对我说："您写得太好了""您一定见过周总理""您讲出了大家的心声""应该在《人民日报》上发表"……感谢大家的肯定和鼓励，这就是群众，这就是人民，这就是人性！

但令我终身遗憾的是，我记得事后保存了这个稿子，但不知什么时候遗失了，而且不能再追溯记忆复写出原稿，这对我来说是少见的，可见当时是太激动了。2005 年我去科学岛时曾专门寻找，也没有找到存档。

1976 年 10 月"四人帮"被打倒，父亲和全国人民一样欣喜若狂，他衷心拥护四个现代化的建设，急切地希望能结束徘徊，做出贡献。此时他研究马克思主义已经过了整整半个世纪，经历过风风雨雨，他有自己独特的体会。1976 年年底，他说："马克思主义必须结合中国的实际，否则就无法在中国实行。但是，是马克思主义，而不是什么别的主义在中国实行，所以首先要真正弄清什么是马克思主义。马克思主义是人类知识的结晶，主要是西方政治思想发展的结晶，就其来源讲是洋东西，因此真正深入研究马克思主义要追本求源，在研究文字的基础上，还要研究产生它的土壤。"

·小情·

在大地震中不住地震棚

1976 年 7 月 28 日发生的唐山大地震是中国人民的灾难，又发生在十年浩劫中，真可谓祸不单行。但是物极必反，它也预示着春天的来临。唐山大地震造成 24.2 万多人死亡，16.4 万多人重伤，人民生命财产损失之惨重为历史罕见。与 32 年后的汶川大地震相比，惨剧的透明度、救援的及时程度、投入的差别太大了。尤其是与唐山大地震婉拒国外援助相比，2008 年中国在富裕得多的情况下丢掉了"泱泱大国"的面子包袱，全面接受了国际援助，更体现了对人的生命和相互关爱的尊重，以及对人的本性更为科学的认识。

在唐山大地震的救援中，大概绝大多数人都不再想"出身"和"阶级敌人"，其中表现出的人性也成为结束浩劫的重要基础。

地震发生时我在董铺岛。听到消息后，第一反应是对北京亲人的担忧，得知他们都安然无恙，一颗悬着的心才落了下来。紧接着，领导要求所有人都要搬离房屋住进地震棚。地震棚很快就搭好了，但是显得十分凌乱，有的分男女宿舍，有的两三家挤在一个棚子里，中间拉个布帘，锅碗瓢盆扔得满地，电线更是拉得乱七八糟，真是一幅难民营的景象。

更为难受的是在合肥的酷暑中，白天骄阳有如火烤，实在难耐，男女都衣着不整，知识分子也顾不上文雅了。不少人都溜回宿舍，甚至去睡午觉，待上三四个小时，所以棚子避震的作用已经失去了1/6。晚上问题更大。夜间是严格要求睡在地震棚中的，还要点名。合肥的暑天与北方不同，夜里也没有丝毫凉意，更难受的是灯光招来了藏在董铺岛密林和草丛中的蚊子，尽管可以用蚊香抵抗，但是由于帐篷不严，基本不起作用，所以不少家庭聊天待旦，彻夜难以安眠。这样弄得所有人都狼狈不堪，只是乐了小孩，在童话般新奇的环境中可以和这么多小朋友终日嬉闹，个个都乐不可支。

在这里我又做了一件出格的事。我以"办公楼是为中共九大盖的，没有道理扛不住地震"为理由拒绝住进地震棚，领导反复劝我，以致后来不得不带上"后果自负"的"威胁"，我一直都未"屈服"。可以说，我成了当时辽河流域、黄河中下游和淮河流域的中国百姓中不多的没有住过地震棚的人。实际上我既不是怕苦，也不是意气用事，而是做了科学分析的：

一、当时乃至现在，地震都是无法科学预测的，所以说合肥地震的概率只有60%。

二、我相信动物对异动的敏感。马的视力是人的5倍，而狗的嗅觉是人的10倍。我仔细观察了岛上的青蛙和螃蟹，都没有异动。

三、我住的是办公室且在二层，该楼是为中共九大建的，抗震强度一定非常高，能摧毁这种楼的高级别大地震多伴随地裂。如果是地裂，那么在地震棚里也无济于事。

四、在地震棚里的人每天至少回宿舍4小时，所以也有1/6~1/5在楼内被砸的概率。我在楼内的宿舍中，床是铁架床，有一张桌子也比较坚固，地震时可以钻床底或桌底。

五、我认为应对地震最主要的是自己的应变措施和持久力，如果在地震棚中耗得筋疲力尽，搞得晕头转向，不如在宿舍里养精蓄锐，考虑对策。

六、我经历过1965年的河北邢台地震，并不觉得太可怕。当时我正在北京海淀上庄梅所屯搞"四清"，坐在炕上整理材料，明显地感觉到炕有10°左右的倾斜，然后是轻微摇动，并不觉得那么恐怖。

改革开放后在意大利罗马近郊弗拉斯卡蒂，我也经历过一次地震。当时我住在当地的一家旅馆，一天夜里，蒙眬中，我的床忽然摇晃起来，其幅度不比邢台地震小。我跑到走廊里，见到几个外国游客也惊慌地跑了出来，有的大喊大叫，有的夺路而逃，也有的十分镇静，立即返回屋中，原来是去写遗嘱，几分钟就写好，并从窗户扔了出去，期盼以后有人捡到。而当地人却仍在酣睡，大概是这里地震太频繁了，或者因为这里的地震有惊无险。看他们没什么动静，我也回去睡了，没有写遗嘱扔出，没想到这后半夜还睡得特别香。

深入科学岛周边的农村

整个董铺岛只有一个小菜店，油盐酱醋、肉蛋蔬菜都在这里买，菜店的货都从城里拉来，没有冰箱，要当天卖完，因此每天只能少拉。这样我们每天都要去排队买菜，否则就买不到了，我天天去排队。

许多附近农民会进来卖菜，有的一直来到你宿舍门前。卖蔬菜的很少，多是卖鱼和甲鱼的，卖鸡蛋和用鸡蛋换粮票的。甲鱼是最贵的，每斤8角到1元，不过可以讲价，我当然不善此道。

我时常去赶集，不是去玩，而是去买生活必需品。赶集成为我生活中的一部分，也是从合肥开始的。从董铺岛的西门出发，骑车大约20分钟可到集市上，主要是合肥多雨，泥泞的农村小路实在难骑。

这里的集市与新疆有很大不同。首先是小贩：新疆有服装各异的不同民族，戴小花呢子帽的维吾尔族、戴白布帽的回族、戴皮帽的哈萨克族和戴军帽的汉族，而安徽是清一色穿着补丁衣服的汉族，由于气候和贫穷，几乎没有戴帽子的。其次是交通工具：新疆主要是毛驴，安徽主要是扁担。再次是卖的东西：在新疆主要卖猪牛羊肉、大米、瓜果，而在安徽主要卖鸡、鱼、青菜，也卖大米。最后是场地：新疆的比较干净，而安徽的则满地泥泞。这样的集市我至少每星期去一次，当时农民的商业意识较强，比较能讲价钱，但也很纯朴。

合肥的商业街主要在长江路上，最大的商店是合肥百货大楼，其余都是一些小商店。合肥著名的包河公园中有包公祠，纪念中国历史上的大清官、宋代合肥人包拯（999—1062年）。还有逍遥津公园，纪念公元215年孙权率10万大军攻合肥，被曹操名将张辽击败。我熟读《三国演义》，牢记《张辽威震逍遥津》的章节，而且钦佩张辽的为人。至于李鸿章（1823—1901年）的家族祠堂，是"破四旧"、批"投降派"的对象，当然不是游览的地方了。杨振宁也是合肥人，当时是无人关注的，我们搞核物理的才知道。当时全省最有名的宾馆和饭店是稻香楼，一般人是进不去的，我因为开会进去过一次。

当时从合肥回北京没有直达火车，一定要从蚌埠转车，需要等上半天，火车时速也很低，因此北京到合肥 1085 千米的路程，加上乘公交车从董铺岛到火车站需要整整一天时间，平均每小时仅走 45 千米，和今天的动车不可同日而语。

·1977 年·

　　对真理的追求，在某种意义上说是很艰难的，在另一种意义上说又是轻而易举的，因为显然谁也不能充分地掌握真理，或完全地错过真理。只要每个人都对关于大自然的知识有所增益，积累起来就相当可观了。

——亚里士多德碑文

　　每个历史转折的关头都给人才以机遇，但要走什么路是你自己选择的。

——吴季松

·大事·

　　我所在的中性束注入器题目组在中国科学院内部刊物发表论文《托卡马克中性束注入真空问题述评》，简要介绍"中性束注入真空"在国外的发展概况、目前的主要问题和预想解决办法，并按照"洋为中用"的教导，提出了自己的看法。

·小情·

政法界学生说："我们要为吴先生立碑"

　　1977 年底，我因准备出国而常在北京，而父亲在做一项更为重要的工作——受委托为"右派"平反做调研。在强大的历史责任感的驱使下，他表现出 20 多年来少有的忘我工作精神。当时，他身居陋室，家中连电话也没有，为了查资料，乘公共汽车往返奔波于图书馆，以他深厚的西洋政治史功底和高超的英文、德文水平，整理了从英国资产阶级革命以来西方发达国家历次重大政治平反的过程及后果。

父亲严守纪律，从不讲他干什么。我只记得他在闲谈时若有所思、莫名其妙的只言片语："我要对历史负责。""几十万人的政治生命啊！"每当我劝他休息，他总是一边答应，一边说："一项工作就快完了，我尽量搞得有用一些。"

父亲对我说的结论字字千钧："'右派'中的确有反党的人，也有品质不好的人，但是它绝对不是一个反对中国共产党的集团。'反右'的确是扩大化了，冤枉了许多好人。我查了中外的各种资料，类似情况下的大规模政治平反，从来没有负面的、坏影响为主的，都是正面的、好影响为主的。为国家、为民族、为党、为被冤枉的人做点事是我的职责。"

父亲可能都没想过自己的政治前途，他想的是 50 万"右派"，上千万受牵连的亲属，他想的是自己的良知和历史责任。这就是父亲——一个 20 世纪中国知识分子的良知。在个人利益、地位和他人命运的天平之间，父亲义无反顾地选择了后者，这并不是每个人都能做得到的。

吴恩裕教授在狭小潮湿的书斋兼会客室中查阅资料，为"右派"平反做准备

在他去世后，他的许多学生（不少都身居高位）对我说："解密后我们要给吴先生立碑。"父亲的报告在 50 年后，也就是 2028 年应该可以解密了，但他的那些学生都已故去。其实立不立碑不重要，但那一代正直、正义、致力于人民解放的同志应该永远活在人民心中，这就是写历史的作用，也是写本书的目的。

被选为改革开放后首批出国访问学者

1977 年恢复了高考，其实更早恢复的是出国，不过最早选拔和派出的不是留学生，而是已经工作多年的人，用了一个国人前所未见的洋名词"访问学者"，而且保密。我非常意外地在春节过后接到通知，被定为第一批出国访问学者候选人。在当时的社会状况和政治气氛中，可以走向世界了，每个人都会以为这是大白天说梦话，我激动万分、喜出望外，但是因为要保密，又不敢与朋友分享。经过两三天的自我陶醉以后，我终于恢复了理智，开始冷静地思考问题："是什么"搞清楚了，接下来就是"为什么"和"怎么办"。

究竟为什么选我呢？搞清这个问题有实际意义，一是了解我所处的态势，二是知道会不会有变故。当时"四人帮"已被打倒，尽管人事上还基本按以前的"出身和革命论"，但这次选拔无疑是先考虑业务，再"讲政治"。从业务上讲，我负责的受控热核聚变8#装置是国务院批准的项目，而且亟需对外交流，所以我肯定是在出国的前列。从个人看，我毕业自名牌大学，自到合肥受控热核反应研究实验站后就是业务骨干，所以肯定在上面考虑范围。

究竟应该怎样看家庭出身和政治条件呢？我考察了世界上106个国家和地区，认为"老子英雄儿好汉"是不折不扣的错误，大致应遵循以下原则。

一是要讲出身。一个有文化的人在18岁前形成世界观最重要的三大影响因素就是家庭、学校和社会。当然，这里因人而异，一般是家庭影响最为重要，对于从小离家的人则学校影响更大，对于离家又弃学的小孩则是社会影响最大。国外用人档案中都有父母职业一栏，有不少还要填祖父母和外祖父母职业。例如，我在法国原子能委员会工作就要填写这些内容。

二是要对出身有全面、科学和准确的了解。中国重视的是成分，即划定的地主、中农和贫农等；而国外重视的是具体的职业，是工人、技师，还是董事（即资本家）。国外特别重视上一辈的劣迹，尤其是曾有刑事犯罪的。

三是对反人类和叛国的罪行高度重视。例如在德国，是否是极端纳粹分子家庭出身、本人是否在1945年满14岁（也就是希特勒组织少年冲锋队时最低的年龄限制），这样的信息都需要填写清楚。

四是不唯出身论。例如德国前总理科尔并非出身于纳粹家庭，但他的小哥哥在1945年14岁时就参加了保卫柏林的少年冲锋队并战死。这虽然并未影响科尔当总理，但是，这种情况不作为隐私，而是当年的德国人都知道的，形成一种约束。

五是高度重视本人的反人类、叛国、贪污和受贿的历史罪行。在法国，在第二次世界大战中有过"法奸"行为的，未判刑或刑满后也不能当公务员和公司的高层领导。法国第一次世界大战的英雄福煦元帅在第二次世界大战中与希特勒合作，尽管自己提出多种理由，国内同情者也不少，但仍被判无期徒刑，死于狱中。

关于这些问题，国外的主流观念是：在坏的家庭中不可能不受影响，必须有事实证明克服了这些影响，才能与他人平等；至于本人的罪恶历史，一般会影响终身，除非有公认的立功赎罪的表现。应该说，这个认识是科学的。德国到 20 世纪 80 年代末，过了两代人的时间才淡化了纳粹家庭的出身问题，这对德国在战后经济迅速恢复和取得世界公认的有效的战争反省都是有决定性意义的。

要为人类获得最佳能源干一辈子

1977 年的政治气候犹如春天刚刚来到，人们还没有脱离寒意；又如大雨过后刚刚晴天，但还笼罩在云雾之中。人们在运动中形成的思维方式仍然以强大的惯性在起重要作用，对于前途也感到一阵迷茫。

我接到的是被选为第一批出国访问学者候选人的口头通知，没有文字，这问题还不大，因为我当时绝对相信组织。更大的问题是什么时候出国？去哪国？去多久？这些问题我都不敢问，也不会有人给予回答。领导会很神秘地说："这是绝密的事情，连我们也不知道。"最大的问题是我想学英语口语，被告知上面准备办培训班，但现在找不到教口语的英语老师，所以要等。这更使我诧异，偌大的中国居然找不到会说流利英语的老师？其实中华人民共和国成立前的英语系大学毕业生也才 50 多岁，找不到人恐怕还是出身和政治条件作怪。

我除了继续挑灯夜战读文献、加班加点做实验外，还更多地去北京物理所出差，在那里有老师。北京物理所受控研究室有位姓缪的研究员，是北京大学物理系的高才生，北京人，个子中上，端正、白皙，戴一副眼镜，是一个典型的白面书生。他业务优秀，乐于助人，人缘很好，我们的关系也很好。听说他后来去了美国，这是我想不到的，原以为他在国内如鱼得水，不知是否也有难言之隐，还是另有其他原因。

1977 年在研究室陈主任和党支部王书记的支持下，在北京物理所同仁的帮助下，在其他各室和所办工厂的协作下，以我和陈研究员为主的实验中性束注入器试制成功了。我 3 年的血汗没有白流，这是我在新疆仪表厂试制成功新型内径千分尺后，再次进行科学创新。

与陈景润的"神交"

当时，中国科学院数学研究所住在搭建的 6 平方米小屋中的陈景润的大偶数理论研究成果被报道，搞科研的气氛一下子热了起来。

1973—1976 年，我在北京物理所工作和出差期间，上班时天天路过陈景润的小屋。他个子不高，不修边幅，一副落魄的普通知识分子的模样，目光迟滞。尽管没人敢理他，我们还是友善地互相点头一笑，而且是"神交"。我不知道他在干什么，但以一个科研人员的良知和敏锐，相信他在干好事。为什么没人理呢？可怜的人。但在当时我也只能做这些了，看来他是可以理解的。

在游历世界几十年后，我接触了无数科学家，证实了我的想法：他们之中的大多数人都是全面发展的，既爱科学，也爱生活，在生活中也是循常规、近人情的。当然，他们都有一个共同的特点，那就是不在乎小事。

·1978年·

　　谁都不能选择过去，谁也无法改变历史，最智慧的方法是把一切惋惜、遗憾和悔恨变成墨汁，用生命之笔书写未来。

——吴季松

　　美国是当今世界上最强大的国家，但据考证，美洲是人类最后登上的土地，晚于大洋洲，大约在5万年之前。1492年哥伦布登上古巴岛才第一次把东西半球分割的世界连在一起，使原住民的黄种人、殖民的白种人和作为奴隶贩来的黑人融合在一起，改变了人类历史的进程。

——吴季松

·大事·

　　吴恩裕教授发表《西方现代法学流派评价》，刊于《社会科学战线》1978年第2期、第3期。

·小情·

父亲不顾年迈和病痛，夜以继日地工作

　　4月初父亲出发南下，开始了为撰写《曹雪芹传记故事》而进行的第一次南方实地考察。此前他撰写了该书的大部分内容，只是对曹雪芹生长的南方无法考察，这次他准备考察后把有关《红楼梦》的工作告一段落，以便全力投

入筹建社会科学院世界政治研究所的工作。在南京、扬州、镇江、仪征、苏州和上海等地，他穿大街，走小巷，查资料，访古迹，作报告，开调查会，整日不停地奔忙。当时接待他的李灵年教授深情地回忆："接触过吴先生的人都被他的这种勤奋精神所感动，异口同声地赞扬他是一位脚踏实地的科学工作者。"

吴恩裕教授在题写有关曹雪芹文章的标题

9月底，父亲第二次去南方考察。由于长途奔波，到上海就病倒了，并住进了医院。但他出院后，不顾病情和高龄，仍按原计划访问了无锡、南京和镇江等地。其间他的老同学、铁道部原部长郭维城同志曾打电话劝阻过他，但为了追寻曹雪芹在惠泉的踪迹，父亲以 69 岁的高龄，不顾自己患有严重的心脏病，不辞劳累地进行调查研究。

由于工作时间紧迫、过度劳累和很差的工作条件，这项工作过后几个月，他就在出差时第一次发生心肌梗死，在上海住院。出院后他仍珍惜改革开放后的大好机遇，忘我地工作。

当时我正在准备赴法国用的各种工具书，小本的《简明英汉词典》不好买，我找到一本旧的，书页比较脏，父亲说："这让外国人看了不太好。"于是亲自动手把除了书脊外的三个页侧都染成蓝色，使书整洁如新。这本小词典后来随我走遍欧美。

在中国科技大学出国英语口语培训班

1978 年春节过后，在被通知为第一批出国访问学者候选人整整一年之后，我终于接到了通知，前往中国科技大学举办的出国英语口语培训班。学员来自中国科学院在全国各地的研究所，都是业务尖子，而且多是名牌大学毕业生，在中学几乎全是学英语的。

进入培训班有考试，这对我来说是一大难题，别人在高中和大学已经学了6年英语，我则一节正式的英语课都没上过。入学考试我当然是最差的，生活词汇不但在问答中说不出来，其中多数连读都读不出来。几个老师商议是否不许我入班，尽管他们知道我业务好，但是要收一个基本不会说英语的学生，显然会影响教学。而且当时已安排第二批、第三批访问学者，进入下个英语班至多是晚出国而已，不会丧失机会。我已经做好了打道回府的准备。萧老师突然想出了个可能从未有过的英语口语考试办法，即他读一段英语让我跟着读，也就是鹦鹉学舌一样地背。这当然是我的强项，尽管考试句子越来越长，但是我都能字正腔圆地、流利地学下来。最后，几个老师一致同意：这个学生虽然英语基础太差，但是语感、模仿力很强，能跟得上。我至今对萧老师充满了感激。

被录取后我就开始了学习生活，天天住在中国科技大学的学生宿舍进行英语苦读，只有星期六晚上骑自行车回董铺岛的家，星期日晚上又骑回来，如此整整一个学期（5个月），其间每周的学习大约是56小时。同学们都说我除了吃饭都在读英语，好意劝我这样下去顶不下来。

在紧张的学习期间，我有时会去看一个朋友——王代表，他是省革委会办公室的负责人，山东人，中等身材，圆脸大眼，豪爽、热诚。他的内弟刚到北京研究《红楼梦》时，我父亲提供过一些帮助，因此我们得以相识。他大概是在抗战末期参军，是当时大权在握的"红五类"军代表。但是，我们到合肥后，他丝毫没有看不起知识分子，我们成为朋友，在那个时代给了我不少精神上和实际上的帮助。到1978年，军代表又靠边站了，他给顾卓新书记写了一封情深文茂的信并托我转交，剖析自己从前的行为，实际上那段时期里他是尽自己的能力在做好事。最后，他成为仅有的、转业调入中国科学院的军代表，而且在董铺岛后来成立的固体物理研究所中，为科研人员做了出色的服务工作。

小奇迹：出国英语考试，学俄语的考过了学英语的

1978年暑假前，我收到通知，要全国统考英语，这是我完全没有想到的。当时我写英文错误百出，这种水平怕是过不去了，所以我认为第一批出国恐怕

是不行了。

但我已几历严峻考验，养成对所有突如其来的坏事都只短暂惊叹，马上想办法解决的习惯。唯一的解决办法就是暑假补习英语。我找了个学外语的亲戚，在暑假里用英语"胡说八道"。口语培训班一个班里有20多个同学，我一天也说不了几句；也曾想过与同学"胡说"，但因为自己水平太差，又不想惹人烦。找到这个亲戚后，我丢掉了一切顾虑，像小孩学说话一样，抓紧一切他工作之余的时间"胡说"。经过一个多月，我居然可以用英语说了。当9月口语培训班又开学时，同学们都大吃一惊："你得了什么仙人指点？"我真得感谢这位亲戚，否则我是考不过去的。同时，我还死背生活中的常用单词，把它用在胡说之中，而把业务词汇完全放弃，因为我想全国的考生来自不同专业，不可能考业务。

考试开始了，是全国第一次"托福"英语考试，这种科学的考试方式救了我。一看到题，我就喜出望外，汉译英的部分很少，英译汉和选择题占了80%，正是我的强项。全面地看完题后，我决定先做选择题，其中又先做有把握的，含糊的靠自己的知识猜测，不知道的靠概率判断；再做英译汉，不认识的词凭语感靠上下文猜；最后做汉译英，由于我词汇量太少，所以基本放弃了。

考试结果是惊人的，我得了56分。由于考生成绩都很差，所以降低了录取线，我考试通过了。我考过了不少比我多学了6年英语的考生，可以说是创造了个小奇迹。

没想到这时又来了另一个问题，领导说我们不能去美国了。为什么？一直到现在也不清楚，可能是因为对方怀疑我们搞受控热核聚变的是军人。到这个时候，我才知道自己要去哪里。美国去不了，苏联更不能去，法国是世界第三大有核国家，我就被安排去了法国，我的同事去了德国。但困难又接踵而来，德国的研究所用英语，连文献都是德语和英语一式两份，而法国由于历史原因和民族自尊，研究所里不但不用英语写文献，连说话都是法语，所以我必须学法语才能出国。因此，我又开始了法语学习。

1978年，中国科技大学举办了少年班，这是出于李政道的建议。有位小宁同学是全国宣传的重点，他求知欲很强，常在食堂问我问题，例如："您去法国，法国人一定会问，您怎么看拿破仑呢？"我说："他是个伟大的历史人物，对社会进步有贡献，但不是神。"他说："真好。但您怎么看他的个人品质呢？"我说："这只有到法国去做更多的了解才能回答。"可以看出他的思维的确超出了一个 14 岁少年的水平。后来听说他一直不顺利，连研究生都考不上，无法当中国科技大学的老师；又听说他现在已出家皈依佛门。当然，他有选择信佛的个人自由，但是他的历程不能不说是个遗憾。招来这些思想超常的少年就应该有可以引导他们的老师，而不只是把他们当大几岁的孩子教，否则他们的困惑得不到解答，就会迷茫。

中国科学技术大学少年班学院

通过飞机、火车、卡车、轮船、马车、自行车、骑马和步行游历大半个中国

我虽然在 5 岁时就立下走遍中国、走遍世界的志愿，但是在 35 岁出国之前只走了 19 个省市自治区：东北的辽宁，华北的北京、天津和河北，华东的上海、江苏、安徽和江西，中南的湖北、湖南、广东和广西，西南的四川、云南和贵州，西北的陕西、甘肃、宁夏和新疆，占当时 29 个省市自治区的三分之二，可以说走了大半个中国。

1978 年，我从北京飞回合肥，这得感谢合肥受控热核反应研究实验站的新领导，他姓李，来自东北工厂，身材高大，相貌堂堂。当时我正准备出国，在北京和合肥间往返。我虽已破例晋升为助理研究员，但出差仍是不许坐飞机的。李领导主动对我说："坐一次飞机吧，经历经历。"我知道他是怕我连飞机都没坐过，到国外出丑。

我经历的其他旅行方式包括乘火车，最长的是从北京到乌鲁木齐，要乘两天三夜；乘汽车，包括在冰天雪地的新疆乘坐卡车的露天车厢；乘江轮，但都是短途的；骑自行车，最长的是从北京到塘沽；骑马，最远的一次大约有 50 千米；当然也有走路，最长的一次也有二三十千米。在最艰辛的旅途中，我都有心情游览祖国的大好河山，我想：徐霞客和李白当年的游历一定比我辛苦得多。

当时的游历由于条件所限，当然不能与以后我作为"中华环保世纪行"负责人、国家自然保护区评审委员会委员和全国水资源管理最高具体负责人相比，但是我还是游历了燕山、天山和云南横断山等大山，长江、黄河和珠江等大河，天山、庐山和峨眉山等名山，到过故宫、长城、桂林和乐山大佛等世界级遗产和名胜，使我在游历世界后得以与祖国比较。

七

巴黎科研三年，
中国科学院外事局三年

与外国共产党员一起工作

促进国内外科技交流

1979 10 月 30 日，邓小平在中国文学艺术工作者第四次代表大会上致祝词。

1980 2 月，中共十一届五中全会通过决议，为刘少奇平反。

1981 6 月 27 日，中共十一届六中全会通过《关于建国以来党的若干历史问题的决议》。
11 月 16 日，中国女排首次获得世界冠军。

1982 1 月 1 日，中共中央批转《全国农村工作会议纪要》，肯定包产到户等各种生产责任制都是社会主义集体经济的生产责任制。
9 月 12—13 日，中共十二届一中全会举行。

1983 6 月 6—21 日，第六届全国人大第一次会议举行。
10 月 1 日，邓小平为北京景山学校题词："教育要面向现代化，面向世界，面向未来。"

1984 1 月 24 日—2 月 10 日，邓小平视察深圳、珠海、厦门 3 个经济特区。

·1979 年·

宁可因为说真话负罪，也不要说假话开脱。

——［古波斯］萨迪

依靠权威建立起来的信仰不是信仰。

——［美］爱默生

我们不应该躺着看历史，在沮丧中看历史，以感情看历史；我们应该站着看历史，擦亮眼睛看历史，以理性看历史。只有这样，历史才不会重演。

——吴季松

·大事·

4 月 20 日，高崇民同志平反昭雪大会在京举行。

吴恩裕教授发表《论废艺斋集稿的真伪——兼答陈毓、刘世德两同志》，刊于《中华文史论丛》1979 年第 4 期；《曹雪芹佚著、遗物的发现》，刊于《人民画报》1979 年第 8 期；《从一九五四年起到现在关于曹雪芹和〈红楼梦〉我做了些什么？》，刊于《文教资料简报》；《我对曹雪芹上舞台或银幕的看法》（未写完而逝世），刊于《文汇报》1979 年 12 月 26 日；《曹雪芹传记故事》。

12 月 12 日，吴恩裕教授去世。

作为访问学者、题目组组长，我在《法国原子能委员会会报》上合作发表了内部论文《JET 注入线的试制》（法文）。

·小情·

父亲吴恩裕工作到最后一分钟，在写字台前去世

由于过度劳累，自南方回京后，1978 年 12 月父亲心脏病再度发作并住进医院，但出院后他仍然置病体于不顾，夜以继日地在他那狭小、简陋的工作室中全身心地投入西方政治思想史和曹雪芹研究工作。现在也有许多人称自己身居"陋室"，但与那时期大多数名教授的陋室相比，已是天上地下了。

家中当然没有电话。当时来电话的人很多，由在院大门外大约 300 米的公用电话服务户来传叫，父亲立即起身去往回打电话，一个往返至少要 10 分钟，有时一天要有五六次，每天要有 1 个小时往返于接电话，这是今天的青年不可想象的。为了免去找零的麻烦，父亲常预留 1～2 元钱在那里，由管公用电话的老大爷记账，每次 5 分钱，所以老大爷每次都最积极地叫父亲的电话，与父亲成了朋友。

1979 年，父亲被任命为中国社会科学院世界政治研究所筹建的负责人，他的兴奋心情和工作激情可想而知。他多次对我说："30 年来第一次可以真正做点事情了，散失的资料太多了，浪费的光阴太多了，时间不够啊！"但是，夜以继日的工作严重损害了他被摧残的健康。

同时，围绕曹雪芹遗物发现的不正当的争论方式使他气愤，对这些无谓的争论他过于认真，对于复杂社会中的众生相过于天真。他虽历经磨难，但作为那个时代的纯洁知识分子仍难以真正理解，仍无法完全释怀，这也影响了他的身体状况。

5 月 20 日，父亲参加《红楼梦学刊》编委会成立大会。会后他十分高兴，亲自剪下《人民日报》《光明日报》《文汇报》的报道，并用红笔记下日期。

11 月，父亲参加第四次中国文学艺术工作者代表大会，红学家们欢聚一堂，十分兴奋。

12 月 12 日下午 3 时 30 分，父亲正在原北京大学西斋学生宿舍的简陋阴暗的居室中，以顽强的毅力和超人的执着精神抱病执笔，撰写《我对曹雪芹上舞台或上银幕的看法》，写到最后一行，标点都没来得及点上，心脏病再次发作，突然从破藤椅坠到地下，当时身边没有人，几分钟后才被发现。几经耽

吴恩裕教授在 1979 年 11 月第四次中国文学艺术工作者代表大会上发言

搁，父亲被送入医院后抢救无效，不幸去世，终年 70 岁。父亲真正工作到了生命的最后一秒钟。他永远是那一代知识分子的杰出代表和我们这一辈人的榜样。

12 月 26 日下午，八宝山革命公墓举行了隆重的追悼会，由当时的中共中央书记处书记、中国社会科学院副院长邓力群主持，北京政法学院院长曹海波致悼词。参加追悼会的有关方面负责人，生前友朋和政法、教育、社会科学及文艺界人士达 600 余人。

全国人大常务委员会副委员长乌兰夫、全国政协副主席茅盾送花圈。有关方面负责人宦乡、陈翰笙、王昆仑、童大林、林默涵、贺敬之、陈翰伯、许立群、许涤新、杨述、周培源、韩天石、叶道英、巴金、曹禺等，父亲的同学郭维城、胡绳、林里夫、王振乾、高扬、顾卓新、佟冬、于光远等，同事和好友雷洁琼、李希凡、冯其庸、师哲、王铁崖、冯牧、王朝闻、冯至、陈原、陈道、陈守一、吴世昌、邓广铭、钟灵、侯仁之、袁鹰、蓝翎、龚祥瑞、张伯驹、钱端升、俞平伯、曲文阁、陈白尘、严文井、夏葡、启功、端木蕻良、周汝昌、白坚等，学生赵宝煦、史筠等参加追悼会并送了花圈、挽诗和挽联。

哭君归去太匆忙　欲传曹侯惹恨长

椽笔曾经沧海苦　江南江北费周章

哭君归去太匆忙　百事考红待细商

残稿方欣辨真伪　卒年可是属玄羊

哭君归去太匆忙　我到小楼已空堂

案上文残人何在　吞声难禁泪成行

　　　　　　冯其庸敬挽

首次出国的几个第一次

1979 年 7 月，我作为改革开放后第一批出国访问学者，首次迈出国门，赴欧洲原子能联营法国原子能委员会芳特诺研究所工作。当时到巴黎没有直航，需先飞卡拉奇转机。借等候时间，我逛了一下卡拉奇，看到产品丰富的"立体"商店街，十分惊奇。所谓"立体"就是店前头挂着商品，面前摆着商品，脚下堆着商品。

到了巴黎，真感觉像到了另一个世界，戴高乐机场豪华得像一座宫殿，从机场进城，沿途都是树林。我所在的芳特诺核研究所是法国原子能委员会的四大民用研究所之一，有上千人在这里工作，人才荟萃，平等竞争，其中不少人都是各国的共产党员。

第一次进"超市"。原来有东西自己随便拿，最后交钱的商场，收款后机器打出发票，绝对无误。当时规定出国购物要发票报销，这有点可笑，法国发票可以满地捡。

第一次看到自动售货机。幼儿会叫爸爸妈妈后，学会的第三个单词就是"按钮"（button），指一指，他要的东西就出来了。

第一次看到有人用手机。芳特诺核研究所在一个高岗上，上班路上我看到一个人自己又说又笑，以为是"神经病"，差点没报告保卫部门，原来那个人是在做手机通话实验。

第一次和这么多共产党员（都是欧洲共产党员）一起工作（当时在巴黎的中国共产党党员还很少）。他们的确有理想，品德高尚，责任心强，善于合作，甚至有自我牺牲精神（受控热核聚变实验初期不但辐射性强，而且可能有危险）。

第一次搭外国陌生人的便车。我第一次到巴黎时正值夏天的假期,有时间看巴黎名胜和周恩来等老一辈革命家的旧地,经常需要问路,可路上见不到行人。我站在路边,常有车停下来问:"您需要帮助吗?"然后说:"顺路,上车吧。"当时他们对从"铁幕"后来的人有一种神秘感,尽管价值观不同,但是认为中国大陆来的人品质都好,乐于提供帮助。而且从我们的西装(红都做的),他们马上就可以认出是中国大陆来的。

第一次吃如此物美价廉的西餐食堂。我们有放射性补贴,折合人民币3角,能买一张餐券,菜肴赶得上巴黎的一流餐馆,定额一个人都吃不完。不少欧美的留学生(很多后来是部级干部)游巴黎时都托关系找到我,连吃带住待两天,在食堂大吃一顿后,一整天都再也吃不下饭。

蒙马特高地——巴黎公社最后坚守的地方

作为1871年巴黎公社最后坚守的地方,蒙马特高地是每个共产党员到巴黎必去的地方,而高地上的圣心教堂是巴黎的地标。圣心教堂坐落在高地之巅的大高台上,显得分外挺拔,循阶而上才能真正看到它的雄伟。这座拜占庭式建筑造型复杂,风格独特,于1876年耗巨资建设而成,由白大理石砌成。教堂正面由二层主城和顶楼组成,从地面到穹顶有80米,从穹顶到顶楼上的塔尖又有20米。教堂本身立在30米高地之上,高台又在50米小山之上,因此教堂顶部距巴黎地面有近200米高。圣心大教堂三位一体,立于高地,在全城之中高高在上,在阳光照耀下洁白无瑕,像一座高大圣洁的石膏塑像,是巴黎公社牺牲社员的纪念碑。

高地原是巴黎的工业区,工人聚居于此。登蒙马特小山,颇有"不识庐山真面目,只缘身在此山中的"的感觉,因为住宅和商店依山而建,鳞次栉比,吸引了游人注意力,浑然不觉自己在登山,直到登上圣心教堂回头一看,才知道这里是埃菲尔塔顶以外巴黎的最高点。虽经百年,这里仍没有大变化,仍是巴黎穷人居住的地区,现在阿拉伯人很多。巴黎著名的廉价品商店——"大地(TATI)"最大的分店就开在山脚下,适应贫民购买的需求。在山坡上还密密麻麻地分布着许多家廉价物品商店和旅游纪念品商店,形成了巴黎的一个重要廉价商业区。

吴季松在巴黎公社死难者墓前

我与左宗棠的曾孙左景权先生

左景权先生是左宗棠的嫡亲曾孙，也是我父亲的学生，1979 年在巴黎热情地接待了我。他当时已年过 60 岁，身材矮小，十分清瘦，留着山羊胡子，戴着深度近视眼镜，全无武将遗风，一副老秀才模样。他在抗战胜利后公费留学法国，研究祖国敦煌的灿烂文化。他认为向西方宣传祖国文化，也是为祖国做贡献。他懂法国、英国、希腊、德国等国的文字，学贯中西。他旅居海外近 40 年，仍是孤身一人，但一直保持着东方的生活习惯，时时想到做一个中国人的气节，有多次机会，却一直没有加入法国国籍。他在法国国立图书馆任研究员，当年生活是富足的，他是名门之后，一直单身却从不做饭，午、晚两顿天天上饭馆，否则省下钱来肯定能置些产业，结果他只在巴黎第十区——好区和差区的边界买了一个两居室居住。

每次我去看他，他都请我去饭馆吃饭，他有个不可推却的理由："我也要吃饭！"这是我第一次进巴黎的饭馆，都是中餐馆。据左老先生说，巴黎当局当年以不卫生为理由不许华人经营餐馆，1946 年才准许在里昂门——里昂华人较多的地方——开了第一家中餐馆，而且只许卖炸油条和蒸包子，这符合当地卫生标准。那时巴黎中餐馆不多，大陆顾客更是罕见。一家店的女老板本来在北京西什库开饭馆，她雇的中法混血跑堂（服务员）在那时还管饭后甜点叫"甜本"，连我这个北京人都不知道是什么。

左先生讲了一个民国绝对："男女平权，公说公有理，婆说婆有理；阴阳合历，你过你的年，我过我的年"，横批是"天下大乱"，我认为是有史以来的绝对。左老先生说："还是叫'平权'好，男女可以平！但怎么等呢？"他还说："现在的资本主义经济是'拼命生产，拼命浪费'，横批是'糊涂'。"后来我认识了上海市的左焕琛副市长，她也很为这个叔叔未尽其才而遗憾。

·1980 年·

只有法国这样的国家才能创造巴黎。

——［德］恩格斯

幸运所生的德性是节制，厄运所生的德性是坚忍。

——［英］培根

·大事·

宁嘉风（1912—1980 年）教授去世。

·小情·

乘火车经比利时去德国尤利希核研究所，我以为不用下车，就没办签证，比利时警察说："您是第一个未办签证过比利时的中国人。"在尤利希核研究所交流时，德国科学家引用了我报告中的几句话，都在文章的参考文献中注明，这种做法在国内科研界是罕见的。

在芳特诺核研究所

在芳特诺核研究所，经过严格挑选，我当选题目组组长。研究所赋予所长很大权力，但国外科研管理实行的是法治而不是人治。研究所所长承担着巨大的法律责任，兢兢业业，不敢走错一步。没有人明文规定他不许走后门、任用亲友，所里的经费全拨到他的名下，他愿意用谁就用谁。然而，关键在于，上级机构根据国际竞争、经济效益等原则考核所长的工作,有关法制比较健全,不是光凭嘴说,而是看论文在重要国际学术刊物上的引用率,干不好就终止聘用,实际上等于被免职。一个被免职的所长几乎再没有被任命当所长的可能,即便他自己愿意降级去当室主任,也没有所长敢用。所以,一个所长一感到形势不妙或自己精力不济,往往很早就主动辞职,求得一个体面的收场,更不用说会占着位置走后门任用庸才了。

研究室主任一级都承担着巨大的责任。有一次所里下令裁减技术人员,室主任 V 先生只得执行。他召集全室人员做了一次讲话:"我们要裁员了,我尽了最大努力但没有挡住,被裁的人都是优秀的技术人员,我向你们表示深切的歉意。你们离开了,我们仍然是朋友,以后你们有什么要求,我一定尽最大的努力,我想,这也是在座的所有人的心愿。"这番讲话,在情在理,感人至深,几个要走的人眼睛都湿润了。

在法国原子能委员会芳特诺核研究所(吴季松摄)

我在法国研究工作中的助手

尽管没有规定,但我们在芳特诺核研究所的工资,除了留下自己生活花销和相当于国内工资的额度外,其余都要悉数上交,这在今天是难以想象的。

我在芳特诺核研究所的研究工作是十分辛苦的。早晨 7 点起床,半小时内洗漱完毕，热点面包、牛奶作为早餐，读半小时法语，然后乘车或登山去上班。使我惊叹的是，近郊的公共汽车站牌上都会准确标出几点几分到站，而且极少误点。

开始的 3 个月，我不加班，但要去城里读法语。下午 6 点赶回家，匆匆吃点东西，就乘地铁去赶 7 点半开始的课。有时老师拖堂，要到晚上 9 点才能往家里赶，到家已晚上 10 点。还要做法语作业，整理实验数据，午夜 12 点前没睡过觉，早上 7 点又开始了新一天的战斗。只有星期六、日才可以大睡一觉，洗洗衣服，好好做顿饭，给家里写封长信。电话是不敢打的，太贵。如此 3 年，没有好身体还真顶不下来。

我主要研究受控热核聚变的中性束注入器。设计前所未有的中性束注入器要靠计算机模拟计算，利用蒙特卡罗方法。早在 1973 年，我们就是全国第一批使用计算机的人，当时只有七机部有计算机，要到那里去算题。那里的计算机与今天的可谓天差地别，远不是按按键就能工作，必须自己编程序才能运算，甚至连今天最基本的公用程序也要自己编，这才叫真正"会用计算机"。

我的专职助手是意大利人 D 先生，他 30 多岁，大专毕业，黑发黑眼，短小精干。当我向他说明我的意图以后，他会把实验装置设计得比我设想的还好，然后克服重重困难四处奔波把它完成，摆在我面前。我想，有我的思想，有这样的助手，什么干不成呢？我们最终制成了 20 世纪科研的第六大突破——受控热核聚变原理验证装置的中性束注入器。

D 先生对我说："您是带领我工作的第一个中国人，我真心佩服。邓小平有个智慧的头脑，再有您这样实干的人才，中国会在一代人的时间、20 年内富起来的。"

上邓小平读过的"和法语结亲"学校

我去上的法语学校是当年邓小平学习过的巴黎市中心的"与法语结亲"的学校。这个学校真可称得上是世界公民的大聚会，先后和我同过班的同学分别来自欧洲的苏联、英国，亚洲的日本、伊朗，美洲的美国、墨西哥和非洲的索马里等 20 多个国家。大家年龄参差不齐，有 60 多岁的老太太，也有十五六岁的中学生。真是七长八短汉，三山五岳人，这个集体别有一番趣味。

有一位乌干达黑人太太，天天打扮得珠光宝气。她是个"皇后"，一个部落首领的夫人。她英语、法语都讲得很流利，尤其是上关于时装和商店的课时，她的词汇量比老师还大。我颇感诧异，这样的人为什么还要来这所初级学校学习呢？几天之后我发现了秘密。原来对话课上她风头出尽，笔试答卷却一塌糊涂——她是个"半文盲"。她学习很努力，看来提高文化水平在乌干达也是抓得很紧啊！

玫瑰泉镇——我在巴黎的家

我在巴黎生活了近三年，一直住在巴黎西南郊的玫瑰泉镇上。这里虽然距市中心7千米远，但是交通方便，有直达地铁，20多分钟即可到达。玫瑰泉镇是一座小山城，山高约100米，比北京的景山还高。小镇有大约3万居民。小镇最早的历史要追溯到1084年，整整900年以前。19世纪时，强人经常出没于此。20世纪50年代，这里是盛产玫瑰的村子，遍山的鲜花供应着巴黎的鲜花市场和香料工厂。60年代，由于巴黎市区扩张，这里变为卫星城，再也看不到乡村的痕迹。假日里我找遍全镇，只剩两家花农了。

我住在山脚下皮埃尔小街的一幢四层公寓的二楼。楼前有如茵的草坪，楼后有齐楼高的大树，树下不远处是一个只有40平方米的小型超市。超市门前就是标志着玫瑰泉镇边界的五色花坛了。街上多是自成门户的小花园洋房，我住的这类公寓已是鹤立鸡群了。楼上视野开阔，环境幽雅，真是一个做学问的好地方。这里是巴黎中产阶级聚集区，知识分子很多。

在国内常听说国外人情淡漠，乍看起来的确如此。邻里几乎从不串门，见面最多打个招呼，不少人连招呼都不打。但我和楼上楼下的邻居还有些往来。有一次楼下的邻居偶然问我："您知道楼上那家是做什么工作的吗？"我惊奇地反问："您在这里住了多少年了？"他回答说："10年了。"据我所知，楼上那家至少住了6年了，邻里关系之疏远是够让人心寒的。听说甚至有孤身老人心脏病发作，死了半个月才被收水电费的发现这种事情。然而也有相反的例子。玫瑰泉镇上办有业余法语学校，一星期两次，免费教授。

有人想象巴黎人的生活可能花天酒地，其实那只是极少数人，一般人都过着即使以东方人的观点来看也很普通的生活。商店一般晚上7点以前就关门了，夜生活的场所也大多凌晨1点以前就关门。当然，在香榭丽舍田园大街上有夜里12点才开门的夜总会。不过据我估计，巴黎所有夜生活的场所，包

吴季松在巴黎玫瑰泉镇的家门前

括大型咖啡馆在内，充其量也只能容纳 1/20 的巴黎人口，还经常不是满座的，而其中又有不少被外国游客占据。这样，除去小孩不算，巴黎人一般也就是半个月才到公共场所过一次夜生活。当然，巴黎的沙龙晚会是出名的，不过就其参加者而言，不会多于公共场所聚会。一般到了晚上 11 点，我住的街区的高楼群和小别墅就已经漆黑一片了，巴黎市内也差不了多少。

过了三四个月，已值初冬，邻居 A 先生也与我熟识起来。有一次他对我说："真佩服你们坚持练中国功夫。"当时李小龙的电影正在巴黎热播，我诧异地问道："我们练什么功夫？"他比我更惊奇："你们经常到了家不进屋，先绕楼走，再在门前站，然后阶上坐。我知道许多中国功夫不像我们的体育运动那样剧烈（他大概是指太极拳），您回家后还练别的吗？"我真是哭笑不得，这哪里是练什么功夫，是因为"二人同行制"，两人只许配一把钥匙，室友还在做实验，我没有钥匙，劳累一天后进不去门！

在晚会上，我有生以来第一次见到了一家吉卜赛人，他们真是天生的歌舞家，明亮热情的眼睛，浓密乌黑的头发，苗条健康的身材，清亮宛转的歌喉，而如泣如诉的曲调和那时而激情迸发，时而若有所思的神态则是凄苦的流浪生活所赋予的。交谈之后，他们用不纯正的法语问我："您怎么看吉卜赛人呢？"这是一个可敬的民族，他们没有祖国，却走遍世界。他们以自己美好的文化和物质相抗衡，他们以自己的坚毅和侮辱与损害做斗争。可是，他们的命

吴季松在法国总统府香榭丽舍宫中

运和前途又会如何呢?

你没去过的凡尔赛宫和枫丹白露宫

人们了解最少的是凡尔赛园林,凡尔赛园林和花园不直接相通,一般从南门进入,有两个颐和园大,其中有车行道,徒步要走上大半天。园林的中心是被称为"大运河"的长1.7千米、宽60米的长条湖和被称为"小运河"的长105米、宽75米的长条湖。两湖十字交叉,中间形成一个圆湖,湖中可以荡舟。湖的四周是茂盛的草地和浓密的树林。密林路边有不少皇家建筑,以及马厩、鹿苑、小花园、小亭子和爱情小屋,还有小村和农田,这种不忘农家的"设施"在其他宫苑中是少见的。

我多次来凡尔赛园林休息,觉得它是凡尔赛最美的地方。在蓝天之下,碧草地上,看着那游戏的儿童、对坐的情侣、清澈的湖泊和浓密的树林,一种返璞归真、回归自然的感觉油然而生。园林北面连着一片面积同样大小的小森林,因此遥遥望去密林一片,不知其深浅。

"枫丹白露"就是"美丽的泉水"的意思。园林面积达170平方千米,走不了多远就让人不辨去路,难找来路,大有迷路的可能,我几次都只敢深入1~2千米的路程。

巴黎与北京相像的是文化底蕴,而不是简单类比,不是巴黎有400万辆车，北京就也可以有。深入了解后就会知道，巴黎中央是分流车辆的协和广场，而北京中央是阻碍交通的故宫；巴黎的车辆至少有 1/4 是老人所有，一个月开不了几次。

地上一个巴黎，地下一个巴黎

"老巴黎"常说："地上一个巴黎，地下一个巴黎。"地上的巴黎五彩缤纷，灯红酒绿；地下的巴黎无奇不有，光怪陆离。巴黎城下面几乎被挖空了，成了一个地下城。

巴黎的第一大地下网是十分庞大的下水管道网，建于 19 世纪。巴黎的下水道又高又宽，可以做防空洞用。法国朋友说，巴黎的犯罪集团在地上被警察追急了，就会下到地下来，在这里他们熟悉地形，游刃有余，警察就不是他们的对手了。这大概是当年修建如此规模下水道的人所没有想到的。

巴黎的第二大地下网就是地下铁道网。巴黎地铁密如蛛网，尤其是塞纳河从东向西流过，许多地铁都要从河底穿过。因此巴黎的地铁网络不但广，而且深，成了一个地下交通世界。

巴黎的第三大地下网就是遍布四处的地下停车场。巴黎拥有 400 万辆汽车，但是寸土寸金，因此必须建设庞大的地下停车场。大办公楼下有地下停车场，大百货公司下有地下停车场，大超市下也有地下停车场。

巴黎的第四大地下网就是卢浮宫附近的地下通道，这是为皇帝和达官贵人防备不测而建的，规模也十分庞大，有储藏室、休息室，还有客厅。现在用来开了许多地下咖啡馆和小饭馆，卢浮宫附近塞纳河边的地下餐馆是巴黎一景。

宁嘉风教授："这孩子将来一定有出息"

宁嘉风，辽宁省海城市人，是我父亲吴恩裕教授的密友，西迁前二人的经历几乎相同。

他青年时期就读于东北大学，"九·一八"事变后到北平，1936 年以优异的成绩考取公费留学生，先后在英国伦敦大学及法、德等国学习，获得硕士学位。1938 年，他怀着知识救国的愿望放弃攻读博士学位，提前回国，先后在

宁嘉风

昆明、重庆等地任国家经济研究所研究员、中央大学经济系教授及总务长等职。1945年后，回到东北任国民党东北经济委员会金融处处长兼房产局副局长、东北政务委员会财务处处长、中央银行东北区行政副主任等职务。

北平解放前夕，他和我父亲都接受了党交给的说服知识界同事、好友留下参加解放后经济恢复与建设的工作。宁嘉风本人就说服了20余人，做出了应有的贡献。

全国解放后，宁嘉风到中国人民银行总行，历任计划司副司长、信贷局副局长、总行干部学校副校长等职，并兼任北京大学经济系教授，先后编著了《苏联非现金结算组织》《苏联短期信贷制度》。1959年，他响应西迁号召到青海，历任青海财经学院副院长、省机关大学办公室主任和省业余教育委员会副主任等职，翻译出版了《从马克思到凯恩斯十大经济学家》《人口问题》等著作。

宁嘉风是父亲的密友，在1959年他离京前，我多次见到他，他亲切、和蔼。当时我已是少先队大队长，他说："真好，又见到三道杠了"，对我父亲说，"我从小看到今天，这孩子将来一定有出息，要好好培养。"

他的女儿宁和，1945年生于重庆，1957年被选为《红孩子》主演，1958年得到毛主席接见并合影。1972年底，宁和被调到珠江电影制片厂，先后任编剧、导演等工作，代表作有《一个叫许淑娴的人》《春梦秋雨》《沂蒙诉说》和《票友》等，其中《一个叫许淑娴的人》获得第四届大众电视金鹰奖优秀单剧本。她还获得过电视剧"飞天"奖等奖项。2000年，宁和从珠江电影制片厂退休。

·1981 年·

为真理而死不容易，为真理而活着就更难。

——［荷兰］斯宾诺莎

伟人们之所以伟大，是因为我们自己跪着。站起来吧！

——［德］马克思

·大事·

受教育部委派，我在美国普林斯顿等离子体物理实验室短期工作。当时大陆的访问学者还不多，从欧洲来美国短期工作的大陆学者更是凤毛麟角，所以驻华盛顿的文化参赞处了解到我父亲曾与美国前总统肯尼迪于 20 世纪 30 年代在英国伦敦政治经济学院是同学时，希望我见一见肯尼迪家族的成员。我因没有同行而婉拒，使馆同志没有想到我的思想还定格在未开放的 1979 年。我失去了一次与美国上层建立关系、为国效力的机会。

·小情·

巴黎圣母院今昔

1981 年 4 月 19 日，我登上了位于城中心、高达 96 米的巴黎圣母院，不禁百感交集。1921 年 4 月 19 日，周总理和蔡和森也曾登上巴黎圣母院。这是一个晴天，60 年前的今天也一定风和日丽吧！他们看到了些什么？60 年来，除了西南方高达 59 层的蒙巴纳斯大厦，西边的法兰西广播大厦和西北郊的

"美国城"——拉德芳斯高楼群外，巴黎城内建筑变化不多。尽管圣母院钟楼的东南方向是巴黎最无风采的地方，但是他们一定往东南望了很久，因为东南是祖国的方向啊！

巴黎圣母院在法国国王路易七世的支持下于 1163 年奠基兴建，经过将近 2 个世纪的修建过程，到 1345 年才正式完工，这个过程正是法国兴起和壮大的过程。建成后的巴黎圣母院几乎经历了所有法国的重大历史事件，所以巴黎圣母院的历史几乎就是一部巴黎史，甚至是一部法国史。

高高矗立的圣母院和静静流淌的塞纳河相依为伴，是巴黎历史的见证和象征。多少位伟人巨匠，多少个小丑奸雄，都从圣母院前走过。800 年的往事，有的被刻入圣母院的高墙而永垂青史，有的被卷入塞纳河的流水如河上浮萍。我来过巴黎圣母院无数次，在阳光明媚的夏日仿佛看见了皇帝加冕的圣典，在凄风苦雨的冬季又仿佛看到罪犯流放前的惨景。在高高的圣母院和静静的塞纳河前，一代伟人个人的沉浮都显得这么渺小，只有他为人民做的实事如砌入了塞纳河的砖堤，刻入了圣母院的石墙，在法国人民的心中永生。

在巴黎的 7 年岁月中，我已记不清自己或陪人来过巴黎圣母院多少次。游人如果在法国其他城市要求看"圣母院"，法国人并不知道你要看的是巴黎圣母院，因为法国还有多个城市有圣母院，以巴黎圣母院最为雄伟和著名。

2019 年 4 月 15 日，巴黎圣母院突发大火，顶部被烧毁，尖顶倒塌，但主体建筑得以保存，所以巴黎圣母院的顶部实际上主要是木结构。

2022 年 2 月 3 日，法国文化部称，巴黎圣母院的重建工作将于 2024 年年底完成。据法新社等媒体报道，法国文化部方面当天表示，重建工作仍在逐步进行中，进展良好。重新安装巴黎圣母院尖顶的准备工作已经开始，可能于 2023 年年底之前恢复原状。同时，巴黎圣母院内墙的清理工作已经基本完成，其中包括对在大火中幸存的壁画、彩色玻璃和雕塑等艺术品的清理。

2023 年 1 月 9 日，法国总统马克龙与日本首相岸田文雄一起参观巴黎圣母院时重申，将在 2024 年对外开放大教堂。

1979 年，吴季松在巴黎圣母院前　　　2004 年，吴季松在巴黎圣母院前

游历圣米歇尔山

自 1981 年起，由于我熟悉工作、法语过关，出差也较多了，于是得以实现游世界的梦想，借出差开始了在欧洲的游历，包括意大利、圣马力诺、罗马、英国等。

圣米歇尔山位于布列塔尼区的芝什省，不仅有海岛城堡的建筑奇迹，也是法国文化的发源地之一。从敦刻尔克向西南行驶，在法国著名的诺曼底群岛和布列塔尼岛之间，就是圣马洛海湾，距海岸 2 千米的地方是一个圆锥形小岛，周长约 900 米，由耸立的花岗石构成。这里本是欧洲人的祖先之一——凯尔特人拜神的地方，当时荒无人烟。公元前 500 年以后，法国已成为凯尔特人主要的居住地区，古罗马人把居住在今天法国、比利时、瑞士、荷兰、德国南部和意大利北部的凯尔特人统称为高卢人。

周恩来总理在法国时曾来此一游，还在一家饭馆就餐并签字。我在 1981 年游览后，1992 年再次访问圣米歇尔山，受到市政府的接待。1993 年我还给圣米歇尔市和中国泰安市牵线建立了友好关系，保持至今。

阿尔卑斯山上的法国青年英雄墓

如果到了格勒诺布尔，不去阿尔卑斯山，那就白来了。我小时候看外国油画中的山峰总觉得诧异，外国人为什么把山画得像个馒头似的？后来才知道，欧洲大陆地质年代更古老，所以山势更平缓。亚洲大陆地质年代较年轻，才出现了泰山、庐山和黄山那种秀峰兀立的壮观景象。不过山总是山，当汽车沿盘山路行驶的时候，其险势也让人惊叹不已。到达峰顶，登上望台，遥望远山，不禁令人心驰神往。那是个难得的好天气，轻易不露面的欧洲最高峰勃朗峰难得地展现了她洁白的面容，我拍下了珍贵的照片，连法国朋友都羡慕我的运气好。其实我不爱、也不会照相，但就是这幅照片，后来在专业高手林立的中国科学院摄影展中得了一等奖。

吴季松拍摄的阿尔卑斯山勃朗峰

山顶有教堂，教堂的后院是墓地，有一座墓最大，墓前的花也最多，这里葬着一位青年，他死于第二次世界大战结束的前夕。当时，山下的格勒诺布尔已经解放，可是山上的德军还在顽抗，这位青年就在距结婚还有三天的时候去袭击德军据点，不幸身亡。站在我身边的老太太流着眼泪说："他明明知道，再过一天，军队就可以把据点打下来，可他还是去了，去了……"给他送鲜花的人很多，全年不断，包括不少德国青年。我望着他的墓地，望着圣·尼兹耶山峰，一股热潮涌上心头：如果这座山峰以他的名字命名，反对个人崇拜的法国人大概不会有非议；如果说他的精神和戴高乐将军一样崇高，挑剔的法国人大概也不会反感。

车从秀丽的山景中向山下奔驰，一些长跑运动员居然在这时还跑上山来。饭店、教堂，还有那令人难忘的墓地，瞬间全留在山上的黑幕之中了。历史一页一页地翻过去，只有阿尔卑斯山和人类的理想是永恒的。

"大苹果"纽约虫迹斑斑

我在美国短期出差时，住在哥伦比亚大学附近，隔两个街区就是著名的哈林区的起点。尽管朋友们一再劝阻，我还是按照嘱咐在几个衣袋里分别放了几张10美元的钞票，开始了哈林区之行。该区大体上从110街开始，仅走了几个街区我就发现街上有些异样，成群结队的黑人小伙子站在人行道上，双手叉腰，无所事事，忽而目光炯炯地盯着行人，忽而转身向楼上大叫。大楼从外表上看不出和其他区的差异，然而，大楼的玻璃残破不全，墙壁熏得漆黑，阳台上挂着五颜六色的衣服，窗口传出吵闹刺耳的音乐。

我越走胆子越壮，为了更深入了解这里的生活，我走进了一间咖啡馆。里边光线昏暗，气味不佳，客人不少，全是黑人。看我走进去，全体顾客莫名其妙地"唰！"地一下站了起来，但是所有人都一言不发，气氛紧张而令人不解。我真是进退维谷，转念一想既来之，则安之。为了别让人把我当成便衣警察，我只得要了一杯咖啡。咖啡馆中一阵阵酒精和霉烂的气味向我袭来，我没有坐下，站在柜台前一饮而尽，匆忙离开。直到我走出门外，才听到里面一片沉重的落座声和一阵喧哗。

越向前走，街道越脏，路边垃圾成堆，两座由鲜艳的霓虹灯装饰的商店中间就是一片废墟，瓦砾场连着垃圾堆，有一段残墙上还挂着摇摇欲坠的外楼梯，只剩下孤零零的铁架子。铁架子上三层楼高的地方坐着两个黑人孩子，一男一女，露出他们雪白的牙齿，微笑着向我招手，他们每动一下，都让人感觉楼梯会垮下来。街上几乎没有白种人和黄种人。街角有一堆堆人群在那里交头接耳，窃窃私语，大概是在做毒品交易，他们警惕地盯着每一个行人。我走到一半真想打退堂鼓，但转念一想，进也是一半，退也是一半，何不当一次英雄？我从头到尾走完了哈林区，到了140街，大约3千米。当时我还没有在任何一份报纸上看到过游哈林区的记载。

在森林中的普林斯顿等离子体物理实验室

普林斯顿是一片森林景观，我曾在林中漫步。茂密的阔叶林中，小湖成片，河流纵横。林中有野鹿、野兔、蘑菇和野果，水中有水鸟和游鱼，真是一个迷人的圣地。我的同行者更为难得，是我国著名的大气物理学家曾庆存先生及其夫人，后来他曾当选中共中央候补委员，路上曾夫人还讲出了"将来买一台彩色照相机"这种在20世纪80年代以后再不会发生的笑话，使我至今不能忘怀，它是那个年代祖国贫穷的烙印。

普林斯顿大学大得惊人，占地202公顷，还不算与其相连的普林斯顿森林中属于大学的林地。这里又一次体现了美国的气魄，仅一个普林斯顿等离子体物理实验室就堪称庞然大物。实验室的3个大厅总面积有91.7万平方米，其中最大的C厅达65万平方米，相当于3个人民大会堂或3个故宫的建筑面积。这样还嫌不够，实验室的墙都是可活动的，可以随时向外推移。整个实验室建在密林之中，我去时，推土机还在成片地推平森林。这还仅仅是建筑，实验室中的设备更是价值连城。这样大的规模，其投资可想而知，而更大的投资还在后头。

世界著名的伟大科学家爱因斯坦到美国后就曾在这里工作。爱因斯坦的故居是一幢十分普通的两层楼，这里也没有像一般名人一样的显赫的纪念碑，但是，爱因斯坦所说的"一个伟大的科学家，首先是一个能够自食其力的人"，是我永生不会忘怀的。

在哈佛大学测智商，让美国人吃惊

在美国期间，我利用休息时间考察了哈佛大学、麻省理工学院、普林斯顿大学和斯坦福大学。在哈佛大学，我去了智能研究中心，其实在那时美国已开始了人工智能（AI）的研究。

当时哈佛智能研究中心正在研究和测定智商，中心负责人热情接待了我，说："我们已经接待了很多中国人（应多是华裔，从中国台湾和中国香港去的）。您要不要测一下智商？"于是开始了对我的智商测试。

我是有备而来的，事先和在中国认识的美国八大财阀之一的梅隆之孙，以及与父亲同导师的斯坦福智能研究中心负责人交换过看法。"您对美国的看法是什么？""美国的缺点很多。纽约是个'大苹果'，但是一个虫迹斑斑的大苹果。我从南到北走过纽约的哈林黑人区，看到了种族歧视的后果；乘坐过纽约的地铁，看到了社会秩序的不佳；在波士顿查尔斯河畔与无家可归、住在自搭帐篷里的年届50岁的普林斯顿大学毕业生有过长谈，看到了对有个性妇女的不平等。"他们都认同我的结论。

我补充道："但是美国是一个有活力，接纳人才的国家，纽约天天都有新事物出现，到美国的80%以上的人才都能发挥才干，所以美国才能成为世界上最强大的国家。"参加测试的人都惊呆了："您是我们见到的第一个这样看美国的人，比我们的认识都深刻。"

我说："谢谢大家，我认为人的智商包括五个方面，一是理解综合能力，二是观察分析能力，三是记忆分类能力，四是逻辑推理能力，五是知识创新能力。我的记忆力是普通人水平，但这方面的测试题目太少，权重太低。"他们说："太感谢您了，我们会照此改进。"

今天我仍然可以说："我愿以美国测智商的方法与级别相同、年龄相近

哈佛大学校门

（可年轻 10~20 岁）的美国在华官员和专家测智商。"虽然美国政客一再说中美价值观不同，但"人类命运共同体"还是存在的，其基础就是科学和人的智力，我们可以来比一比。无端攻击既没用又无聊，在人工智能时代，大家都做个高智商的人。

·1982 年·

心灵中的黑暗必须用知识来驱除。

——［古罗马］卢克莱修

西方民主并非经济繁荣的必要条件。规划森林，让树木自由生长。

——［美］约翰·奈斯比特

·大事·

婉拒法国芳特诺核研究所高薪留聘，如期归国，在中国科学院外事局负责科技外事工作。

张伯驹（1898—1982 年）先生去世。

·小情·

去马来西亚开会，第一次看到吉隆坡石油双塔。

去回归前的香港（回归前后共去过香港 8 次），有三个感觉：一是繁华胜过伦敦；二是热、吵，空调声不绝于耳；三是应该大力宣传中华文化。

北京街上的汽车牌有 "W.J." 字样，为什么是我的名字？原来是武警部队成立了。

从国际组织引入"可持续发展"的新理念

在巴黎的日子里，有一件颇有乐趣的事，就是去城里的中国常驻联合国教科文组织代表团驻地参加"英语会",所谓英语会就是外交人员用英语聊天的聚会,我因为有个熟人而得以参加。当时外交上有种种限制,这个"会"有点另类,但钱代表支持。他当年是上海大学的地下党,本人英语就讲得很好,有时也会参加。另有个奇人邱老师,他的英语发音与BBC难辨真假,尤其是嗓音好,还会声乐,听他讲英语真是一种享受。我问他如何学得这样一口标准的牛津音,原来他是1937年的老党员,在上海"潜伏",抗战8年,在夜里整整听了8年BBC,每天至少3小时,然后把主要内容送到延安,这样的功夫怕是今天的英语教授也没下过。邱老师厥功至伟,但只是个大学老师,安于现状,认为能到巴黎来工作就很幸运了。后来他被联合国教科文组织聘请,教非英语国家的官员英语。这就是那个时代的革命知识分子。

早在1980年,我就与联合国教科文组织科技部门科技政策处处长弗蒂教授有一面之交,并对他讲的"可持续发展"概念产生了极大的兴趣。他说自己的创意时用的是法文(Susten),原意为"可以支撑的,可以容忍的"。其中有很大的警世含义,就是说再像传统工业经济这样"最大限度地开发自然资源,最大限度地创造社会财富,最大限度地获取利润",地球上的资源就要撑不住了,生态系统就会崩溃,翻译成英文为Sustain,这种含义有所减弱,但仍有"支撑"的意思。

弗蒂教授虽然只是个"处级干部",但是联合国的处比我国政府的大,实际上相当于副局级,这个不大的官却对人类做出了不小的贡献,是他的小组最先推广了"可持续发展"的概念。挪威前女首相布伦特兰(Brundland)于1983年受联合国委托,领导联合国环境与发展委员会进行研究,于1987年向联合国提交的《我们共同的未来》报告中所提的"可持续发展",其实就是引用了他的概念。

1982年我回到中国科学院院部后,就把"可持续发展"译成中文,由于实在找不到合适的中文词,还去请教我的中学语文老师——汉学家潘先生,潘先生懂法语,曾被派往罗马尼亚任汉语老师。他说译成"可持续发展"可能不太合适,"持续发展"是一种客观状态,不宜用"可"来修饰。但我当时急于交稿,因此也未再仔细推敲。紧接着我又发表文章,引入了"科学研究三分类"的概念,即将科学研究院分为基础研究、应用基础研究和应用研究三类,形成了"科学研究与技术开发"的完整概念,对于以后的高技术成果开发与产业化起了重要作用。

回国后专业下马，改行做科技外事

1982 年，我结束在法国的访问学者生活，回到中国科学院，因此我不但是第一批出国的访问学者，大概也是第一批归国的。我是在归国之前就听到我的专业——国务院批准建立的受控热核反应 8# 装置下马了，回国后将面临改行。就在这时，芳特诺核研究所的副所长 V 先生希望我留下来，得知我夫人是搞计算机的，还提出了她来法后可能的工作和薪酬。但是，我不假思索地婉拒了，我是国家经过层层选拔，第一批派出来的，怎么能留下来"给外国人干"呢？尽管回去将会面临专业下马，被迫改行的处境，但是我也没有其他考虑的可能，只要是为了祖国，干什么都行。

回到中国科学院人事局，接待我的是李局长，他是李克农部长的侄子。我向李局长提出要调离，他说："你是中国科学院第一批送出去，又第一批回来的，为什么要走呢？"我说："我在中国科学院干了 10 年，也是很有感情的，但是我的专业大实验装置下马，我是搞工程的，留下来用处不大。"他说："你搞核物理的两行核裂变或基本粒子不行吗？"我说："可以，但是隔行如隔山，我已经 38 岁了，想要拔尖是不可能了。"他说："我很理解，但是你调到哪儿去呢？"我说："我是国内最早使用计算机的，在国外又一直从事模拟计算，在清华大学和北京大学都有熟人，我可以去国外接台计算机办计算站。"李局长沉思片刻说："我不懂专业，但是以你的学识，管个计算站不是和管个图书馆没多大区别吗？"我不得不佩服这位文化程度不高的老干部的缜密思维、准确例证和正确推理。

于是我接受了李局长的建议，同意先入职中国科学院外事局（后为国际合作局）负责科技外事，等中国科学院内的粒子对撞机建成后再回归科研。但对撞机在 1983 年未如期建成，1984 年建成时，我因为懂英文、法文已经在中国科学院外事局负责联合国教科文组织工作，就没有再调动，这对我而言也是憾事。

参与组织首次古陶瓷科学技术国际讨论会

1982 年，我以中国科学院助理研究员的身份投入了国际合作工作。当时助理研究员相当于副处长，不过只是工资相当。我的工作有五大项：办理派遣科研人员出国参加会议的审批等一系列手续；归国后的财务报销和出访报告；接待外国来访的科学家；组织国内的国际会议；与国际组织联系。当时的外事工作既光荣又责任重大，在工作中我曾接到过公安部门的电话："王府井有个外宾无人陪同，好不容易了解到是你们部门接待的！"其实应该是我们的下属单位接待，但我也只得马上采取措施。

一年之内我就参与组织了三个国际会议，其中印象最深的是 1982 年我参与组织的古陶瓷科学技术国际讨论会，这是由上海硅酸盐研究所主办的，我们作为院部的"领导"去参加。硅酸盐所的组织工作做得很好，几位所负责人后来不少成了国家的重要领导人。

来的外国人中，很重要的一位是英国首任驻中国大使艾惕斯。艾惕期先生任英国驻中国代办多年，中英升格为大使级外交关系后，任英国首任驻华大使，是周恩来总理的老朋友。他来参加古陶瓷科学技术国际讨论会时已经离任，专程从英国赶来上海。我们很快熟识起来，还谈到我的父亲，艾惕思先生急切地问："他在哪里？"当得知我父亲已于 1979 年去世时，他沉默了很久说："他是著名工党理论家拉斯基教授的好学生，去世得太早了，不然他会为中英、中美关系做多少事啊！美国前总统肯尼迪当时也在伦敦政治经济学院学习……"

当时 50 人的团只有我们 3 人管，收集古陶瓷的人都是巨富，习惯晚起，早上迟到是一件令人头疼的事。我想了一个办法，由于艾惕思先生国际声望高，让他当组长，每次集合前他都早到 5 分钟，而且站在最高的地方，当身材修长的艾惕思先生挺拔地直立，微风吹拂他的白发的时候，不但所有与会者都准时集合于他面前，连我们会议组织者也无不为之动容，这就是职业外交家！艾惕思先生热情地邀请我去英国，我在感谢后说："我是公职人员，不能接受私人邀请。"他很失望，但立即又说："到可以接受邀请的时候再去！"当我后来得知他在 2 年多后去世时，悲痛从心底油然而生。

另一位是美国 20 世纪 8 大财团之一——梅隆财团的继承人梅隆先生。当时梅隆先生已不再经营企业，而是一位工程师，他不修边幅，如果让人指认会议代表中谁最穷，恐怕多数人会指他。他是我任命的另一个组长，其权威不亚于艾惕思先生，也是提早 5 分钟站在门前，其组员不乏世界名人，也没有一个迟到。艾惕思和梅隆一个高瘦，一个胖大，成了每次集合前一道特殊的"风景"。后来我和梅隆先生也成了朋友，他还提出向中国科学院提供百万美元的捐款，我认为这是好事，但鉴于当时的一系列制度，就算通过了也未做成，因为无处下账！后来梅隆先生说："可以捐给你个人办基金会。"这对当时思想已经解放的我来说也是天方夜谭。

来的外国人都是真正的专家，无论是像艾惕思这样位居大使的权贵，还是像梅隆这样富可敌国的富翁，都不带多少经济色彩，而是真心热爱中国的古陶瓷。只有当他们根本不问价钱地买陶瓷，挥手让人把瓷桌、瓷凳装箱运回国时，才看得出他们的富有。和他们接触后，我感到他们的富有更多的是在精神上。中外人士那种不带铜臭的对中国古陶瓷的热爱，营造出一种使人精神升华的意境，这是今天大多数爱好者感受不到的。

这次会议也使我对古陶瓷发生了兴趣。鉴于回国工作后复杂的人事关系，我曾经想过："不如研究古陶瓷吧，可以少点人际关系干扰。"如果真这样做了，当是改革开放后开先河的一代。以我的家传，父亲虽然不从事收藏，但在鉴定上有很高的造诣，而且有启功、张伯驹等大师级的朋友。我有较丰富的历史和化学知识，还有实证调查、锲而不舍的精神，遍及各省的朋友关系，能否成为坐拥万贯的大收藏家也未可知，正是"百般过往事，只在笑谈中"。

我见到的张伯驹先生

张伯驹，收藏鉴赏家、书画家、诗词学家、京剧艺术研究家，是民国早期与张学良齐名的四大公子之一，戏棋书画无所不通，风流倜傥。但我见到的晚年张伯驹已经面目全非。

张伯驹

1941 年，张伯驹被非法绑架、勒索钱财近 8 个月，是当时轰动全国的大案。绑匪开出的赎金高达 400 万大洋（约合人民币 10 亿元）。他说："宁死魔窟，要护国宝。"劫后张伯驹家财半尽，将另一半家财换来的国宝《平复帖》缝入衣被。1947 年，张伯驹在北平任民盟北平临时委员会委员，参加北大学生反迫害、反饥饿运动，抗议枪杀东北学生等爱国民主运动，与父亲志同道合，自此成为朋友。

1956 年，张伯驹将其收藏的部分价值连城的文物捐给了国家，包括西晋陆机《平复帖》卷、隋朝展子虔《游春图》、宋朝范仲淹《道服赞》卷、蔡襄自书诗册和黄庭坚《诸上座帖》等。1958 年起张伯驹受到冲击，后和夫人潘素回到北京，家住北大红楼东的小院，因为无工作、无户口，以出卖家产度日。1972 年，周恩来知悉后，指示聘任张伯驹为中央文史研究馆馆员。1980 年，张伯驹得到平反。晚年他还担任北京中国画研究会名誉会长等职。

张伯驹卖了豪宅后，一直住在附近的一个小院里。我父亲常让我给他的老朋友、老革命、错划为"右派"的林里夫同志送东西，就在他家旁，我多次见到一位慈祥的落魄老人，当时并不知道他就是张伯驹。

1972 年父亲回到北京，与张伯驹先生交往很多，他多次来我家，父亲完全不在乎他的"身份"，交谈甚欢，时间又长。我能回忆到的只有如下内容：

吴恩裕："您倾尽家产保护国宝，是传承中华文化的大功臣。"

张伯驹："不敢。您深通文物，为什么不收藏呢？"

吴恩裕："我的专业是法学，现在教不了了，又研究曹雪芹，人的精力有限，不入第三行了。再说我也没钱收购文物。"

张伯驹："我对曹雪芹也极感兴趣，要向您学习。您有文物鉴定的问题，可以找我多聊聊。"

这就是身处逆境的两位中华文化泰斗的"文化自信"和拳拳报国之心。

1979 年父亲去世，张先生不但亲自来参加追悼会（当时我在法国），还送挽联：

育得青年人树木　写来红泪笔生花
张伯驹拜挽

放在前排醒目的位置。张先生的书法很有名，可惜这幅挽联我已找不到了。

·1983 年·

也许我告别将不再回来，你是否理解，你是否明白……

——《血染的风采》

我生在大学、长在大学、上过大学、教过大学，一生在大学里住了 36 年，到过国内外上百所大学。什么是大学呢？大学就是把广博的世界装入小小的人脑的地方，是自我学习、规范行为、自我约束、建立理想、自我发展的地方。

——吴季松

·大事·

1 月 30 日，王竹溪（1911—1983 年）先生去世。

·小情·

三天四夜乘火车横穿西伯利亚

我乘火车出发，经蒙古去巴黎开联合国教科文组织的年度大会。过了苏赫巴托尔就是苏联，白桦林整整陪伴了我五夜四天，走完了苏联境内 8000 千米的漫长旅途。久负盛名的苏联白桦林不像想象的那么雄伟，树干很细，也不太高，却笔挺着。时值深秋，地下的草倒还是绿的，树叶却已发黄。这般景色能连绵几十千米，其间不见村落的影子。

西伯利亚是一片辽阔的土地，乌拉尔山脉以西都称为西伯利亚，大约有 1322 万平方千米，比世界第二大国加拿大还大，约占俄罗斯四分之三的面积，但是在这样广袤的土地上，只居住着不到 4000 万人。

贝加尔湖东西长 636 千米，平均宽 48 千米，面积 3.15 万平方千米，只比我国台湾省略小一些；平均水深达 730 米，最深处达 1637 米；有大小 336 条河注入，湖总容积 23.6 万亿立方米。湖中有大小岛屿 27 个，最大的是奥利洪岛，面积约为 730 平方千米。

我到了贝加尔湖才真正地体会到苏武的伟大，在这样天地广阔、天寒地冻、渺无人烟、野兽出没的地方放羊，不用说 19 年，就是 19 天，不矢志不渝也难以办到。我不由得记起 20 世纪 50 年代我念中学的时候，曾看过不少苏联油画，俄国大画家列宾的作品真把这景色再现得惟妙惟肖，让我明白了佳作可以传世的道理。火车开到湖的西南端，这壮阔的画卷才收了尾。此时，红日已经偏西，向那无尽的白桦林中缓缓沉去。

餐车上伙食很差，我们周而复始地吃面包、黄油和咸肉，已经 3 天整了。尽管才是 10 月中旬，但是基本没有蔬菜吃，连我们贵宾车厢的苏联外交官也吃不下去了。在克拉斯诺亚尔斯克火车站上，大家都出来散步，出一出天天关在车厢里的闷气。忽然几位苏联外交官向一位头包头巾，衣着臃肿的矮个老太婆快步走去，原来是去买酸黄瓜，几个人拿着用脏兮兮的报纸包着的酸黄瓜，兴高采烈地走了回来。

突然，老太太发起抖来，想跑，但被吓得挪不开步。原来从我背后跑过来一个警察，气势汹汹地冲向老太太，一脚把装酸黄瓜的篮子踢下站台，老太太在 10 月的瑟瑟寒风中浑身哆嗦着被警察带走了。这件事给人的触动太大了，难道有法律要抓卖酸黄瓜的老太太吗？警察是保护人民的，老太太为什么见了他就发抖呢？警察把她带到哪里去呢？是不是"没收"她刚得到的那几个可怜钱呢？几位苏联外交官为什么熟视无睹，悠然自得地上了车？

西伯利亚仅一个贝加尔湖的淡水储量就相当于我国淡水总储量的 8 倍；俄罗斯的森林面积达 15 万平方千米，其中约 2/3 在西伯利亚。俄罗斯的铁矿蕴藏量居世界第一；俄罗斯的石油探明储量为世界第六，共 148 亿吨；天然气探明储量为世界第一，有 37 万亿立方米；煤炭储量居世界第二，有 1570.10 亿吨，这些矿藏一半以上都在西伯利亚。可以说，不认识西伯利亚就不认识俄罗斯，不认识西伯利亚就不认识世界资源的形势。

经过两天修整，我们从莫斯科再上车。我一进车厢，里面只有一个旅伴，既不是想象中的烟民也不是酒民，而是一位金发碧眼的中年妇女，非常有礼貌地和我打了招呼。她说她丈夫是苏联驻法国使馆的外交官，自己是个教师。这两句俄语我还听得懂。这位外交官夫人开始收拾整理行李，居然是一套由小到大套在一起的箱子，像套娃一样。我很快就醒悟，这是从巴黎带东西回来用的。

两句寒暄之后，我正准备一路写日记，没想到她却告诉我："我是英语教师。"我们一路谈起了20世纪50年代。那时她上中学，在西安有个互通信件的朋友，每到生日还互寄礼物。她问我："她现在在哪里？结婚、生小孩了吧？"仿佛我至少认识6亿中国人似的，问完她自己也笑了。我在那时也有个苏联朋友，叫瓦西里·鲍列沃依，如果不是她问我，我还真可能向她打听瓦西里了。我们俩有了共同的语言，共同的情感，打破了民族和性别的隔阂走了一路，她请我吃俄罗斯点心，我请她吃话梅等零食。下车前，我把话梅全送给了女教师。女教师兴高采烈地说，这是她吃过的最美的食品之一，我想其中大概有中苏友谊的美味吧。到了巴黎，因为分别太匆忙，我甚至没问她的名字。她看着窗外的茫茫原野，触景生情，一路哼着《喀秋莎》和《小路》等苏联歌曲，凄凉忧郁，婉转动听，我都学会了，至今记忆犹新，好像比中外所有演员唱得都好，原来真是要"到什么山唱什么歌"，就叫她"喀秋莎"吧。

在巴黎王府进世界上最贵的一餐

到了巴黎，我第一次参加了联合国教科文组织的年度大会。在开会期间，各国政府代表团也有很多交往，我借此进了一次巴黎，甚至是世界上最高级的饭店，吃了最贵的一餐。

巴黎最高级的饭店还是法国饭店，例如银塔餐厅和在北京开有分店的马克西姆餐厅等，都是高级饭店，但称不上"最"。还有一种最高档的饭店，开在古色古香的老宅第中，由名厨主勺，一般一个月才做一两餐，要事先预订。经纪人请名厨、搭班子、租名宅、备料，至少要准备1~2个星期。我是作为杨伯箴执委的随员被当时的美国常驻联合国教科文组织代表请去，她丈夫是美国参谋长联合会议主席，已是美国要员，在这里请我们意在显示美国的强大和富有。

在金碧辉煌的大厅里，每位客人后面都站着一个侍者。刚开始我弄不清，为什么我刚准备在餐桌上做什么，背后的侍者马上就能上前来协助。后来才明白，原来是对面的侍者从上接天花板、下至地面的壁镜看到后，给对面的侍者做手势。饭菜也确实精致美味，但量很少。

结束晚宴后，我和杨伯箴出了门。杨伯箴对我说："小吴，我没吃饱，你吃饱了吗？"我说："您想想，您都没吃饱，我能吃得饱吗？"杨执委说："那怎么办？"我说："好办，再吃一顿呗。"于是我们找了个小饭馆又吃了一顿，做到了酒足饭饱。

杨伯箴（1919—1989 年）生于北京，参加"一二·九"运动，1936 年加入中国共产党。曾任北师大附中党支部书记，抗日战争时期他在延安抗大学习后被派回北平工作，任北平学生工作委员会（学生地下组织）书记，是北平地下党主要负责人之一，曾任北平解放指挥部总指挥。他是《潜伏》等多部谍战剧主人公的原型之一。中华人民共和国成立后，历任共青团北京市委书记，北京市委宣传部副部长，教育部副部长，驻瑞典大使。他发出这样的问题，我很是吃惊。类似的例子有不少，经过较久的交往后我才明白，他们潜伏时把自己变成了另一个人，中华人民共和国成立后就回到了原形，实际上是直言不讳、天真赤诚之人。他们潜伏之不易是他人难以理解的，但也只有这样的人才能够潜伏下来。杨伯箴曾多次对我说："我们'潜伏'的时代已经过去，接班靠你们了。"

杨伯箴

我的好朋友拉巴诺斯子爵

会议期间，中国代表团组织参观了巴黎远郊的杜瓦黑野生动物园。拉巴诺斯先生是动物园的董事长兼总经理，他热情地招待中国代表团，并让全体成员在留言簿上签字，当我签字时，看到前面有乔冠华先生的签字，便顺口说："他是我父亲的同学。"拉巴诺斯先生露出惊喜的表情，他马上问："您父亲在北京吗？"我告诉他我父亲已经去世，拉巴诺斯先生脸上立即显出真切的同情，那样子我在多年后仍记忆犹新。自此我们开始了长达近 40 年的友谊，无论我在巴黎常驻，或作短期访问，还是远在北京，都没有变化。友谊真是让人捉摸不透的东西，它看不见、摸不着、没有形体，但印在心里、表在脸上、含在话中。

拉巴诺斯先生与我同龄，身高中等偏上，但十分胖大，有点谢顶，总是留着半长的头发，宽脸庞上有一双十分敏锐的眼睛，他腿脚不便，有时还需要拐杖。拉巴诺斯衣着随便，待人亲切，但带笑的脸庞和和蔼的态度中也带有一种威严，有点像巴尔扎克。

拉巴诺斯先生是法国名门之后，子爵的继承人。法国自大革命以后已不再承认贵族爵位，但无论是拉巴诺斯的邻居还是他的雇员，都称他子爵。在美国国会会议厅两侧挂着两个人的全身像，一个是华盛顿总统，另一个是美国独立战争时真诚支援美国并起了巨大作用的法国将军拉法耶特，拉法耶特就是拉巴诺斯家族的近亲。拿破仑曾给拉巴诺斯的祖上亲笔致信，这封信如今被收藏在杜瓦黑野生动物园的博物馆中。

拉巴诺斯先生集园艺家、建筑学家和野生动物保护专家于一身，他知识渊博、博古通今，尤其对欧洲历史了如指掌。他在法国知名度极高，法国三个国家电视台基本上每年播放一次对他的采访，把他作为法国贵族后裔的表率。拉巴诺斯有万贯家财，但他非但不像有些贵族一样挥霍，反而倾尽家财保护野生动物。他的城堡门票低廉，几乎是一项公益事业，和法国一些贵族后裔把古堡废弃后廉价卖给日本人，管理不善，最终竟使古堡坍塌的做法，真有天壤之别。

尤为值得称道的是拉巴诺斯平易近人的态度。他不但亲自管理城堡，还亲身参加体力劳动。尽管他有祖上遗传的肌肉无力症，两腿半残疾，行动不便，但是他和园中员工一样驯养、运送、喂养和照顾动物。每次我到动物园去，他都要亲自接我；我离开法国后，再去巴黎，他更多次亲自接我。因此我每次去动物园都尽可能自己开车去；而到巴黎，只要不与他见面，就不通知他了。

拉巴诺斯夫人也是十分值得记述的。她是美国明尼苏达州人，原为知名模特。她容貌美丽，身材高大，1983年我初见她时，她已经40多岁，但她身披豹皮，一副山野装束，名模的气质不减。当时我就想，一个美国的名模能和拉巴诺斯先生来这里过村野生活，实在不容易。

拉巴诺斯夫妇都对中国情有独钟，早在1982年，他们就自费包机，给中国北京动物园送来了一对狮虎兽。我国和外国的动物交流由他开始。狮虎兽是狮子与虎杂交的后代，在拉巴诺斯的实验室中配成。狮虎兽像马驴杂交而成的骡子一样，不能繁衍，因此极为珍贵。拉巴诺斯的动物园中已经10多年没有狮虎了，而北京动物园中的狮虎一直活到1995年左右，将近20岁，在各地巡回展出后死去。1992 年我回国探亲，让北京动物园给狮虎兽照一张相，园长倒是亲自送来，但是是两张傻瓜相机照的小照片，我只得自己配上十分精致的相框给拉巴诺斯夫妇送去。他们看到照片后十分惊喜，说："像是看到了自己的孩子在中国！"其情其景感人至深，体现出他们对中国人民深厚的感情。

在巴黎正西约 40 千米的地方就是拉巴诺斯夫妇的杜瓦黑城堡，我多次前往做客，这是我住过的第一座城堡。在城堡外有法国最著名的杜瓦黑野生动物园。杜瓦黑城堡的核心是"太阳堡"。它于 1564 年落成，时间相当于明朝嘉靖年间，比北京的地坛、日坛和月坛只迟 30 年，由著名建筑师设计，地处高岗，晨阳朝霞和落日余晖都能从城堡大厅中穿堂而过，实为奇观，因此又被称为"太阳堡"。堡内一共有上百间房子。室内陈设精美，还有乾隆时代清朝皇室送的花瓶。一层有城堡文物博物馆，"白厅"中陈列有世界上第一批出厂的钢琴和大量古董家具，清朝皇帝送给拉巴诺斯家族的瓷器，路易十五的财政预算簿、路易十六的挂毯等珍贵文物，还包括我送给他并亲自注释的一套清朝十个不同年号的铜钱。

杜瓦黑之所以闻名欧洲，还因为它是法国最大的野生动物园。整个园林都是拉巴诺斯先生本人设计的，他在巴黎之外还有两个野生动物园。（法国国家野生动物园也是拉巴诺斯先生设计的，他是法国首屈一指的野生动物园专家。）这样一个大规模野生动物园只有 34 个工作人员，驯养动物的只有 17 人。杜瓦黑城堡前就是一个类似凡尔赛宫主花园的法式大花园，城堡边上有 1.3 平方千米的英式花园，周围是 3.6 平方千米的遮天蔽日的森林，集野生动物园、室内动物园、法式花园、英式花园和森林于一体，总面积达 6 平方千米，是巴黎人郊游的理想场所。杜瓦黑城堡每年接待 40 万游客，每到夏日就车水马龙，游人如织，蜚声法国以至欧洲，足见其管理之有效和现代化。

"laser（激光）的中文翻译请王校长定"

王竹溪校长，湖北省公安县人，理论物理学家。现在几乎没有人不知道"激光"（laser），这个光学新名词不是音译，而是意译，如果在今天就是专家们各显神通定名了。但在 20 世纪 50 年代，则是王校长"一语定夺"，无人争议，其权威性可见一斑。他 1933 年毕业于清华大学物理系，1938 年获英国剑桥大学博士学位，1938—1944 年任西南联大教授，1946—1952 年任清华大学物理系主任，

1952年起任北京大学物理系教授、副校长等职。曾任中国物理学会副理事长，《物理学报》主编，教育部物理教材编审委员会主任，九三学社中央副主席。他为我国培养了大批著名的物理学家，在统一我国的物理学新名词方面做了权威性工作。主要著作有《热力学》《统计物理学导论》和《特殊函数概论》等。

我与王校长在他中关村的家中多有交往。王校长有两大贡献少有人知，但应该被后辈牢记。

一是在抗日战争的艰苦岁月中，王校长任西南联大理学院数学物理学部教授，仅列于饶毓泰、吴有训、叶企孙和周培源等泰斗之后，达6年之久。他埋头教授数学和物理的基础课，杨振宁、李政道和丁肇中（当时在中学，到大学听课）等诺贝尔奖获得者，"两弹一星"元勋陈芳允、屠守锷、杨嘉墀、王希季、朱光亚和邓稼先等人，以及国家最高科学技术奖获得者黄昆都是他的学生。尽管如陈芳允先生等只比他小5岁，但对这位剑桥博士都是衷心尊敬。包括杨振宁先生在内的所有人，后来在回忆文章中无不谈到他们的成就离不开王校长的培养。王校长曾对我说："你知道杨振宁和李政道当年在西南联大上学时吃午饭，端起碗来的第一件事是什么吗？"我说："加点水。"王校长说："是挑沙子。"当时条件之艰苦可见一斑，诺贝尔奖获得者就是这样培养出来的。

二是在物理学界，包括严济慈、周培源、钱学森、钱三强和钱伟长等大师，都不对外来的物理学新词定中文译法，异口同声地说"请王校长定"，例如"激光"，不像现在定"非典"和"新冠病毒"这样费事，说明了王校长的权威和那时学术界的风气。

王校长大学时和我父亲同在清华大学读书，后来又同时留英，中华人民共和国成立后又同在北大任教授。尽管学科不同，但结下了深厚的友谊，来往很多。王校长在中关村的家没有暖气，水泥地面，生的是蜂窝煤炉。在和我谈话时，王校长还多次亲自料理煤炉。这就是当时大师的生活条件。

王校长忠厚慈祥，冬天还爱穿一件中式棉袄，从外表上看不像大学名师，而像一个中学老师。他给我印象最深的谈话是："科学的基础是数学，物理学的基础更是数学，数学研究的是道理，物理研究的现象，如果道理不通，就无法解释现象。你有空可以翻翻我的《统计物理学导论》。"是"翻翻"，而不是"钻研"，这就是那一代大师对一个大二学生的指导。

水利界大师张光斗先生也说过同样的话。他对儿子、我的同学张元正说：

"为什么让你上（工程力学）数学系？因为数学不好是不可能真正搞好水利的。"大师所见略同，马克思说过："数学是一种世界观（即对世界的看法）。"这也是王校长能教出那么多有巨大成就学生的原因吧。实际上我工作以后的成绩，无论是在受控热核聚变、水资源管理、循环经济还是湿地学方面，主导思想都是系统思维，用的都是统计学，很多是得益于王校长的指导。

·1984 年·

母亲是孩子的第一所学校。

——［科威特］穆·纳素夫

无真实朋友之人，可以谓之真可怜而永陷于孤独之人。故无真友之世界，实如荒野无人之世界。

——［英］培根

洋装虽然穿在身，我心依然是中国心，我的祖先早已把我的一切烙上中国印……

——《我的中国心》

·大事·

中国体育代表团首次参加在美国洛杉矶举行的奥运会。

·小情·

参团出访澳大利亚（在中国香港换机），团长是著名岩石力学家陈宗基院士（与钱学森同是周总理在日内瓦会议以战俘交换回国的科学家），外人称为中国科学院"三霸王"之一（指爱发脾气）。但我们相处极好，我理解他。陈宗基从小生活在印度尼西亚，用印度尼西亚语、荷兰语和英语三门语言。他中文说得还可以，听比较困难，所以常发脾气。我讲中文用最简单的词，不行就讲英语，而且我是学工程力学数学的，懂专业。我们相处了半个月，十分融洽，他说："多给我讲讲国外经历，我的老皇历过时了。"

1984 年的中国香港与现在差别很大

为参加国际"可持续发展"研究的马世骏教授办手续，听大科学家授课 10 分钟

1984 年是我在中国科学院外事局工作获得大丰收的一年。当时办一个出国手续要盖 10 多个图章，楼上楼下跑，这还是容易的。更难的是批钱，预算要反复审核，精确到 10 美元。此外订机票、出票全是我一个人办，如果一个月内办四五个人或团组出国的手续就忙得脚不沾地，晚上还要加班。每当送走了一个人或一团人，看到他们满意的笑容，那真是我最大的慰藉。

后来对国家发生重大影响的一件事是派动物所所长马世骏教授去联合国参加"可持续发展"研究。"可持续发展"的概念提出以后，经过几年酝酿，1980 年 3 月 5 日，联合国向全世界呼吁"必须研究自然的、生态的、社会的、经济的以及在利用自然资源过程中的基本关系，确保全球持续发展"。1983 年底，联合国成立了世界环境与发展委员会（WCED），以挪威前首相布伦特兰夫人为主席，成员包括科学、教育、经济、社会和政治方面的代表。下面设了由各国专家组成的专家组，其中 14 人来自发展中国家，中国参与的仅有当时在中国科学院工作的马世骏教授。我对马教授的工作给予了力所能及的支持，并与他进行了广泛交流。

布伦特兰夫人领导的世界环境与发展委员会经过 4 年的工作，于 1987 年向联合国提交了题为《我们共同的未来》的研究报告，正式提出了"可持续发展"的新设想。这篇借联合国力量做出的报告肯定了"可持续发展"的理念，但也未能完整回答《增长的极限》提出的主要问题。

马教授去参加可持续发展的研究，是我的重点工作对象，他每次回来都十分高兴地说："讨论和研究的真是十分重要的思想，振聋发聩。"但他提出向谁汇报的问题却给我出了难题。局长很忙，经常不在，也不太感兴趣。因为这是中国的科学家第一次参加国际首次"可持续发展"的研究，内容也十分重要，我还找过卢院长，更不好找，也没时间。马教授说："那就向你汇报吧。"我当然不敢当，但也没有办法，于是听了几次马教授关于参加联合国"可持续发展"研究的汇报，尽管我认识"可持续发展"这个词的创意人，但只是一面之交，对马先生所讲真是兴趣盎然，茅塞顿开。当时我已被联合国教科文组织选中主持"多学科综合研究应用于经济发展"专题研究，正在准备，从中真是受益匪浅，不但更深入地理解了"可持续发展"，初步形成了"知识经济"的创意，而且接触到"循环经济"的理念。

当时向我"汇报"，实际上是给我讲课的大家还不止马教授一人。他们归国后向我报到，和我谈收获，我也提出要求："您能不能把您的学科给我讲一下？"大家们无不欣然答应，而且说："你有多少时间听，十分钟、二十分钟还是半小时？各有各的讲法。"我根据工作的状况选时间。如此大家给学生讲课，还要学生定时间，这就是那时知识界的状况，恐怕不仅空前，而且绝后，听如此大家单独授课的机会恐怕谁都不会再有了。当时给我授课的大家有后来得了国家最高科技奖的黄先生和刘先生等人，我真是国内外都少有的幸运"学生"。当时未能录下来，应该是中国科学界的憾事。

对中央提出分东、中、西部发展经济的建议

对我国经济分东、中、西部和沿海特区四部分，按不同阶段发展的建议，源于我做联合国"多学科综合研究应用于经济发展"项目的准备工作，题目中的"发展"是指"可持续发展"，重在经济发展。我开始学习经济学，马上产生了浓厚的兴趣，我国经济应该如何发展呢？

我国经济的特点第一是落后，第二是地区差距大；过去发展中的问题一是"大锅饭"，二是"一刀切"。当时"大锅饭"的问题正在解决，而"一刀

切"尚未得到重视。我在东、中、西部和沿海地区都生活、工作过，在西部的新疆生活过 5 年，在中部的安徽生活过 6 年，在东部的烟台生活过半年，在上海工厂出差达 2 个月，长期生活在北京，而且也在法国生活过 3 年，尽管主要住在巴黎，但是法国北、中、南部都到过。

我在准备做联合国项目的时候，把这些想法写成建议上报了中央有关部门，并准备在出国做项目时再做深入的对比研究。

"老资格"的曹处长

我从事联合国教科文组织工作 10 年，在国内的领导和同事中，给我印象最深的除了杨伯箴执委就是曹处长，两人都已年近 60 岁，不复当年的风采，但他们丰富的学识、高贵的品质、坚定的理想和在血与火的考验中锤炼出来的能力永远是值得我们，尤其是年轻人学习的。

曹处长是上海人，人很瘦小，但十分精神，见人总是一副和蔼微笑的面容。他于上海教会中学毕业，中华人民共和国成立前又考入上海交通大学，英语很好，富有外事经验，我从他那里学到很多东西。当时上海许多人都被压下来。他是处长，我是副处长，来自不同单位，是同事关系，我很惭愧：人家出生入死，怎么能和我同在处级？但是曹处长无怨无悔，仍然兢兢业业地工作，真诚平等地待我，满腔热情地教我，我们因此成为朋友。

曹处长与后来的国家领导人有同学关系，但到 1990 年前后退休前仍是处长，听说退休了才给了个副局级待遇。以曹处长的资历、学识、能力和人品，做外交界的领导是够格的，但他没赶上时候，被太多的"运动"所耽误。可是看不出他有丝毫的抱怨，工作上也没有丝毫的懈怠。有这样的资历、学识、能力和人品而到离退休都只是处长，在老一代里屡见不鲜，大概是不少年轻干部不知道也不想知道的，认为时代不同了。是的，时代是不同了，但是没有曹处长这样的人的努力，年轻人怕是仍然生活在与曹处长当年相同的时代里。

促成出国报销制度改革

财政部负责外事财务的谢处长，是革命元老谢觉哉的女儿。我们在一个团里出国开会，大家和同学一样，相处得十分融洽。以当年的工资之低，科研人员出国几乎全是公款，于是就有一个回国报销的问题。每 1 美元报销都要有单据，这就苦坏了一般不善理财的科研人员。

出国人员报销有几大难题：一、国外不是所有付费都有单据，例如小费；二、科研人员精力专注，不拘小节，经常忘了开发票，有的第二天还专门跑回去补开，所以不少人都视报销为畏途，十分头疼。我很理解这些苦衷，就与同事们商量好，让谢处长也体验体验。

几天下来，谢处长才知道上了当，原来这是个苦差事，天天晚上整理报销单据，不胜其烦，还问我："有的旅游点卖小吃和水没单据怎么办？"我说："这得问你了。"她只能无可奈何地一笑。

回国后谢处长就打了"公费出国人员经费部分包干"的报告。级级批示下来就实行了，即伙食费和杂费包干。没想到很快就出现了个别出国团组成箱往飞机上扛方便面的事，以及在日本旅馆里用电热水器煮面还烧了窗帘的现象，受到批评。我又见到谢处长，只得对她说："我给你捅娄子了。"

谢处长后来因为癌症英年早逝，于公于私都是极大的遗憾，以她的为人、能力、创新精神和当时的级别，还不用提是名门之后，后来成为财政部领导也是很可能的。

投身联合国教科文组织事务

件件外事无小事

多边外交更复杂

1985 3 月 13 日，中共中央作出《关于科学技术体制改革的决定》，提出经济建设必须依靠科学技术、科学技术工作必须面向经济建设的战略方针。

1986 11 月 18 日，中共中央、国务院转发《高技术研究发展计划纲要》，又称"八六三计划"。

1987 11 月 2 日，中共十三届一中全会举行。

1988 3 月 25 日—4 月 13 日，全国人大七届一次会议举行。
9 月 5 日，邓小平在会见外宾时指出："科学技术是第一生产力。"
10 月 16 日，中国第一座高能加速器——北京正负电子对撞机首次对撞成功。

1989 6 月 23—24 日，中共十三届四中全会举行。

1990 9 月 1 日，中国大陆兴建最早的高速公路——沈大高速公路（沈阳至大连）正式通车。

1991 3 月 6 日，国务院发出《关于批准国家高新技术产业开发区和有关政策规定的通知》。
12 月 15 日，中国第一座自行设计、自行建造的核电站——秦山核电站并网发电。

1992 1 月 18 日—2 月 21 日，邓小平视察武昌、深圳、珠海、上海等地并发表谈话。
10 月 19 日，中共十四届一中全会举行。

·1985 年·

世界是一本书，没有旅行过的人只读了一页。

——［古罗马］圣奥古斯丁

"没到过中国不知道人多，没到过俄罗斯不知道地多，没到过美国不知道钱多，没到过巴西不知道水多。"这是在国际组织中流传的一种说法。

——吴季松

我在瑞典住过王宫，也在新疆住过"地窝子"，朋友常问这有什么不同，我的回答是，取决于你的信念和知识，否则住在王宫如住在地窝子里一样贫贱，而住在地窝子如住在王宫一样高贵。

——吴季松

·大事·

1985 年是我考察全球国家最多的一年，包括美国、日本（此后 10 次考察日本）、英国、法国、瑞典、丹麦、芬兰（自费）。

·小情·

主持联合国教科文组织"多学科综合研究应用于经济发展"项目

经过近一年的选拔，我从五六十位竞争者中脱颖而出，成为联合国教科文组织"多学科综合研究应用于经济发展"项目的主持人。应该说我能够竞选成功，第一是由于中国的强大，当时联合国已经有选中国人主持项目的需求。第二是由于推荐人的权威性，我的推荐人是中国科学院院长卢嘉锡和联合国教科文组织总干事的顾问汪德昭先生，二人都与我有亦师亦友的关系，因此不是例行公事的推荐，而是热情洋溢的介绍。第三是自身条件优秀，我在农场、工厂和科研所都干过，在经济工作中也有实践，还是中国改革开放后的第一批出国访问学者。只是我当时英文不好，打字也不会，所以被选中还是有些意外。

执行课题组住在瑞典国王借给世界高级研究所联盟总部的乌里斯达宫内，位于斯德哥尔摩近郊，租金为1克朗1年，还专门给我配备了1名美国秘书。

在瑞典考察监狱时，狱长不停地和我聊天，我说："先见见犯人吧！"狱长说："他睡午觉还没醒。"我大吃一惊，他接着说："现在狱中只有一个犯人，如果他上告受到了虐待，7个管理人员就要入狱。"当年的瑞典可谓"太平盛世"，政治、性侵类犯罪都没有，信用卡使人偷不到钱，监狱里关的多是肇事的醉汉。

在瑞典隆德科研政策研究所，我写出了联合国教科文组织专项考察报告。

乘船在波涛汹涌的波罗的海上

项目期间，我的办公室楼下就是波罗的海。如果你问瑞典人："瑞典什么地方最美？"10个人中有8个会说："斯德哥尔摩海湾。"绵延百里的斯德哥尔摩海湾是世界上最独特的海湾，也是地质的奇迹。长达60千米、九曲十折的海湾中散布着大大小小3000多个岛屿，有人居住的就有1400多个。小的岛屿上仅有一户人家，打井汲水，以舟代车。

1985年6月一个晴朗的早晨，我从斯德哥尔摩登船起航，前往属于芬兰的奥兰岛。成群的海鸥追逐着被船舷划开的海浪，好像给人送行，斯德哥尔摩由大变小，渐渐地消失在天边了。波罗的海的水是淡绿的，和那蔚蓝的天有一条明显的分界线；鲜红的摩托艇在疾驰，忽而冲击海面划出一道白浪，忽而腾空而起；湾中岛屿丛林密布，郁郁葱葱，上面有各式各样、五颜六色的度夏别墅，远远望去像一簇簇浮在海上的水草，开满了白色、红色的小花。

康有为在戊戌变法失败后曾来这里蛰居，买了一个小岛，还建了一个"北海草堂"。转眼百年过去，世界发生了多大的变化啊！

我爱海，爱她一平如镜，也爱她波涛汹涌；爱她一望无际，也爱她变幻

波涛汹涌的波罗的海难得如此平静

无穷。然而这都只是站在岸上的观海之感。只有当你坐在船上，远离海岸，冷飕飕的海风把甲板上的人都吹进舱里，只孤零零地剩下你一个人的时候，你才能真正体会到什么是海。极目四望，天水之间好像有曲度，"地球是圆的"这个真理，在这里可以用肉眼看出来。天苍苍，海茫茫，天海之间除了你再没有其他看得见的生物，你才更能体会什么叫"搏斗"，这种搏斗绝不意味着嫉贤妒能，也绝不是诽谤中伤，这里可以嫉妒的只有蓝天，可以诽谤的只有大海；只有在这孤立无援的时刻，你才能体会到什么是友情，此刻哪怕有一丝友情在心中，也能给你无穷的力量。只有在这一无所有的时候，你才更渴望寻求理想的寄托和力量，你才知道一个人是多么渺小，也才能够寻找到人生的真谛，从而更深刻地懂得人生的价值。

天边出现了一叶孤帆，真不敢想这不是在梦中。船开近了，我才看清那是一对驾帆船的恋人，在这波涛汹涌的波罗的海中航行，真可谓是一对弄潮儿。尽管他们可能无谓地牺牲，我还是由衷地佩服他们，钦佩他们无所畏惧的气概，钦佩他们同生共死的爱情。每当他们跃入波谷时，我总以为他们沉下去了。当他们再被波峰托起时，我悬着的心又平静下来，意识到那不过是一场虚惊。我祝愿他们平安返回，这一对懂得了不少人生真谛的恋人是应该得到幸福的。

过了岸就是岛群，由于岛连着岛，所以从船上看岛也像岸。开始是大岛，上面还有小村庄，有十来户人家。有个岛上还有古城堡，岛上绿树成荫，是瑞典国王度假的地方。越走岛越小，我看到一个14000平方米的小岛，大约一个半足球场大，以前售价仅200万瑞典克朗，约合20万美元，现在已涨到40万美元了。

独自住在瑞典王宫三星期的孤独

我在斯德哥尔摩的大部分时间都住在近郊的布茹马小镇，居民区后面就是一片森林，真正的原始森林，树上长满青苔，地上积满落叶。林区中央有一个小湖，周围芦苇丛生，湖中草肥水美，清凉的空气沁人心脾，成群的野鸭水鸟在休憩，无数的鲤鱼游来游去。有一次，使馆的朋友来垂钓了两小时，就钓上来 10 多公斤鱼。瑞典人吃鱼很挑剔，很少吃淡水鱼，他们好奇地问我们："这种鱼好吃吗？"森林紧挨着一座小山，山上除了野兔和松鼠还有野鹿，经常跑下山来在草地上飞驰一阵，又钻回山上的窝里去。

我去法国、英国、荷兰等地参加会议和考察，最后一次回来时，距离开瑞典只剩 3 个星期了，临时的房子很不好租，秘书处征求我的意见，我表示住在乌里斯达宫楼上的客房里就可以。秘书对我说："在这样的环境里住上 3 天是一种享受，1 个星期就显得寂寞了，如果住上 10 天，精神上会受到刺激。"而我居然住了 3 个星期。

2009 年重游住过的瑞典乌里斯达宫，三层第二间是吴季松的卧室

1985 年秋天，中国科学院院长卢嘉锡来瑞典访问，专门到乌里斯达宫来看我，悄悄地对我说："帮我个忙？"我说："什么事？我一定努力做到。"卢院长说："我用一下国王的厕所。我走遍了世界各地，就是还没上过国王的厕所。"这个小小的要求当然得给予满足，我利用了我的"权力"，打开了我也

没有进去过的国王的厕所。真是不看不知道，一看吓一跳，国王的厕所足有 30 平方米大，大理石的坐便器只占一边；洗手台占了另一个小角，巨大的镜子高悬台前；还有一个大浴缸，另有一个下陷的方形罗马式浴池；只能从坐便器的位置和精致程度来判断这里是厕所，而不是浴室。已 70 岁高龄的卢先生进去后如孩童一般欣喜，已经没了"科学院院长"的影子。

瑞典国王把这所宫殿的南翼租给了两个组织，其中一个就是世界高级研究所联盟——我工作的国际组织，另一个是世界野生动物保护协会。中间和北翼只存放物品，无人居住。白天，偌大的宫殿中只有十来个人来上班，一到晚上和假日，就成为无人之境了。除了前国王的一个卫士外，离这里最近的居民点也有一千米之遥。阳光下的天堂此时倒像是笼罩在黑暗中的地狱了，四周死一般的寂静，只有几盏老式的宫灯像幽灵一样若明若暗，白天显得那么精美的小教堂变成了一个黑色的怪物匍匐在那里，山上的森林像一面黑墙似的把这宫殿和人间隔断；偶尔传来的海涛声像恶魔在呻吟，楼中暖气管道发出的"叭！叭！"的响声，好似妖怪在嚷叫。

我在二楼的计算机前工作，在三楼就寝。当时没有联控装置，每当我晚上外出归来时，要先开大门门厅的灯，再开走廊的灯，然后退回去关门厅的灯，再去开二楼楼道的灯，接着又退回去关走廊的灯。依此类推，要往返五次才能到达寝室。这样做不仅是为了节电，更主要的是不能让人发现宫中有什么异样，因为里面价值连城的古画是文物盗窃集团所垂涎的。

一个女秘书好心地告诉我，晚上不要到复印室去，因为那里闹过"鬼"，并且讲了一个可怕的传说。一位屈死的王后的油画画像就高悬在那间房中，据说近年来有人见到这可怜的冤魂曾经下来过。我当然不在乎这些"禁令"，不过每当我复印张数太多，忙中偷闲去看那墙上古画中的贵妇人时，也能想象得出她是怎样在忧郁、猜忌、孤寂和苦闷中死去的。那在平时看来含笑的眼神、温文尔雅的姿态，此刻却显得那么古怪，深不可测。我心里多少还是有点恐惧，只想赶快复印完离开这里。

我在这里住了 3 个星期，超过了 10 天的极限，倒没有感到精神上受了刺激。不过，在我进驻之前秘书对我说的话还是有道理的，我第一次尝到了孤独的味道。外国朋友都说我是个精神状态很好的人，我对我的自持能力也毫不怀疑，记不起什么时候需要别人的安慰。然而，这一次我才理解：一个正常人生活在一个无人的环境中是会产生心理变化的，人还是怕孤独的。

瑞典王宫传说中屈死的王后画像

　　由于工作忙，我几乎天天午饭都用餐券到小镇唯一的餐馆吃。老板是个大胡子、热情的意大利人，听说我要在这里吃几个月的饭，十分高兴，对我说："吃几个月？太好了，您可是找对地方了，连吃几个月别的不行，吃比萨饼没有问题。您知道比萨饼有多少种？有 100 种，我每天给您换个新鲜样式，保您吃上一年也不厌。"精明又好心的老板说他的比萨饼有 100 个品种，但其实都一样，面饼加奶酪，只不过饼心中有点花样可换，可以放牛肉、羊肉或猪肉，也可以放小鱼、大鱼或小虾，还能放土豆、卷心菜或洋葱，以及黄瓜、西红柿或茄子，大不了换一点贝类和草莓。但是这些东西的量很少，都被浓重的奶酪味所掩盖，实际上我每天都在吃奶酪饼。

　　这个餐馆吃得我"再也不想吃比萨饼了"，先是闻了味道就烦，后来甚至有点见了"比萨"两个字（当然主要是见了外文 Pisa）就烦，因为是在外国吃伤的。

在硅谷和日本考察创意知识经济

我做项目研究，不是只待在瑞典，还由联合国介绍给美国、日本、法国、英国、荷兰和奥地利等 6 国的政府和大公司，以支持我的知识经济研究考察工作。联合国当然面子不小，除了参加重要的国际会议可以见到部长一级的大人物外，我的单独访问也由相当于司一级的官员和大公司的副总裁接待，可以说是高规格的考察，在硅谷也是这样。

硅谷中的企业并不都是新创建的，还有老牌企业下"新蛋"。施乐公司在硅谷的计算机研究中心就是这种模式的典型。

我在计算机研究中心做关于研究的决策和管理的报告，前来参加的有室主任、工程师、研究人员和中心负责人。接待人说："要不是你来的日程有所变动，来的人会更多，不少人都因为有事不能来而表示遗憾。"我在这方面没有什么成就，更不是名家，只是事先交了个报告提纲，能引起人们这么大兴趣，也说明这个公司已经步入知识经济。作完报告后，许多人还兴致勃勃地提出问题来讨论，只要得到满意的答复，就连声致谢，从不因为自己的身份而扭怩作态。

一个来自英国的室主任对我说："我之所以离乡背井跑到这里，就是因为这里可以按自己的想法干事，没有那么多论资排辈，也没有那么多规矩。其实，如果有人承担责任，为什么外行要管那么多呢？需要满足的是技术要求、产品规格和市场需要，还是某些人的保守思想、病态自尊和权力欲望呢？"这个英国专家进行了大胆尝试，把一项运用新技术研究成果推出的新产品分别在美国东海岸和日本生产。他认为不同公司以及不同国家合作的三要素是：信任、理解和知识。他算是一个比较典型的硅谷人吧。

硅谷行是有收获的，和以往的参观不同，在这里我看见的不仅是数学公式、实验方法、仪器设备，还看到了"人"——个性鲜明、思想活跃、不落俗套、敢于开拓的"人"。然而硅谷也有它的另一面，由于强烈的竞争和家庭问题，据说竟有五分之一的硅谷人吸毒！如果不是听一个可靠的美国朋友所说，我是做梦也不敢相信的。

我在日本时主要考察了日本通商产业省、日立公司和筑波科学城，并在日本产经联发表讲演。在陪我去参观日立公司的火车上，我和通产省的一个官员聊了 3 小时。他对日本生产电器的大公司，例如松下、索尼、东芝、日立、三洋和夏普等都了如指掌，知道各家公司的录像机、电视机、录音机、冰箱的质量细节，甚至了解哪家公司的出口产品好，哪家公司的内销产品好。美能达相机前两年因为耐久性差在欧洲市场上信誉大降，通产省对此进行了调查，研究结果认为该公司还有潜力，于是支持它搞技术创新。于是美能达推出新产品α7000，挽回了信誉，又在世界上居领先地位了。如果日本通产省判断哪家公司管理腐败，技术落后，就会挤垮它。如果哪家公司居于领先而垄断市场，没有前进的动力，通产省就会联合几家公司和它竞争。在日本的经济发展过程中，通产省起着巨大的指导、规划和调节作用。

我在日本产经联的讲演，是到 1985 年为止对企业界做过的最高级别的讲演。讲演在东京新宿著名的阳光大厦举行，由日本产业经济联合会副会长、日立公司总裁主持，丰田、三菱、住友、松下和索尼等大公司的高层一律来听，其中不少是副总裁，有的是总裁，共达 200 多人。我演讲的题目是《知识经济是 21 世纪的新趋势》，令我吃惊的是这些世界著名的大总裁们都像小学生一样听讲，鸦雀无声，还记笔记，讲完后热烈鼓掌，持续了很长时间。

住旧金山上当"牛仔"

前往美国考察时，我的朋友、在旧金山长大的联合国教科文组织陈小姐（我帮他们建立了北京办事处）给我介绍了一位她的朋友路茜女士。路茜女士盛情邀请我去她家，在旧金山东面的山上，我立即想到当年西部牛仔骑马持枪在山梁上呼啸而过的情景，很高兴地答应了。

路茜女士是一个混血儿，父亲是有文化的印第安人，当过船长，到过上海；母亲是匈牙利人。她从小受到良好的教育，毕业于伯克利大学。她为人真诚直爽，乐于助人，已经快 50 岁了，没有结婚。她的姐姐被人遗弃，后来死去，留下 5 个孩子，都由她一一抚养成人。她现在任残疾人学校老师，助理是个两只眼睛加在一起视力只有 0.1 的白人姑娘，金发碧眼，人很漂亮，而且热情，从外观上真看不出是残疾人。助理几年前就被家庭抛弃，现在不但能够生活自理，还找到了在残疾人学校的护理工作。

路茜和助理一起来接我，我并不知道助理近于盲人，还以为她只不过是眼神不太灵活。两人非常热情地给我介绍旧金山和硅谷。汽车盘旋而上，路之险峻较八达岭有过之而无不及。山上是蓝天白云和落日的余晖，山下是高楼林立的旧金山和金门海湾。

　　汽车在山上行驶了 20 分钟，就到了路茜的家，山顶一座巨大的木屋。木屋半新，但里面的房间很多，一间连着一间。她养了十来条狗，五六只猫。房间里没有暖气，一断电连水也没有。

　　她热爱大自然，说自己愿意住在山上，清静、安全。每当太阳从山脊上升起，扯开薄雾，照进山林的时候，那锅底般的黑夜就过去了，给人带来新的希望。

　　谈了两小时，我们就各自回屋睡觉去了。我回屋前在山顶上转了一圈，才知道这里的生活远不像她们说的那样轻松。那天没有星星，漆黑一片。因为离海很近，飕飕的冷风把松林吹得哗哗响，好像不知多少动物要奔出来。我这才明白她养这么多狗也不完全出自她热爱动物，真要有个坏人上山，可是叫天天不应，叫地地不灵啊。两个女人带一群小孩住在这里，真需要不少勇气。上了床我才知道，尽管才 10 月，但是这里已经很冷，冰冷的床，冰冷的毯子。我把她们好心准备的 3 床毯子全盖上，才算有了点热气，真不知严冬她们是怎么度过的。

　　我在硅谷的山上当了一天"牛仔"。过去牛仔待过的地方，有一样漆黑、寒冷的夜，一样明媚的太阳，一样温暖的阳光。不同的是时间已经过去 100 年，更为不同的是我不是来驱赶印第安人的，而是应邀来做客的，主人恰恰就是一位印第安混血儿。她不是过去的牛仔，既不骑马，更不打枪，但她有和牛仔一样坚强的性格，一样不拔的毅力，一样行侠仗义的精神，代表了今天的美国牛仔。

我的美国青年秘书皮特的三观

　　我做项目时，秘书处给我配了一个美国秘书——皮特。他 28 岁，美国芝加哥人，祖上三代都是工人，是 20 世纪初因瑞典经济危机迁去美国的。背负着几代人的希望，皮特读了硕士后在这里找到了工作。他懂瑞典语，有芝加哥大学的硕士学历，身体健壮，又是单身，所以被要求极严的世界高级研究所联盟录用。

　　他很称职，除打字外还帮我修改英文。由于他祖上三代都是工人，他动手能力极强，包修秘书处的所有设备，包括才开始使用的电传机。他从不迟到早退，常自动加班，除了工间休息和我打半小时羽毛球外，一直埋头工作。他十分节约，找便宜房子，住得很远，天天乘地铁上班，中午从不去餐馆，自己带饭吃。

　　当他知道我与住在美国纽约花园大道的朋友来往时，对我更加尊敬，说：

"您在那里有朋友，说明您是有能力、高层次的人。"

我和他相处了 8 个月之久，对他的三观十分了解。

世界观：他有世界眼光，为了较高的工资，不远万里来到瑞典工作。他想到苏格兰养老，对世界很了解。

人生观：他说想做一个普通人，现在努力攒钱，以后到苏格兰乡间买一幢老旧别墅养老，可以自己动手把它修好，也是志有所为。目前的打算就是做好工作，尽可能多做点，让别人受益。

价值观：他不想大富大贵，认为自己的财富要由自己创造。他需要钱，但钱不是一切。他又说，他去巴黎旅游过。巴黎人说美国什么都不好（这是当时相当一部分巴黎人的看法），但是，"美元总是好的吧？"

他有国家荣誉感，说自己是一个普通公民，但在外国有事找到美国大使馆，都有人接待处理，这使他很欣慰。我不禁联想到当年"四人帮"遗毒下的我国某些驻外使馆工作人员。虽然驻外大使是老革命，人很好，但有些工作人员认为能出使外国就是根正苗红，高人一等，使馆是"管人"的，而不是"服务"的。今天当然有了很大的改变。

皮特对我说："您是我服务的第一个中国人，我过去在美国听了许多负面的宣传。现在我在中国人的领导下工作了 10 个月，即使有 100 家媒体报道，我的看法也无法改变了。有您这样的人，中国怎么会不强大呢？"

世界高级研究所联盟总干事尼尔森博士对我工作的盛赞

开始做项目时，我与世界高级研究所联盟总干事尼尔森博士谈过一些想法，他大吃一惊说："这真是个创造，中国经济如此发展，一定会取得举世震惊的成绩。"

后来，他在为我的报告所做序言中高度评价了这个设想：

中华人民共和国正处于一个在多方面都迅速转变的时代，这个国家的领导人对科学与技术寄予巨大的期望。作为联合国教科文组织和世界高级研究所联盟的专家，吴季松先生花了 8 个多月的时间，研究了一个在研究与开发中最基本也是最困难的问题，即在社会改革时期，研究开发创新知识和管理的社会文化条件。吴先生的研究是意义重大的，他从全球和历史的观点来看中国问题。他通过在瑞典、荷兰、英国、日本、美国和中国的大量案例研究进行探讨分析，最后得出结论：鉴于科学和技术的迅猛发展，以及这种发展与市场和产业开发的日趋接近，中国甚至发展中国家应该创新一种具体的模式，从而以学科综合研究的管理模式，使工业生产和市场与研究开发日趋结合。为此，他提出相互作用的体系。我相信这个建议是重要的，因为研究指出，我们不应该期望有一种"全球适应体系"能够关注经济发展的所有方面。吴先生提出的模式和他的整个研究报告提出了发现一种机制来激励创新的必要性。吴先生现实地指出，中国不能跳进新产业时代，中国要在地方社会和文化条件的基础上，通过长时间的努力来建设和改善基础设施，并积累改造和引进技术的能力。在这个方面，吴先生提出了对中国现代化有益的建议……他建议根据地域特点把中国分为四个部分，沿海地区（1.2 亿人）、大城市（0.4 亿人）、边疆地区（0.8亿人）和中部地区（8 亿人）。如果能把这种不同模式的构想作为未来发展的步骤，那肯定是有益的。在中国发展的未来阶段，在社会的所有层次，教育、知识及其在研究与开发决策中的运用都会变得日趋重要。

从这个意义上讲，我发现吴先生的报告是很重要的，因为他对发展中国家和发达国家关于研究开发的决策管理专门知识进行了比较。我相信吴先生研究的"决策与管理"和"风险投资"至少同等重要。因此，我祝贺吴先生选择了这个题目，并希望他能在中国继续他的研究。能有吴先生作为联合国教科文组织和世界高级研究所联盟的专家，在世界高级研究所联盟秘书处工作，是非常令人高兴的事，我们预祝他在未来的工作中成功。

尼尔森的评价使我十分感动，这是我大半生中收到的最使我感动的评价之一，最让我感动的不是他对我个人的赞誉，而是他顶尖的知识水平和高超的评价能力，以及他是一个外国人。

24 年后我被选为瑞典皇家工程科学院的外籍院士，瑞典皇家工程科学院院长在把我介绍给国王时，把我的成绩总结为"在国际上创新知识经济，推广和创新循环经济，在中国开创生态修复的规划与实施"。同样高的评价水平，又让我感动了一次。

·1986 年·

统一、正义和自由，为了德意志祖国；让我们一起为了这个目标而奋斗，像兄弟那样团结起来，献出我们的双手和真心。

——《德意志之歌》

当你学会开车以后，就像在现代社会里插上了翅膀；但如果你握住方向盘而不思考，那就不是好司机，而像一只飞来飞去的鸟。

——吴季松

·大事·

联合国教科文组织出版了我于 1985 年所作的《多学科综合研究应用于经济发展》的报告，被称为国际上第一次对知识经济的系统研究。

凭借 1985 年考察的积累，我于 1986 年就新技术革命在《人民日报》连续发表五篇文章：9 月 18 日发表《新技术革命中的观念变化》，10 月 30 日发表《再谈新技术革命中的观念变化》，11 月 27 日发表《新技术革命中的人才选拔》，12 月 18 日发表《新技术革命中的优先选择》，12 月 25 日发表《新技术革命中的成果检验》。据说是开创了《人民日报》的连载纪录，对落实邓小平同志提出的"科学技术是第一生产力"尽了自己的努力。

中央决定组建"中央讲师团"培训教师。

·小情·

提出"八六三计划"的王大珩先生与我亦师亦友，陈芳允和杨嘉墀先生都参加了我于 1997 年向国务院秘书长提交的《关于成立高新技术产业部的建议》。

在烟台讲师团期间，除了培训讲课，我受到中学教师（我负责培训中学教师）的热烈欢迎，还受烟台市市长的委托作了《烟台经济技术开发区规划》，受到市领导的称赞。

担任中央讲师团烟台团副团长

回国后不久，我又被派去担任中央讲师团山东团烟台分团副团长，去那里培训教师，提高教育质量。

烟台古名芝罘，到了烟台，我们被安排住进聋哑学校，和聋哑学生住在一起，吃在一起，同时给中学教员讲课。在聋哑学校中，我看到了残疾人不弱的能力，聋人眼睛超常好，盲人则耳朵超常好。可见对人的器官真是用进废退，而能集中精力就能有超常的反应也是真理，盲人就是由于眼不见、心不烦而耳朵特别好。我也看到了残疾人丰富的内心世界，一个哑女中学生和我讲了一件复杂的事情，由于手语不能表达，挤眼、咧嘴、跺脚的表情，让人看了初觉怪异，过后便觉得实在值得同情。从 1986 年 9 月到 1987 年 2 月春节前，我在这里住了整整半年。

我们也去县里的中学培训老师，给我印象最深刻的是乳山县（后改为乳山市）。乳山县是抗战时期和解放战争时期的老根据地，当时还十分贫困，校舍年久失修，桌椅摇摇晃晃，残破不齐，中学老师的工资不过三四十元，还有很多民办教师才二十多元。不过这里毕竟是孔子的老家，教师都很努力，学生对老师毕恭毕敬，尊师重教的风气十分浓厚。

不管是在烟台还是在县里，我的讲课都很受欢迎。山东人质朴，不会说赞扬的话，但那由衷的敬佩和真挚的感激都能从眼睛里看出来，比言语更使人感动。

讲师团期间也有许多美好的事物，最美的就是蓬莱、威海、龙口和荣成几个县的海滨。那时的海滨人迹罕至，野山之下丛林碧绿，崖岸之上野花缤纷，湛蓝的大海没有一丝污染，在蓝天和白云之下，随阳光照射变换着颜色。我想，这里海岸的美一点不比法国和意大利差，开发出来一定是绝好的旅游胜地。20 年后我又来到山东沿海，却有些失望。现在是开发了，但缺少规划，品位不高，低标准地乱搭乱建，废弃物乱丢乱扔，使海岸失去了原生态的美感。

当年烟台的俞市长与我在中学时就相识，知道我在这里，特地请我做"烟台经济开发区规划"，这是我有生以来做的第一个规划。我在国外研究的项目刚好包括工业园区，于是借鉴国外的经验竭尽全力，做了个自己很满意的规划。据说后来烟台开发区的建设基本上是按照这个规划做的。

在烟台讲师团，我晚上有大量的空闲时间。我想起卢嘉锡院长几次说："你是改革开放后的第一批访问学者，而且很有想法，在科学报上的文章有许多新思想，我看了都很受启发，应该写成书"，很受激励，开始写《一个中国人看世界》。我在国外就有记日记的习惯，有日记作参考，写起来很快。

·1987 年·

正义没有威力是无能，威力没有正义是暴政。

——［法］巴斯卡

在奴隶社会的劳力经济中，为了争夺劳动力会发生战争；在资本主义社会的资源经济中，为了争夺自然资源会发生战争；在未来社会的智力经济中，人们能避免战争吗？

——吴季松

·大事·

4月，出版《一个中国人看世界》（第一集）（吴季松著，中国工人出版社），是改革开放后首部世界考察游记，为中国了解世界做了一点工作。

·小情·

在国家教委后院破房中的中央讲师团办公室

1987 年我从山东团被选入中央讲师团办公室。中央讲师团办公室在当时国家教委后院的老房子里，是只有 30 多平方米的一大间，陈旧而简陋。办公室的常务副主任是一位年轻人，新华社的张记者，其余人还都是科级，我就算负责人，是第四把手吧。

张记者是一个十分有才能的人，有超乎自己年龄的镇静，思路灵活，好像什么难题都能解决，为人也正直。3 年后我到联合国教科文组织工作，他也到德国工作，我们仍互相联系。不久前他给我来电话，说他在那里很苦闷，虽然自己无任何野心，却不断被"整"。我为此在假日专门开车去了德国，还找梅大使谈了。梅大使热情地接待了我，但也不好处理。我和张记者谈了很久，知道他的处境难以改变之后，帮他在痛苦之中作了辞职（后申请出国，而不能现在走）的决定。

后来他在德国成立了自己的公司，以他在德国政界和商界的关系、信誉搞旅游。尤其在那时，德国的上层社会当然要找他们信任的人，所以张记者业务兴旺，公司很快发展起来。2001 年我参与申奥时，他已经在欧美都有公司，在北京和欧美有多处住房。

我在中央讲师团还有一个相交至今的好朋友，福建的于团长，他为人十分正直，侠肝义胆，尽力为好朋友办事，不计个人的得失。我从水利部退休后到北京航空航天大学任教，就是他的推荐。半年的中央讲师团经历使我大大拓宽了交往范围，交了不少好朋友。

游历天堂——西藏

我在中央讲师团另一个重要经历就是陪国际志愿人员组织主席夫妇去西藏。

主席先生是阿拉伯人，近 60 岁年纪，矮个、秃顶，也不健壮；而他的夫人是美国人，原来是运动员，人高马大，十分强壮。在飞机到拉萨前，二人表现截然不同。主席先生阅历丰富，一动不动，闭目养神；夫人则表现出运动员的本能，十分活跃，不断对西藏神秘的景色发生惊叹。下了飞机，主席先生走得很慢，几乎不说话，而夫人兴高采烈。结果是还没走出机场，夫人就向后倾倒，这可忙坏了我们，又是扶身高 1.80 米的夫人，又是叫救护车，全然忘了刚到西藏在缺氧情况下不能剧烈活动的常识。

好不容易到了拉萨饭店，那时拉萨饭店是唯一能住外宾的旅馆。不过当时我并没有什么难受的感觉，想着高原反应也不过如此。高原缺氧比例居然与海拔高度的前两位数一致，例如泰山高近 1600 米，顶上缺氧就是 16%；拉萨海拔 3700 米，缺氧就是 37%。一般人在缺氧 25%~35% 时会因为年龄、体质和身体状况有不同程度的反应。同时，缺氧比例还取决于所在地的植被，在夏季植被较丰富的情况下，缺氧比例会略有降低。

吴季松在西藏布达拉宫前

科学就是科学。经过在机场的一番折腾，我本以为自己会扛过去，没想到晚上睡下后，头有如裂开一般地疼痛，半睡半醒，一夜没睡。因为还有外宾，第二天我也只能坚持。这就是不少人羡慕的外事工作的苦衷："不许生病！"洗过脸后，我略微清醒了一些，有如脚踩棉花一般熬过了一天，第二天、第三天才逐渐好转。

高原缺氧的原因实际很简单。在拉萨，人躺着就像坐着，为了补充足够的氧气就要加重呼吸而得不到休息；而坐着就像站着，站着就像走路，走路就像慢跑。最可怕的是得病，如果感冒，那么躺着也等于站着，不能休息，很快就会转成肺炎。当时不是每天都有航班，人送不走，病就会不断加重，进而会有咯血症状，以致死亡。我们当时就看到一个身强力壮的澳大利亚小伙子如此去世了。

青藏高原是当之无愧的自然奇迹，那里完全是另一个世界，如果你想走遍世界，没到过西藏会是最大的缺憾。西藏号称世界屋脊，是离天空最近的地方，到了西藏真有这种感觉，那蔚蓝天空中的朵朵白云似乎跳起来就能摘到。西藏还被称为一片净土，雅鲁藏布江清澈见底，那种圣洁的清澈是别处见不到的；空气清新，没有丝毫的污染，仿佛沁入心肺，这在别处是不可能的；原野空旷，见不到人，连鸟也很少，仿佛是世界之外的神秘世界，这在别处也是体会不到的。

一位已经在西藏生活了30多年的援藏干部陪同我们参观了布达拉宫这座世界上最高的建筑。布达拉宫寺宫合一，是我见到的最神圣的寺庙，只有离天这样近才显得神秘，只有在这样圣洁的地方才显得圣灵。红白两色的宏伟建筑矗立在高岗之上，像磁石一样地吸引着所有见到它的凡人。我这个从不信任何宗教的人，一下子理解了西藏人民为什么会皈依宗教。在金字塔前人们看不到神秘，在尼亚加拉大瀑布前人们看不到圣洁，在吴哥窟前人们看不到那种天高气爽，而在这里，人们看到了一切。布达拉宫是自然和人类创造力顶峰的展现。

在中共中央智力引进办

我在去中央讲师团之前，已经主持过国际组织与国际会议处的工作，包括：委派马世骏先生参加联合国"可持续发展"的首次国际研究；以我在做访问学者期间与联合国教科文组织和欧洲物理学界的关系，与第三世界科学院建立联系，并报送选出中国第一批第三世界科学院院士；推动联合国教科文组织在北京成立东亚办事处，在人员十分紧张的情况下，我派一位处员给那个光杆司令代表做秘书。这些开创性工作，得到许多著名科学家和院局领导的好评。

正值中共中央智力引进办公室成立，中国科学院去了不少人，有人推荐我去，我就离开中国科学院了。我自1973年进入科学院，在这里工作了15个年头，对科学院有深深的惜别之情。我科技外事的6年经历就此画上了句号，走上了专业的外事道路。

我进入中共中央智力引进办不到一年，中央决定撤销引进办，组建外国专家局，人员去留由入职年限决定，满一年的到外国专家局，不满一年的另行分配。我自然是后者。但就是在中共中央智力引进办的10个月中，我也做了点事，以我过去的关系组织领导去意大利和瑞典考察，对于中央了解两国的人才状况起到了一点作用，从而对我国制定人才政策有所帮助。外出考察的3人小组，只有我一个人懂外文，身兼联络、秘书和翻译三职。在意大利我们曾7天换6个旅馆，经常把房号记错。

公"私"兼顾，向中国工程院倡议人提交瑞典皇家工程科学院考察报告

王大珩先生首倡，联合张光斗、张维、师昌绪、侯祥麟5位大师提出成立中国工程院的构想，然后与我交谈。其主导思想是，长期奋战在两弹、航天和国防战线上的一些科学家无法发表SCI和EI等国际检索论文，英文（主要是口语）也难以达到中国科学院院士要求，处于不利境地，但是他们为国家作出了重大贡献，而工程技术方面迫切需要人才，所以他们也应获得同等待遇。在

人选方面，尽管几位大师都认为应该采用更符合程序的方法遴选，但是条件所限，在不太了解候选人的情况下，最终不得已采取了举荐的方式，这也留下了一点遗憾。王先生和大家商议后认为，工程院是个新事物，应该有个参考模式。尤其我的老师张维先生是瑞典皇家工程科学院外籍院士，认为瑞典皇家工程科学院是世界上最早的工程院，也是世界三大工程院之一，其模式应该可供我国参考。而我 1985 年曾在瑞典主持联合国教科文组织项目，在瑞典皇家工程科学院有些熟人。于是在张先生支持下，王先生请我认真考察瑞典皇家工程科学院的模式，但当时并没有专门经费，他们希望我能想办法。正好我当时在中央智力引进办有赴瑞典的任务，就愉快地答应了下来。王先生高兴地说："中国工程院如果建成，自筹经费考察也创了先例。"

在瑞典考察时，我只能公"私"兼顾。好在我是考察团的组织者，在紧张的日程中挤出时间调查，又不便向领导说出原委（如果成立不了怎么办？），引起了领导的不满，我以加倍的本职工作弥补了，没有发生不愉快。

归国后，我上交考察报告，又协助起草了由王大珩、张光斗、师昌绪、张维、侯祥麟联合署名呈递给党中央的《早日建立中国工程与技术科学院的建议》。

1994 年中国工程院正式成立，我无比欣慰，又当了一回"无名英雄"。现在对照，仍可看到中国工程院的章程参照了瑞典皇家工程科学院的许多部分，算是有效的"洋为中用"。

亲会意大利的黑手党

到意大利的人几乎没有不想起黑手党的。对于黑手党的起源，有两种截然不同的说法。一种是黑手党起源于反抗异族统治的群众组织，早期还是有积极作用的；另一种是黑手党一直就是鱼肉乡里的匪帮，从一开始就没做过好事。

西西里两千年来不断被异族统治，并没有黑手党。之后，诺曼封建庄园主代替了奴隶主，雇用了一批凶狠的罪犯作为看家护院的打手，建立了私人武装，横行乡里。这批人就是黑手党的前身，他们非但不反抗异族统治，反而成为封建统治的帮凶。到了 19 世纪初，外来统治日益削弱，革命运动风起云涌，这些封建打手才摇身一变成为"黑手党"，借革命的形势，把权力从原来的豪绅权贵手中夺了过去。

黑手党到 19 世纪中叶组成了
十分严密的暴力集团，渗入西西
里社会的各个角落。到 20 世纪初，
黑手党在西西里已经无恶不作，
为所欲为，而且输出到了美国、
法国和西班牙。1925 年，黑手党
使墨索里尼都感到恐慌，对其进
行了血腥镇压，使黑手党一度沉
寂，在这场"黑吃黑"的斗争中，
黑手党甘拜下风。直到墨索里尼
垮台，黑手党才又恢复元气，而
且借着反法西斯的名号，开始走
到明面，并急剧向国外扩张。到
了 1963 年，随着电影《城市上空
的魔掌》上演，黑手党就家喻户
晓了。

平静的西西里，谁是黑手党？

黑手党不但有地盘，有组织，有武装，还有语言——"黑话"。例如"下
水道盖子"是巡逻警察，"灭灯"是杀人，"灭灯人"是杀人犯，"朋友"是黑手
党律师，"朋友的朋友"是黑手党控制的政客，"修道院长"是女尸，"柳条"是
步枪，"脏东西"是黄金等。

黑手党实行"家族"统治，家族由亲戚挚友组成，"家族首领"是狡黠残
忍、老谋深算而又众望所归的人。几个家族形成一个"帮"，割据一方，操纵
各种行业。几个从事同类罪恶活动的"帮"又组成"派"，构成狼狈为奸的
"荣誉社会"，垄断某种行业。

黑手党最喜欢选举。因为黑手党的作恶手段不是明抢暗偷，而是巧取豪
夺。这种罪恶的社会秩序，就是让你把他想要的东西乖乖送去，哑巴吃黄连，
有苦说不出。他们喜欢选举是因为他们能控制和操纵选举。

黑手党俨然以维护社会秩序的面目出现，在他们所控制的地盘，社会秩
序十分安定，正所谓"兔子不吃窝边草"。所以谁要抱着"看见几个黑手党"
的想法到西西里来，那真是瞎子摸象了。然而，黑手党地盘上的秩序是巧取豪
夺的"秩序"，是嫖娼聚赌的"秩序"，是走私贩毒的"秩序"，一句话，是黑

社会的秩序。

黑手党还最讲"荣誉"。这种荣誉也是黑手党的"荣誉",例如黑手党的头领可以养情妇上百,却不许离婚;党徒们可以在法庭上作伪证,却不许在帮内骗人;可以杀亲兄弟,却不许"出卖朋友"。他们不但在帮内讲"荣誉",在帮外也讲"荣誉",要杀一个人,必先造谣生事,混淆视听,把他搞臭。

西西里的黑手党现在没有官方统计数字,也不可能有。不过根据知情人士的各种消息,我估计有五六万人,大约占岛上人口的1%。

我真正见到黑手党不是在西西里岛,而是在靠近西西里的科森扎市,连陪我们去的意大利朋友都不隐讳地说:"这里的市政人员多有黑手党背景。"当我们到达科森扎市政府门前时,已有人在那里迎候。过了一会儿,市长才缓步进入大厅,原来门口的人是在等待他老先生。市长先生穿一件墨绿色的西装,和他那红润的面色形成强烈的反差。在官方场合穿墨绿色西装的确少见,也算意大利南方的特色吧!他将近60岁的年纪,刀削脸,鹰钩鼻,目光锐利刺人,显得十分干练,却又显露出阴暗的深沉。从他助手唯唯诺诺的劲头来看,像他的仆人。

老先生开始用英语与我们交谈,他的英语水平不高,但可以清楚地表达自己的意思。他十分威严,从不与属下交流,非但不说话,连目光交流也没有,偶尔会向第一助手询问自己不知道或者是忘记的英文单词,仅此而已。不过很快他连这仅有的问话也停止了,我立即意识到他是发现我们之中有人懂意大利语,这真让我吃惊了,因为我们之中只有我懂一点意大利语。法文到一定水平的人,大概可以听懂意大利语。但是,他是怎么看出我懂一点意大利语的呢?我从一进屋就有思想准备,面部毫无表情,我做过多年外交官,自认为如果努力去做,在不让人察言观色方面还是有点能力的。那天的场面真让我感到我可能过于自信了。

然而,我也发现了这位老谋深算的市长的一个秘密。他在和我们交谈时不对任何人发布指示,但是好像所有人都知道他的意图,比如什么时候送礼品,什么时候该请我们去餐厅了等。这不可能是预定的。我发现,他在打手势,随着说话以不易察觉的动作轻微地打着手势,而他的属下则目不转睛地盯着他的手。他比马龙·白兰度在电影里演的像得多。白兰度以昏昏欲睡的神态力图表现出黑手党头目的老谋深算。老先生有一半时间的确是昏昏欲睡,甚至干脆闭上眼睛,但另一半时间他又从睡到醒,眼中发出犀利而又不怒自威的目光。说实话，在国内外，我还没有看到过一个演员把这种人物演到如此炉火纯青的地步。

在人类走向以和平与发展为主题的可持续发展时代，该是黑手党退出历史舞台的时候了。这要靠世界的发展，要靠全世界人民和政府的努力。

我的第一本书《一个中国人看世界》

1986 年我写的、记述我在世界上到过的 30 个国家的《一个中国人看世界》于 1987 年 4 月出版了，那种兴奋的心情我至今记忆犹新。

《一个中国人看世界》出版后连印了 3 次，总销量达 42230 本，在当年已算畅销书了。令我感动的是北京大学和清华大学的许多学生都派宿舍代表进城买书，买回来大家一起看。当时中共中央书记处的两位书记都让秘书给我打电话，说："你写了本好书，对青年有教育意义。"

这本书能出版，应该感谢家人介绍的朋友张先生，他给我介绍了中国工人出版社的姚编辑，他们都为这本书的出版花了不少心血。十多年后我认识了一个年轻的朋友雷先生，他一见我就说："我从小就看过您的这本书。"原来无巧不成书，他的父亲就是中国工人出版社的社长，不但支持这本书的出版，还专门让他看这本书，看来我也得感谢雷社长。

自那时起我不断添砖加瓦，把这本书变成了一套，写全了我前后到过的世界上的 106 个国家和地区，到 2018 年出全，共计 22 本、478 万字。我曾在联合国工作过，据我所知，这也是世界上记述国家最多的游记。这是我 22 年的心血，几乎占用了我全部的业余时间。我感到欣慰的是人们可以知道世界上有一个中国人这样看这个世界。

后来这本书在中国铁道出版社以 3 本套装的形式出版，共 9000 册。在北京科学技术出版社以 5 本套装的形式出版，共 15000 册。后来的 21 本分别在北京出版社出了 11 本，55000 册；在中国发展出版社出了 6 本，30000 册；在清华大学出版社出了 1 本，11500 册；在北京航空航天大学出版社出了 3 本，8000 册。所以这套书至今前后出版了 170730 册，以联合国估算的 1 册书平均有 40 人阅读计（当然这是智能手机兴起之前的数据），应该有 683 万读者。

我在全国各地出差，的确听到许多人都说看过这本书。更为感动的是，有一位读者不但反复看过这 20 本书，而且写了 10 多万字的评论和介绍，装订成册，送给有关部门和领导建议报奖。对他花的这份心血，我只能表示最真诚的谢意和敬意了。

吴季松出版的《一个中国人看世界》（第一、二、三集）

·1988年·

　　人死后就什么都不知道了，这话不错，但如果在死前也知道的不多的话，那活着的人的生命价值也就大打折扣了。

——吴季松

·大事·

　　3月20—21日在《人民日报》连发两篇文章《外向型经济战略中的人才交流》《国际科技人才交流的新模式》，宣传了邓小平"经济特区吸引外资"和"走向世界的新型人才"的战略思想。

·小情·

进入劳动部

　　由于中央智力引进办解散，我经老干部刘老推荐进入劳动部，任外事司负责人，在44岁时担任局级职位。劳动部是个小部，外事司更小，只有十来个人，但关系复杂。

　　像到任何单位一样，我从不提待遇和房子问题，尽自己最大的努力，天天早出晚归，从清华大学跑到和平里的劳动部上班，为司里制订了工作规划，还在《人民日报》上发表了《建立外向大劳务的新观念》的答记者问，引起很大反响，至今海外劳务公司的负责人还对我说："您就是吴司长，20年前我就

吴季松与塞浦路斯劳工部长在一起，
载于《塞浦路斯邮报》

看过您的文章。"

比较值得记述的事是我代表劳动部，出席了在塞浦路斯首都尼科西亚举行、由国际劳工组织举办的国际劳务高层研讨会。

由于当时从北京飞尼科西亚很困难，要不断转机，这次出差还使我顺路到了埃及、巴基斯坦、科威特和巴林等4个国家。这使我实地了解了劳务输出和输入国的状况，为我的全球考察增加了几个不太容易去的国家。

骨折后坚持与会，当选国际大会执行主席

自1979年7月第一次出国以来，我在国外生活好几年，连小病都很少生过。真是"人有旦夕祸福"，我这个在太平洋、印度洋和大西洋都下海游过泳的人，竟在塞浦路斯旅馆的澡盆里栽了跟头。

1988年11月，我匆匆赶到尼科西亚参加国际会议，在会议中心的"好客"旅馆住下，接着马上紧张地准备第二天的发言稿，直到凌晨一点才带着满身的疲倦走进浴室，没想到一跟头滑倒在澡缸里，大约有半小时，不能爬起，自知摔得不轻，最后总算忍着剧痛草草收拾，睡了下去。整夜时睡时醒，也是我平生从未经历的。长夜总算熬过，更难的是早晨穿衣，我用了整整一小时。又用了一小时吃早点、准备会议文件，早上9点准时出席大会开幕式。

尼科西亚只有一所公立医院，医疗免费，从挂号、拍片到洗片不过半小时，而恭候主任医师却整整用了55分钟。主任医师"大驾光临"以后，看了一分钟就定案："左侧八九两根肋骨骨折。"其实他还没说对，第二次拍片时才发现我是七八九三根肋骨骨折。医生对此不做处理，没有治疗，只是提出了3条要求：绝对静躺，吃止痛药和每天吃5个鸡蛋。头两条我没照办，最后一条照做了，但是有疑问：真是"头痛医头，脚痛医脚"，就不怕我胆固醇升高吗？

医院的护士还是勤勤恳恳、和蔼可亲的，对于我这个外国人也有格外照

顾，不过有人在工作中聊天，这和我在其他地方看到的"塞浦路斯效率"是不相称的。人都是一样的人，毛病出在哪里呢？出在对劳动价值的认识和由此而产生的管理方式上。

第二天照常开会，大会主席知道我的情况后，请我上主席台，对各国与会代表说："中国代表团的吴博士摔断了肋骨还在坚持开会，为大家树立了榜样，我请他做今天的执行主席之一，上主席台。"我听到下面在交头接耳："中国人真不简单。"大概他们都知道肋骨骨折打夹板是没有用的，我也算为祖国争了点小光。此后这个问题引起了国际旅游业的重视，旅馆浴缸中必须设防滑垫，并有英文防滑提示。我参加的那次会议是千人级别的国际大会，旅游业是最重要的劳工行业之一，这个改变是否与此有关不得而知。如果是，算是与我有关的一个"国际小创举"。1994 年前我已走遍大半个世界，从来没有见过旅馆浴缸中铺设防滑垫。

维纳斯的传说与实证

塞浦路斯首都尼科西亚是个弹丸小城，当时希土分治，北面是土族区，南面是希族区，中间是荷枪实弹、戒备森严的国界。希族区仅有 12 万人，却颇具特色。

城墙本来是所有古城都有的，北京、巴黎、罗马和莫斯科全不例外。但是，除了中国的西安外，保存得如此完好的古城墙我还是第一次见到。城是正圆形，直径整整 1 英里，合 1.6 千米，也就是说，跑一个 1500 米就穿越全城了。城的面积整整 2 平方千米，也就是 3000 亩地，环城一周是 5 千米。

位于塞浦路斯岛南岸的利马索尔，在尼科西亚西南约 80 千米，这个不过 8 万人的小城，今天已经是世界旅游名城了。从利马索尔驱车西行大约 40 千米，就到了维纳斯的"出生地"。

维纳斯对应的是希腊神话中的"阿芙罗狄忒"，生于海中，是爱与美的女神。在罗马神话中，维纳斯也是爱与美的女神，她的生父是朱庇特，小爱神丘比特是她的儿子。

这尊雕像不知经过多少次磨难，多少回辗转，被折断了双臂，遗弃在米洛斯岛上，所以又叫"米洛斯的维纳斯"。1820 年才被一个农民发现，并被一位法国使节获取，现陈列于卢浮宫内。

爱神维纳斯雕像的"出生地"

汽车从利马索尔西行，沿青山盘旋，到达了终点——帕福斯的东南浅海滨。海中有一些突出海面的岩石，相传维纳斯就诞生在这些岩石之间，并在这里游泳。传说裸身从此处下海，沿岩石群所指的方向游去，就会越游越年轻。但是你不能回头，一游回来就又复原了。

维纳斯！你这在中国落户的希腊文化偶像，给人带来了爱的联想和开放的希望，却又使人不无惆怅。因为无知的希望只是幻想，知识才是力量，才可能实现你带给人间的希望。

我知道吉萨大金字塔是谁造的

在埃及说"要看金字塔"，这种说法是十分不准确的，埃及有大大小小 70 多座金字塔，当然人们通常会猜出是看开罗城外的吉萨大金字塔。吉萨金字塔在开罗城西南约 10 千米处的吉萨高地。

1988 年和 2002 年，我曾两次到吉萨，其变化之大使我有点不敢认了。1988 年的金字塔周围是一片荒漠，三座金字塔是荒漠中的古迹，颇具神秘色彩。而我 2002 年到达时，金字塔好像建在城市中的仿古建筑，东面已经完全被新建的城区所包围。而在 1798 年拿破仑策马来看金字塔时，它还半截埋在土里。

建造金字塔的极盛时代在公元前 27 世纪到公元前 23 世纪，即第三王朝到第六王朝，被称为"金字塔时代"，在第四王朝时达到鼎盛，吉萨的 3 座大金字塔都是在第四王朝建成的。

最大的一座金字塔叫"胡夫金字塔"，完工于公元前 26 世纪，是第四王朝的法老胡夫的坟墓。这座金字塔用 1 米以上见方的花岗岩垒成，共有数百层，原高 146.5 米，因长年风化剥蚀，顶端剥落，现高只有 136.5 米。塔底呈正方形，每边长 230 米，现在也只剩 227 米左右，占地约 52900 平方米。金字塔大约由 230 万块石头砌成，每块重达 2.5 吨。据说拿破仑来到金字塔前曾经做过计算，如果把三座金字塔的石头全拆下来，可以建一道宽 1 米、高 3 米的环绕法国的围墙。当年是 10 万人花了 20 年时间才把 230 万块石头一块一块地垒成 150 米高的大金字塔，其中最大的一块重达 16 吨，而且石块之间严丝合缝。4 个锥面正对东西南北四个方向，倾角为 51.5°，塔的东南角和西北角的高度差仅约 2 厘米，真可以说是鬼斧神工。

2002 年，吴季松在埃及吉萨大金字塔前

金字塔是谁造的？这个问题从 20 世纪吵到 21 世纪，有三种答案：一是 10 万奴隶肩扛手垒建成的；二是外星人干的；三是非法老的地球人干的，而这些人已经绝迹，并且除了金字塔外，没有留下任何蛛丝马迹。2002 年 9 月，

埃及考古界打开埋在金字塔东南角的一具 4500 年前的石棺，推测这是一位金字塔监工的尸体，为金字塔是人造的进一步提供了证据。真是"公说公有理，婆说婆有理"。我的看法是：外星人建造金字塔的证据不足，可以排除。大金字塔是法老派人造的，建造者的尸骨自然无钱做成木乃伊，到现在早已荡然无存了。或许是当时的许多技术至今不为人知，或许是参与建造的不光是我们现在所了解的古埃及人。

不少人说金字塔中的墓室是进不得的，不但不吉利，还有腐气伤人。和不少人一样，我做了一次冒险，进入了哈夫拉金字塔的墓室。墓室入口在距塔底大约 20 米高的地方，是一个约 1.5 米高、1 米宽的小入口，我 1.7 米的身高必须弯腰才能进去。一进洞就是一路上坡，然后有一段平路，再一段上坡，又一段下坡，才到了墓室，墓室在金字塔的中心。我们上上下下走了大约 80 米，中间有直达墓外的通风口可以看到亮光。在狭窄阴暗的墓道中，这 80 米走了整整 8 分钟，实际上是爬的速度，由于好奇和担心我一点也没有察觉。墓室中空气的确不好，但实际上也没有什么腐气，开放了 20 年，就是有也跑光了。墓室早被盗光，除了石棺外荡然无存，墓室大约不到 100 平方米，当年堆满珍宝，现已家徒四壁。这就是充满神奇传说的法老墓室，除了游客众多、通风不好、空气混浊外没有别的感觉。至于以后是否作祟，只有天知道，反正我已经 80 岁了。

望着渐隐在黄昏中的金字塔，我仿佛看到了当年。有如此高超的创造力和如此巨大的财力的埃及王国为什么灭亡了？我的考察结果是：不是因为缺水，因为尼罗河从未断流，水大水小只能影响到国家的盛衰，而不致使国家灭亡。灭亡的主要原因可能是近亲通婚，法老拉美西斯的数十个妻子中居然包括自己的妹妹和女儿，堂表兄妹更是家常便饭。当时已制造出避孕套的埃及人竟没有这个知识，也只能灭亡了，让人扼腕叹息。

卡拉奇的奇观——大篷车

回程转机时，我路过了巴基斯坦。一进卡拉奇市区就发现，一个发展中国家的大城市里有着千头万绪、错综复杂的问题，远不是那么容易解决的。和开罗市区一样，大街上公共汽车、私人大轿车、私人小汽车、出租小汽车、马车、驴车、摩托车和自行车各不相让，争先恐后，潮水一般地向前涌去，真让人心惊胆战。行人横穿马路，胆小一点的等上 5 分钟寸步未移也不算稀奇。

各种车辆里最引人注目的就是大篷车，大篷车是一种私人"公共汽车"，有几个特点实在与众不同。

第一是它的外观。卡拉奇的公共汽车都很破旧，不但油漆斑驳脱落，而且表面凸凹不平，再加上常不擦洗，看起来真是破旧不堪。而大篷车却是另一种面貌，整个车体罩着一层闪闪发亮的银白色铝壳，壳上不但压出各种花纹，还镶嵌了许多有机玻璃做的装饰物，红、蓝、黄、绿各色俱全，车上还扎有彩色飘带，显得珠光宝气，真像古代印度王装饰华丽的皇车。

第二是它没有固定的时间，只有大致的路线，招手停车，随处可上，对穷苦人十分方便。

第三个特点更为惊人，大篷车在路途中从不真正停车，有时连车速都不减，上车的人跑几步扒上去，下车的人跳下来跟跄几步后才能站稳，老人也身手灵活，照样上下。当然，高龄老人和残疾人可就没法乘大篷车了。不少乘客还拉住车门，挂在车外，据说这样的乘客可以不买票。当然，富人是不会乘这种车的，游客即便图新鲜也不敢乘，因为一是不知路线，二是没练过那种不是一日之功的飞车技术。

我到过卡拉奇的贫民窟，在一片洼地上，干打垒的泥棚、简易的草棚和几根竿子支撑的布棚汇成一片。天真嬉戏的小姑娘、灰色的毛驴和黄色的大狗在棚前的泥地里挤作一团。在棚户区边的高岗上就停着几辆大篷车，穷人们乘大篷车离开贫民窟，到卡拉奇的大街上去饱饱眼福。

所谓伤筋动骨一百天，到巴基斯坦时我三根肋骨骨折才一周，可我不但在城市街上看了大篷车，还去近郊看了国家议会的农村选举。农村选民不识字，连政党的名字也记不住。竞选者有高招，一个党的大旗上是牛，另一个党的大旗上是拖拉机，所以农民们就是选"牛党"或"拖拉机党"。

·1989 年·

心地不在戴帽穿衣，品德不在衣衫褴褛。

——［古波斯］萨迪

所有的历史如无当代的证据支持，充其量只不过是传奇故事而已。

——［英］S. 约翰生

现代的社会是法治的社会，做好任何一件大事，没有法律都是不行的。如何制定法律呢？我认为，第一是科学根据，第二是法理依据，第三是实际情况，第四是国际接轨。

——吴季松

·大事·

崔泰山（1927—1989 年）先生去世。

·小情·

中苏关系正常化，对我们这些从小学俄语，唱苏联歌曲长大的一代来说是喜事，可惜我和苏联朋友早已断了联系。

调进国家教委

经我的老师张维先生推荐，中国联合国教科文组织全国委员会的藤主任调我去全国委员会秘书处任副秘书长，我得以离开了被分配的与科技教育无关的劳动部外事司，我由衷地感激他们。联合国教科文组织是 1945 年 11 月 16 日在巴黎成立的政府间教育、科学、技术和文化的组织。

历史也真有巧合，1945 年中华民国派出的联合国教科文组织执行委员张汇文教授是父亲的好友、我的义父，而 1972 年中华人民共和国重返联合国教科文组织后的第一任执委是我的老师张维教授。

我 45 岁成为副司级干部。在全国属于很年轻的司局级干部，而在国家教委的司局级干部中则是第二年轻的。

山清水秀的爱丁堡培养了达尔文和亚当·斯密

我早就听人说过，没有到过苏格兰就等于没有到过英国。我认为，没有到过爱丁堡就等于没有到过苏格兰。爱丁堡不仅是苏格兰的首府，也是苏格兰的经济文化中心。爱丁堡位于苏格兰中部低地的福斯湾的南岸，公元 6 世纪形成村落，1329 年建市，1437—1707 年为苏格兰王国的首都。这里没有摩天大楼，没有车水马龙、灯红酒绿和昼夜喧嚣，以中国的标准来看就是一个小镇，一个有历史古迹、文化内涵的小镇。作为一个现代工业化的地区，人口密度大约每平方千米 70 人是少见的，水质保持 I 类是十分不易的。

爱丁堡作为历史名都，最著名的古迹就是爱丁堡城堡。城堡建在一座高达 135 米的死火山岩顶上，三面悬崖，一面斜坡，北望福斯湾，可御北欧海盗，南俯通往英格兰的大道，地势险要，易守难攻，可抵御古罗马人入侵。从公元 7 世纪开始修筑工事，11 世纪建了碉堡。

城堡中建于 1076 年的圣·玛格丽特教堂，是全苏格兰最古老的教堂，也是爱丁堡最古老的建筑，长 6 米，宽只有 2 米，不过一间学生宿舍大小，实际上是个小石屋。置身简陋的教堂，面对低矮的圣像，使人回忆起中世纪神权、战争和贫困的年代。戴维一世（1124—1153 年在位）时期古堡基本落成，并掘了 33 米的深井，自备水源，可以长期坚守。1437 年以后这里成为苏格兰王宫，1502 年宫中建成大殿，全厅长 20 米，宽 15 米，面积达 300 平方米；舞厅长 40 米，宽 15 米，面积达 600 平方米；大殿全木结构，无一钉一铁，为全英木建筑之冠。当时苏格兰王国议会就在此召开，在今天也算颇具规模的大厅。

爱丁堡市的议长请我们在临福斯湾的一家名为哈威斯（Hawes）的小饭馆吃饭。木结构的房屋，沉重的桌椅，村妇式的老板娘，暖洋洋的气氛道出了苏

吴季松在绿水青山的爱丁堡山巅古堡

格兰农村的风情。我不是美食家，还是如从前一样，吃什么都记不得了，只记得浓郁的苏格兰啤酒，真有点像液体面包。席间谈起了建于 1583 年、世界闻名的爱丁堡大学。著名生物学家达尔文（1809—1882 年）毕业于爱丁堡大学，著名电磁学家麦克斯韦（1831—1879 年）曾在爱丁堡大学就读，著名古典经济学家亚当·斯密（1723—1790 年）自牛津大学毕业后就在这里任教，并创立了古典经济学。席间谈这些内容，谁都不可能多喝酒，否则不仅是闹笑话，还可能亵渎祖先，我想这可能是西方人宴会饮酒极少一醉方休的原因吧。

一个国家，尤其是一个大国，如果不看 3 个以上的城市和农村，你是很难真正了解它的；而一个城市，不看 3 个以上的景点，你也是很难真正认识它的。20 年后我再游英国，北海波涛依旧，英伦迷雾渐稀，山顶古堡铭刻着过去，泰晤士晨曦预示着未来。

世界大城市市区最大的湿地——伦敦巴特西湿地是怎样修复的

我一共去过伦敦 38 次（作为改革开放后首批出国访问学者，在欧洲原子能联营工作，去英国合作研究所卡拉姆出差，来往都要经过伦敦），但到伦敦著名的巴特西湿地只有一次。

伦敦湿地公园位于伦敦市区西南部泰晤士河南岸的巴特西，英文是"稀面糊"的意思，说明历史上这里就是一片原生的沼泽地。这个湿地公园是全球唯一建在繁华的现代化大都市中心的湿地，占地约44公顷。

1989年，泰晤士水务公司完成了整个伦敦的供水改造项目以后，位于巴特西的维多利亚时代修建的4座水库就面临废弃。这4座水库一旦废弃，将带来一系列社会问题和环境问题。如果从商业角度考虑，泰晤士水务公司可以选择将水库填平搞房地产。好在这个项目被一家国际慈善机构水禽和湿地信托基金看中，提出了一个湿地改造的方案。改造所需要的资金，一方面靠该机构募集和捐赠，另一方面它找到伯克利房地产公司出资，并由英国国会通过议案，允许出售少量土地给这家房地产商在湿地旁边盖房子，实现了三赢。这样，合作的三方：泰晤士水务公司、水禽和湿地信托基金以及伯克利房地产公司，从1995年开始启动这个巨大的改造项目。这个项目的工程量很大：需种植沼生植物30万棵，种植树木27000株，铺设步行道3.4千米，挖掘土方50万立方米；建设浮桥达600米。

拆解水库所产生的混凝土块全部被用来铺设道路和停车场，项目建设中几乎所有建筑材料都是回收利用的。该项目于2000年5月竣工，正式对公众开放。目前，巴特西湿地已成为全球城区湿地的典范，累计吸引参观者近千万人次。我去时没有看到任何标志性建筑物，完全是按"生态规划、生态设计、生态施工和生态管理"的"四生原则"而建。不仅泰晤士水务公司、水禽和湿地信托基金因此项目而获得同业的尊敬，甚至连伯克利房地产公司也因此获利不菲，周边房产价格达到每栋200万英镑以上。由于环境好，这里成为伦敦房产价格最高的地区之一。

巴特西湿地在伦敦市中心西南，在泰晤士河南岸的巴特西桥和切尔西桥之间，与北岸著名的切尔西足球俱乐部隔河相望。它现在是一个占地660亩的湿地公园，构成了一个小型湿地生态系统，中间有一个小广场和就地势而建的"船湖"。

公园里浅水遍地，沼生植物茂盛；水间岗地绿草如茵，湿地特有的植物鲜花盛开。鸟类或在水面起落，溅起一片片水花；或在土坡中兀立，脚爪已半陷入泥里。我国修建城市人工湿地时，实在应该去考察这片湿地。

我与崔泰山先生

崔泰山

崔泰山，1973年至1989年任中国科学院外事局副局长，是我的领导，也是我在外事局中最好的朋友。

崔泰山自幼学习日语，曾40多次出访日本，在日本各界有许多交往和朋友。他口语翻译准确流畅，曾数十次为中央高级领导人在接见日本名人时担任翻译。1970年以后，他主要担任郭沫若先生的翻译，深得郭老的赞赏。他的夫人是"敦煌守护神"常沙娜，而我父亲与她父亲常书鸿也是朋友，所以我们有了共同的话题——敦煌。我对敦煌一知半解，基本是崔泰山以渊博的知识给我讲。

·1990 年·

知识就是力量。

——［英］培根

走遍世界是我的梦想，走遍世界去看什么呢？去看它的历史，只有当你踏上这片土地时，你才能感到文字的历史有了生命；去看它的现状，只有在你身临其境的时候，媒体的文字和影像才变成活的；去看它的人民，只有你亲身接触，才能使书上写的人有血有肉。

——吴季松

·大事·

《高崇民传》出版（白竟凡主编，人民日报出版社）。

·小情·

在法国，我通过了驾驶执照考试（中国驾照无效），在休息时开车去比利时和德国，重走当年希特勒闪电战击溃法国之路，考察马其诺防线遗迹。教条主义真是误国害民，马其诺防线完全可以绕过。

在法国民众中，我了解到为什么卖国贼、一战英雄贝当元帅未被判死刑："因为他保全了巴黎。"

参加世界全民教育大会

　　1990 年联合国在泰国召开了世界全民教育大会，众多国家元首参加，我国派出的中国代表团以国务委员、国家教委李铁映主任为团长，国家教委副主任、中国联合国教科文组织执行委员会滕藤委员为副团长，参加代表团的还有国家计委的郝建秀女士等中央部门的负责人，我为代表团秘书长。这次会议是根据联合国教科文组织的"教育与未来"重大计划中的"争取全民基础教育"项目召开的，事后证明，这对于促进世界的全民教育都起到了积极的推动作用。

吴秀松在世界全民教育大会高级官员预备会议上

　　会议于 1990 年 3 月 5 日—3 月 9 日在泰国芭堤雅举行，大会由全会、24 个国别圆桌会议、23 个专题圆桌会议和 66 个展览四大部分组成。共有 162 个国家和地区、31 个政府间组织和 135 个非政府组织共 1350 多人参加，加上辅助人员共 2000 多人，其中各国部长达 171 名，副部长 44 名。大会的主旨是"世界全民教育——满足基本学习要求"，大会最后通过了《世界全民教育宣言》。它要求在 20 世纪末达到三个目标：一是普及初等教育，使世界 80% 以上的 14 岁以下青少年的文化水平达到国家规定；二是把世界成人文盲率削减到 1990 年的一半，使男女识字率相等；三是为全民提供更多各种形式的受教育机会，提出了美好的设想。33 年后这三个目标在中国都已达到，中国还尽力帮助了非洲国家。

担任一个大型政府代表团的秘书长的确不是一件容易的差事。在 54 小时内我几乎没有睡觉，为代表团领导安排了与 4 位国家元首、6 位总理、4 位副总理或国务委员的 14 次会见。如果除去睡觉时间的话，平均 1 小时一次，也就是说每个小时都要安排一次会见。不仅如此，关键在于这 14 位外国高官如何能接受邀请。当然，有一半是主动求见的，那也要安排得开。更为重要的是 1 个预约发生了变化，剩下 13 个可能都要跟着变。如此复杂紧张的工作，如果不是掌握英法两门外语，如果不是能够随机应变，如果不是当机立断，真是难以完成的。除了申奥的成果，这大概是我外事生涯中最为成功的一次。考虑到这是在蒸笼一般的气候下完成的，那就更为难得。随行人员对我说："您这样的外事干部真少见，唯一的请求是请您别离开，走了我们应付不了。您要吃什么、买什么尽管说，都由我们去办，只是请您守住电话。"

当然，任务的成功首先要感谢代表团领导，这绝不是一句客套话，而是因为代表团领导在组团之初的预备会上就说："包括我在内，大家一律听老吴的。"真是个好领导，在有众多高官的代表团中，如果不是领导预先讲出这一条，大家各有各的主意，不用说在 54 小时中安排 14 次约见，就是做到让代表团员们满意的程度，也是难上加难。

战斗的 54 个小时即将结束，我又是一夜未睡。清晨，我迎着暹罗湾的海风在楼下散步，清醒一下几乎已经不转了的头脑。恰恰遇到团领导晨练，我们互相招呼，他问："你不锻炼吗？"我说："我也长跑。"他说："这次出来怎么没看到你跑？"我说："这里太热了，我怕热。"他停了一下说："你不是怕热，你连睡觉的时间都没有，哪有时间跑步呢！"

这一席话真像一股到泰国后从未遇到过的清凉的海风迎面扑来，使我头脑清新、精神抖擞。这一席话又像即使在这闷热的天气里也需要的心中暖流，流遍了全身。人是有无尽的积极性和创造性的，全靠领导者的调动和激发，这种激发能力不全靠技巧，而要靠真诚，靠爱心，对知识层次越高的人越要如此。

任务完成后，秘书转达，让我离开代表团随领导访问泰国，我也大体领会了其中的用意和好意。但当时虽然有两位秘书长，大事小事却都在我手里，还有这么多领导，我走了滕主任不是要抓瞎吗？我请示了领导，他让我自己做决定，但我的义气观念又占了上风，于是谢绝了领导的好意。后来发生的事情就不详述了，我又失去了一次十分重要的机遇。我要衷心感谢领导，他并没有丝毫不快，还推荐我竞选联合国教科文组织官员。可能他以为我不愿意做某一类工作，其实我当时根本没想过挑拣，而是信守的道德观念使然。

著名的泰国芭堤雅海滩

谁能想到，如今和美国的迈阿密、英国的布赖顿、法国的尼斯和意大利的西西里齐名的泰国芭堤雅海滩，在 20 世纪 60 年代还是一个穷僻的渔村呢？

芭堤雅旧译"中天"，在曼谷东南约 145 千米处，在泰语中是"雨季开始时从西南吹向东北的海风"，自 1961 年美国人发现了这里的旅游资源以来，至 20 世纪 70 年代末，这里已成为世界闻名的海滨胜地。如今芭堤雅常住人口有 10 万左右，但有 2 万个旅馆房间，常年住着 2 万游客。以每人住 5 天计，一年就接待 140 万游客，的确可以和世界著名海滩媲美。

海滨路是芭堤雅镇的主干道，路的西侧是灰蓝的天空，湛蓝的大海，深黄的沙滩，空中有人悬在热气球吊篮中嬉戏，海里有人乘摩托艇来往穿梭，岸上肤色不同却都晒得黝黑的游人如织，有青年男女，有老年伴侣，还有外国游客在沙滩上横躺竖卧。路的东侧是鳞次栉比的商店、饭店和酒吧，在这里，你可以买到各种冒牌货，各种纪念品，可以吃到各式饭菜和各种食品。路中车满为患，行人等上两三分钟过不去马路是常事。芭堤雅海滩热闹、拥挤、嘈杂、价格低廉，不是很高雅的去处，却不乏对旅游者的吸引力。

入夜，这里灯火辉煌，霓虹灯沿十里长街连成了一条彩色的火龙，无处不灯红酒绿，无处不熙熙攘攘。夜晚的芭堤雅海滨真是光怪陆离，五彩缤纷的大千世界，有人欢笑有人愁啊！

芭堤雅的确是个兴旺发达的海滨胜地，但是它的黑色污染已经让世界旅游界颇有微词。仅仅三年之前，属于和芭堤雅所在的吞武里府相邻的罗勇府的中天还是一片荒滩，但是这里没有精神和金钱的污染。

大使城旅馆给我留下印象最深的还是海，那百看不厌的海。在会议结束后，我仔细观察了从黄昏到夜晚的海景变幻。

灰蓝的天空中漂浮着白云，西沉的橘黄色太阳把云端照得金黄，太阳渐渐向大山一样的乌云背后隐去，绿色的海水从天边向我脚下涌来，到近处变成青绿以至透明，冲上海滩后激成白沫，把沙洗得米黄。随着潮水的退去，沙滩又变成棕黄。这海水由远而近颜色变幻的运动层次，周而复始，每次几乎都准确地达到同一地点，相差也不过几厘米，造物主真是最科学的设计师。太阳隐没，天色渐暗，云成铁灰，海成墨绿，沙成深黄，渐渐变成了漆黑一片。自然的世界仿佛不复存在，而岸上火树银花，灯火辉煌的大使城旅馆这个不夜之城却正悄然亮起。习习海风吹来，我触景生情，草就小诗一首：

暹罗湾边

红日落云间，碧水涌天边；

白浪逐我走，欲仙在中天。

往事渺如烟，时境几度迁？

强国富民路，遥遥在眼前。

旅馆常务副总经理 A 先生是个强壮精悍的中年人，曾任芭堤雅市长，几年前下海搞企业，在他和秘书合用的陈设简单实用的办公室中，他和我侃侃而谈："办好大旅馆有四大要素：一是要挑选爱生活、善交际的雇员，二是要进行职业技能和合作能力的培养，三是要使用新技术设备和管理方法，四是要有干净卫生的自然和社会环境。有了这四条，旅馆就不怕没客人。芭堤雅附近很快就要兴建国际机场，我们这座有 5000 个房间的旅馆还怕不够用呢！"这真是办大旅馆的经验之谈。

他还说："现在要投资不成问题，世界上有 8000 亿美元游资，我要多少有多少。您看这座旅馆大厦刚刚建成就营业，那两座正在兴建，新的两座已在打地基。"

以下是我们的一段对话：

我：从土木建筑的观点看，您确实取得了宏伟的成绩。但是从经济效益上看，您预计有足够的客源吗？

经理：世界经济形势良好，东亚经济形势好，泰国经济形势好，游客就不成问题，我做过可行性研究。

我：要是世界经济形势不好了呢？

经理：还看不出这个苗头。

我：有益的新观念都是建筑在自己实力和科学知识的基础上的。

经理：也许您说得对。

我：您有两种未来，一是乘龙而飞，二是骑虎难下。我祝愿您乘龙而飞。

经理：今天的谈话使我受益匪浅，非常谢谢您。

从以后发生的东南亚金融危机来看，这段真实的对话记录有点像童话故事。

派驻联合国教科文组织，宣布副代表

回国后，领导和组织上都让我去担任中国常驻联合国教科文组织代表团副代表。在任命被批准的过程中，一个有经验的朋友说："一定要等批下来再去，否则名不正、言不顺。"但我被告知，前方代表说缺人、顶不住了，任命是不成问题的。我从来是以工作为重的，5月初就匆匆前去了。

中国常驻联合国教科文组织代表团在巴黎老城第6区的一条不到4米宽、叫"小盒子"的小街上，原来是个旅店，自19世纪就有不少文化名人来这里聚会，所以有点名气，后来被常驻团买来做驻地。

到了巴黎，曾被打为"右倾分子"的秦代表把我请到家中吃饭，谈了很多。我以为代表团应该是文化层次很高的机构，所以顺口说出我已被批准聘为教授，意思是能多帮他做点了。没想到几天后就听团里人悄悄告诉我："代表说，他从来没有在高校待过，是什么教授。"我听后也没有太在意，心想我是何东昌副主任批准的教授。

原来，之所以急着让我来，是想让我处理前任副代表出的车祸。前任副代表离任前携家属去瑞士出游，这是规定允许的。他也是出于好心，为了节省旅馆费，夜间行车奔赴瑞士，没想到山高路滑，自己的三辆车前后相撞，还撞坏了路边的护栏。我知道这是一件怎么做都不落好的事，但还是本着保护所有人的精神处理了问题。事情都已经发生了，吸取教训就可以了，司机没有处分，前任副代表没有责任，按说应该是个皆大欢喜的结果，但还是有人对我说："您可能没处理好，得罪人了。"这样处理还得罪人？

当时的政治形势也十分复杂，同时代表团主持修建新购楼房的人也出走了，扔下了一笔乱账，据说还有不小的经济问题，后来国家教委的查账组在团里住了很久。这些都是让我马上来的原因。

后来滕藤副主任来到巴黎，专门为我的到任开了很大的招待会，当着多国代表宣布我是中国常驻联合国教科文组织代表团副代表，总算使我可以名正言顺地工作了。但直到我离任，《人民日报》也没发表任命，真是我始料未及的。

其间印象最深的一件事是 1990 年 10 月在使馆的国庆招待会，我代表中国常驻代表团出席。来宾不多，但时任巴黎市市长的希拉克到了。希拉克先生和主要人员打过招呼后，也来和我握手。我事先研究过一些资料，知道他对中国文化十分感兴趣，每年都学些中国字，于是说："您今年又认识了多少中国字？"他进来以后，除了打招呼时一直比较严肃的脸上，此时露出了笑容说："今年太忙，大概认识了一百多个吧。"我说："祝您明年认识的更多。"他说："谢谢。"

克罗地亚喀斯特溶洞

滕主任要我随访当时尚未解体的南斯拉夫，这是我在全委会工作时接待的、后来的斯洛文尼亚前副总统 K 教授邀请的，指名邀请我去，但秦代表不太同意（当然不是当我面说的）。滕主任的解决办法是折中，我随行去斯洛文尼亚的卢布尔雅那，贝尔格莱德则不去了。我送走了滕主任以后，为等班机在卢布尔雅那又待了一天。陪我们游览的副教授 V 小姐，又特地安排我到克罗地亚的喀斯特看喀斯特地形。

这种石灰岩洞在中国也不少，不但桂林芦笛岩名闻天下，在北京房山区的石花洞也规模宏大、鬼斧神工。克罗地亚的普拉尼·斯科洞，主洞的体积并不比芦笛岩大，但长度达 27 千米，比芦笛岩长得多，已因旅游开发了 5 千米。此外，该洞穴的地貌更为典型，装饰更为美丽，解说也更为精妙，看来搞旅游光有自然美景不行，人工装饰和引导也十分重要。接近洞口已经寒气袭人，门前还可以租寒衣，我历来注重亲身感受，没有穿。下到洞中真有些冷得发抖，但快走加上多活动，不多时就不觉得太冷了。

喀斯特溶洞是怎么形成的呢？是水造成的，风与水是改变地貌的两大天神。由于碳酸盐是溶于水的，喀斯特的水可沿着溶岩岩层的缝隙上亿年地流淌，精雕细琢，千凿百洗，就造成了岩石洞中的奇妙景象。

大自然的鬼斧神工真让人赞叹不已，喀斯特石灰岩洞的奇妙景象，让现代人也震惊其是自然界所为，所以古人认为有神鬼不单单是由于愚昧无知，也

吴季松与斯洛文尼亚前副总统K女士（左三）在一起

从另一个侧面说明他们开发自然之广，涉猎自然之深，如果没有现代科学知识指导，见怪为怪是不足为怪的。洞中石灰岩被常年流水腐蚀成千姿百态，有的像冰峰，有的像海涛，有的像瀑布，有的像森林，似乎把自然界的景象都微缩在这个岩洞之中了。远处配以各色的灯光。有的景象是高楼林立的新兴城市，沐浴在升起的朝阳之中；有的景象是一头雄狮在追一头小鹿，展现在夕阳西下之前；有的景象是林中老人在阴霾的天空下从丛林中返回；有的景象是千万匹骏马在烈日下奔腾。听着租来的录音解说，看着眼前的场景，再加上自己的想象，其时其刻，其情其景，真像进入了仙境遨游。岩洞中还有暗河，当时只开辟了一段，据说全开发以后可以乘船直接进入另一个岩洞。克罗地亚喀斯特石灰岩洞之美，真可说是美不胜收了。但与桂林，甚至与北京的溶洞相比，其命名就又略逊一筹了。

游过石灰岩洞，我们又回到斯洛文尼亚的一家乡间小饭店，虽然有点乱，但是游客们依然喜爱这种质朴的乡村情调。看来旅游的"一大二高"——巨大的象征纪念物（例如埃菲尔铁塔、自由女神像和东京电视塔等）、高层建筑和高档饭店已经开始过时，返回大自然的旅游观念开始深入人心。遗憾的是我们许多新兴旅游点的规划和建设者们，因循守旧，逃不出老框框，请高龄的过气名家们来规划设计，自然难以搞出多少有新意的东西来奉献给旅游者了。

斯洛文尼亚，多么美丽静谧的国度，让人领略到一种难得的宁静；斯洛文尼亚人，多么平和温情的人民，让人体会到一种难得的温馨。然而，当我离开这片富饶的土地时，一种不安的情感油然而生，既来自我从事联合国工作的国际政治敏感，也来自陪同的 K 教授和 V 小姐那平和的脸上时而显露的微妙神情。十分不幸，仅仅一年之后，这种预感成了现实，这个地区的美丽静谧就变成了战火纷飞，平和温情变成了残暴杀戮，一打就是 4 年之久。值得庆幸的是斯洛文尼亚一触即离，没有遭受多大苦难，而波斯尼亚和黑塞哥维那则在 20 世纪下半叶成为惨烈的战场。

在国际上对我国的一片鼓噪声中宣示"我仍然信仰共产主义"

在苏联解体、东欧剧变的日子里，联合国机构的中国外交官，尤其是高级外交官都要经受考验。当时的压力是很大的，本来就反共的不说，就连本来在欧洲势力很大的共产党人也纷纷倒戈。在这种情况下，不少人的做法是回避这个话题，一谈到就顾左右而言他。

当然外交官中对共产主义完全丧失信心、叛逃的还是极少数，问题是如何应对。我当时感到，挑起争论是不必要的，但如果我碰上了质疑还不敢表明态度，那还是真正的共产党员吗？我是政治运动的过来人，对当年抓"假党员"记忆犹新，没想到十多年后我又亲身经历考验。

在一次会议上又谈到这个问题，几位外国的外交官估计我不会讲话，越说越得意起来。我说："我谈谈我的看法。"这大出他们的意料，他们都吃了一惊，忙说："洗耳恭听。"我说："我入共产党时间并不长，但我是思想上先入党，组织上再入党的，所以不会因为风吹草动而改变理想。"许多人很意外，瞪大了眼睛。我说："在今天，坚持共产主义理想仍然是科学的。什么是共产主义理想呢？我的理解，第一是公有制，你们查查《共产党宣言》的原文，马克思说的是'扬弃私有制'而不是'消灭私有制'。今后公有制仍然应该是主体，股份制可以是公有制为主体的一种形式。现在'信息高速公路'（当时对互联网的称呼）方兴未艾，它能够私有吗？不但不能私有，连国家所有都不行，要世界公有，否则它就不是互联网了。再说生命科学技术，欧美国家不是都在建立法规，不允许私人公司过度研究这种技术，更不许'造人'吗？我搞了十年的受控热核聚变技术，实际就是氢弹的和平利用，能让私人公司开发这种人命关天的技术吗？所以，公有制一定是主体，国家要掌握人民生活命脉的大公司，要控制关键技术。"说到这里，已有不少人点头称是。

我又说："第二是生产的社会化，在这一点上共产主义和资本主义并没有本质的区别。第三是'人权'，你们说社会主义'铁幕'下生活的人民没有人权。这是由于你们没仔细看马克思的书，书上讲得清清楚楚'要解放全人类'，一些国家在执行过程中把专政极端化，这是失误，不是共产主义理想本身。因此我明确地坚持共产主义理想。"

大家静了一会，有人说："你说得有道理，我们驳不倒。但这并不能说服我们成为共产党。"我说："这是当然，我们都是做教科文工作的，连生物的多样性都要保护，人思想的多样性还能不允许吗？"大家哄堂大笑，会议在和谐的气氛中结束。

·1991年·

海纳百川，有容乃大；壁立千仞，无欲则刚。

——林则徐

国际会议就是听其他国家的人如何解释自己和使其他国家的人听你解释
自己的国家。

——吴季松

·大事·

10月，人民日报出版社出版《高崇民传》。张学良将军题写书名。

11月14日，高崇民同志诞辰100周年纪念座谈会在京举行。

给国家教委写了一份《从巴黎和北京二市居民实际生活水平的比较看小康的目标》，登在内部刊物《国家教育委员会简报》（1991年1月2日）上。在1991年全国外事工作会议上，它被选为仅有的两份参考文件之一。

·小情·

"大庙会"——国际会议

我曾作为中国政府代表团的科学技术小组顾问参加第23届联合国教科文组织全体会议。这类国际大会不但规模很大，有150多个代表团的近3000名代表参加，而且周期很长，全体大会从10月25日到11月26日，开了整整32天，连预备会议共50多天，可谓马拉松会议。整个会议用英语、法语、俄语、中文、西班牙语和阿拉伯语六种语言同声传译。同声译员的工资高达每小时近百美元（每天只工作 3 小时）。每天散发的文件有几吨重，摆满走廊的复印机的耗纸还不计算在内。总部的 2000 名工作人员则在厅前厅后，会上会下，风火轮似的忙个不停。

会议上，一个外国副总干事风头出尽。6 种语言的发言，除了中文他需要使用同声传译，其余 5 种语言他非但能全部听懂，还能回复质询，对答如流，不用翻译。不少外国人都以懂多国语言而自豪，但多数不过是能通过查字典看书的地步，或应付一般的日常生活而已，所掌握的也不过是印欧语系的几种分支，不足为奇。真正能使用 5 种语言在国际会议上真刀真枪干一场的，这是我所见到的第一个。当然，这个副总干事除了确有语言天赋外，客观条件也起了巨大作用。他是阿拉伯人，阿拉伯语自然没问题；他的母亲是俄国人，俄语亦系家学；他是德国留学生，德语自然好；住在巴黎，法语当然也很好；西班牙语也没问题。最让人吃惊的是他的中文也可以应付简单对话，这就全靠勤奋自学了。他与我谈话都尽量用中文，练习口语，其勤学精神可见一斑。这种语言能力使他能在风浪起伏的国际组织高位上稳坐钓鱼船。

这种大会也不完全是"君子之聚"。到了竞选主席的时候，科学家们也四处游说，活动频繁，拉选票，搞联盟，为了本国在世界学术界的地位而不遗余力，从不吝惜时间。

我在外国代表称"没有真正为人民的政治家"时讲道："周总理就是一位真正为人民的政治家"

1991 年我在联合国教科文组织工作时，在苏联解体、东欧剧变的形势下，我参加了一个小聚会，参加者中各国人都有，有人提出一个观点："世界上有没有真正为人民的政治家？"在众人几乎要得出没有的结论时，我说："有，我就见过一个，周恩来！"大家沉默了两分钟，最后默认。

2018 年 3 月 1 日，习近平总书记在纪念周恩来同志诞辰 120 周年座谈会上的讲话中指出："周恩来，这是一个光荣的名字、不朽的名字。每当我们提起这个名字就感到很温暖、很自豪。周恩来同志在为中国人民谋幸福、为中华民族谋复兴、为人类进步事业而奋斗的光辉一生中建立的卓著功勋、展现的崇高风范，深深铭刻在中国各族人民心中，也深深铭刻在全世界追求和平与正义的人们心中。"

协助陈章良摘取贾乌德奖

在中国常驻联合国教科文组织代表团的工作中，我也尽可能承担有挑战性的工作并取得了成绩。我总负责科学与文化工作，经过一年多的工作，最终成功帮助北京大学生物系的年轻教授陈章良获得了贾乌德奖。贾乌德奖是印度政府为纪念科学家贾乌德·侯赛因而出资并由联合国教科文组织颁发的奖项，主要是鼓励发展中国家有突出成绩的青年科学家，此前中国从未获得过这种奖励。陈章良在生物学研究方面取得了比较突出的成绩，我以副代表的身份，并凭借过去的长期科研经历，以理服人做工作。日本常驻联合国教科文组织代表说："您是在欧洲原子能联营取得过杰出成绩的科学家，您的介绍令人信服。"1991 年 10 月 27 日，陈章良教授终于获得了联合国教科文组织总干事颁发的贾乌德奖，成为中国获得该奖的第一人，10 月 28 日我们还专门为此开了庆祝会。

前来采访的新闻记者不少，我都实事求是地做了说明。首先，我们的工作只是介绍陈章良教授的成绩，对获奖只是起了催化剂的作用，主要还是靠陈章良本人的工作成果。其次，当时美国和英国已退出联合国教科文组织，撤走了代表团，因此无人报名参加竞争。印度是出资国，联合国一般对其有所保留。奖项主要是鼓励发展中国家的青年科学家，因此"世界最杰出的青年科学家"的说法不准确，"发展中国家最杰出的青年科学家"较为符合事实。

推荐青年科学家是我的责任，更为重要的是向国内传播最先进的科学思想。在引入了"基础研究、应用研究和技术开发"的科学研究分类和"可持续发展"的定义之后，我又广泛搜集国外的资料。但由于工作繁忙，1994 年我才出版了我国第一本介绍信息网络包括互联网的书——《"信息高速公路"通向何方？》（中国铁道出版社出版）。

帮助张艺谋参加戛纳电影节

1991 年张艺谋和巩俐携《秋菊打官司》参加法国戛纳电影节。当时驻外使团只接待公派的代表团，张艺谋和巩俐的出行不是公派，也就没有文化部官员陪同。驻法文化参赞是个愿为文艺工作者服务，而且敢于创新的官员，决定设宴招待他们，而且一定要邀请我前去。这虽然不是联合国教科文组织的工作，但是是国际文化竞赛，与我沾边，而且我不属于文化部领导，他们又非公派，即便支持了，也无大碍。所以虽然我很少看电影，当时也不知道张艺谋和巩俐是谁，但仍像支持陈章良一样前去。

宴会上我才知道，他们从未到过法国，不懂外语，没有翻译，前去南方的戛纳参赛几乎不可能。我们对两人进行了鼓励，又找了留学生帮助他们去戛纳，使他们得以参赛。

参赛的结果是未获提名。他们回到驻法使馆文化处后，我又去参加活动。欢迎一个不知名的失败者在那时的中国还不多见。巩俐看样子也有些沮丧，张艺谋听到我的鼓励后说："您是科学家，为祖国争得了荣誉，我们搞电影的比不上。但是，我也想搞点让西方承认的东西，为中国电影争一口气。我不怕失败，明年卷土重来！"

张艺谋的电影我没有研究，但这种精神我向来是赞赏的，我们又谈了不少。果然，1992年《秋菊打官司》在威尼斯电影节上获奖，但1991年在戛纳第一次参加国际电影节的经历对第二年得奖的意义，相信他们自己比谁都更了解。

无巧不成书，2001年张艺谋和巩俐也跟随北京申奥团来到莫斯科，我与张艺谋异地重逢，别有一番感觉，不少同事看了电视转播后问我："申奥的电视节目中你好像总和张艺谋在一起谈话？"其实能算作谈话的只有两次。张艺谋曾告诉我："别人都以为我怎么样了，这是和您说，我连北京户口都没有。"我说："你还要北京户口干什么？有中国户口就行了。"当然，申奥的胜利让我们都激动不已。

我的分外支持也不是无原则的。几乎在同时，当时大红大紫的某刘姓明星要来巴黎买房，托人要住常驻团

1991年在戛纳电影节的评奖大厦前

的招待所，被我回绝了，下级说："惹了刘大明星可不太好。"我说："我们是代表国家的驻外机构，如果法国电影界人士都来拜访他会影响外事，这是规定，不是惹谁，有什么事我承担。"

成功的竞选"失利"

1991 年年初，国家教委李主任亲笔写信，推荐我参加联合国教科文组织中南亚办事处主任职位的竞选。由于竞选是以个人名义，不代表国家，已对外宣布的我的"副代表"在申报过程中也就中止了。

联合国教科文组织各级官员竞选的程序大同小异，先是查看"空位表"，即有哪些空位，然后是报名。官员分三类，一类是 P 级，即专业官员，有 P1~P5 五级；另一类是 D 级，即负责人，有 D1、D2 两级；再一类是 G 类，即助理干事，ADG 即副总干事，最高级是 DG，即总干事，相当于联合国各组织的秘书长。一般国家对于 P 级官员的竞选是放开的，可以由本国公民自由报名参选，D 级以上的官员则都是有政府背景的。

竞选的第一步是准备材料，要填写繁杂的表格，还要写简历。第二步是送人事部门审查：看是否合乎要求，并检查材料是否属实。第三步是用人部门与人事部门共同提出总名单。高级职位的候选人一般有 8~10 人，据说这一轮我排第一名。第四步是送交遴选委员会，该委员会中三分之一的成员来自联合国教科文组织之外，三分之一来自联合国教科文组织的人事部门，三分之一来自联合国教科文组织其他部门，主要是相关专业和人事专家。遴选委员会选出小名单，一般为 3 人，据说这一轮我排在第二名。第五步为除了所有候选人所在国外的联合国教科文组织执行委员会国家对小名单投票，这次我又排在第一名，据说近半数执行委员会国家投了我的票，我至今感谢这些国家。

竞选过程长达 8 个月，据说有过此经历的人都认为这是一种难忍的煎熬，但我一如既往地放松，只是等结果。后来滕主任对我的一个亲戚说："参加竞选哪有像吴季松这样的，天天跑 5000 米锻炼，一次客也不请，这怎么能成？"不过毕竟血浓于水，一位科技部门的 D 级顾问薛先生，是比利时籍华人，中等身材、微胖，十分儒雅，在这种情况下举行了一个晚会，邀请了所有相关人员，也包括后来任职的第二名候选人 I 先生，大家都向我祝贺，I 先生居然灰溜溜地提前退场了。

不久，联合国教科文组织的人事部部长、埃塞俄比亚的 S 先生在楼道里碰到了我，对我说："吴先生，您害苦了我。"我忙问为什么，他说："为了准备您的上任，害得我暑期度假走不了。"搞过人事的人都知道人事干部口风严紧，断不会开这种玩笑，国外亦然，可见我之成功已定。

没想到就在几天内形势突变，联合国教科文组织中南亚办事处覆盖印度、巴基斯坦、孟加拉国、斯里兰卡、尼泊尔、伊朗和阿富汗的业务，这些国家加在一起在当时就有 13 亿人口，是最大的驻外办事处。1991 年 4 月，格鲁吉亚宣布独立，随后自 8 月起，阿塞拜疆、乌兹别克、吉尔吉斯斯坦、塔吉克斯坦和亚美尼亚在一个月内先后宣布独立。而这些国家的相关业务都归中南亚办事处负责。

显然，派一个共产党员去中南亚办事处任一把手已不可能。任命还有最后一关，就是总干事裁决，他有权否定第一名，选第二或第三名，但要提出令人信服的理由。理由是很好找的，助理总干事找我谈了话，说："您各方面都很优秀，但出任地区办事处一把手的人最好有总部工作经验（竞选了 8 个月，居然这时才知道我未在总部工作过？），所以先让您到科技部门任顾问，积累总部工作经验，然后再任命相应职务。"就这样，1992 年，我当上了联合国教科文组织科技部门高技术与环境顾问。

东西两德游

在竞选联合国教科文组织官员期间，我除了照常工作外，又去了一些国家游历，其中在东西德的游历是绝后的。在长达近 30 年的时间里，德国分裂的象征就是举世闻名的柏林墙。柏林被分割占领，使美、英、法三国的柏林占领区——西柏林成了苏联占领区中的孤岛。1961 年 8 月 13 日，德意志民主共和国开始在西柏林周围筑墙。我在 1983 年那次旅行中就曾穿过这道围墙。

我从东柏林进入西柏林，要出入国境，查三次护照。第一道墙是东西柏林之间的界墙，是水泥墙，墙上有电网。这道墙防范最严密的地方在波茨坦广场，又分内外两道墙，两墙之间有一片开阔地段，地上摆满防坦克用的铁三脚架。第二道墙是西柏林和前东德农村地区的界墙，把西柏林围成一圈。1991年我去时，曾经的瞭望台已人去楼空，铁丝网千疮百孔，孤零零地立在原野上。但是冷战的气氛犹存。柏林墙一共有 7 个通道，1983 年我乘火车穿越东西柏林时一次就经过了 3 个通道。

作为冷战时代象征的柏林墙拆除了，那个时代也过去了。一道墙可以在一天内拆除，然而，东西德经济发展和人民生活的差距，以及东西德人民内心中的隔阂却不是一天能消除的，但德国人民终究是能够做到的。

1991 年我来到柏林时，东西柏林还是两个天地。从勃兰登堡门进入东柏林，就好像进入了另一个国家，楼房虽依然高大却显得陈旧，居民虽讲着同一种语言却显得缺乏生气。尤其是入夜后，西柏林霓虹灯闪烁，五色缤纷，店铺繁忙，顾客成群，是一个灯火辉煌的花花世界；而东柏林灯光昏暗，连路灯也残缺不全，店铺都关门了，许多家庭都已熄灯入眠，街上冷冷清清的，仿佛实行了宵禁一般。但当时东柏林人的收入还不及西柏林人的三分之一，而又有众多的失业者，这种对比也不足为奇。

我再次考察著名的采琪莲霍夫宫，在那里签订了结束第二次世界大战的《波茨坦协议》。采琪莲霍夫宫外表虽不豪华，楼内却十分华贵，房间高大，楼道宽敞。现在这里是博物馆兼旅馆，有重大纪念意义的会议室和房间是博物馆，须买票参观；其余的房间则是旅馆，而且只是三星级旅馆，但因为位于园林和古迹之中，三星级旅馆却要五星级的价钱，一个标准间达 200 马克 / 天以上。

我入住了其中的旅馆，旅馆的房间不小，且古色古香，有木梁横顶、木板护墙，连椅子也是老式的，没有更多的现代化设备。

波茨坦会议会址就在采琪莲霍夫宫中，宫中的好房间曾是采琪莲霍夫夫妇的房间，会议期间是罗斯福、斯大林和丘吉尔的工作间，现在则是博物馆。宫中的其余房间曾是随从和仆人的房间，会议期间是部长和工作人员的房间，现在是旅馆。采琪莲霍夫宫真可谓 20 世纪所有名人都曾光临的地方，1933 年 3 月 21 日希特勒上台 1 个多月后就来这里看望皇室，真不敢相信照片上笑容可掬甚至显得谦恭的人，就是几年后残害了上千万人的那个凶相毕露、骄横跋扈的希特勒。战后，美国总统布什等世界名人都曾来宫中参观。

在纳粹德国刚刚投降 70 天，硝烟未散、余孽四伏的时候，敢在纳粹巢穴、柏林附近的苏占区召开大型的世界最高级会议，充分说明了斯大林的魄力和能力。而美国的杜鲁门和英国的丘吉尔敢来，其中仅美国代表团就来了 400 人，也充分说明了他们的勇气和苏联的实力。

据说斯大林开会时从来不背对门窗，在这里也的确是斯大林占了唯一不背对门窗的位置。会议决定了把德国和柏林都一分为四：英占区、美占区、法占区和苏占区；把东普鲁士分给苏联和波兰；苏联默认了美国在日本投放原子弹；美英也默认了战后在东欧建立社会主义国家。

波茨坦会议中还有一个有趣的插曲。会议期间正值英国大选，丘吉尔开了几天会就赶回去等待大选的结果，可没想到保守党失败，工党上台，丘吉尔先生就再也没回到会场。我问和我一起参观的英国代表："为什么当时人民不选择在战争中拯救英国的英雄？"这位代表说："当时我刚出生，但我想这是因为英国人民认为战争过去了，迎来了和平。会打仗的人不一定会建设，丘吉尔可以永远是英雄，但他可能连领导几年和平时期的经济都不行。"说得真好！我想聪明的英国人民当时就是这么想的。

那次会议开了半个月。我在一个雨夜向房后的湖边走去，暮色加上雾气，林中窸窸作响，还有一种鸟在怪叫，恰如福尔摩斯破巴斯克维尔猎犬案的场景，可以想象当年对只有矮墙的巨大园林做保卫工作是多么困难。

作为北京奥申委主席特别助理，我亲历了 2001 年 7 月 13 日投票决定北京主办 2008 年奥运会那具有历史意义的一刻，参观波茨坦会址，温故知新，事后看来还真对我参加申奥会议颇有帮助。做好什么事情都靠点滴积累，真是"台上一分钟，台下十年功"！

·1992 年·

有人说国际公约是一纸空文，这在过去不完全正确，在全球可持续发展的今天更不成立。生物学研究揭示，动物群落都不自觉地遵循某些约束，人类难道不更应该有自己的共同约束——国际公约吗？

——吴季松

·大事·

把联合国教科文组织"重走丝绸之路"项目引入中国，包括从国际筹集资金，组织考察。活动中对尼雅古城有新发现。

陶葆楷 (1906—1992 年) 先生去世。

·小情·

1992 年，我去考察法国南部，游览《基度山恩仇记》中的伊夫堡，误了班船，几乎在那过夜。同年，我去考察了西班牙，从地中海沿岸的巴塞罗那到大西洋中的马德拉岛（即哥伦布探索海上新航路之旅的出发地），也考察了葡萄牙和比利牛斯山中的安道尔公国。

组织我国签署《关于特别是作为水禽栖息地的国际重要湿地公约》

在中国常驻联合国教科文组织代表团中，我每年的任务之一是考虑可以参加哪项国际科技公约，扩大对外开放。我做了很多比较调研，认为参加《关于特别是作为水禽栖息地的国际重要湿地公约》（后简称《湿地公约》）没有什么大的弊病，于是上报外交部，得到批准可申请加入此项公约。这项申请要求有关单位写出关于国内外湿地情况的详细报告。没想到，国内报来的材料十分简单，理由是找不到符合国际规范专门研究湿地的专家。这可苦了我，要如何递交申请报告呢？我向大使做了汇报。大使说只好由我来勉为其难地准备材料了，我说："您知道我是清华毕业的。"但也只能我来了。

我根据国内报上的有限材料进行了仔细研究，又就近做了必要的实地调研。以前我对湿地——沼泽地仅有的认知是"烂泥塘"，在查阅了许多联合国文献和外文书籍后才对"湿地"有所了解。我先弄清楚了国际湿地的定义：第一，湿地水深一般不超过3米；第二，一般湿地每年的水深有40%左右的变化，这是它与湖泊的主要区别；第三，湿地有特殊的水生动植物系统，许多植物如芦苇等有很强的净水功能。我还了解到湿地有三大作用。一是净化水源，水在沼泽地里积存，其中的许多有害物质会被氧化分解，湿地实际上起到了自来水厂净水池的作用，这就是许多野生动物都到沼泽中饮水的原因。二是作为水域和陆地的过渡带，否则由于风沙等原因，陆地将侵蚀水域。三是作为水禽栖息地，多种水禽要在湿地栖息、繁衍，破坏湿地，就破坏了生物多样性。

看来保护湿地是有百利而无一害，那么签约会有什么问题吗？最大的问题出在一些跨国往返的候鸟的身上，会不会有外国指责中国没有保护好自己的湿地，影响了他国候鸟的生存而引起国际纠纷呢？这种看法虽略显夸张，却不无道理。我分析的结果是：一来公约是提倡性的，并没有国际监测的条款，因此不会依条约而产生侵犯国家主权的行为；二来条约是互益的，我国也有候鸟飞向他国；三来中国的改革开放政策决定了中国应该融入世界大生态系统，积极参加保护生态的国际事务，这对中国的生态保护也是一种促进。

1992 年 3 月 31 日，驻法大使蔡方柏和我向联合国教科文组织总干事马约尔和助理总干事扎尼古递交了中国加入《湿地公约》的文件，蔡大使在文本上签了字。签字后大家高兴地祝酒合影，马约尔总干事特别握着我的手说："谢谢您！"扎尼古助理总干事对我说："我最清楚您的积极、有效的贡献。"

《湿地公约》签署后，国内的湿地专家骤然多了起来，无论如何，这对湿地保护是好事。而且我知道了，虽然经常听到"湿地干了，要马上输水"的专家建议，但是其实大多数湿地的补水要靠洪水，防洪堵了洪水，湿地就没了水源；而且湿湿干干的才叫湿地，只要没有两年以上的干涸就是正常的湿地；这些科学知识让我起码在任内对若干湿地进行了科学的保护。

全力推动承德避暑山庄列入世界文化遗产

我在中国常驻联合国教科文组织代表团中分管科技与文化，因此我的另一个重要任务就是申请世界文化遗产。联合国教科文组织于 1972 年 11 月 16 日通过了《保护世界文化和自然遗产公约》以后，设立了世界文化和自然遗产委员会，建立了世界文化和自然遗产名单，每年委员会还会从各国上报的保护项目中挑选一部分通过投票表决补入名单。自 1987 年起，到 1992 年，中国已有长城、故宫、敦煌莫高窟、秦始皇陵和周口店北京猿人遗址被列入世界文化遗产，武陵源、九寨沟和黄龙景区被列入世界自然遗产，而泰山和黄山则是双遗产，共计 10 处。当时，欧洲文化和自然遗产的大国是法国，拥有最多世界文化和自然遗产，包括凡尔赛宫、枫丹白露宫、韦泽尔峡谷史前壁画和圣米歇尔山等 18 处。中国次于印度、美国（主要为自然遗产）、希腊和英国，与西班牙和墨西哥并列第 6 位。

1992 年我国的承德避暑山庄提出了申请。在当时的情况下，中国再增加项目是很困难的，因为委员会中多是欧美委员，他们熟悉的是欧美历史，对中国很不了解。他们问我："承德避暑山庄在什么地方？"很遗憾，当时我并没有去过承德避暑山庄，于是我想尽办法搜集资料，请有关委员吃饭，进行详尽介绍。我说："承德避暑山庄是世界上最大的皇家园林之一，占地 5.64 平方千米，宫墙长 10 千米，园林面积比枫丹白露宫还大，有 5 个凡尔赛宫大。而且清朝的重大历史事件有三分之一发生在这里。"一位聪明的委员问我："您去过吗？"我在外交场合可以回避，但从不撒谎，这次只能又巧妙地回避过去了。经过大家不懈的工作，承德避暑山庄项目终于在 1993 年获得委员会通过，在 1994 年先于庐山和峨眉山，作为我国第 11 处世界文化和自然遗产被列入了《世界文化遗产名录》。

我回国后，河北省委宣传部就向我表示了深切的感谢，恳切邀请我去承德避暑山庄一游。为了不添麻烦，我婉言谢绝。自此我和承德结下了不解之缘，自 1998 年起，我主持制定《21 世纪初期（2001—2005 年）首都水资源可持续利用规划》，前后三次去承德考察，其中两次去了避暑山庄。规划提出，

吴秀松 1995 年第一次到承德避暑山庄

与北京携手搞"清史游"来发展承德的旅游业，改变产业结构，转移破坏山林的闲置劳动力，恢复生态系统。2001 年 2 月 7 日国务院总理办公会通过了一项规划，在 2001—2005 年的 5 年内，国家投入 20 亿元巨资，保证北京的水资源可持续利用和上游地区的可持续发展。我还帮助牵线搭桥，使北京旅游集团的总经理和承德市领导接触，落实清史游的计划。承德市、县里的同志好心地要给我送匾，我连忙谢绝，淳朴的承德人民的盛情使我至为感动。然而我更在意的是 2001 年我第三次到避暑山庄时，不但闻名遐迩的热河泉早已枯竭，而且因华北大旱，避暑山庄的湖区也出现了自 1703 年始建以来的第一次干涸，使这处世界文化遗产受到了威胁。我尽自己绵薄的努力，尽最大可能保证规划得以被不折不扣地有效实施，保护这个我曾呕心沥血保护的世界文化遗产。

任联合国教科文组织科技部门高技术与环境顾问

1992 年 9 月，我被任命为联合国教科文组织科技部门高技术与环境顾问，经请示领导，我平静地进入这个国际组织的办公室担任这个职务，实际上就是从中国常驻联合国教科文组织代表团所在的办公楼搬到了近在咫尺，而且一层相连的另一栋楼。

我受到了同事们的欢迎，因为竞选的事纸里包不住火。我的爱尔兰籍女秘书，一位瘦小、清秀、40 多岁的老姑娘对我说："我在这里工作 20 多年了，您是真正的男人。"同事们议论："吴先生丢了 100 万美元，眼睛都不眨。"他们指的是我刚落选了 D 级的中南亚办事处主任，而做了相当于 P5 级的顾问，不但低了一级，而且没有岗位工资和一切津贴。如果我被任命的话，从 1992 年算起到 62 岁退休（国际组织一般是铁饭碗），14 年间的收入是 100 多万美元。

科技部门的助理总干事 B 先生与我进行了长谈，B 先生是约旦国王近臣世家的子弟，50 多岁、中等身材、花白头发，十分健壮，做过约旦政府部长。他对我提出的"全面的知识、严格的管理和科学的创新"大加赞赏，说应该马上写出来贴在会议室中，成为全部门的座右铭。他后来对我的工作也的确给予了支持。

科技政策处长 P 先生则不然，他是苏联人，解体后选择了白俄罗斯国籍，他中等偏高，面色发黄，圆脸平头，典型的东欧人脸庞。他对我十分客气，脸上总是带着微笑，捧了我一通后说要让我管个大项目，过了几天后我才明白实际上是让我回中国找 500 万美元的赞助。我们成为同事后，有一次我因公去了他的办公室，他拉错了文件柜门，里面全是法国酒。又有一次，他外出时借了我的折叠伞，第二天还我时，我大吃一惊，伞折叠得像刚买来时一样，这是我从未做到的。

在这个临时岗位上工作的短暂时间里，我还是一如既往地拼命工作，做了两件大事，而且积累的资料一直沿用至今，成了吃不完的"老本"，对我的工作、研究、教学和著书立说起了很大作用。

扶持国际科技园协会

我担任联合国教科文组织科技部门顾问期间，还做了一件今天已经开花，并结出重要果实的工作。1992 年秋天，在一个寒风瑟瑟的日子，我的女秘书 L 小姐告诉我，一个自称是国际科技园协会总干事，名叫奎达的法国人想约我第二天见面。L 小姐是爱尔兰人，曼彻斯特大学毕业，已在联合国教科文组织工作 20 多年，经验丰富，可以准确地判断来人的地位和实力，我也能从她的语气中无误地了解她的判断。这一次，我很清楚地知道，这是个无足轻重的人物，但是，我认为科技园是 21 世纪知识经济的新细胞，十分重视，我甚至变动了其他安排，说："见！"L 小姐一脸诧异，我可以看出她想的是：吴先生这台高效的计算机今天收错了我的信息吧？

第二天，奎达先生准时到来。他是外省人，所属组织的总部在波尔多。奎达先生又矮又胖，尽管西装革履，却掩饰不住不修边幅的痕迹，背了一个大书包，有点像皮包公司的老板，L 小姐没有判断错！他的组织总部除了他，只有一个女秘书，而且实际上是个欧洲的地域性组织，真正的活动只在法国、西班牙和葡萄牙等国开展。但是，我们的交谈使我感到，科技园是 21 世纪知识经济的新细胞，奎达先生也是对高技术产业化有深刻理解的专家。我们越谈越投机，我尽我职权之所能表示了对这个新生组织的支持。到下班时间仍然意犹未尽，我请他吃晚饭，奎达先生对这个"大衙门"的支持已经喜出望外，对于这个约请更是有点目瞪口呆，连说："当然应该我请您。"更吃惊的是我的女秘书 L 小姐，她大概有点不相信自己的耳朵。最后，当然是我请奎达先生吃了饭，我向他学了不少东西。

我将国际科技园区从联合国教科文组织的 B 类挂靠组织提升为 A 类。有了联合国教科文组织这块牌子的支持，加上奎达先生的扎实努力，国际科技园协会此后有了不小的进展。

蜿蜒上下比利牛斯山脉

任联合国教科文组织科技部门顾问期间，我仍不断出行，去西班牙时经过安道尔。我们从巴黎出发南下，在法国佩皮尼昂住了一夜，做好准备，才驶上比利牛斯山。佩皮尼昂东临地中海，西距比利牛斯山脉仅 10 千米，南距法国和西班牙边界不过 20 千米。这是一座风景优美的小城，以海滨旅游著称，坐落在欧洲著名的旅游带——蓝色海岸上。蓝色海岸又称黄金海岸，一般是指从西班牙的巴塞罗那起，经法国的佩皮尼昂、马赛、土伦、戛纳、尼斯，摩纳哥公国，直至意大利的热那亚，长达 800 千米的地中海沿岸。沿途一边是红顶白墙的别墅和碧绿的丛林，另一边是五颜六色的游艇和湛蓝的大海，犹如仙境。

出佩皮尼昂市区不到 10 千米，我们就上了比利牛斯山。依山缓缓而上，可见错落有致的小村庄，小村庄往往在上下盘山道之间。如果你行驶时看到的是农舍的正面，那么开到上一层盘山路时就看到了房子的背面，仿佛在俯视沙盘中的小模型。这一带是西欧的"贫穷地区"，农舍都是二层或三层楼，差一点的由黄色碎砖石垒起，灰顶；好一点的刷成白墙，红顶，许多房子在二三层还有阳台。由于地处山窝，形成自然屏障，所以农舍都没有院墙。由于位处高地，有的出门不远就是小木桥，通向山外。山区寒冷，房顶上都有烟囱，房前都有树木，有的还是几人合抱的大树，树前有儿童玩耍，一派山村农家乐的景象。

和阿尔卑斯山不同的是，比利牛斯山比较荒凉，没有那么茂密的森林，也没有那么多好水草。山上大多数是小树，并不成林，有的地方还露出表土，有秃山的痕迹。山中大多是旱地，几乎没有湖泊，草地不那么茂盛，有的近乎枯黄。从地理位置上来看，比利牛斯山两翼临海，应该降水量更高才是。造成上述现象的原因是气候异常还是1100年前的战乱就不得而知了。

比利牛斯山进入安道尔后，树木扶疏，水多草美，的确比法国境内漂亮得多，难怪安道尔吸引旅游者了。安道尔距海很近，山峰又高，车在盘山路上，白云好像飘在脚下，轻轻起舞，远望蓝蓝的瓦利拉河时断时续，翠绿的山间牧场时隐时现，宁静的村落仿佛童话中的王国，只有当一缕炊烟升起，汇入白雪之中时，才提醒人们仍在人间。

有的地段仿佛是一幅美不胜收的风景画。远处是湛蓝的晴空，近处是轻柔的白雪；远处的山峰呈紫褐色，脚下的谷地一片苍翠；一棵浓绿的大树在路边拔地而起，一辆火红色的缆车缓缓降下；山间的湖泊像蓝宝石，谷中的小溪像水晶。我们的汽车仿佛一只小甲虫，在这画面中爬上爬下，穿进穿出；一会儿俯视，一会儿仰视；一会儿腾云驾雾，一会儿翻山越岭；在苍天之下，在高山之巅；尽情享受世间的美景，尽情感受人间的乐趣。遗憾的是没能像上次登阿尔卑斯山一样，访问一个山民，从云雾间落入农舍中，体验一下天上人间的差别。据说比利牛斯山的山民民风彪悍，淳朴直率，我若能再来安道尔，第一个愿望就是访问一家山民。

九曲十八弯的瓦利拉河把我们送进了首都——安道尔城，安道尔城跨瓦利拉河而建，跨瓦利跨河有三座大桥把城市连在一起，安道尔城也是欧洲地势最高的首都，海拔1050米。城市很小，常住人口约2.2万。安道尔城以商业闻名，全国的1000多家商店有一半都集中在这里，由于免税，这里的商品很便宜，前来游玩的游客众多，十分繁华。尤其是入夜后，霓虹灯五彩缤纷，很像一颗巨大的宝石纽扣。中心商业街只有一条，沿河横贯东西、略有曲折，商业街的不同段叫不同的名字，总长逾千米。

离开了繁华的商业街，安道尔小城又展示了其幽静和古朴的一面。安道尔的议会大厅和任何一个欧洲国家的议会大厅类似，古朴而精致，墙壁和天花板上都雕有花纹，不过一切都是袖珍版，比其他欧洲国家缩小了几号，大厅里只有30个座位。这里本为私人府邸，自1580年才成为议会，是安道尔城最古老和最重要的建筑。

像法国城市一样，安道尔城也有一座圣母院，我们到时圣母院里正在进行撒旦舞蹈的节日表演，舞者身着民族服装，热情奔放，又表现出安道尔人性格的另一个侧面。安道尔城还有一些颇具特色的小广场，既有圣母院前，高耸钟楼之下的古色古香的小广场，又有现代化的新广场。这是一个位于城边的广场，大约有足球场大小，整个广场的地面由双色大理石铺就，形成用白色大理石分割褐色大理石的美丽图案。广场四边有黄色的石椅、白色的路灯。

返程时发生了一件事，山路越发崎岖险峻，过了一段路司机才敢告诉我，车闸失灵把他吓得心惊肉跳，但他不敢声张。我听了也着实害怕，一路上就这样提心吊胆，真是听天由命的半小时，我时时想起在新疆拖拉机挂在木桥上的险境，没想到22年后又来了一次，但恐惧感倒较上次轻了不少。不知司机心里如何打战，不过我看到他虽然脸色发白，头上出汗，手倒没抖。亏得他是个老司机，沉着应付，否则估计要葬身谷底了。如果当时说出来，车上女士的一路惊叫和怨声也定会使游览大煞风景。这是我大半生16次遇险中的第12次。

安道尔城景点虽然少，但是引起人们的思绪可不少：这样一个山国，人口极少，资源不丰，交通不便，又夹在两个巨大的国家之间，似乎劣势占尽，它靠什么发展呢？看起来真有点穷途末路了，可是安道尔人找到了致富的途径——发展旅游业，利用在欧洲不多的高山，利用在法西两国之间的地理位置，让所有来往于法西两国的游客在这里驻足。

山国安道尔境内有7座高峰，最高峰为科马佩德罗峰，高达2900米，高山积雪期长达8个月。安道尔政府因地制宜，大规模兴建高山滑雪场，目前已在全国7大高峰中的6个高峰中建了多达60个滑雪点，缆车、雪道、更衣室和旅馆等设备十分齐全。安道尔的山峰少树木倒给滑雪提供了便利，坏事变成了好事，吸引了大批滑雪爱好者，使安道尔的旅游业长盛不衰。从白雪皑皑的山顶滑下，犹如下凡的天使。山间明亮如镜的小湖泊，依然苍绿的树木和间或出现的牧人小屋构成了人间仙境。滑雪不仅是勇敢者的运动，也是对大自然的最好欣赏。除了建滑雪场外，安道尔还用高山来建狩猎场，山间有龇着利齿的棕色野猪，有长着双角的褐色小鹿，还有闪烁着亮眼的黄色狐狸。

安道尔每年接待游客上千万人，是本国人口的200倍，境外游客人数可以和中国相比，旅游业收入占国民收入的90%以上。

这个小小的国度，这一群为数不多的人，正为追赶现代化的步伐，寻求新的发展。

陶葆楷教授："你对环境保护有兴趣太好了，这个新领域太缺人了"

陶葆楷

陶葆楷教授是江苏无锡人，1926 年从清华大学毕业后在麻省理工学院获得学士学位，在哈佛大学获得硕士学位。1930 年去德国柏林工业大学进修 1 年，其间在法国、荷兰、比利时和英国考察污水处理厂，是我国最早考察污水处理厂的专家，比他的学生早了半个世纪。1931 年他在清华大学任土木工程系教授，中华人民共和国成立前他一直在清华大学和西南联大任教，在西南联大工学院土木工程系的教授中属于资深大师。中华人民共和国成立后，他先后在北京大学和清华大学任教，1960 年和梁思成同为土木建筑系主任。陶教授于 1977 年在清华大学建立了第一个环境工程专业，1981 年在清华大学建立了环境工程研究所并出任所长。他是我国环境保护，尤其是水污染控制的真正创始人，也是学术泰斗。

陶教授长我父亲 3 岁，由于当年清华大学教授很少，虽然在不同学院，又分别为师生，但是他们相互熟识，我在清华大学读书时陶教授对我谈起过此事。我知道他在搞一门新学科，便很有兴趣地向他请教，他说："你对环境保护有兴趣太好了，这个新领域太缺人了。"

我后来也搞了生态修复和环境保护。现在虽然见不到多少对陶教授的宣传，但他是环境科学的真正创始人。他的音容笑貌我至今记得，现在很难看到他那一代大师的风范了。

从陶教授的著作就可以看出他是中国环境科学的奠基人，这是不容也不应忽略的历史。他的学生只谈他"为抗日做贡献"是不够的。倒是我父亲（只任辅课）的学生吴良镛院士不吝评价："陶葆楷教授具有敏锐的洞察力，很早就注意到环境污染问题，于 1977 年倡导并亲手创立了国内第一个环境工程专业，那时中国根本没有'环保'的概念。环境保护意识深入人心，这与陶教授的开创性工作是分不开的。"初心不能忘，历史不可掩。

1941 年他从美国留学归来后在西南联大任教时，发表的关于水环境的著作《水下工程学》，比后来的相关环境著作早了整整 40 年，堪称宗师。1959 年他就在《清华大学学报》上发表以"利用污水培养绿藻并处理污水"为主题的论文，提出生物技术处理污水的观点。在 1975 年的特殊条件下，许多人还不了解污水处理，他又发表了专著《炼油厂污水处理基本知识》。此后他的文章和专著涉及从微观的沼气、雨水处理到宏观的臭氧层、环境工程与水污染的控制等领域，奠定了水环境学的基础。

九

国务院新闻办国际局副局长、
代局长，全国人大环资委
研究室主任

新闻忠实服务于受众

资源循环才能永续用

1993 　3 月 15—31 日，全国人大八届一次会议举行。

7 月 1 日，国家教委提出面向 21 世纪重点建设 100 所大学和一批重点学科点的计划，简称"211 工程"。

1994 　3 月 25 日，国务院常务会议通过《中国 21 世纪议程（草案）》，确定实施可持续发展战略。

7 月 18 日，国务院印发《关于深化城镇住房制度改革的决定》。

1995 　5 月 6 日，中共中央、国务院颁布《关于加速科学技术进步的决定》，确定实施科教兴国战略。

本年，中国国内生产总值达到 61340 亿元，原定 2000 年国内生产总值比 1980 年翻两番的目标，提前 5 年实现。

1996 　国家科技领导小组成立。

1997 　2 月 19 日，邓小平逝世。

7 月 1 日，中国政府恢复对香港行使主权。

·1993 年·

　　人们要出国访问游览，甚至要走遍世界，去干什么呢？据我走遍世界的体会，是去看世界的昨天和今天，预见世界的明天。看昨天的什么呢？就是去看世界的文化和自然遗产，当然不仅是联合国教科文组织世界文化和自然遗产委员会确立的范围。看今天的什么呢？就是看当地的文化传统、风土人情、经济社会发展和生态系统变迁。不了解昨天，不认识今天，就无法预测明天。

——吴季松

　　几乎没有人不知道哥伦布发现新大陆，但很少有人知道，他发现的不仅不是他想要去的印度，也不是大陆，而是今天巴哈马国的一个小岛——圣萨尔瓦多岛。

——吴季松

·大事·

8 月 25 日，在《人民日报》发表文章《世界科学工业园的新阶段》。

·小情·

　　为了给"211 工程"做准备，我对法国巴黎、里昂和瑞士苏黎世的重点大学进行了以学分制为重点的考察。在里昂考察当年陈毅和邓小平等留法勤工俭学的旧址，接待人说："你不用翻译，因此考察得比以前的团都深入。"

在联合国教科文组织利用国际资料主持制定国际水资源标准

　　自 20 世纪 90 年代初国际上意识到环境问题的严重性以来，被讨论最多的就是水问题，水问题的核心又是水资源短缺问题，而缺水国家又大多数是发展中国家，中国、印度、巴基斯坦、伊朗、墨西哥和埃及等发展中大国都缺水，这些国家的总人口占世界人口的一半以上。

所以，我感到在联合国教科文组织要做资源工作，首先应该指导解决水资源短缺的问题，但当时国际标准只有"人均1700立方米以下为缺水"这一条线，对于解决缺水问题显然是不够的。我做了进一步研究，认为缺水是相对需求而言的，人对水的需求可以分为生活、生产和所在的生态系统这三个方面。

我在制订工作计划时就提出了这个设想，得到部门领导的高度赞赏，也得到了同事们的一致称赞和大力支持。于是我们的小组就开始了工作，主要是从欧洲、亚洲、非洲、大洋洲和南北美洲搜集案例，即不同水资源量的条件可以支撑什么样的发展，这是个环境科学与经济学的交叉学科研究。

在科技部门其他处室和各地区办事处的大力支持下，在原有资料的基础上，我们搜集到几百个案例，然后进行系统分析、综合比较，经过近一年的艰苦工作，制定出了新的水资源短缺标准。

我们以每年3000立方米/人为丰水线，2000立方米/人为轻中度缺水分界线，1000立方米/人为重度缺水线，300立方米/人为可持续发展的最低标准以及生产和生活缺水的新标准；我们还以水资源量折合地表径流深150毫米为温带维系乔木、灌木、草本植物植被系统的标准，从而给出生产、生活和生态水的全面标准。

在国际组织工作的感受

国际组织的官员，不仅我们觉得有点神秘，就是在欧美知识界也是梦寐以求的职位。联合国组织官员的薪金高于美国的公职人员，在20世纪末，最低一级的联合国官员年薪也在2.3万美元以上，最高的可达十几万美元。这还仅仅是薪水，此外他们还享受高额出差补贴，享受免税待遇，享受国际组织内的各种福利。因此额外收入很多，有时几乎与薪金差不多。联合国官员有特殊的联合国护照，护照把配偶和未成年儿女的信息都印在附页上，他们在成员国也享受外交豁免权。联合国官员的职位还是个"铜饭碗"，虽然没有"铁饭碗"那样结实，但是一般情况下，一经录用，多数人能一直干到退休。

国际组织对官员的录取是比较严格的。官员名额基本上按各成员国所交会费来确定比例，但是受雇人员仅代表其个人，并不代表国家。应聘者自己写信申请，经过考试和审查流程，如是否有犯罪记录及本国政府是否同意，通过后就能进入国际官员的行列。录取的重要条件之一是文凭，国际组织对文凭十分重视，大国的名牌大学毕业生是备受青睐的。同时要求外语，一般都要求精通英、法两种外语，实际上多数国际官员都懂得三四种外语。此外，对于主管专业的官员，都要求在该专业领域内有 5 年以上的实际研究经历。由于成员素质较高，在多数国际组织中，研究和管理是融为一体的，官员既进行世界范围内的行政管理，又不脱离与具体研究的接触，从而能把握世界科学技术和经济发展的动态，为世界做一些有益的工作。

我很熟悉的世界高级研究所联盟的主席 S 先生，就是一个很好的例子。他毕业于理工科大学，在瑞典皇家工程科学院和欧洲核子研究中心都做过研究工作，现在致力于联盟的管理和科技政策的研究。他为人正直，学识渊博，有效率，肯苦干，和各国科学家都有共同语言，因此赢得了普遍的尊敬。

不同国际组织的工作作风是很不同的。联合国教科文组织是个庞然大物，仅总部就有近 2000 人工作，但人手仍然不足，行政经费占总预算的 70%。我在这个组织工作时感到官僚主义、文牍主义比较明显。每 2 年开 1 次大会时，文件往往堆积如山，仅一个预算文件草稿就长达 1000 多页。有人开玩笑说："花了 5000 万美元来做 1 亿美元的预算。"当然，这个组织中也不乏有识之士，创造了"科学研究的三种分类：基础研究、应用研究和技术开发"和"可持续发展"等概念，对人类发展做出了不可磨灭的贡献。比较而言，它的效率还不算低，职员们工作认真负责。我们国内的同事们聊起来，都认为在这里联系、交办或询问一件事，没有结果的现象很少见到。尽管不同国际组织的工作有好有差，但是公职人员最基本的工作规范和职业道德还是不含糊的。

当然，国际组织的职员来自世界各地，人与人之间的关系也是错综复杂的，各种小纠纷也难免发生。但是，大家都遵守一条职业道德：不搞流言蜚语，不搞诽谤陷害。即使有个别人搞，如果实在忍无可忍了，就摊开来解决，解决问题的原则还是"工作"，工作不可或缺的留下，另一个走。至于其他问题一律去法院解决，工作单位里绝无闲工夫奉陪。这种处理单位中同事间矛盾的方法，看起来有点生硬，甚至不太和谐，但实际上维护了良好的工作环境，培养了优良的工作作风，使大家只能把精力集中到工作的竞争上来，而不敢在闲言碎语上下功夫。我想这是更高层次的和谐。因为任何一个单位成立的目的都是工作，而不是和谐，和办俱乐部不一样，不能为单纯追求和谐而降低工作效率。

参与第一次申奥，完全可能成功

我在中国常驻联合国教科文组织代表团时，负责政府间体育运动委员会的工作，认识了不少国家的体育界人士和政府官员。去联合国教科文组织科技部门任职后，工作交接尚未完成，所以政府间体育运动委员会议有的会我还是需要参加。1993 年，申办 2000 年奥运会的投票会在摩纳哥召开，主要工作在法国进行，于是中国代表团找到我，让我参与了一些工作。

对于当年申奥的过程和结果，已经有了很多报道和记述，我这里就不赘述了。当时我做的工作就是利用在国际组织工作 3 年的经历和关系，争取 1993 年的政府间体育运动委员会会议在中国召开，会议时间恰在投票决定主办国的前 2 个月。经过细致的工作和艰难的努力，我们最后终于做通了工作，让 1993 年政府间体育运动委员会会议在中国召开。向体委的领导汇报后，他十分高兴，吩咐各层人员落实。当时申奥形势很好，乐观气氛弥漫。但在落实是否要在中国开这个会议时却出了问题，总得不到确定的答复。回复的原因是工作太忙，经费不足等。到最后仍无结果，我只能回复委员会说我们不主办了。

最后的投票，北京以 2 票之差败给了悉尼，没有争取到 2000 年奥运会的主办权。其实，当时各国的国际奥委会委员的状况都与中国差不多，都是兼任国家体育部和国际奥委会的工作，两个组织间的人员也不断交叉换岗，至少彼此间是密切的朋友，所以当时如果能把 23 个国家的体育部长请到北京来，再以东道主之便，利用天时、地利与人和做工作，多争取 2 票的可能性是很大的。不在联合国工作的人对政府间体育运动委员会的作用不了解，是未能主办上述会议的主要原因。当然，就算是全力应承，那届政府间体育运动委员会会议也只是有极大可能性在中国开。

对于我来说，这次工作使我获得了一些经验，并认识了许多申奥的关键人物，尤其是欧洲奥委会药检委员会的副主席弗里克。在我任北京奥申委主席特别助理期间，这段交情对北京申奥成功做出了点滴贡献。

去不去《人民日报》（海外版）工作

在我任联合国教科文组织科技部门顾问一年以后，人事部门找我谈话，履行一年前的诺言：在我"积累总部工作经验"后会正式任命。但是，这个任命却低了一级，从 D1 变成了 P5，理由是现在没有 D1 的位置，等有机会再说。这个变化可不小，对应国内就是从司级变成了处级，但我到联合国教科文组织之前在国内已经是局级干部。

当时竞选属个人行为，但我认为仍应请示领导。请示的结果是："你接受我们不反对，你婉拒我们坚决支持。"我的决定当然是婉拒，因为第一，我已竞选成功，不能为当国际官员而饥不择食——自认降级；第二，我国改革开放刚开始，由我开了这个头，就使我国人员竞选国际官员有不好的先例。我已为国家牺牲过不少次个人利益，这次也很自然，于是我义无反顾地婉拒回国。我的女秘书沉默很久以后说："我早知道这是您的选择。"然后又默默地帮我做离职文件整理。我的国内朋友说："知道您会做这样的决定，但您留下也未必是开了不好的先例。"

回到国内，正值新一届政府组建阶段，非外交部的外事人员又面临职位问题。组织部门很重视，专门找我谈话，希望我去人民日报社为《人民日报》（海外版）工作。我很吃惊，心想自己是清华大学毕业，连黑板报都未编过，这能行吗？得到的答复是：《人民日报》领导已经看过你的书和文章，研究过。但是我自己写文章可以，能做好领导工作吗？

我去《人民日报》（海外版）的办公地点看过后，更坚定了不去的想法，我看到编辑部主任们头发都已花白，而且都是人民大学、复旦大学新闻系的毕业生。我还是满头青丝，从未学过新闻，如何能去领导人家？我提出后，组织上也同意了我的请求。

后来我和当时《人民日报》（海外版）的领导成为朋友，他说："当年组织上已有考虑，你来了会发展得更好。"不过我一直是按"先是做事，再是当官"的原则来处理机遇的。

可能因为我已进宣传口的缘故，组织上又介绍我到刚成立的国务院新闻办公室任国际局（代）副局长，主持工作。我的朋友和熟悉的人事干部都说："就低不就高，实在罕见。"

·1994 年·

当美的灵魂与美的外表和谐地融为一体，人们就会看到，这是世界上最完善的美。

——［古希腊］柏拉图

首先是最崇高的思想，其次才是金钱；光有金钱而没有最崇高思想的社会是会崩溃的。

——［俄］陀思妥耶夫斯基

·大事·

应邀赴匈牙利布达佩斯参加国际科技园协会世界大会。

9 月，出版《"信息高速公路"通向何方？》（吴季松著，中国铁道出版社）。

12 月，出版《一个中国人看世界》（第二集）（吴季松著，中国铁道出版社）。

在《内部参阅》发表报告《世界经济形势分析》（3 月 28 日）。

在《人民日报》发表文章《世界科技发展趋势浅析》（4 月 19 日），《CIMS 与制造业的未来》（12 月 5 日）。

在《经济日报》连载 6 篇文章:《信息高速公路浅说（上、下）》（4 月 21 日、23 日），《放眼世界看"复关"》之①世界，需要中国②乌拉圭回合落幕之后③机遇，与挑战并存④跨越最后的障碍（6 月 24 日、27 日、28 日、29 日）。

·小情·

在国务院新闻办公室

经过 1993 年近一年的北京和巴黎两地奔波，1994 年我结束了在联合国教科文组织科技部门的顾问工作。

来到新闻办，我才知道我的一项重要工作是主管重要媒体，包括中央电视台和《人民日报》的国际新闻报道。当时领导和受众都对国际新闻报道有些意见，我经常传达这些批评，但我从不摆架子，传达意见时如果有可能我就到这些单位中去，倾听他们的反馈。因此我与各大媒体的国际新闻负责人都保持了很好的关系。

很快我发现了一个问题。受众最广、各级领导必看的中央电视台晚 7 时播出的新闻联播，无论天下发生了什么大事，国际新闻都被限定在最后 5 分钟。由此出现了一个问题，领导和受众都不是国际问题专家，对事件发生的背景和前因后果都不太了解，而 5 分钟的时限往往连报道事件本身都不够，如何能介绍背景，结果听众听得一知半解就很自然了。但是国际新闻要压在最后 5 分钟是建台后 25 年的惯例，能打破吗？

单打报告反映这件小事可能领导不会批，我一直在寻找解决问题的机会。广电部的艾部长原在清华大学工作，当时还住在清华大学，而且经常去清华大学露天游泳池游泳，于是我也去游泳，终于找到了交谈的机会。我们赤诚相见，我反映了这个情况，他很重视，不久后国际新闻就突破了仅能播 5 分钟的时限。至今的变化已经是后话了。

由于刚从国外回来，我清楚地知道，因为互联网（当时叫"信息高速公路"）的兴起，传媒面临着一场革命。介绍这场变革，是我的职责所在，于是我搜集资料，在 1994 年 9 月出版了《"信息高速公路"通向何方？》一书，尽管全书只有 12.9 万字，售价仅 5 元，但据查这是我国第一本专门介绍互联网的书。真得感谢我的老朋友，中央讲师团办公室王副主任，当时他是中国铁道出版社副社长，全力促成了这本书出版。

我的 12 分钟跑

我以国外为主的 15 年生活结束了，有许多事和人值得记述，12 分钟跑就是其中之一。

美国医生库珀的 12 分钟测验法对我很适用。他的标准是男子能在 12 分钟内跑完 2800 米以上则身体状况为优秀，2400~2800 米为良好，2000~2400 米为中等，1600~2000 米为差，1600 米以下为极差。运动后脉搏应控制在小于"180 − 年龄"。我身体好时能跑 2800 米，最好时能达到 3000 米，脉搏控制在 145 次左右。

归国后，我把 12 分钟跑介绍给我的老朋友、中国足球协会主席、国家体委袁副主任，并应他所请在《中国体育报》上撰文刊出。没想到这次引入新理念却捅了点娄子，这个方法马上被应用于刚开始的中超足球赛的体能测验，有些著名运动员因为不能过关，所以提出对这种方法的质疑。其实不是标准的问题，而是执行的问题，只测距离，不管脉搏，而这种方法，是需在脉搏不超的情况下达标，否则不成了长跑比赛了吗？这对足球运动员来说确实是有些片面的。至于有的运动员瘫倒在及格线上，则的确是体能不足，到场上也会因为大脑缺氧而无法执行战术，胡踢。

我在不同的空气条件下进行过自测，结论是瑞典的斯德哥尔摩、瑞士的日内瓦、美国的华盛顿居世界大城市中空气环境最好之列；法国的巴黎、苏联的莫斯科、澳大利亚的墨尔本空气环境亦属上乘；英国的伦敦、意大利的罗马、德国的慕尼黑居中；而美国纽约、日本东京和中国北京的空气环境较差。奥地利的维也纳，看起来山清水秀、风景宜人，而我的测验成绩却不佳，可能由于维也纳受酸雨污染严重。据外国朋友说，这些结果和空气综合指标分析的结果大致相同。这倒真的让我有点出乎意料了。

最使我没想到的是，我这纯属自娱的"人体试验"结果居然在 2000 年申奥时派上了大用场。我在华沙、巴黎、悉尼和北京自己做了 12 分钟跑试验，与国际奥委会有关人员谈了之前对北京大气质量的报道，我认为其监测点和随机分布都不足，没有科学的实测依据，而我的实测可以作为参考，北京的大气质量不影响长跑成绩，这个观点得到了国际同事的认可，我为北京申奥做了一件实事。北京奥运会各国运动员优异的长跑成绩也证实了我的说法，驳斥了北京大气不达标的说法。

吕霞光先生

吕霞光先生在中国文艺界不太知名，但是他的经历和在中国美术界的作用是值得记述的。吕先生生于1906年，早年与陈独秀相识，参加过大革命，曾与刘少奇同在一个党支部，后赴法国学画，与徐悲鸿、吴作人和张玉良等人成为访法著名画家。抗日战争初期，为国难应周恩来同志之召回国，曾在郭沫若领导下从事抗战文艺工作。吕先生在重庆时与我父亲吴恩裕相识，中华人民共和国成立后多次回国都受到领导人的接见，1964年捐款建中国画室。我与吕先生在1990年相见已是半个世纪前的往事，但85岁高龄的吕先生仍能清晰回忆起当时的情景，并说："那时有多少热血人才啊！"抗日战争胜利后，吕先生因为不满国民党的腐败又返回了法国，为生计不但作画，还兼营古玩业。

吕先生鹤发童颜，仗义执言。他与电影《画魂》中的女主角张玉良的丈夫潘赞化是朋友，对我说："张玉良应该叫潘玉良，这倒不是封建，而是她的丈夫潘先生的确对她恩情似海，不然她怎么能从一个青楼女子成为一个画家呢？"后来国内专门拍了关于她的电影《画魂》。

吕先生知恩图报，仗义疏财，20世纪80年代用自己经营古玩业赚来的钱在巴黎开了画室，专门资助大陆画家旅法。85岁的老人对我回忆起往事，仅这几小时就可以写一本书，他那深情的回忆感人至深。吕先生的一个儿子是牙医，也继承了父母的品格，给了很多在巴黎的中国人帮助，我作为外交官去看牙，又提起与其父的关系，他每次都非常热情，十分认真。他给我做的牙套至今已30年，仍在口腔。

吕霞光

吕霞光先生晚年孤身一人生活在巴黎近郊的一座小楼里，楼中放满了东亚的文物，中国的自不用说，两把日本江户时代的剑也是珍品。吕先生曾几次提出要送我两件文物，我马上谢绝了，今天想起来真不该谢绝，这样便有一件可以更好地纪念他的东西，也可以捐给国家。但是听说后来被雇去看护他的华人女学生拿走了不少东西。我最后两次去看他时，他说："昨天日本剑还有两把，今天就剩一把了。"真为这样的国人汗颜。吕老先生是我密切接触的唯一的第一代共产党人。

·1995 年·

　　和外国人能交真朋友吗？我想是可以的。如果两个人有同样的道德标准，有对人类发展的共识，有对彼此文化的深入了解，有共同的语言，外国人与中国人是完全可以交真朋友的。

——吴季松

　　人们都听过《蓝色多瑙河》那美妙的乐曲，但有多少国人见过多瑙河呢？又有多少人见过蓝色的多瑙河呢？我见过多瑙河，但由于水污染，多瑙河已不是蓝色的了。

——吴季松

·大事·

　　郭维城（1912—1995 年）将军去世。

　　9 月，出版《21 世纪社会的新细胞——科技工业园区》（吴季松著，上海科技教育出版社）。

　　在《人民日报》发表文章《信息高速公路通向何方》（1 月 6 日），《发达国家和发展中国家》（3 月 5 日）。

　　在《经济日报》连载《通货膨胀的再认识》之①通货膨胀引发过度资源浪费②通货膨胀抑制高新科技的发展③通货膨胀加剧环境蜕变（3 月 23 日、24 日、27 日）。

　　首次介绍互联网（当时称"信息高速公路"），针对经济高速发展中出现的问题在《经济日报》发表了系列文章。

·小情·

我在国内论坛多次发表观点：必须有 GDP 才能对外开放，才能研究国际经济历史，才能研究经济学、科教兴国。但不能唯 GDP，我考察的江苏就有这种实例，养鱼赚钱就挖稻田为鱼塘，鱼多了价格下跌，就又填鱼塘。这就是无效 GDP。

进入全国人大环资委研究室

1995 年我到全国人大环境资源委员会研究室任主任只是权宜之计，因为 1994 年我回国时就向组织部门表达，不仅想把自改革开放以来在国外前后 15 年得到的新思想和新知识引入国内，而且想实干一场。由于当时新一届政府刚组成，领导表示："目前只可能干些不太结合专业的事情，你年纪还不大（实际上我已 50 岁，但这是当时的标准），可以等到下一届。"

同时，我想起 2 年前在全国人大参加座谈会时，有些老同志对我提倡的环境保护说："有些人洋字不识几个，洋事倒搞得不少。"我产生了新的想法，认为新思想传播要从法制入手，因此我去了全国人大环资委研究室。到后来才知道，当时退休制度已严格执行，20 世纪 30 年代入党的老同志都已退休，全国人大常委会中都已是 40 年代末参加革命的新人了。

实际上当时马上立法还不太具备条件，我接手了一项名为"中华环保世纪行"的工作，当时的研究室中环境、文字和外事的人才都没有，而我又已是正式任命的第一把手，于是想到要调人来。对于调人的提议，无论是领导还是人事部门都很支持，最后一共调来了 3 个人。一个是当年中央讲师团办公室的工作人员，离开体制后再调回来很难，但他一再要求来，我于是找到全国人大常委会秘书长，才算解决这个问题。另一个是我在劳动部从事外事工作时的下级，外语很好。再一个是中国铁道出版社的编辑，也是我的书《一个中国人看世界》的责任编辑，他的文字功力可以，但因为是将他从事业单位调走，调动也费了些周折。虽然完全是为了工作，但是调动得多了点，对我有影响也属难免。

主持"中华环保世纪行"

"中华环保世纪行"是全国人大环资委副主任杨振怀（杨振宁的堂弟）提出的，我们个人关系很好，他常常向我借书（关系好，有的不还），我感到他的倡议非常好，他多次提到要这个项目在我手中落实。他多次组织包括新华社、《人民日报》和《海洋报》的记者团参与项目，提高了队伍的素质。《海洋报》编辑部的魏副主任让我印象深刻，我们保持了近40年的联系，交往至今。

在"中华环保世纪行"项目中，我们访问了山西，记者团进行了实地考察。当时的汾河已开始断流，两岸完全没有《人说山西好风光》那首歌里唱的样子，我们大声呼吁的是："救救汾河！"触目惊心的还有小煤矿，当时山西的胡书记是矿工出身，也是他接见了我们。他对取缔乱采乱挖的小煤矿采取了坚决的措施，一旦发现就给填掉。当时的不法商人很少，老百姓也听话。可出了新情况，山西煤炭资源丰富得令人难以想象，有的百姓居然在自家院里挖出了煤，怎么办呢？胡书记也有办法，先把院墙推倒，进院子里填了小矿，再把院墙垒上，大概也只有矿工出身的领导才敢这么干。

与邹福肇先生讨论法制

邹福肇（1929—2000年），浙江定海人，在上海出生。1948年7月加入中国共产党，在北平地下党大学委员会书记（清华大学是工作重点）和清华大学党支部书记彭珮云的领导下，与我姐姐同为北平地下党。1949年任中共北平市委学校工委组织干事。1951年从清华大学政治系毕业，是我父亲吴恩裕的学生。后任共青团上海市工委调查研究室干事。1953年起在上海市中兴轮船公司工作，任上海总公司航运处处长。1980年任中波轮船总公司副总经理、波兰分公司经理。1983年任上海市人民政府交通办公室主任。1985年在王汉斌副委员长领导下，任全国人大常委会法制工作委员会副主任。

1995年我担任全国人大环资委研究室主任后，由于多重渊源和同事关系，与他来往十分密切。他不断深情回忆起与我姐姐共同战斗和师从我父亲的往事，是一个对老师和战友怀有深厚感情的人。

当时全国人大正处于完善法律体系的阶段，我们在这方面探讨很多。我提出建立一个好的法制体系应该有六大支柱。一是科学依据，法律是政府代表人民利益强制法人执行的行为规范，没有科学依据的法律无异于独裁。二是法理，法律本身也是一门科学，立的是"法"，就要遵循法律科学本身的规律——法理。三是实际情况，法律不是宗教，也不是宣传，更不是理想，而是强制执行的行为规范，因此必须符合实际情况，既不能提出过高要求，也不能张冠李戴，抄袭他人。四是可操作性，法律不是宣传文章，必须有具体的操作条款，具有可操作性。五是与国际接轨，我国要加入全球经济一体化的进程，因此我国的法律尤其是经济与资源法，必须与国际接轨，而不能与国际通行的法律相抵触。六是"法即罚"，法是强制执行的法律规范，而不是一种道义的提倡，必须规定犯法如何惩罚。有可操作的处罚条款，否则"法则不法"。他对此十分赞成，说："你是法律专家了。"我说："我是门外汉，法律'砖'家。"二人完全没有年龄和级别的代沟，一起哈哈大笑。

我又提出这些法律内容要尽可能定量化，增强可操作性，做到"有法可依，有法必依，有法能依，执法必严，违法必究，究办必力"。他都十分赞同。可惜我1998年调入水利部，他对此十分遗憾。

国际科技园协会世界大会上爆炸了"核弹"

这一年我还继续在联合国教科文组织的工作，参与组织我引入的1995年国际科技园协会世界大会。这是国际科技园协会的第十二届世界大会，却是第一次真正意义上的世界大会。因为以前在科技园方面有两个名义上的世界性组织：一个是国际科技园协会，其成员主要在欧洲；另一个是大学研究园协会，其成员主要在北美。两个组织各不相让，会也开不到一起，仅有的三次合作，一次是1989年在澳大利亚的阿德莱德，另一次是1990年在美国的芝加哥，还有一次是1993年在加拿大。但这三次会议一是貌合神离，二是极少有亚洲成员参加，所以基本算不上真正的世界大会。1995年在北京举办的这次大会是国际科技园协会第一次跨三大洲的世界性大会。会议得到北京市的胡昭广副市长、中关村园区的王思红主任，尤其是赵凤桐副主任的大力支持，由他们具体操办。

大会有两位主席，是胡副市长和科学技术委员会的徐副主任，我任大会副主席，来参加的包括欧洲、美洲、大洋洲30多个科技园的近200名代表，国际科技园协会的代表欢聚一堂，彼此相识，大大推动了国际的科技园运动。

这次大会本来有很高的目标，我在巴黎时就与当时的总干事 Y 先生做了很多准备工作，已经说通时任巴黎市市长希拉克提供场地，准备在大会后把总部从波尔多搬到巴黎，而且达成了以后中国人任总干事时把总部搬到北京的默契。大会开始时，一切都进行顺利。

谁知就在大会即将结束、选举下届总干事的前两天，法国在它的太平洋岛属地进行了核试验，在这个国际会议上爆炸了一枚"核弹"。法国遭到以欧洲国家为主的多数国家的反对，竞争对手正好乘虚而入，法国的 Y 先生连任主席本来顺理成章、没有悬念，结果却是西班牙的 L 先生当选为总干事，原来的设想当然也被这枚"核弹"炸飞了。但在大会上我还是被聘为国际科技园协会的 5 位顾问之一，也是亚洲唯一的顾问。

尽管有这次失利，但是我并未气馁，于 1995 年 9 月在上海科技教育出版社出版了《科技工业园——21 世纪社会的新细胞》一书，是我国第一部介绍科技园的专著。在这本书中，我把高技术分为信息、生命、材料、新能源与可再生能源、空间、海洋、环境友好和管理科学技术八大类，这个分类以后多次被国内外引用，也成为国家制定政策的参考之一。此后，北京中关村、上海曹河泾和西安等多个高新技术产业开发区聘我为顾问，请我去演讲，这对我国的科技园起了一定的推动作用。至今为止，我国各类科技园达 3000 个，它们不但是高技术产值的动力，在 GDP 中也占相当的比重。

后来国际科技园协会总部迁到了西班牙的马拉加，但还是不断发展，是中国的科技园依托的唯一国际组织，并在北京建立了办事处。后来我又分别担任了 1996 年在巴西里约热内卢召开的国际科技园协会世界大会学术委员会主席和 1998 年在澳大利亚珀斯召开的国际科技园协会世界大会组委会副主席，以支持世界科技园运动。

2005 年国际科技园协会世界大会再次在北京举行，大家还记得我的工作，我被授予国际科技园协会荣誉会员，这是协会的最高荣誉，自协会 1980 年成立以来才有 7 人获此殊荣，而我是中国的第一人。

郭维城将军："有空你教教我打桥牌"

郭维城，辽宁省义县满族人，小我父亲两岁。1912 年张作霖被日本人炸死，这个时年 16 岁的平民少年去面见张学良陈述救国己见。后来他考入东北

大学，1931 年流亡北平，我父亲在清华大学，他在燕京
大学借读，二人来往很多。1932 年他考入上海复旦大学
法律系，于 1933 年入党，因为参加抗日活动，两次被拘
捕。1934 年毕业后加入东北军，任张学良将军的机要秘
书。1936 年 12 月 12 日西安事变爆发当天拂晓，郭维城
将军协助张学良拟写"捉蒋"的新闻稿，后来又主管宣
传，为西安事变做出了贡献。"七七事变"后他找到东北
救亡总会负责人、我的姨夫高崇民和阎宝航等人，恢复
了和组织的联系。1941 年他被提升为少将。他参加了著名的台儿庄战役。后
来蒋介石要招揽郭维城时说："郭将军年轻有为"，但被婉拒。他的艰苦工作促
使东北军常恩多的 111 师起义，参加共产党抗日的队伍，他任山东省军区新 3
师副师长。解放战争中任第四野战军后勤铁道运输司令部司令员。中华人民共
和国成立后任铁道兵副司令员，后任中国人民志愿军新建铁路指挥局局长，60
天突建铁路 129 千米，受到表扬。1955 年被授少将军衔。十年浩劫中受到冲
击。1978 年被邓小平同志点名任为铁道部部长，打响了经济秩序恢复的第一
炮。晚年任全国政协常委期间，为恢复东北大学和张学良将军的自由做了大量
工作。

郭维城

　　我儿时就见过郭维城将军，他高大英俊，一副军人仪容，是小孩心目中
的"将军"。又听大人说他是神枪手，英语也好，诗琴书画都行，我心中更是
十分钦佩。但他对我说："你父亲才华横溢，我在百忙中的闲暇时间都读你父
亲（关于曹雪芹研究的）的书。"

　　20 世纪 80 年代，我作为改革开放后第一批回国的访问学者，和他有过两
次简短交谈。一次是说国外的新理念"可持续发展"，要保护生态系统。美国
西部生态脆弱，新修铁路时不砍伐千年的沙生树和灌木当燃料，而是修一段就
运煤当燃料。郭将军神情严肃，睁大眼睛说："我们也该这么做！"

　　另一次是听说郭将军打桥牌，我就和他说我打桥牌还行。郭将军说："学
数学的打桥牌没问题，有空教教我。"我很想去帮他，也想请教他枪法，都
因太忙，一次也未成行，这是我的终生憾事之一。郭将军英雄一世，但晚年
病魔缠身，我曾去看他，与之前恍如两人，我心中十分伤感，那情景至今仍
如昨日。

·1996 年·

忘记过去就是背叛，遗忘历史就意味着背叛是派生的。

——［俄］列宁

母亲的烙印就像胎记一样，永远留在每个人的身上。

——吴季松

·大事·

母亲宋漱青（1910—1996 年）去世，享年 86 岁。

大表哥高存信（1915—1996 年）去世。高存信是辽宁开原人。他在 1933 年考入黄埔军校，1938 年到陕北进入抗日军政大学任军事教员，当年 9 月加入中国共产党。抗美援朝期间任志愿军炮兵司令员，指挥炮兵参与 1953 年划定"三八线"的金城战役。1955 年被授予少将军衔。他十分关心国家的经济发展和水利建设，关心国家的统一，任黄埔国际同学会副会长，积极开展统战工作。

龚祥瑞（1911—1996 年）教授去世。

在《经济日报》发表文章《合理利用旅游资源》（8 月 19 日）。

在《人民日报》发表文章《科技工业园区方兴未艾》（12 月 3 日）。

·小情·

在全国人大环资委研究室编制《中国资源研究》

母亲生病需要我照顾，但我从未因此影响工作，工作日每天提早 10 分钟吃饭，然后骑车飞奔至 3 千米外的母亲家中，照顾她、安排保姆后，再飞奔赶回上班，从未请过 1 天假。幸好当时中午长安街车不多，否则非出车祸不可。安葬母亲我也只请了两天假。

在 1996 年的大半年中，我高质量地完成了《中国资源研究》报告。这是全国人大领导交办的一项任务，落到环资委研究室头上也是顺理成章的，最后将其定名为《中国资源研究》。

我首先整理从联合国教科文组织带回的关于自然资源分类的各种资料，在此基础上形成了工作的指导思想和研究的大体框架。研究室内仅有的几个专业不对口的工作人员都很努力，但是我主要依靠外部力量，广泛查阅了国内外资料，在 8 个月内高质量地完成了这项开创性的工作，得到当时分管此事的副委员长的称赞。

这项工作的主要创新是把自然资源分为十大类，即水（淡水）、土地、森林、草原、能源、矿产、海洋、物种、气候和旅游。这种分类法既有传承又有创新，是第一次提出。

作为全国人大的一项研究，除了科学问题外，还有各部门利益的问题，必须进行协调，取得共识，才有应用价值。于是我们召集了国务院 23 个委部局进行座谈会，实际上是一个协调会。

我首先在会上解释：矿产资源与能源交叉，但鉴于能源的重要性和国际惯例，所以单列；旅游资源包括自然和人文两个方面，为促进 21 世纪的第一大产业——旅游业的发展，将其单列为一种资源。这些观点取得了大家的一致认同。

农业部的同志提出应该有"农业资源"，我解释说，农业是人类经济活动的产业，不具备自然资源的属性。如果这样分类，那就只有三大资源：农业资源、工业资源和第三产业资源，而且互相交叉，无法分清。

气象局的同志提出应该叫"气象资源"，我解释说，气象是人类对气候变化的观察，而气候是自然的本质，从科学角度来说，叫"气候资源"较好。

环保局的同志提出国际上都叫"生物多样性资源"，我解释说，生物多样性是一种性质，无论在中文、英文或法文中，性质都不是"资源"，而是资源中可利用的部分，因此从自然本质上讲应该叫"物种资源"。

这样，大家达成了共识，一致同意十大资源的分类。后来它被多处引用，而且成为政府功能定位的依据之一。

到访布达佩斯

吴季松在布达佩斯多瑙河上

就像多瑙河把匈牙利分成东西两半一样，多瑙河也把布达佩斯分成了东西两半，西岸是布达，东岸是佩斯。著名电影演员陈强就是在访问布达佩斯后给两个儿子起名"布达"和"佩斯"的，可见印象之深。

布达佩斯的总面积有 526 平方千米，人口约 180 万，约占全国人口的 1/6。自布达佩斯建城以来，这颗多瑙河上的明珠饱经劫难。1241 年，蒙古大军入侵匈牙利，放火焚毁了当时古老而繁华的古布达城和正在兴起的佩斯城。蒙古人离开后，布达佩斯人开始重建自己的家园，并于 1360 年把国都定于布达。不到 200 年，1526 年奥斯曼土耳其军队攻入布达佩斯，自此开始了在布达佩斯长达 150 年的统治。其间匈牙利人不断反抗，布达佩斯几毁几兴，最后剩下的是一处处断壁残垣。1699 年赶走奥斯曼土耳其人以后，匈牙利被奥地利哈布斯堡王朝统治，又是 150 年。直到 1849 年大革命以后，今天的布达佩斯才开始全面建设，经过短短的 50 年，在 19 世纪末成型，建成了东欧的"小巴黎"。

我走上布达佩斯壮阔整齐的街道，有两点深刻的感受，事后证明一点是正确的，而另一点是误解。

第一点是布达佩斯被称为"小巴黎"是当之无愧的，那雄浑的建筑，那整齐的街区，许多地方比巴黎有过之而无不及。尽管横贯佩斯的拉科齐商业大街比不上巴黎的香榭丽舍大街，英雄广场也比不上凯旋门广场，但叫"小巴黎"还是名副其实的。在布达佩斯看得越多，越能证实这个称谓的正确性。但是布达佩斯建筑的风格更多是德式而不是法式。

第二点是布达佩斯中心几乎没有 20 世纪末的新建筑。回想起匈牙利在第二次世界大战后的几度变迁，我不禁要问："战后的政府都干什么去了？"这点感受事后被彻底否定。原来在第二次世界大战中，匈牙利的霍尔蒂法西斯政权追随希特勒，所以布达佩斯的解放和许多东欧重镇大不相同，是正规军攻下来的，不是自行解放的，战斗持续到 1945 年 4 月 4 日，希特勒投降的前一个月，是欧洲最后一个投降的希特勒盟国。因此布达佩斯遭到毁灭性的破坏。战后匈牙利政府领导人民在废墟上按原样重建了布达佩斯，堪称世界奇迹。

盖莱特山顶有一座自由女神像，建在古城的石基之上，高 13 米，双手举着橄榄枝，正对多瑙河上最著名的伊丽莎白桥，和桥东河滨广场中裴多菲雕像隔河相望，构成了寓意"自由"的立体景观，跨度达上千米，是世界组合景观中的奇观。自由女神像原为纪念匈牙利独立而建，第二次世界大战后被苏军改为苏军纪念塔。我去参观时，自由女神像背后的苏军战士雕像已被敲毁拆除。

从自由女神像下来，就是建于公元 6—7 世纪的古城堡。城堡不算太宏伟，建筑也粗糙，但就建筑年代而言，不愧为欧洲文物的瑰宝，因为欧洲绝大多数古堡都是 9 世纪以后的产物。

英雄广场相当于北京的天安门广场和法国的凯旋门广场，是城市集会和举行纪念仪式的地方。广场中心是"千年纪念碑"，1896 年为纪念马扎尔民族定居匈牙利 1000 周年而建，高 36 米。纪念碑顶上是长着双翅的女神，张开双翅遥望远方。底座是 7 个骑高头战马的青铜塑像，这 7 个英雄就是 1000 年前率匈牙利民族西迁的 7 个部落的首领。其中最大的部落就是马扎尔部落，后来成为匈牙利民族的主体，今天匈牙利人自称马扎尔民族，叫自己的语言为马扎尔语，甚至硬币上也刻着"马扎尔"的样子。7 个部落首领粗犷彪悍，身体强壮，神态各异，栩栩如生，或举钢枪，或执利剑，或持长矛，或握板斧，有的马头上挂着鹿角，有的马鞍上吊着水袋，生动地表现了他们当时连年征战、风餐露宿的创业生活，让后人追忆，催人们奋进。

汉诺威王子

汉诺威市坐落在德国北部平原的莱纳河畔，最早的文字记载见于 1150 年，汉诺威家族定居这块土地已有 1000 年的历史，1241 年正式建立了汉诺威市，1640 年以后汉诺威成为强大王国。汉诺威王曾应邀于 1705 年渡海北上，进入英国当国王，倾力发展英国，使汉诺威一度衰落，引起百姓不满。1766 年由于英国各种矛盾交织，汉诺威王又弃位重返故里，使汉诺威王国再度强大。1855—1866 年汉诺威成为神圣罗马帝国选帝侯之一，后来被普鲁士占领，直至德国于 1871 年统一。

　　1996 年 6 月 11 日，汉诺威市长在海伦豪斯皇家花园举行晚宴，为将在汉诺威举行的 2000 年世界博览会国际会议的客人接风。晚宴规模很大，摆了上百桌，嘉宾上千人。菜肴丰富精美。我作为博览会国际指导委员会委员被安排在主要桌次上，邻座就是汉诺威王子。汉诺威王子中等偏上身材，体格魁梧强壮，方面大耳，面色红润，真有点像狮子，他的声音略带沙哑，颇有武士风范，使人立即想起他的祖先披甲跨马征战的情景。汉诺威王子为人豪放、不拘小节，穿着十分随便，西装可能是名牌，却丝毫不显奢华，领带也极其普通。后来我才得知，拉巴诺斯子爵和汉诺威王子还有远亲关系，西欧的王室贵族大都沾亲带故。

　　由于爱好欧洲历史，我和王子一见如故，席间我们从历史谈到今天，从王宫谈到世界，从德国谈到中国。王子谈到他的祖先曾去英国为王，并对此发表感慨：去英国干什么？把自己的国家管好多好，种了别人的地，荒了自己的田。对于汉诺威所在的州叫下萨克森州，他也有意见：明明有一个萨克森州，又来一个下萨克森州，应该叫汉诺威州。他本人给我当王宫导游。

　　海伦豪斯皇家花园是汉诺威王子的先祖于 1641 年开始修建的，花园占地150 公顷，合 2250 亩。汉诺威王子告诉我说，20 世纪 50 年代他的父亲把整个花园修复后捐给了国家，现在成了汉诺威市招待贵宾的地方。当时汉诺威处于32℃的罕见高温下，不少人在晚宴后半段走出大厅来到花园中，皓月当空，凉风习习，喷泉送水，鲜花飘香，又是一番天地。

里约热内卢的海和山

　　送别了母亲，我去巴西里约热内卢参加国际科技园协会世界大会。我能来里约热内卢，得感谢我的朋友、里约热内卢联邦大学科技园主任、1996 年国际科技园协会世界大会组委会主席毛瑞修博士。他邀请我担任大会的学术委员会副主席，委员会一共五人，亚洲人只有我一个。我和毛瑞修先生在 1993年加拿大蒙特利尔举办的国际科技园协会世界大会上就认识，1995 年在北京召开世界大会时，我担任大会副主席，又接待了他，已经是老朋友了。"毛瑞修"的名字和 20 世纪 80 年代在中国引起了不小轰动的巴西电视剧《女奴》中的男主角名字一样，所以好记。但他完全不像那个欺压女奴的奸诈的农场主，尽管不如男主角长得精神，却是一个十分诚实的人。毛瑞修先生40多岁，中等身材，黑发黑眼、络腮胡子、肤色略深，是一个典型的巴西白人。

有人说世界上有三大著名海滩：亚洲香港的维多利亚湾海滩、欧洲那不勒斯的海滩和美洲里约热内卢的海滩。我有幸三个都去过，比较而言，里约热内卢的海滩是首屈一指的。

吴季松担任1995年国际科技园协会世界大会学术委员会副主席

著名的科帕卡巴纳海滩在城市的东南端，长达5千米，宽度从50米到150米，从伊沙拜尔王子大街到科帕卡巴纳堡为止，沿大西洋海滨大道一侧全是海滩。沙子质地极细，颜色黄中泛白，沙滩十分干净，在阳光的照耀下金光闪闪，和湛蓝的大海相衬，美不胜收。沙滩中有绿树点缀，棕黑色皮肤的游人或在海中击浪，或在躺椅上休憩，或在五颜六色的阳伞下眺望大海，成群的白鸽仿佛在陪伴游人。海中有乌黑的石岛，岛顶的绿树连接天上的白云，海涛好像从石岛发动，从墨绿变浅绿，再变青白，排山倒海地向沙滩袭来，像有千军万马，居高临下，气势磅礴，把白沙滩染成黄色，高峰过后，又悄然退下。回头望岸，大西洋海滨大道上都是白色的高楼大厦，像是海滩的守护神。楼群中最高的都是国际知名大旅店，高达40层的马瑞丁旅店、里约国际饭店、科帕卡巴纳宫和里约宫等一系列大饭店一字排开。大厦后面是繁华的街区，仅过三个街区就是陡峭的山岗，山岗有如盆景，浓荫中出一株小树，好像华盖冠于山顶，又像在招手迎客。山上有白墙红顶的小别墅星罗棋布，也像积木房屋。科帕卡巴纳的海滩真让人心醉。

海滩的夜晚更是美丽奇妙。华灯初上，沙滩成了色彩斑斓的世界。白色的路灯、绿色的路标灯成行而立；黄色的车前灯、红色的车后灯仿佛一条黄红相间的游龙飞驰而过；海滨大厦五颜六色的霓虹灯，更给这片有静有动、奇光异色的灯海平添了色彩。灯海接着大海，夜间的大海变成一个庞大的黑色巨兽，咆哮着仿佛要吞下这片灯海。灰色的沙滩是灯海仅有的屏障，一次次把这只巨兽推向远方，进行着光明与黑暗的搏斗。

海滩上游人形形色色，但都是赤膊大仙。女人是清一色的比基尼，男人则是一条游泳裤。黑人自是天生肤色；黑白混血儿是一晒就黑，一些多重混血儿晒成深棕色；而白人则有的发红褐色，有的仍然雪白，似乎晒不黑，连人也是多色多彩。若说人的形体，更是七长八短汉，四山五岳人。有的先生大腹便便，有的妇人近 200 公斤重，仿佛一个小山在缓缓前移；有的先生体形好像世界健美冠军，有的女士苗条得可以进选美比赛。在阳光之下，大海之边，仿佛人们都返璞归真，回到了大自然，尽情地暴露自己的真实面目。

沙滩上有卖饮料的小草棚，草棚里的黑孩子大概是失学儿童。我从来不是"见物不见人"的人，我想要了解他们的生活，但我不会葡萄牙语，只得买了饮料，他们千恩万谢。

市区的最高峰叫驼子峰，因为一面陡峭，另一面呈圆弧形恰似驼峰而得名，高达 710 米。登驼子峰顶要乘缆车，缆车线角度很大，几乎达 50 度，据说是世界上角度最大的缆车线了，因此行车要十分缓慢，否则应力太大，极易出事故。行车斜线达 2.5 千米，要走半小时，1 分钟爬 80 米，比走路还慢一点，但可以把美丽的山景一览无余。驼子峰与众不同，自山脚至山腰都是富人的别墅和穷人的板屋交织。富人的别墅中有热带植物花园和游泳池，而穷人的板屋则看来可能漏风漏雨。我在世界百余国考察，都要仔细看穷人的生活和他们的命运，体悟"共同体"，尽可能以英、法两种语言和他们交谈，这样才能获得第一手感受。

龚祥瑞教授："您父亲学贯中西，才华出众"

龚祥瑞

龚祥瑞先生，浙江宁波人。著名法学家，中国现代法学先驱之一。1930 年赴上海入读沪江大学法律系。毕业后赴北平入读清华大学政治系。曾在英国、法国留学，后任北京大学法学系教授。他儿时记忆中最大的感动，就是冬夜在脚夫居住的沿江土屋里，围着篝火倾听他们在日常生活中挨侮受骂后的呐喊、嗟叹和怨愤。正是对底层人苦难的感同身受，使龚祥瑞认识到"政治学更接近我所熟悉的生命"。

龚祥瑞先生一生中自始至终牵挂着祖国的民主法治建设。早年他致力于中国的文官制度建设，晚年则将领域拓展到中国的宪政与法治进程，并用尽心血培养了一大批宪法学与行政法学方面的人才。

　　龚老小我父亲两岁，在清华大学政治系与我父亲是同校同系的学友，和我父亲同屋的、后来任外长的乔冠华先生与他们交往甚密，自称是三北（东北、苏北、浙北）朋友。在英国留学时，龚老和我父亲都师从国际社会党、工党的理论权威拉斯基教授，但他最后未得到学位证书，以后的经历多受累于此。

　　我从小就与龚老熟悉。他与我父亲一样，很长时间以来工作都不如意，所以他们很谈得来，有时发发感慨，但龚老从不抱怨。与我聊几句也是非常亲切，给我留下了很深的印象，他低声说："您父亲学贯中西，才华出众。"我很为龚老不平，每每有所表示，他总是笑笑。

　　我1979年去法国之前，向在法国学习过、精通法语的龚老请教。他说："都说法兰西是浪漫的国度，大概是由于法国大革命带来了新思想的缘故。其实法国人生活并不浪漫，人情味很浓，家庭观念很重，反而是在西方国家里最像中国传统的。"

　　其中还有一个趣闻。我出国前学法语，好不容易搞到一盘法语录音磁带，听不懂就记下发音来查法语字典，但有一个词字典上查不到，是"欧！拉拉"（Oh! la la）。去请教龚先生，他大笑不止，说："这不是个单词，是个感叹语，相当于中文的'啊！妈呀'。"

·1997 年·

我们的生活就像旅行，思想是导游者，没有导游者，一切都会停止。目标会丧失，力量也会化为乌有。

——［德］歌德

奥运会在即，中国人大多对于西方人热衷于帆船运动不太理解。因为中国不是一个海洋国家，对于船不那么熟悉和热爱。欧洲、美洲、澳大利亚人则不同，船和帆让他们走遍了世界，让他们富有，满足了他们探险的欲望和追求美好生活的理想。

——吴季松

·大事·

5月，出版《一个中国人看世界》（第三集）（吴季松著，中国铁道出版社）。
在《经济日报》发表文章《综合利用立法先行》（6 月 19 日）。
在《人民日报》发表文章《喜庆之余的新思考》（7 月 11 日），《高科技产业化出奇迹》（12 月 10 日）。为新一届党中央提出"知识经济已见端倪"做宣传。

·小情·

我因为在全国人大工作，所以在邓小平同志追悼大会上坐在前排，亲眼见到耄耋之年的老革命因感情至深，激动得站不住，一个接一个被工作人员扶出去。

在大师支持下，主倡新一届政府建立高新技术产业部的建议

我自1985年主持联合国教科文组织项目"多学科综合研究应用于经济发展"，在西方七国做高技术发展考察，重点考察了美国的硅谷和日本的通商产业省后，就深感日本通商产业省的模式比较适合我国国情。在资金不足的情况下，这种制度可以发挥我国集中领导的制度优势，跨越式发展高新技术。我也向有关部门递交了详细的报告，并得到称赞。

于是我形成了向国务院提议在新一届政府建立"高新技术产业部"的想法。向王大珩先生请教后，他全力支持并热情地表示愿意联名，而且动员其他名家共同建议。最后王先生请了陈芳允和杨嘉墀两位"两弹一星"元勋，而我请了汉字印制排版之父王选院士和中国农业科学院的李振声，基本代表了高新技术的各个领域。王先生让我列第一名，而且一再坚持，但上交时我仍列了第二名，而且得到其他联名人的一致认可。

建议报告上交后，我们一直通过各方面了解进程，听说开始一直顺利，但最后部委数额有限，未能列入。这真是大遗憾，不是个人的遗憾，是对不起5位联名人，尤其对不起王先生。但他们都没有扫兴，反而继续鼓励我，让我深感这就是我要终身学习的大家。现在除了李振声院士还带团队出成果外，其他大师均已不在世，我将永远铭记他们。

事后，科技部特别成立了"火炬办公室"，专管高新技术开发，其多年的主任是我的好友张景安，他尽了最大的努力，也有成效，但和成立高新技术产业部相比，力度仍显欠缺。

在印度调研国际环境法，遇听天由命的"贱民"

1997年我利用过去在联合国教科文组织工作的关系，在联合国环境规划署建立了一个调研国际环境法的项目，考察的第一站就是印度，我们最先到的是德里。

老德里的商业街十分曲折狭窄，商店拥挤密集，林立的小店多为古代建筑，带有浓厚的宗教色彩，而从上到下的各式广告铺天盖地，构成了老德里独特的风景线，给人留下深刻的印象。牛在印度教是神物，大街上牛到处闲逛或横卧，车要避让牛，蔚为奇观。月光市场更多地体现了德里的过去，而以印度

德里街头的神牛

门和总统府为代表的新建筑则代表了印度的现在和未来。

印度门内有台阶可以登顶，由于门处于新老德里分界，登顶后整个德里的美景都一览无余。拱门下的地面也由红砂岩铺成，两侧的内墙上刻有在第一次世界大战中牺牲的 13516 个印度战士的名字。

印度门与对面的总统府隔着巨大的拉姆斯广场相望，该广场比天安门广场还大，堪称世界上最大的广场。

在孟买接待我们的是英迪拉·甘地发展战略研究所。就在这所现代化的研究所门前咫尺之距，居然有一圈贫民窟，这形成了强大的反差。其特别之处在于，其他地方也在贫民窟附近建了高楼大厦，但对贫民窟正在治理、拆除，而这里是一个新建小区，刚落成就出现了新的贫民窟。研究所门外有用木棍支着铁皮搭的棚子，肮脏的塑料布从棚顶垂挂下来就算是墙壁。稍好一点的有几层碎砖做基础，上面是破木头支起的窗框，窗户有用破玻璃的，也有用塑料布的。这些棚子前是一个巨大的垃圾坑，像是垃圾填埋场，腐烂的瓜菜、碎瓶罐、塑料制品和各种包装，搅成一团，五颜六色，散发出一股股臭气。垃圾坑和棚子之间是杂草和小水坑。孩子们黝黑的皮肤让人看不出他们是否干净，但从蓬乱的头发和灰黑色的短裤可以看出他们的生活状况。妇女们也穿着灰黑的衣服，在棚间钻进钻出，还不断向大垃圾坑倾倒垃圾，向小水坑中泼洒污水，继续破坏已经让人不堪忍受的环境。这一切都发生在由联合国开发计划署援建的、刚刚落成的研究所雪白的大楼和奶油色的城墙之下。我到每个地方都会做民情调查，但与研究所附近棚内居住的"贱民"聊天，却十分吃力。他们说："生来如此，人要认命。相信轮回，如果这辈子做好了，子子孙孙做好了，毗湿奴神总会关照。"

在印度泰姬陵与贫困妇女在一起

　　登上研究所的楼顶，远眺海滨乳白色的高级公寓楼，浓荫下的花园别墅，那里就是孟买的另一个世界——富人世界。当我们驱车经过时，才看清了孟买的另一个世界。海滨的林荫道被高大的柳树、棕榈的浓荫遮住了路中心，茁壮的芭蕉和灌木生长在路边。海边的凉风习习吹来，使骄阳炙烤下的柏油路也有了凉意。红黄色的野花和紫罗兰在路边的草地上盛开，鸽子和雄鹰在蓝天上飞过，真有点法国南方蓝色海岸的味道。路的另一边是花园别墅，其庭院比法国蓝色海岸的别墅更大，植物更加茂盛。两个区几乎是两个世界。贫富差别确实是目前世界上几乎所有国家都难以避免的，而贫富悬殊又的确是目前世界上所有国家都必须避免的。

在内罗毕与联合国环境规划署总干事会谈

　　到达肯尼亚的首都内罗毕后，我们先去了坐落在近郊的联合国环境规划署总部。它占地很大，像一个大公园，园中高楼很少，树丛和花坛簇拥的小楼遍布园中。

　　到了这里我才知道，当世界刚了解艾滋病的时候，环境规划署总部居然产生了一次搬迁危机。当年肯尼亚是艾滋病的重灾区，不少肯尼亚青年都是艾滋病病毒携带者。所以总部的职工要求迁走。迁移联合国机构的总部当然没那么容易，尤其这是在发展中国家的唯一总部。于是环境规划署与世界卫生组织携手，让世界各著名医学实验室做实验，探索艾滋病病毒离开人体最长能活多久，从而确定有没有接触传染的可能性。活得最长的一个病毒是在美国一个实验室出现的：5 秒。这就说明，除了母婴、输血和性传染，只要不是携带者的伤口对上别人的伤口的话，艾滋病病毒是不会传染的。这样才平息了这场搬迁风波。但打球时，很容易出现血液传染的情况，所以后来有一个患者、美国著名篮球球星"魔术师"被禁赛。

金发碧眼的环境规划署总干事道得斯维尔女士接见了我们，她的态度热情而诚恳，我们讨论了国际环境保护的问题。

道得斯维尔女士：欢迎您来环境规划署访问。东非有些流行传染病，想必您都了解，并打了预防针。

我：是的。我听说由于艾滋病流行，一些西方国际官员曾要求环境规划署迁出内罗毕。查阅资料可知，艾滋病毒离开人的体液最多活 5 秒，因此只要不是双方体液接触，是不会传染的。

道得斯维尔女士：您做了认真的准备。是这样的，所以迁出的要求已被平息。您是来考察水资源的吗？

我：是的。东非降水量很大，但时空地域分布都不均。肯尼亚人均年际可更替水资源量只有 497 立方米。按我在联合国教科文组织制定的标准，这属于极度缺水，所以水资源的配置十分重要。

道得斯维尔女士：谢谢，我们不是水资源的专家，希望见到您的考察报告。

在肯尼亚热带雨林调研遇险

我们去了肯尼亚的环境保护部。环境保护部部长在他宽敞的办公室里接见了我们。部长是留英学生，环保知识相当丰富，表现出很高的业务素质。后来由部办公厅主任具体安排我们前去维多利亚湖进行生态调研的事宜。我们提出，目的地是基苏木。维多利亚湖是非洲第一、世界第二大湖，基苏木是湖畔最大的肯尼亚城市。办公厅主任面露难色，对我们说："最好不要去，如果去，最好要在晚上 5 点天黑前到达。"我说，既然事先已经安排，还是要按计划进行。内罗毕到基苏木行车路线只有 350 千米，即使路不好，我们早晨 8 点就出发，无论如何晚上 5 点也可以赶到了。办公厅主任于是又说："如果去，请您亲自挑一个好司机。"

司机中等偏矮的个头，看上去人很老实，但不够机敏，他的英语地方口音较轻。第二天早晨 8 点我们出发了，开始时一路顺利。尽管内罗毕城市不大，车也不太多，但是出城还是堵了一阵。出了城，我们就到了东非草原这人类诞生的广阔大地，植被之茂盛、空气之清新、果树之繁多、流水之清澈都是我在世界上极少见过的。

快到中午时分，我们到了一个乡间小镇，正好在路边有一个饭馆，可以让我们及时解决午饭问题，我自己下车去看个究竟。没想到一进门仿佛入了山洞，饭馆的窗户很小，屋里黑洞洞的，餐馆里没有一位顾客，一个黑大汉上前招呼我。我决定不能在这里就餐，同时也不能买这间屋子里的食品，在热带食品变质是很常见的事。我问后面有没有其他食品，店主人把我领到了房后的院子里，这里豁然开朗，我们进了一间明亮的小屋，我选了些面包和佐餐食品带回车上，在车上解决了午餐。

午后，一场当地少见的大雨干扰了我的计划，天一下子暗了起来，好像要压到地面。雨后浓云逐渐散去，傍晚非洲高原旷野的美景在我们面前展开。白色的云朵在夕阳的照耀下变成了深浅不同的紫色，像一片染色精美的锦缎，云下的天空变成了橘黄色，树木和牛羊都只剩下乌黑的身影，西下的夕阳好像转换颜色的开关。随着夕阳西下，云朵和天空都变成了橘红色，云色较深，而天空则颜色略浅，融成一体，织成了一领彩缎。随着颜色逐渐加深，云、天和大地连在一起，变成了墨色，这是一个既没有星星也没有月亮的夜晚。天黑了，我们还没到达目的地。

我发现车速越来越慢，我们在漆黑的乡间小路前进，不像要接近大城市的样子。凭我夜间行车的经验，在距离二三十千米的时候应该就可以看见城市上空的亮带，而今天在这伸手不见五指的黑夜里却一点都看不见，我看司机时，他正在发抖："我们走错路了！"当时已经晚上 8 点。然而既来之则安之，就真正领略一下非洲之夜吧。我帮司机认路，并否定了司机另绕小路的建议，我决定原路退回，重返基苏木。

多年的国外旅行使我养成了一个习惯，在乘汽车跑长途去另一个城市的前一天晚上，要找一份好的地图，反复琢磨一两个小时，这个习惯救了我，我开始用地图给越走越糊涂的司机指路。另一种知识救了我，这就是如何在夜间识别泥、水和路。1965年我作为大学生参加"四清"时，工作队的张副队长是一位武装部部长，文化程度很低，但戴一副深度近视眼镜，原因是年轻时他担任抗日的敌后武工队长，白天睡觉，晚上打仗，眼睛坏了。张副队长常讲当年的故事，我记住了其中的一句话："青泥、白水、月白路"。就是说在黯淡月光下的黑夜里，黑的是泥，白的是水，灰白的是路。这点知识在这里真的好像雪中送炭，否则，我们一定认为白的是路，把车开到水里去，那后果是不堪设想的。

我心中也开始忐忑不安，但还不能表露，否则引起车中其他人的恐慌就腹背受"敌"了，沿途我只得不断与司机说笑着。司机说是在大雨之后迷了路，雨夜朦胧之中在岔路口选择了错误的一条，把车向乌干达方向开去了。如果真到了乌干达，后果不堪设想，因为当时乌干达有动乱，而且我们并没有通知对方。

夜间行车，万一路边树丛窜出几个打劫的来该如何处理呢？路过小村镇时可以略为安心一些，但那亮着荧光一般的灯火的干打垒泥房中，膀大腰圆的黑壮汉、穿着雪白衬衫的黑妇人又都是什么人呢？公路两旁马一样大的动物随着时速达60千米的汽车飞奔，并行三五分钟才落到后边去，它们是斑马，是羚羊，还是狮子？我们怎么也看不清楚。

走过了这样惊心动魄的一路，我们在晚上10点多才到达基苏木市。这个湖边小城已经在沉睡之中，不但街上没有行人，亮灯的房子也没有几间。我们总算找到了旅馆，已经过晚上11点了，旅馆经理还等在大堂里迎接我们，看到我们来，高兴非常，马上给我们安排住处。

第二天早晨我们去看了世界第二大湖——维多利亚湖，到了湖边仍不知道湖在哪里，原来是一望无际的水葫芦盖遍了湖面。一艘几十吨的船居然被封在港口出不来，原来是卸货太慢，停靠时间太长，被水葫芦围住了。水葫芦彼此相连，团结力量大，连几十吨的机动船都开不出去，这真是世界奇观，水污染还可以造成这样的后果，怕是国内任何一个环境专家都没见过的。

内罗毕国家公园

自 20 世纪 70 年代联合国环境规划署在内罗毕设立总部以来，肯尼亚的国家公园和自然保护区如雨后春笋般成立。我去了内罗毕国家公园，它有 114 平方千米，几乎相当于北京市三环以内的面积。国家公园里距市中心约 8 千米处，还有一个小盆地。园中有小山，有小湖，有河流，有草原，有树林，有道路，是举世闻名的东非草原的一个大模型，也是东非草原的精华所在。

最先映入眼帘的是目标高大的长颈鹿，它们结伴在草原上缓缓而行，有时雌雄两只还交颈嬉戏。据说对长颈鹿脖子的形成，学术上也有两种观点，一种是"物竞天择"，为求食而自然淘汰了脖子较短的；另一种是"逐步进化"，即经过千秋万代脖子逐渐"练"长了，我看是兼而有之。

草原上还有肥壮的斑马，大约是善跑的缘故，斑马总爱待在路上，有车来也不肯离去。鸵鸟则总是优雅地迈着步子，远离人们而去。它们是动物世界的"第二世界"，高大、强壮、奔跑迅速，可以抵御肉食性强敌，而又不属于食肉类，不残食弱小的动物。

草原上最多的是各种鹿和羊，鹿有直角的，拐角的，还有像梅花鹿一样角上多叉的。羊有无角的，也有顶部如刺、底部呈螺旋状的扭角大羚羊。这些可怜的动物尽管也威风凛凛地在草原上奔驰，但实际上是这个公园中猛兽的猎物。

公园中的猛兽首先是草原之王狮子，许多人都想知道狮虎究竟谁是百兽之王，实际上狮虎从来不同处，所以没有机会较量。当我们想在离狮子大约300 米的草原路边下车时，司机立即阻拦我们，说太危险，狮子移动极为迅速，而且它大吼着扑过来时非常有震慑威力，许多人吓得浑身发抖，连车也上不了了。到了一片丛林高岗，司机主动让我们下车。望着岗下远处草原上的狮子，我们心有余悸，但看到几个非洲园工光着膀子背对狮子干活时，我们也下了车，这次距狮子仅 200 米，但司机毫不阻拦，而"狮子老爷"卧在那里举起前爪向我们致意，丝毫没有动的意思。原来狮子从来不上岗，不进林。

属于猛兽的还有美洲野牛，在内罗毕国家公园有个小种群。非洲豹是一种猛兽，凶狠异常，不吃的动物也要杀死，而且生性狡诈，出没不定。野猪也是一种猛兽，这个丑陋的大头小身子怪物，在草原上像无头苍蝇一样跑来跑去，四处觅食，却经常事与愿违，反而成了别人的盘中餐。

公园中还有一些"和平"的动物，例如狒狒。当我们在高岗上停车时，在司机的逗引下，一只狒狒竟登上我们的面包车，后来又窜入驾驶室，到处觅食，看见司机的一个文件袋后，灵巧地打开，把其中的纸片一一抽出撒落在车厢里。我们及时拍下了它"造反"的照片，长久地留下了这个奇观。

一只狒狒窜进吴季松车子的驾驶室

印度和肯尼亚的考察使我对世界生态系统的认识大大进了一步，回国后写了内容丰富的考察报告，对于环境保护法的建立提供了参考。我还对立法的原则做了总结：第一是科学基础，第二是实际情况，第三是法理。当时的法工委郐副主任大加赞赏，可惜他已成故人，我至今记得我们之间的交往。

北海环境会议

1997 年我还应邀参加在挪威斯塔万格举行的北海环境会议，在大会做了以"知识经济"为主题的演讲，并担任分会主席。斯塔万格是挪威的发源地，也是当代挪威的支柱产业——近海石油工业的中心。

斯塔万格大教堂是城中最大、最古老的大教堂，始建于 1125 年，1272 年毁于火灾后又重建，因此从重建算起，教堂也有 700 多年历史了。它与北京的白塔寺（1271 年）同年，而白塔寺已是北京城区现存的最古老建筑之一。中国有着悠久的历史，之所以古建筑保留下来的不多，其主要原因是建筑多木质结构，一旦发生火灾就成了一片瓦砾场，难以恢复。而欧洲的教堂早期也存在同样的问题，中世纪以后改为石质结构，所以许多留存至今。

斯塔万格大教堂位于斯塔万格市中心，是一座罗马和哥特式混合的大教堂，像欧洲那个时期建的多数教堂一样，从巴黎圣母院有所借鉴。教堂长 56 米，宽 18 米，面积 1000 平方米，只有巴黎圣母院的 1/3 大，但内部还是显得十分宽阔。教堂内共有两排 10 个灰大理石柱支撑拱顶，欧洲教堂中的三件宝——管风琴、藏画和彩色玻璃窗，这里也应有尽有。彩色玻璃窗上画着耶稣受难的情景和带着光环下界的圣母讲经的场面，五彩缤纷。

挪威以斯塔万格市为首府的罗加兰郡有 35 万人口，面积为 0.9 万平方千米，是当时世界上最富裕的地区。这里曾经有一段从传统工业经济到今天循环经济的惨痛经历，这是该市市长在晚宴时亲自向我讲述的。

斯塔万格市地处高寒地带，农业生产率很低，有丰富的森林资源，但在工业革命以前，其生产力低下，因此开发资源十分困难。该区域的人民生活十分贫困，穿着粗制的兽皮衣，甚至穴居。

工业革命以后，19 世纪中期，该地区开始利用机械锯和电锯大力开发当地的森林资源，向英国和德国输出寒带的名贵木材，英国、德国宫殿中的不少家具，都是用这里的木材制成的，当地人民生活开始达到温饱状态。斯塔万格的城市就是那个时期建设的。但是没有料到，尽管地广人稀，但是对森林资源掠夺性的开发，让树木不到半个世纪就被砍光，造成森林资源的枯竭。地区经济停滞，人民生活又陷于困顿。

在伐木的同时，当地人也开始了对渔业资源的开发。斯塔万格临北海，是最好的沙丁鱼渔场，在传统西方经济学的指导下，人们除了初级产品，还将鱼类制成罐头远销欧美，该地的沙丁鱼罐头产量占世界 1/2 以上，可见其沙丁鱼资源之丰富。但是经过了半个世纪的掠夺性开发，沙丁鱼资源也枯竭了，水会流、鱼会游，这真是不可想象的。20 世纪初，当地人开始了悲壮的逃荒历程，逃到北美，至今北美许多城市都有当年逃荒的挪威人形成的聚居区。

斯塔万格市市长对我说："这两次惨痛的教训，深刻地教育了斯塔万格人。我们现在实施的就是您在会上讲的循环经济和知识经济。我们尊重自然规律，逐步恢复了良性的生态循环。对森林砍伐有度，并补充种植，合理地利用这种可再生资源，今天森林又郁郁葱葱了。对沙丁鱼捕捞有度，让其休养生息，以至于今天挪威的沙丁鱼罐头产量又居世界第一位了。北海又发现了石油资源，我们吸取了前两次的教训，对油盆做应用系统分析，哪里采，哪里不采，哪口油井出多少，都按科学规律办事。"他们还由此及彼地保护水资源，现在斯塔万格因为人口增长，兴建了可满足50万人口用水的污水处理厂。

这段历史说明，自由市场经济在资源开发和利用方面存在极大盲区，造成赖以发展的基础——自然资源的耗竭。解决这个问题的办法就是以循环经济的理念调节控制，以和谐的生产与自然资源循环来发展经济。

今天的罗加兰地区树木遍布山岗，草地遍布坡地，山清水秀，城市优美，农村幽静，污染极少，虽处高寒地带，但已经是世界上生态系统最好的城市之一。这是一个十分典型的知识经济与自然和谐、可持续发展的例子，此后至今，包括给省部级官员讲课我都举这个例子，许多听众都说受到极大的启发。

大水之年入水利部

知识经济是方向
三水一体成系统

1998 3月5—19日，全国人大九届一次会议举行。
5月，教育部决定努力建设若干所世界一流大学和一批国际知名的高水平研究型大学，简称"985工程"。

1999 10月1日，首都各界庆祝中华人民共和国成立50周年大会举行。
12月20日，中国政府恢复对澳门行使主权。

2000 国内生产总值首次突破1万亿美元。

2001 2月9日，国务院作出《关于2000年度国家科学技术奖励的决定》，自2000年起设立国家最高科学技术奖。
6月15日，上海合作组织正式成立。

2002 12月27日，南水北调工程开工典礼在北京人民大会堂和江苏省、山东省施工现场同时举行。

2003 春季，我国遭遇一场过去从未出现过的非典型肺炎重大疫情。
10月15—16日，神舟五号载人飞船发射圆满成功。

2004 8月22日，纪念邓小平同志诞辰100周年大会举行。

·1998 年·

任何人都是自己未来的建筑家。

——［古罗马］塞勒斯特

什么是原始创新？原始创新就是在理性和感性的新知识的基础上，个人向传统提出的挑战。

——吴季松

·大事·

汪德昭（1905—1998 年）院士去世。

出版《知识经济——21 世纪社会的新趋势》（吴季松著，北京科学技术出版社）。

在《光明日报》发表文章《论"知识经济"》（2 月 27 日），《机制创新，矩阵管理，发展知识经济》（4 月 7 日）。

在《人民日报》发表文章《高科技、高技术产业化、知识经济的历史与现状》（2 月 28 日），《科技工业园区走向知识经济》（11 月 23 日）；接受专访《新的挑战　新的机遇——论知识经济》（5 月 31 日）。

在《北京日报》发表文章《创新是知识经济的不尽资源》（4 月 20 日）。

·小情·

进入水利部，两个半司合成一个

1998年国务院机构改革改变了过去"就机构论机构、就编制论编制"的做法，在转变职能的基础上大胆创新，先定职能，再定机构和编制，即"三定"。我亲历了这次力度最大的中央国家机关减编，国务院各部门行政编制由原来的3.23万名减至1.67万名，精简了47.5%。

我到水利部任水资源司司长后，马上遇到的就是时任总理关于国务院系统精简机构（一半）的指示，我这个新人遇到了最大的难题：把原水资源司、水文局和政策法规司的一部分合成一个司，同时也是全国节水办公室，从职能上是四合一，从人员上是减一半。关心我的同事都说："这怎么裁！一定有人打到你家里去。"我从工作需要出发，秉公执令，没有私心，也不怕事，结果我这个新人在部里第一个完成裁减与合并，没有人找到我家。

但"人情"还是有的。一个老干部的儿子主动找到我说："我已经工作了36年，可以办退休，别让您太为难了。"我坚决把他留下直至退休。另一位硕士，由于没有工作经验，我只得让他离开，他临走时说："我只有一个请求，把您的《知识经济——21世纪社会的新趋势》签名送我一本。"我很感动，心想他如果留下，一定会有所作为。还有一位很有能力的干部，在原单位人事关系不好，我也力排众议留下了。我与他毫无关系，是出于工作需要。

局级干部在"三讲"教育中都要写5000字的检查。水利部督导组长马局长在1982年我作为首批访问学者归国，沙洪秘书长代表宋平部长接见我时也在座。我私下向他汇报，我从未收过任何礼金，水利部都了解，也无人送我（包括购物券等都被我退回），而三次出国工作共交给国家教委678万元，都有发票，实在写不出那么多。马局长说："可以少写点。"

青海湖为什么萎缩了

我任全国人大执法检查团秘书长时考察过青海湖东部，湖边距西宁不过120千米。到了青海湖才知道什么叫"湖海"，青海湖东西长106千米，南北

吴季松考察青海湖

宽 63 千米，面积 4200 平方千米。青海叫"海"是名副其实，那浩瀚无边、波浪起伏的状态，俨然一片大海。青海湖古称西海，因为湖水呈蓝色又叫青海，但现在已基本是灰色。

青海湖是咸水湖，湖中仅有裸鲤一种鱼，这又是世界罕见的。裸鲤是黄色、无鳞的冷水鱼，脂肪厚，肉质嫩，又称为湟鱼，在清朝是贡品。海中有岛屿，在这 60 公顷的岛上经常栖息着 10 万只以上的候鸟，因此该岛被称为鸟岛，我们去时仍有不少飞鸟成群起落。

当时中央领导都关心青海湖的萎缩情况。据推测，青海湖比成湖初期缩小了三分之一，其边缘已是由季节变化或陆或水的湿地，这是天灾还是人祸？根据我的实地考察，19 世纪以前主要是自然变迁造成的，因为那时这里基本没有人，谈不上人类活动的破坏。近年来，入湖大小 40 条河流的中下游人口增加，放牧范围扩大，使河流汇入湖水的水量减少，这显然是原因之一。但放牧的用水量有限，因此也不是主要原因。

我们还在柴达木盆地东部驱车 200 千米。柴达木盆地平坦、空旷、荒凉，和青藏高原给人以不同的感觉。柴达木盆地以荒漠为主，由于修了公路我们才得以深入。但是施工带来了隐患，为了烧制沥青和解决工人的吃住问题，路边 1 千米以内的固沙植物几乎被挖光，用作燃料。远处的沙丘已经有明显的向近处移动迹象。这些固沙植物几百年才能长成。我在美国西部考察时，那里的专家说，在荒漠修路，要路修到哪里，煤就运到哪里，而不能破坏千年生成的固沙植物，否则生态成本比运煤成本不知大多少倍。

返回西宁后我得了感冒发烧。由于第二天还要北上祁连山，大夫对我说一定要打点滴。我自 15 岁后极少感冒，我认为，如果不是太大的病，一定要少吃药，靠自己的体力康复；至于直接向血液中输药的点滴，更是废弃了人的抗病能力，所以从未打过。由于我们来自全国人大，青海省政府十分重视，派了三个大夫来说服我。他们说，第一，这里是高原，人不易恢复；第二，我已

54 岁，恢复能力不如以前；第三，明天还要到海拔 3000 米以上的地方。但我说，非常感谢好意，不过我了解自己。僵持 1 小时之久，三个人也没拗过我，还是没打点滴，只是给我带了一大包药。第二天上了高原，秘书长的工作让我忙得无法按时吃药，结果居然也没事了。这样又过了 10 年，到 2007 年我才因为肾结石住院，不得不有生以来第一次打了点滴。

我参与创意的"知识经济"热遍中国

1998 年，知识经济已见端倪。我在 1985 年完成的联合国教科文组织项目"多学科综合研究应用于经济发展"，是国际上对知识经济的第一次系统的研究，如今我把它整理成书，出版了《知识经济——21 世纪社会的新趋势》，这是我国第一本知识经济的专著。在国际上，本书也得到了世界著名经济学家弗里曼和昌贝尔斯等人以写序的方式给出的高度评价。

该书出版后，《人民日报》于 1998 年 3 月 24 日发表消息："吴季松教授是技术经济学博士，曾先后在 3 个国际组织工作，参与了'知识经济'概念的创意。"至今，这本书已销售 27 万多册，居经济学著作前列。

英国布莱顿市萨塞克斯大学科技政策研究中心前副主任，当年 80 岁的现代"国家创新体系"概念首创人、世界著名经济学家 C. 弗里曼教授，曾与我父亲先后师从英国伦敦政治经济学院的世界著名政治学家 H.J. 拉斯基教授（1893—1950 年）。世界著名政治家、美国前总统肯尼迪、加拿大前总理特鲁多和澳大利亚前总理惠特拉姆等多人都与他们是同学。1985 年我执行联合国教科文组织"多学科综合研究应用于经济发展"项目时专门访问了他，并长谈近 3 个小时，他还请我吃饭。这次得到的指点和启迪，对于我以后 15 年的知识经济研究起了重大作用。1987 年，弗里曼首次发表了关于国家知识创新体系的论述。1992 年，他对国家创新体系下了科学的定义。2000 年 7 月，我又和他长谈近 4 个小时，受益更超过了上次晤谈。1996 年，经济合作与发展组织的青年经济学家 R. 米勒（我们也曾长时间晤谈）以国家知识创新体系概念为基础发表了《以知识为基础的经济》，为知识经济中最有影响的观点。

其实知识经济的概念并不复杂，知识经济就是以智力资源的占有、投入和配置，知识产品的生产（产生）、分配（传播）和消费（作用）为最重要因素的经济。知识经济认为人类要以知识优化配置、高效利用自然资源，以知识开发高技术，以富裕的可再生资源来替代短缺的不可再生资源。同时，知识本身也可以成为产品来提高人民的生活水平。

现在来看这个早在 1987 年就提出的理念，它就是高技术经济、信息经济、绿色经济、循环经济和生态经济等新经济学，以及新型工业化、人与自然和谐、可持续发展等一系列新理念的最重要的经济学理论基础，改变了传统西方经济学"最大限度地开发自然资源，最大限度地创造社会财富，最大限度地获取利润"等在某些方面过时的经济学思想。

使我始料未及的是，国家各部委、主要媒体和全国各地机构的演讲邀请接踵而来。由于当时公职在身，我谢绝了大部分。我记得发出邀请的有中纪委、国家体委和中国银行等多个中央单位，中央电视台、中央人民广播电台、北京电视台还把讲座编了专辑。我做关于知识经济的报告和演讲时，每每被介绍为"知识经济概念的创意人"和"最早把知识经济概念引入我国的学者"等。

来自各地的邀请更是十分热情。北京市领导专门请我为市领导班子扩大会做了报告。山东省组织部门（实际是省领导）也邀请我去讲，但我并不知情，所以由于与工作冲突而推后了几天，未能在省领导班子做。后来山东电视台一再播出了我的演讲，山东也成了我的书销量最大的省份。吉林省领导请我给省领导班子做了报告，大家听得十分认真，不少人还做了笔记。四川省政府邀我去，报酬为 5000 元，当时我自己并未履行"知识经济"的原则，认为这是不该接受的，于是提出是否全部捐给下岗工人。主办方大概对我的不谙世事有点意外，但这些都是很好的同志，又加了 1 万元捐赠款，《华西早报》报道了这条消息。至于由省人事局和市一级组织的就更多了，我只去了不到五分之一。

更使我感动的是那些热情的普通听众。演讲时一般鸦雀无声，在我演讲过程中不时有热烈的掌声。演讲后我一下台，记者们马上蜂拥而至，听众纷纷排队等待签名，说，"讲得太好了""把我们带到了一个新的境界""让我们看到了人类的前途"。那深刻理解的语言，那出自内心的热情，我至今记忆犹新，十分感动：知识真有这么大力量。自那时起，我去往全国各地，甚至偏僻山村，都有人在看到我时说："我听过您的知识经济演讲，看过您的书。"

当时读者和听众的来信如雪片飞来，但由于在水利部的工作实在繁忙，我基本上全没回复。有些信实在是真心实意，热情洋溢，这里只能说抱歉了。

担任国际科技园协会世界大会组委会副主席

我的"知识经济"不仅在国内反响热烈，也热到了国外。1998 年国际科技园协会世界大会在澳大利亚珀斯举行，邀我任组织委员会副主席，请我做了演讲。

珀斯是西澳大利亚州的首府，位于澳大利亚西南角，西临印度洋，背靠维多利亚大沙漠，在天鹅河河口，素有"黑天鹅城"之称。蜿蜒曲折的天鹅河从东向西，流经市中心，从弗里曼特尔港入印度洋。1697 年一位荷兰航海家乌拉敏探险到印度洋东岸，发现了这个河口，逆流而上看到许多黑天鹅，天鹅河因此得名。而当地原住民波布尔门部落则传说他们的祖先由黑天鹅变来，更增添了传奇色彩。

湛蓝的天鹅河在逐渐加宽的河道中静静地流淌，两岸绿草如茵，是珀斯人休闲的胜地。当我们漫步天鹅河畔时，松软的草地上有似锦的花坛，绿叶簇拥着红花，与蓝色的江水形成一幅色彩缤纷的风景画。草地上游人屈指可数，几个长跑者朝着西下的夕阳直奔向前，又给这幅美景平添了一些壮阔。河边的沙地提醒人们这里是干旱之乡，但喷灌设施使这里的旱季也绿草如茵，海鸥在绿油油的草地上信步，向我们这些偶尔经过的游客要食吃。远处河的对岸是林立的高楼，灰色的、蓝色的、白色的，好像五色的旗杆，又像守卫河岸的碉堡。天鹅河的两岸是珀斯市沿河的带状公园，供市民在这里休憩。更让人吃惊的是这里为游客提供的免费公共设施，草地上不仅有饮用自来水的喷头，还有露天煤气灶，灶上还有铁台，可以让游人在这里野餐、烧烤，的确世界罕见。巨树之下，绿茵之上，一家人团聚河滨，烤羊肉香气四溢。

珀斯动物园小巧玲珑，别有特色，里面大多数是澳大利亚特有的动物。各类袋鼠在栏杆内走动，以它们的体能完全可以跳出来，但由于被驯化，它们已经没有跳跃的积极性了。考拉是澳大利亚的"熊猫"，一种十分惹人喜爱的动物，这次来澳大利亚才知道，它只吃低能量的食物，"营养不良"，因此大多数时间都待在树上，眨着眼睛看人，憨态可掬。园中还有驯蛇表演，一个妙龄澳大利亚少女，拿着一条两米长的细蛇，挥舞蛇头对准我，与我合了一张影，现在看起来真是长久的纪念了。

在西澳大利亚的原野上奔驰，会让人领略什么是与干旱做斗争。和西欧一样大的西澳大利亚州的主体是沙漠，从北岸起，除了沿海的草原，从北到南先是大沙沙漠，然后是吉布森沙漠，接着是维多利亚大沙漠，最后过了不宽的纳拉伯平原就到达南海岸了。每一个大沙漠南北距离都超过 200 千米，而东西距离则达上千千米。沙漠中只有一些季节性的河流，离开了珀斯城就是一片干旱景象，大树全靠浇水，而沙棘和大狗尾巴草等耐旱植物也显得枯黄。只要有一片正在施工的地面，那里就是一片松散的黄沙，原来那城中的绿茵都是假象。湖水也时常干涸，原来那充盈的小湖全是放水的蓄水池——湿地。

我在外交界的外国朋友

我回国后仍然从事外事工作。由于长期驻外和在联合国工作的经历，我很容易与外交界交朋友。当然，我是有选择地交朋友。德国前驻华大使赛康德先生是中国人民的朋友，也是我的老朋友。1995 年 4 月起他开始任德国驻华大使，至 1999 年离任。

赛康德大使身高 1.85 米，体态匀称，高鼻大眼，戴一副黑边眼镜，有一头灰色的头发和一副和善的面容，开朗、热情。他虽是一位资深的外交官，平时却显得不是十分善于辞令。但是，在正式的场合，他渊博的学识、严谨的逻辑、准确的用词、真诚的话语是极富感染力的。

1995 年中国领导人访问德国，陪同的赛康德大使谈起自己正在撰写世界技术经济前景方面的书，重点在美日之间的高科技竞争，及欧洲在其中日渐落伍的危险。中国领导人表示很希望读到这本书，这促成了大使在百忙的公务中第一版就出中文版的决心，但这件事一直未果。他和我谈起第一版出中文版的可能性，在我的帮助下，终于在 1998 年 12 月使《争夺世界技术经济霸权之战》中文版面世，还在大使馆举行了首发式招待会。赛康德大使在《争夺世界技术经济霸权之战》的自序中写道："我也要深切感谢技术经济学博士吴季松教授在百忙之中抽出时间对本书逐句进行了审阅，并提出了一些修改建议。"

赛康德大使回国后，并没有停止中德友好工作和公正客观地向德国介绍中国的工作，他一度不顾重病，夜以继日地在一年多时间内出了《中国将重新成为世界大国》一书，阐述了我们探讨的"中国重归"的观点。后来我才知道，到 2001 年《中国将重新成为世界大国》已销售 5 万册。在德国，这个数目在同类书中已是佼佼者了，这本书显然对北京申奥成功起了不小的作用。

吴季松在德国原驻华大使赛康德（中）家中

2001年12月，我应邀参加波恩国际淡水资源会议，会后当晚就赴约去了大使家。赛康德先生虽曾位居相当于德国外交部副部长的职位，却执意要去旅馆接我。我与大使和夫人畅谈到很晚。谈到欧洲的历史，我第一次知道欧洲人在罗马帝国时期，即公元1—2世纪已会做玻璃，到公元7—8世纪玻璃制造技术已经很发达，但仍不能做全无色透明玻璃，也不会做平板玻璃，所以那时还没有玻璃窗。大使送给我一个8世纪玻璃杯的复制品，杯子很小，像个罐子，形状复杂，颜色呈粉色，半透明。这大概是我的第一个欧洲文物收藏品。

当时的法国驻华大使毛磊博士是我和赛康德博士共同的朋友，我和赛康德博士为他的离任开了欢送会。毛磊博士很感动，说他感觉这个聚会与官办的一样令他激动，而且别有一番温情。

汪德昭院士："你看巴黎警察向我敬礼"

汪德昭院士是江苏灌云人，水声物理学家，1929年毕业于北京师范大学物理系。他的哥哥和中共创始人之一赵世炎是同学和朋友，他在中学时就受到了革命影响。1934 年他到法国巴黎大学，辅助诺贝尔奖获得者郎之万教授工作，创立朗之万—汪德昭—布里加理论。1940 年他获得法国国家博士学位，1947—1948 年被聘为法国原子能委员会顾问。1956 年他回国，先后任中国科学院原子能所九室主任、声学研究所所长。曾任联合国教科文组织科学家小组成员，全国政协常委。主要著作有《水声学》等，曾获巴黎市荣誉勋章。

当时中国科学院机关曾传言，科学家中有三位有名的厉害所长。说"厉害"也没有太多的贬义，是指他们要求严格，有时对工作人员发脾气。其中之一就是声学研究所的汪所长，但是在我们的交往中我从未觉得他"厉害"。他是中华人民共和国成立前众多国外留学人员中唯一的诺贝尔奖获得者助手，而不是学生，被法国授予了勋章。我陪他在巴黎街上行走时，警察看了都向他敬礼，因为他佩戴了巴黎荣誉勋章。在巴黎都如此受尊敬，在国内为工作发点脾气应该不算什么。

他为了得到他发现的水声会聚效应（对潜艇发展起重要作用）的实验数据，在 1978 年 73 岁高龄时还在风高浪大的南海亲自取数据，在一个大浪中几乎在船上发生不幸，但他几乎从未和我提过这件事。只是有一次他说："你不晕船，我也不晕，不过浪太大也不行，有一次……"，然后他就不说了。老一辈认为，在科学面前，英雄事迹是不值一提的。

汪院士在国际上公认的科学成是 1955 年 4 月在爱尔兰都柏林的"国际凝聚态核学术会"上确立了大气电学的经典理论"朗之万—汪德昭—布里加理论"，在重大理论建树上与诺贝尔奖获得者齐名，这在我国科学家中也是数一数二的。朗之万是法国共产党员，早在 1931 年就来华做了长达数月的考察，热爱中国，在第二次世界大战中曾因为与抵抗运动有关被德军逮捕，这在我国科学家辅助的外国科学大师中也是少见的。汪院士对我说："当年我出国跟朗之万先生工作，当然不是因为他是共产党员。但是出国留学或工作选择导师，知华爱华是前提，绝不能仅有学术成就就去，更不应该有了奖学金就去，这才是为国家留学。"他的这些话在今天仍有很大的现实意义。

作为国际著名的科学家，汪院士还有不为人知的另一面。1948 年当他在法国原子能委员会的研究如日中天的时候，他毅然变卖所有家产，一家三口回到解放战争时期的祖国。34 年后我结束了访问学者生活，所长挽留且开出了高薪，我也毫不犹豫地谢绝了，算是不负受教于大师们。

我见到的汪院士从来都是从容不迫、和颜悦色的。我与汪院士交往甚多，还因为我们都曾在法国原子能委员会研究所工作过，常谈起这个单位前后 70 年的情况，对于许多事便很自然地用法语交谈。

汪院士是我的恩师，为党和国家的事业奉献一切，永远值得今天的所有科学家学习。

·1999 年·

我们有能力把空间技术用来为地球上的直接的、永久的利益服务——空间科学为地球、生态和能源服务。

——［美］布劳恩

黄河是中国的母亲河，自20世纪70年代以来的断流引起国内外广泛关注，我能在领导的支持和员工的努力下主持重新分水，使之自1999年至今不断流，是毕生的荣幸。

——吴季松

·大事·

4月9日，在第二届中美环境与发展会议上，我作为首席为三峡正名，使美方无法说出攻击大坝的言论。

德国政府每年邀请一位中国名人赴德考察1个月（之前有著名作家王蒙等人），这一年我受邀，但因工作紧张只考察了易北河全流域10天。

在《光明日报》发表文章《知识经济教育观初探》（2月10日）。5月，出版《知识经济学——理论、实践和应用》（吴季松著，北京科学技术出版社）。

在《人民日报》发表文章《如何鉴别伪科学》（8月4日），《易北河畔静悄悄》（11月7日），《知识经济的内涵》（12月25日）。

·小情·

要解决缺水的问题，首先要确定什么叫"缺水"。我将在联合国教科文组织主持制定的水资源标准引入中国。人均 3000 立方米为丰水线，人均 2000 立方米为中度缺水线，人均 1000 立方米为重度缺水线，人均 300 立方米为可持续发展最低线的生活和生产水资源标准。当时我国全国人均水资源量为 2200 立方米，属于轻度缺水；而我国北方人均水资源量仅为 990 立方米，属于重度缺水。北京地区人均水资源量仅 300 立方米，属于难以支撑可持续发展和维系水生态系统的状态，北京的缺水问题已经到了迫在眉睫、非解决不可的时刻。

与张光斗先生关于向北京调水的讨论

1999 年张光斗先生看了我的有关北京缺水问题的文章后给我写了一封信："季松同志，大作拜读，学到了许多新观点。但也有几点值得商榷，希有空前来探讨。"我很快就去了张先生在清华大学工字厅的办公室。

张先生开门见山地说："北京历史上不缺水，历朝历代都不缺水。你说北京要从外流域调水，应该再考虑。过去水利界已有共识，节水就可以解决问题。"我说："张先生，您的文章我都看了。北京历史上的确不缺水，年水资源总量平均为 26 亿立方米（至 1998 年）。但是在 1949 年以前北京地区的人口最多只有 220 万，人均年水资源量为 1180 立方米，不到严重缺水，完全可以通过节水解决。但是，现在人口增加到 1400 万，人均水资源量只有 186 立方米，就是极度缺水了。节水不解近渴，目前只有向外调人和向内调水两个解决办法。但是您说得对，跨流域调水的确不是从根本上解决问题的办法，不能依赖调水，只是有限调水 10 亿立方米应急。"最后我与张先生取得了共识。临走时张先生强调："跨流域调水不是解决问题的根本办法，一定要有限调水，第一位的还是节水。"自此张先生首次支持了向北京跨流域调水的决定。南水北调在提了半个世纪之后，真正进入了具体规划阶段。而今张先生已成故人，但他对科学的真诚和为人的磊落历历在目。

为北京的水跑遍京西北山区

1998 年的大洪水过后，我作为全国水资源的最高具体负责人痛定思痛，马上想到如果北方大旱，缺水问题在北京将十分突出，于是我开始进行调研。我与当时北京水利局的刘局长一拍即合，开始分头工作。从调研到制定，再到实施《21 世纪初期（2001—2005 年）从首都水资源可持续利用规划》，我跑遍了从北京西北、河北承德和张家口、山西大同和朔州的山区与平原。

1999 年，我驱车跑遍北京北部的崇山峻岭，为北京寻找水源。不是"游山玩水"，而是"游山找水"，为北京人民找水。我至今仍记得山中的许多小村名，不知它们今天还在否。我还在无意间发现了延庆的秦长城，此前北京无秦长城的报道。我去过内蒙古固阳的秦长城，其由打磨后的碎石片垒成，和这里一模一样。我本想写一篇报道，后来因为忙忘记了。几年后就有了此处发现秦长城的报道。

跑遍京北山区后，我有两点认识。一是业内的，北京附近的水源已近枯竭，无法支撑北京再发展，只能调水。二是业外的，历史上北方游牧民族的大举南下的确不容易，这样陡峭的重峦叠嶂，几万人马要过来，必须有三个条件：①事先有探子找路；②严密的军队组织；③克服饥饿危险的决心和耐力。

北京北面密云的山区就是当年秦朝陈胜、吴广要去的渔阳。从河北承德来的潮河经此到北京，进入密云水库，想当年它也是筑长城大军的水源。想到达这里，先要进山，燕山是大山，虽然高峰不过 1500 米，但是山连着山，峰接着峰，是真正的崇山峻岭，而山外就是一马平川，与蓝天相连的蒙古高原。

密云的山虽然不高，但是多为尖峰，山势很陡，想当年成千上万的军马在崎岖陡峭的山路上行军不是一件易事，人马坠崖的事大概不少见。好在山区范围不太大，宽度在 50 千米上下，所以行程尽管艰苦，但是可以在三四天内越过。我们也更能了解战国的燕赵和之后的秦朝为什么要修长城，因为没有居民，补给困难，不可能派重兵长期驻守，修一堵城墙就可以挡住没有火炮等热兵器的人马了。

我在考察的同时有一个重大的发现。修筑秦长城的总工程师和劳力的工匠同样伟大。因为在那样九曲十折、回环蜿蜒的山岭上分段修城，在没有地图、没有遥感遥测的情况下，如何做到准确的连接，做到至少在今天看不到任何修错道路的痕迹，实在是一件今天的总工程师也几乎不可能做到的事情。

我尽力为北京争下 10 亿人民币的中央拨款，主要用于湿地建设。北京建了多处湿地，当年我去密云北部看潮河入北京的边界时，砾石荒地上尚未建湿地。于是我在北京市专家咨询委员会上提出相关建议，得到刘淇书记的高度重视，并当场布置工作。

北京的密云和延庆山区是官厅水库的水源之一——桑干河下泄的通路。过了包括黑龙潭等名胜在内的山区，就是广阔的塞外，利用黑水洼湿地扩大了官厅水库。官厅水库大而浅，本是一片人工湿地，但由于上游用水越来越多，而且沿河工业污染越来越大，以至在 20 世纪 90 年代最终退出了北京的饮用水供给来源。

解决黄河断流

黄河是中华民族的母亲，也是世界上著名的多沙河流。黄河发源于青藏高原巴颜喀拉山北麓，流经九个省和自治区，至山东垦利区入渤海，全长5464 千米，流域面积 752443 平方千米。

黄河下游首次出现断流发生于 1972 年，共 15 天，断流河段长 310 千米。此后年年断流。1997 年黄河出现有记录以来最严重的断流现象，全年断流 13次，共计 226 天，断流河段长 700 千米。母亲河断流，不仅引起全国人民和中央领导的高度重视，同时也引起了国际上的广泛关注。

吴季松在黄河入海口

解决黄河断流的关键，第一是认识问题，第二是管理问题。有了可持续发展的科学认识，再加强实地的分水管理，就可以解决黄河断流的问题。

我提出了一个"生态水"的概念。黄河断流的原因是客观存在的，人口急剧增加，生产迅速发展，气候趋于干旱等多重因素叠加，黄河流域的确是缺水。但是，如何认识缺水？生活用水不能少，生产用水不能少，生态用水却可以少，为什么要让白花花的水流到海里去呢？这种认识是断流的症结。上、中、下游都考虑自己的发展，喝光用光，不留生态水，黄河自然要断流。我们在国务院会议上提出了"生态水"的概念，即用水不是"两生"，而是"三生"，不仅有生活用水和生产用水，还有生态用水，生态用水也是不可或缺的用水。生态水就是维系生态系统的最低用水，没有生态水，生态系统就会退化和崩溃，而生态系统是人们生活和生产赖以生存的基础，不留生态水就是自毁生存的基础。这个概念得到时任副总理肯定："老吴提出了一个新概念'生态水'。"

在水利部领导的指导下，重新制定分水方案的工作启动了。

1999 年，国务院批准以"生态水"为指导思想的重新分水方案，黄委会开始对黄河水资源实行统一管理和调度，在基本保证治黄河、城乡生态和工农业用水的条件下，疏浚已淤塞的河道，在不得不派人把口，防止违规分水的极端困难的情况下，经过沿黄河全体水利职工夜以继日的奋斗，我们保证了生态用水。执行这个方案以后，1999 年黄河仅断流 8 天。2000 年，在北方大部分地区持续干旱，从黄河向天津紧急调水 10 亿立方米的情况下，黄河仍然实现了全年未断流。

虽然开始黄河的入海流量只有几立方米 / 秒，但是，这毕竟是一个转折点，是新认识的开始。2008 年我去山东利津，穿出茫茫的芦苇区看出海口时，正值丰水年，黄河的流量已超过 100 立方米 / 秒，真正恢复了"大河向东流"的景观。到 2009 年，黄河已 7 年不断流，相当于增加了 3500 亿的 GDP 和 3700 万吨粮食。

2003 年在国务院的学术讲座上，水利部的老领导钱副主席说："我过去主持水利部工作，犯了一个错误，只注重社会经济用水，没认识到首先需要保证河流的生态与环境需水。只研究开发水源，而不注意提高用水的效率与效益。这个错误的源头在我。"这是老一辈的高风亮节，其实我认为这不是"错误"，而是人类认识的进程，我们可能在做同样的事。

·2000 年·

人得自天赋的美感应该提高到由学习、修养而形成的审美趣味的水平。

——［俄］别林斯基

一个勤劳的农夫比一个闲坐的绅士高贵。

——［美］富兰克林

水是生命之源，生产之基，生态之本。

——吴季松

·大事·

在波兰华沙参加 2000 年欧洲奥委会年会并为北京申奥做演讲，应邀赴萨马兰奇早餐会，顺访德国做工作。

黄秉维（1913—2000 年）院士去世。

裴丽生（1906—2000 年）先生去世。

11 月，出版《1984—2000 我的知识经济及其管理研究：从巴黎到北京》（吴季松著，北京科学技术出版社）。

12 月，出版《水资源及其管理的研究与应用——以水资源的可持续利用保障可持续发展》（吴季松著，北京科学技术出版社）。

在《人民日报》发表文章《新千年的瞌睡》（1 月 17 日），《应对世界水资源危机》（4 月 18 日）。

在《经济日报》发表文章《以可持续发展为目标》（11 月 2 日）。

·小情·

为了落实"代表中国最广大人民的根本利益",开始对老、少、边、穷地区,过去少有人过问的地区开展水利工作的全面考察。

在西双版纳的密林中视察水文站

上任后,我作为全国水文监测的最高负责人去视察全国水文站,以了解全面情况,其间进入了西双版纳的腹地。傣族人真正生活的村寨,旅游者已经很难到达。真正的傣楼以粗竹为柱,木板为墙和地板,窗户无玻璃,遮的是塑料布。傣楼有两层,一层养鸡和猪、作谷仓、堆杂物,二层才住人。楼板是很薄的木片,而且参差不齐,露出很多大缝,可以清楚地看见一层,走起来吱吱作响,仿佛要断了似的。房顶多是稻草的,也开始有瓦的。房中没有像样的家具,除了被子、简陋的衣柜、电视机和缝纫机就什么都没有了,桌子椅子都不需要,全是席地而坐。

由于在密林之中遮光蔽日,而且这种竹楼只挡雨,并不挡风,所以屋里还是凉风习习。端坐屋中的老太太不懂汉语,据说看电视是连猜带蒙。她的儿媳是个中年妇女,汉语讲不好,但可以听得懂,她对我们说:"现在生活好多了,有了缝纫机,还有电视机。"也知道一些密林之外的事情。

我们在密林中的小镇上吃午餐,说是小镇,实际上是一个大村子。镇长说我是镇上从没见过的高官,倾尽傣家菜肴招待,我却是个只有眼福、没口福的人,已记不得吃了什么,大概有炒腊肉和炖鸡,只是佐料有一种说不出的怪味。这样的饭又一连吃了两顿,随行的人劝我,不要再吃傣菜,让他们炒个鸡蛋。我想着要尊重少数民族风俗,好在就这几顿,就将就吃了。

没想到这种随和,让我吃出了大问题。我回京后两天就得了痛风,疼痛难忍,不能行走,有生以来第一次坐了轮椅,好在只有一天。大夫说是嘌呤突然增高所致,大概是吃了什么特殊的东西,估计就是那种傣菜的佐料了,而当地人是有适应性的,所以没事。

痛风的痛苦我是领教了,但既来之,则安之。与病友交流,发现不同的人忌口不一样,我不断总结,最后得出结论:我除从来不喝啤酒外,还不能吃贝类，但其他海鲜随便吃。肝脏要少吃，其他肉类可随便吃。此后至今 23 年里，我只在犯病后前两年轻微地犯过两次痛风，所以"最好的大夫是自己"。

但嘌呤是一直高，降不下来了，人到老年后血压、血脂和血糖都是如此，一经破坏性诱发，就不可能再恢复了，这是不可逆的。人体也如生态系统，如果平衡被打破，就无法恢复原样了。

还有人住在比傣寨更荒凉的地方，那就是可敬可爱的水文站职工。他们住在比傣寨更密的崇山峻岭、热带雨林之中，那里真正是毒蛇猛兽的天下。我们又向密林中深入，一处水文站，站员只有四个半人，一对中专毕业的夫妻已经在这里待了 20 多年，八九岁的小孩上不了小学，只得自学；还有一个新分来的中专生。再有一个监测工是附近的农民，也和他们住在一起，他家就住在抬眼可见的另一个山头，但也要走一两个小时，即使下午 5 时下班，到家天也太黑了，那时就是蟒蛇毒虫的天下，夜路是不能走的。

他们在这里进行水文监测，主要是监测澜沧江的水流量和当地的降水量。这里距中缅边境仅 10 千米，所以监测的是十分重要的出境流量。当时我还准备拨款让他们进行水质监测，这是为了以后发生国际纠纷准备的重要数据。澜沧江从上游云南的中甸县奔腾而下，由于詹姆斯·希尔顿根据 20 世纪初期探险家洛克利发表在美国《国家地理》杂志上的照片写的小说《消失的地平线》，中甸县享誉全球，2001 年被改成"香格里拉县"。

水文站的职工要想去三四十里山路外的镇上，大概要等半个月才有车来。平日他们就生活在这苍翠碧绿、空气清新，但人迹罕至、缺食少医的小院中。一些"事非经过不知难"的人大喊"回归大自然"，真让他们到这里来工作的话，估计他们坚持不了多少天。全国水文站有 3 万多个，当然有些是无人常驻的，许多常驻的站条件还不如这里，可敬可爱的水文职工真是"奉献了青春献终身，奉献了终身献子孙"啊！职工们说还从未见过最高领导来视察。我对他们说："你们能常年住在这里，我来算什么？"他们说不出话，但眼中闪烁着激动的泪花。

当我提出再走几千米山路去中缅边境看澜沧江时，陪同人员和站上人员一致劝阻我，说："到这里已很不容易了，下面车开不了，要走崎岖的山路，还有虫蚊，您已 50 多岁，千万不要去了。"我非常感谢他们的好意，但是我来是为了干什么？他们只得依我，准备了棍子当拐杖，一起出发。

山路崎岖而陡峭，到了边界就几乎无路可走，澜沧江陡然加宽，在这里有 300 米宽，一不小心就要掉入江中。水从海拔 3000 多米的香格里拉奔腾而下，到这里海拔不过 300 米，是真正的"飞流直下三千尺"，是 3000 公尺（1 公尺 =1 米）。枯水季节它的流量也很大，所以说上游修电站、水库过度用水的说法，不管是数据还是目测都是没有根据的。我遥望近在咫尺的缅甸，江水奔腾而去，真是："我住江之头，君住江之尾，彼此情无限，共饮一江水。"好诗只有亲临其境才能体会，不然就可惜了。

我后来做过包括缅甸、老挝、柬埔寨、泰国和越南的湄公河（澜沧江下游叫湄公河）的全流域考察，下游水量锐减主要是自身用水过度而致。不知从事湄公河谈判的官员们来边境看过湄公河没有。

但是澜沧江的水质倒是出乎我意料。我原以为流域有如此好的植被保持水土，江水应该是比较清的。但是，黄色的江水让我进一步认识了生态系统的功能，只有原始森林的乔木遮天蔽日减少蒸发，灌木丛降低水流速度，枯枝落叶层和草吸附水分，生态系统才会有较好的净水生态功能。这里自然条件好，即使原始森林被伐，看到的也是一片葱绿，但是中看不中用，净水能力就无法与原始森林相比了。不过这里的水只是含泥沙多，由于上游人口少，工业极不发达，污染物少，所以水质还是可以达到 II—III 类的。

在黑河考察遇沙尘暴

去了南方，还要看北方。领导布置给我解决黑河问题的任务。甘肃西部的河西走廊还是比较好的地方，其中有"金张掖""银酒泉"。酒泉之所以被称为"银"，是因为其市内有发源于青海祁连山，汇入内蒙古额济纳旗居延海的黑河流过，黑河古称"弱水"，即水量不大的河。在 2000 年以前，黑河流域最大的问题是处于中游的甘肃酒泉地区人口增多，生产发展所需用水量越来越大，因此造成黑河断流，尾闾东、西居延海于 20 世纪 70 年代先后干涸。为了解决这个问题，我们进行了全流域考察。

沿黑河下行，河中流量越来越小，河岸两边植被越来越稀疏，断流和土地沙化的现象十分明显。为了了解流域的全貌，我们开上了戈壁滩，没想到遇到了沙尘暴。沙尘暴来时，天空先是变暗，然后变黑，下午两三点就仿佛夜幕降临，接着就是飞沙走石，从上、从前、从后各个方向飞来，让你在茫茫戈壁滩上无处躲藏，只能马上回到车中。没有车的就只能趴在地上。在车里仿佛一叶孤舟坠入大海之中，不知这场灾难何时结束。沙尘暴一般持续1~3个小时，3小时过后，不管你的车是什么颜色，喷漆一律被打掉，变成银光闪闪的"银车"。我们这次遇到的沙尘暴仅持续了1个多小时，车漆还没全被打掉，但已经斑斑点点。沙尘暴的恐怖是没经过的人想象不到的，小学生上学路遇沙尘暴，被埋在沙里，惊吓干渴致死的不是个例。

戈壁滩中偶然出现的绿洲就是胡杨林。胡杨林是一种沙生乔木，有"一千年不死，死后一千年不倒，倒下一千年不朽"之说，可见其生命力之强。据我们调查，目前存在

这是黑河考察中最不荒凉的地方

的胡杨林中的老树也就五百年上下，即明朝中期的树。由于河流断流，水源减少，不少胡杨林已经枯死。枯死的胡杨有的仍然挺立，但无枝无叶；有的已经倾斜，树干中空，摇摇欲坠；大量已经倒下的胡杨横躺竖卧，有的树干已全空，有的只剩半边，仿佛小木船。枯死的胡杨林真是一片"鬼域"，有的"鬼"笔直挺立，面目狰狞；有的"鬼"衣衫褴褛，好像是乞丐；有的"鬼"盖着破被，躺倒在地。这里有鬼墙、鬼门、鬼屋、鬼船，不一而足。这般景色激发了人的想象，尤其在傍晚，一阵冷风吹来，真让人不寒而栗。

出了胡杨林，还有千年古堡——规模宏大的鬼城。这里在宋朝初年还有大军驻守，但现在已是一片黄色的废墟，与黄沙连成一片。我们登上古堡，只见墙倒屋塌，但形迹可辨，有箭垛、有枯井，估计当年可驻扎上千人。堡外有新建的小屋，里面住有古迹的看守者，但门也不锁，人已不知去向，从屋中杂乱的样子看，他也只是偶尔来一下而已。这里无水，人是无法常驻的。

我们一直开到了边境。戈壁滩上一望无际，在10千米以外就可以看见哨所的两层小楼。略近就可以看见哨兵在屋顶上跳跃。随行者说："这里的兵这么热情地欢迎我们！"陪同者说："嗯，他们又看见人了。"我屡上国内外的荒

原，可以理解两个星期不见人的滋味。尽管我是到此的级别最高的官员之一，但是士兵跳跃不是因为你的级别，而因为你是"活人"。战士们的住所很好，而且可以接收电视信号，但手机没有信号。最大的问题是在毫无参照物的漠野边境上巡逻，尽管是固定路线，在前些年仍发生过战士走失不返的现象。战士为守卫祖国的边疆献出了自己年轻的生命，永远地守卫在有时甚至没有任何界线的边境上。

我们登上边防哨所的二楼屋顶，边界线尽收眼底，甚至可以看到另一边的蒙古。在哨所附近有铁丝网，不远处还有高耸的国门。虽然都是戈壁荒野，边界的蒙古一侧植被明显更好，是一片青色，在荒漠上有小草；而在我国一侧则一片灰色，只剩下砾石，已不能放牧，这是人口增多，过度放牧的结果。但是到 2010 年以后情况则完全反过来，境外的草原卖给了西方国家和日本开矿，而我们厉行生态保护。所以 2010 年前被我们治好的来自此地吹到北京的沙尘，近两年又来了，不过"主人"变了，现在是从境外吹进来。

在我主持制定《黑河流域近期治理规划》的时候，航天城要求把他们列入规划之内，经请示领导，我同意了他们的要求。戈壁上的航天城是一片人造绿洲，航天工作者在这里进行着经年累月的艰苦工作。现在这里的生活和子女教育的条件已经越来越好了。最大的问题是水源。航天城有巨大的人工湖——水库，而且抽取地下水。但是，由于黑河的断流，水库不断萎缩；东、西居延海已干涸 30 年，21 世纪出版的地图已经没了东、西居延海的地名。湿地型湖泊的干涸导致地下水位不断降低，抽取越来越难，水质也随之降低。治理规划的制定和实施保证了航天城的正常工作和宇航员及时上天。

在额济纳旗，由于县宾馆装修，我第一次住进了"镇级"个体户开的旅店。旗长一再和我说抱歉。我说非洲森林我也待过，没关系，旗长这才如释重负地离开。旅店的卫生条件恶劣，被子上还有膻气，而且进去不久后就停了电，晚上无法工作更令人难以忍受，我就看着"秦时明月"，听着戈壁夜风过了一晚。

我们到达东居延海时，看到这片几十平方千米的湖泊已完全干涸，湖底土壤已经板结，表面已有一层浮沙，周围没有生物，没有草，更没有树，连鸟都没有，是世界上最大的一个"土地足球场"，伸向天边。不能想象这就是300 年前清朝皇帝给从俄罗斯归来投奔清廷的蒙古土尔扈特部落的、水肥草美的封地。今天土尔扈特人的后裔已南迁，也就是说这片绿洲如果不恢复，有人的边界就至少要南移 200 千米。

地球上水质最好的有人湿地——苏格兰湿地

地球上无人区的淡水生态系统基本上都属于Ⅰ—Ⅱ类，是最好的水生态系统。但是有正常居民的最好的水生态系统在哪里呢？在英国的苏格兰地区。主要原因是这里有大片原生湿地没被破坏，起到了自然生态净水的作用。

2000 年年初，我全面考察了苏格兰的水。苏格兰的山清水秀早就闻名于世。尽管苏格兰的青山绿水历历在目，但是当苏格兰环境保护局的同行向我们介绍当地人口密度为 70 人 / 平方千米，水体 91.7% 达到Ⅰ—Ⅱ类，而没有Ⅴ类水时，还是使我们大吃一惊。这在世界上都是个奇迹。在已经工业化的苏格兰，如何能使水体水质达到如此高的标准呢？

苏格兰人口只有 500 万，总面积约 78783 平方千米，有足够的生态足迹。苏格兰有英国最高峰——1345 米的本尼维斯山。水是苏格兰环境中尤为重要的系统。在苏格兰有超过 30000 个大小湖泊，6620 多条河流和大片湿地构成的水生态系统，多数湖泊实际上是湿地，有些河滩也是湿地，所以湿地是英格兰水生态系统的主体，可以说苏格兰是世界上水质最好的、有人居住的湿地。

苏格兰湿地

　　苏格兰凯斯内斯地区的湿地面积有 4000 平方千米。1979—1987 年，有人打算开发这一片荒地，造林牟利，创造就业岗位。经多个民间组织呼吁，政府予以干预，禁止对湿地进行任何开发，开始注重对湿地资源的保护。

　　在湿地，我们看到大片的泥炭地挖出泥炭，留在野地晒干，在冬天做燃料。泥炭将沼泽的水染成褐色，流入小溪、小河，直至下游的入海口都有褐色的水流。泥炭再变化就是褐煤。

　　我国水质最好的青海，虽然 I—II 类水也达到了 88%，但主要在无人区，全省平均人口密度仅为 55 人 / 平方千米，但 V 类和劣 V 类水已达 3.4%。

　　在水污染普遍严重的华北平原，河南鹤壁市的淇河在人口密度高达 600 人 / 平方千米的 1000 平方千米流域内，居然保持了 90% 以上的 I—II 类水质，说明在我国的人口密集区，只要政府重视、方法科学，也能保住和修复健康水域。

　　在如此复杂的河湖情况下，苏格兰的水环境保护为什么如此成功呢？第一，水环境保护或改善的标准看似不高，但因地制宜，逐步落实，使之保证能够在州政府的财力支撑范围内完成。第二，除了点源外，也对面源和地下水污染源进行深入细致的调查，包括苏格兰废旧矿井对地表水、地下水水质的影响调查，对来自农村牧场的污水调查，苏格兰环境保护局还分析了来自农牧场废水难以得到彻底治理的原因。

　　苏格兰环境保护局对改善水环境提出了几项基本原则，以下是我的"中国化"改造。

　　1. 与有关机构协调合作，统一建立一个相互协调、符合社会和经济需要的改善环境的目标。即管水统一规划。

　　2. 环保局对污染问题和环境危害逐一排序，以保证治理投资的优先顺序和最大效益。即治污要排序，讲效益。

　　3. 环保局通过修改和制定法规，严格执法，保护环境。即无法必立，执法必严。

　　4. 按法律框架规定，环保局对义务承担人达到要求的或进一步减少排污的，予以奖励。即第三方治理赏罚分明。

　　苏格兰的确是绿水青山、山清水秀，在依稀的迷雾中，潺潺而过的清流，清澈见底的湖泊，长满了特有的挺水植物、浮水植物和沉水植物的湿地，蓝绿相间，点缀着朵朵红花和白花，真是一幅美不胜收的图画，宛若人间仙境。这里仿佛没有人居住过，披上了一层神秘的色彩，让游客流连忘返，让居民心旷神怡。能取得这样的成绩，和苏格兰当局一系列法律、体制、管理和经济上的得力措施是分不开的。

在我国，这样的地方已经非常少见，水环境工作者一定要守住最后一片净水，哪怕留给后代看看也好，否则前愧古人，后负来者。不要给自己留下终生遗憾。

主持制定《21世纪初期（2001—2005年）首都水资源可持续利用规划》

由于人口剧增、经济迅速发展，北京缺水的问题越来越严重，曾几次出现水危机。为什么北京的水问题一直得不到解决呢？主要是因为当时没有足够的经济实力，同时也与指导思想有关，没有从北京和周边地区共同可持续发展的大系统出发来分析和解决问题。

1998年12月，我开始主持制定规划以解决问题。北京水源的上游地区存在突出问题：密云水库上游是生态蜕变，官厅水库上游是工业污染。主要有四个方面的问题：一是两个水库上游来水量逐年减少，官厅水库尤为明显。我看到潮河和桑干河都成了宽阔河床中的涓涓细流，让人吃惊。二是水污染严重。上游产业技术落后，污染大、耗水多。我去考察时，察看一个酒厂，厂长以为我们只是一般看看，因此热情接待。等看到我一直向后走时，就多方阻拦。我弃车快步，抢先他走到酒厂后的排污口，看到酿酒产生的发黄的废水泛着白泡沫流向潮河，这样的水就进入了密云水库。如果不采取有力的措施，密云水库的水质可能在5~8年内较严重地恶化，成为第二个官厅水库。三是水资源浪费严重，利用效率低下。四是种植结构不合理。承德的丰宁等地近百年来种水稻，到我们考察时，不少地方的农田每亩用1600立方米水来种稻。以当时北京民用水价1.90元每立方米计，每亩光水费就合3000元，仅此一项，每斤米的成本就合38元。这样不但经济上不合理，而且由于妇女4月就下水插秧，导致大多数女性得了妇女病。五是植被破坏，水土流失，生态系统日趋恶化。上游乱采小铁矿，不仅破坏了植被，还把河道当成了洗矿场。在枯水季节，我亲眼看到橘红色的水流入河道，向密云水库奔去。我在考察过程中还看到，潮河上游的塞外小村农户，黄沙已埋到后墙窗台，村民对我说："大风沙天，不扫就要进屋了。"而潮河源处，山上已是秃山，源头已是小水坑，让人难以置信。

我提出了"以水资源的可持续利用保障可持续发展"的指导思想。2001年，时任副总理在全国城市供水节水和水污染防治会议上说："'以水资源的可持续利用保障可持续发展'这句话讲得好。"

同时，也必须改变水资源浪费现象比较严重的状况。

在周密实地调研的基础上，我组织下面所有可动员的人力编制《21世纪初期（2001—2005年）首都水资源可持续利用规划》。它以知识经济和循环经济的思想为指导，做了一个严格、现实、着力投入的节水和治污计划。我们规划制定的具体措施是一保，二节，三管，四调整，五水价，六调水。

一是保护水资源，防治水污染，治理水土流失。我在承德调查时，当地有农民介绍，他们每户每年要割10亩地的柴草来生火，但实际上随着植被恶化，20亩也不够。若以每年割15亩计，10万户每年就彻底破坏了1000平方千米的植被。《21世纪初期（2001—2005年）首都水资源可持续利用规划》提出要以户为单位建设沼气池替代柴草的生态措施试点。每户出1/3资金，以工代价1/3，国家投1/3，沼气灶就能普及，生态示范区就能建设。禁止小铁矿等乱采滥挖破坏植被的行为，把污染企业的多余农业劳动力转移到生态系统建设上来。我做了实地调查，了解到上游开采的小铁矿的品位不过20%~30%，采矿农民每月收入不过200~300元。现在有生态建设资金保证，农民可以上山种树，收入和采矿差不多。对上游的北京地区也采取同样措施，实施退耕还林、还草，进行小流域山、水、田、林、路的综合治理。

二是实施节水工程，提高水资源利用效率。上游地区农业用水量占总用水量的70%以上，用水效率很低。采取综合措施后，上游地区每年可节水5.06亿立方米，相当于当时北京9个月的自来水用量。

三是加强水资源的统一管理，建立规划协调机构。其实任何稀缺资源都需要统一管理，例如对黄金，各国都是统一管理。规划由国家计委、财政部、水利部及国家环境保护总局、北京市政府、河北省政府、山西省政府参加的"21世纪首都水资源可持续利用协调机构"加强管理。

四是调整产业结构和种植结构，转变经济增长方式。在上游大力压缩水稻种植面积，少种1万亩就节水1500万立方米，够全北京人用8天。我牵线搭桥在承德搞的中草药种植，尤其是板蓝根、冬枣项目在当地很受欢迎，群众的积极性很高，既节约用水，又提高了经济效益。还要建设绿色食品生产基地，创出品牌。

同时，开辟北京故宫—承德避暑山庄"清史游"旅游专线，发展第三产业。外国游客对中国清朝的历史最感兴趣，267 年的清朝历史，有 1/3 的重大事件都发生在承德。北京现在每年有 300 万左右的外国游客，如果通过宣传把来北京的外国游客吸引到承德，也是一笔不小的收入。

五是建立合理的水价机制，调整水价。水是半公共用品，有商品属性，因此，水资源问题的解决也有赖于市场，"适时、适地、适度"地调整水价，是解决问题的经济杠杆。

六是从外流域调水，以便保证近期的供需平衡。21 世纪初期，北京由于人口剧增，经济快速发展，供水有 10 亿立方米 / 年的缺口，因此在上述节水措施未全面见效之前，应该从外流域有限调水 10 亿立方米，达到供需平衡。上述措施见效后，可以回补生态用水的欠账。

这是我国第一个有资金、有进度、有责任的生态修复规划项目，是第一个投资百亿元（220 亿元）而没修一个水库的水利规划，是一个大系统分析，采取工程、经济、行政和生态综合措施，实现水资源可持续利用和生态修复的新目标。这是从中央到地方各级领导指导和水利部、地方全体有关同志努力的结果。

以下是当年我与原景市长的一段对话，很能说明问题：

吴：现在乱采小铁矿的农民工每月能挣多少钱？

景：不一定，平均每月二三百元。

吴：如果国家投入，每月给 300 元，让他们上山种树，能不能停止乱采乱挖？

景：当然能，由我负责。

吴：问题可能不这么简单，那些工头一个月能挣多少钱？

景：有上万元的。

吴：他们可能从其他地方再组织人来。

景：是。他们也由我解决，只要投资到位，解决不了，唯我是问。

任奥申委主席特别助理

2000 年 10 月 20 日，北京市委征得水利部党组同意，正式任命我为北京奥申委主席特别助理。当时的组织架构是主席、副主席，而北京市的副主席除了一人承担全职工作外，其他人担负的实质工作较少。再下面就是顾问和特别助理，特别助理只有两个，一个是体育总局的魏纪中先生，另一个就是我。再下面才是秘书长、副秘书长。而我是除了体育总局的干部外，国务院系统中唯一在北京奥申委担任实职的司长。

1992 年申奥时，我作为中国常驻联合国教科文组织代表团参赞衔副代表（对外）主管体育，参与了申奥。两相比较，这次北京市领导的特点是加强协作，广招人才，是在中央领导下申奥成功的主要原因之一。任命之前，贾书记就专门找我谈话，希望能广泛利用我的国际交往关系和第一次申奥所积累的经验。对我来说，很少有比用自己的知识和能力为国家做点工作更幸福的事了，很受感动。

自此，我就开始了白天在水利部上班，晚上做北京奥申委工作的生活，这样的日子长达 10 个月之久。我无任何额外报酬地做了两份司局长以上级别的工作，每天工作时间达 11~12 个小时。我清楚地记得，2000 年时我的白发很难找，而 2001 年申奥成功以后，我的白发就不计其数了，成为永久的纪念。

其后，我又前后担任北京奥申委参加欧洲奥委会代表团团长，悉尼奥运设施考察代表团团长，并带队考察了希腊雅典的申奥工作，主管用于申奥的环境问题报告的编写，参加接待国际奥委会北京的评估团，做了我力所能及的工作。

在工作过程中，有一件事给我留下很深的印象。我任悉尼奥运设施考察团团长期间，一次准备出国时，刘淇主席找我谈话。他鼓励我说我有经验，全面深入地了解情况不成问题。最后问到我出访的名义，我说是"主席特别助理"，刘淇主席马上说："老吴，你就别做我的助理了，做我的顾问。"我说："还是按任命说吧。"刘淇主席说："别的我说了不算数，我的顾问我说总算数吧。"随后安排道："把老吴的名片印成顾问。"

这是一件很小的事情，但是说明了当年北京奥申委工作的氛围，北京领导组的老同志尊重知识，尊重人才，成了后来成功的重要因素，值得继任者学习。

争办奥运与澳大利亚前总理惠特拉姆共进午餐

2000 年，我作为悉尼奥运设施考察团团长，第三次到澳大利亚考察了悉尼。其中有许多值得记述的内容，限于篇幅，这里就只记录会见前总理惠特拉姆的工作了。

澳大利亚前总理惠特拉姆是当时健在的澳大利亚最有声望的政治家，澳大利亚人把 60 年代中期到 70 年代中期称为"惠特拉姆时代"。尽管我见过不少总统、总理，但是这位德高望重的世界名人请我吃饭，仍让我激动不已。

惠特拉姆先生生于 1916 年，2000 年已 84 岁高龄，他获得悉尼大学的文学学士和法学学士学位，后来去过伦敦政治经济学院，与我父亲也算校友。他请我吃饭这种规格的款待，怕是和这段因缘很有关系。第二次世界大战时，他在澳大利亚皇家空军服役，参加了太平洋地区的战斗。1945 年参加澳大利亚工党。西方工党和社会党理论的巨擘，曾任英国工党主席的伦敦政治经济学院教授拉斯基就是我父亲和英国著名经济学家弗里曼的老师，惠特拉姆加入工党，也受到拉斯基教授的影响。1952—1978 年，惠特拉姆一再当选澳大利亚众议员，1960 年任工党议会副领袖，1972—1975 年任澳大利亚总理。他思想深邃，著作颇丰，影响了整个澳大利亚 20 世纪 70 年代的政治。从 1971 年起他多次访问中国，是澳大利亚唯一见过中国三代领导人的政治家，1987 年他还出任澳中理事会主席。

我们先到达丁临海湾的、带中国古典风情的中餐馆，于是自然站在门前迎候，远远走来了惠特拉姆先生。他身材高大，超过 1.90 米，行动略有不便，拄了根拐杖，满头银发，有大政治家风度。他热情地和我握手，和善而亲切的面容使我一下子和他拉近了距离。他没有安排菜单，只点了一个他爱吃的菜——中国的炒虾，其他请客人自便。他深情地回忆起第二次世界大战中和中国并肩作战的经历，回忆起 1971 年访华见到周总理及中澳建交的经历。1972 年他再来中国时见到毛主席，1978 年访问中国见到邓小平同志，邓小平同志称他是"中国人民的朋友"。1987 年他访问上海时见到时任上海市委书记的江泽民和时任上海市市长的朱镕基。他于 1983—1986 年任澳大利亚常驻联合国教科文组织代表，而我于 1990 年任中国常驻联合国教科文组织代表团参赞衔副代表，我们又多了个话题。这位老人侃侃而谈，对悠悠半个多世纪的历史如数家珍，把我带入了历史的长河。一个人在历史的长河中真像大海中的一滴水，无足轻重，但是如果他能了解先进的思想，见几个影响历史的人，再做一点对历史的进步有益的事，就是人生的最大价值了。

惠特拉姆表示，澳大利亚的人民都支持北京申奥。这真切的感情使人感动，大概只有他才有资格说这句话。他说："北京应该清楚地表示重视法语，届时要有法语服务。还要利用中国的特长项目，例如游泳等组织培训非洲的运动员。有的国家（指美国）的影响是不能不考虑的。一是人权问题，实际上有的国家私有武器，歧视黑人、侵犯人权的比例可能比中国还高。虽不指望他支持，也要和他讲清道理。二是美国 NBC 广播公司已付 8.9 亿美元巨款购买了2008 年奥运会转播权，美国已经抱怨这次悉尼转播时差造成的困难，中国和美国有 13~18 个小时的时差，对此的弥补应该有个办法或说法。"惠特拉姆先生在第二次世界大战中和美军是浴血奋战的盟友，他的这番公正的讲话，真令人肃然起敬。他还说："工作方法很重要，澳大利亚墨尔本 1996 年申办未获成功的原因主要是方法有问题。悉尼采取了动员各方力量包括大公司和各州的做法，比较得当。"

可能是由于惠特拉姆在澳大利亚的威望，此后我在澳大利亚的工作一路绿灯，政界和体育界要人见我就说："惠特拉姆请您吃饭了？"后来澳大利亚在北京申奥中的作用就是众所周知的了。

黄秉维院士："你是第一个向我提'生态环境'一词有问题的人"

黄秉维

黄秉维院士，广东惠阳人，中国科学院院士。1934年毕业于中山大学地理系，1938—1943 年在浙江大学任教。后任中国科学院地理研究所所长。中国地理学会理事长，第五届全国人大常委会委员。

我与黄院士只见过一面，交谈也不过半小时，但这半小时令我终生难忘。

我于 1982 年回国后，听到"生态环境"这个词，就产生了疑问，因为没有人能清楚地说明它的定义是什么，而且我发现对国家领导人讲话的英文翻译都是"生态系统"（ecological system），这大概是少有的中英文不对应的翻译。

"生态环境"是个语义不明的词。在环境问题中，英文的"环境"

（environment）一般指"生存环境"（life environment），人是主体，是人对周围自然生态系统的感觉，或者说是自然生态系统的状态。

从中文来讲，"生态环境"这个词类似于"庆祝国庆"，语义重复。实际上"生态系统"包括了"生存环境"；"生态系统"是客观存在，而"生存环境"是人对生态系统状态的感觉和认知。我没见到过有人给出"生态环境"的定义。

费尽周折，我打听到"生态环境"这个概念是黄秉维院士创造的。在2000年的一次会议上我见到了他，请教道："黄院士，听说'生态环境'这个词是您创造的，您能给我讲一下它的定义吗？"黄院士说："这是第一次有人向我提出这个问题。这是个语意不明的词，还没有定义。不过我可以说一下它的来由，它起源于20世纪80年代初一次国务院领导主持的宪法修改讨论会。草案中有'遏制生态系统蜕变'，我提出，生态系统的蜕变不一定对人类不利，不能以'遏制'一词以蔽之。例如，河流三角洲冲积平原的形成就是生态系统的蜕变，但是它对人类有利。我们似乎应该提'遏制对生态环境的破坏'。这个词因此沿用。我完全同意你的意见，'生态环境'是个尚没有明确定义的词。当时十分仓促，并没有多考虑，也没有想到这个词居然产生今天这样的价值。"

而今黄院士已是故人，他的科学态度和高风亮节让人肃然起敬，值得我们每一个"环境"与"生态"工作者学习。

我提出后，水利界领导向上反映过这个问题，中央领导还专门召集过专家研究（当时我出国），也曾征询过我的意见。我明确表示："生态环境"这个词已经约定俗成，深入人心，起到了提倡"可持续发展"新理念的积极作用，没有必要改变。但对它做出确切的定义是必要的。如果用联合国教科文组织的"人与生物圈"概念，"生态环境"的定义似乎应该是"在人与生物圈中，自然生态系统的状态"。

裴丽生副院长：科研管理专家，老一代科学家有口皆碑

裴丽生，山西垣曲人，中共八大、十二大代表，第三届全国人大代表，第六届全国政协常委。1927年2月入党。1929年考入清华大学经济系，1933年毕业。曾任抗日牺牲救国同盟会总会宣传部部长，中共太岳行署党组书记，太行行署主任，1949年任太原市市长，1952年当选山西省省长。1956年4月

裴丽生

任中国科学院秘书长，1960 年任副院长。在中国科学院工作 21 年之久。1977 年任中国科协党组书记。1983 年77 岁，在多次请求后被批准离休。1990 年 7 月，担任中国老区建设促进会会长。

他比我父亲大 3 岁，但和我父亲在清华大学同级，不过他是在经济系学习。两人都对读马克思主义书籍十分热衷，因此建立起友谊。

裴老慈眉善目，总是以一个忠厚长者的形象出现在我的面前，循循善诱，完全看不出当年曾做过抗日牺牲救国同盟会军事工作的痕迹，从不因清华大学毕业而对科学家以"学长"自居。"管理就是服务"，这个道理裴老有最深刻的理解，是共产党高级干部中的管理学（科研、经济）专家，是真正应该评为中国工程院管理学部院士的。裴老对后来人的殷切希望溢于言表，晚年对我十分关心，努力从各方面指导我。

裴老在中国科学院做领导工作时真是知人善任的范例，同时也是革命元老尊重知识分子的楷模。他常说："我这个院长是为科研人员服务的"，而且说到做到。他给科学家一种天然的亲切感、知性感和信任感，没有见过他的人是难以体会的，而我认识的众多科学大师无一不发自内心的佩服。他和中国科学院的一把手张劲夫同志真是绝配。

我是 1973 年进入中国科学院的，当时裴老已不在中国科学院工作，但他的影响好像处处都在，我所熟悉的王大珩、卢嘉锡、汪德昭、师昌绪和周光召等大师无不对他交口称赞。实际上裴老也出自名校，比这些大师还略年长，但他能和这些受外国专家尊重的大师们成为知心朋友。当时钱学森、郭永怀和邓稼先等"两弹一星"元勋都在中国科学院工作，他们受西方教育长大，不大愿受约束，自尊心极强（我姐姐曾为他们的助手）。他们在国外有优裕的生活，能在当年十分艰苦的条件下无怨无悔地献身"两弹一星"，没有裴老这样的领导是很难想象的。裴老在与我的多次谈话中，都表现出一个共产党人对大师们的赤诚、感化和帮助，所以说裴老也是"两弹一星"元勋，是当之无愧的。

当时上有聂荣臻、张爱萍这样的领导，下有张震寰、李觉和李福泽这样大学生出身的干部，他们也多是"一二·九"运动的热血青年，能甘当科学家的助手，比他们年长 10 岁的裴老居间起的榜样作用是十分重要的。

我和一个朋友去参加他夫人马伯母的追悼会，参加的名人很多，但朋友说:"裴老当时一直悲伤地低着头,一见到你,头立刻抬起来,眼睛放光。"我知道这是裴老看到了"后来人",是对我殷切的期望。现在我已到了裴老当年的年纪,所以更加理解。我当年多次去见裴老,真为对裴老的多次打扰而不安。但我从不沉浸于回忆的伤感,我能做的就是把这些高尚的人格和伟大的人情记录下来传给后代。

·2001 年上：一曲绿色的颂歌·

什么是自主创新？自主创新的根本是原始创新，原始创新源于个人的思想创新，想别人没想过的事情，说别人没说过的话，向传统挑战，这就是原始创新。

——吴季松

·大事·

促成上海建立统一管理水资源的全国第二个市级水务局（哈尔滨是第一个）。

当选 2000 年水利部机关优秀共产党员。

在《光明日报》发表文章《为什么要以水务局管理城市水资源》（1 月 1 日）。

在《人民日报》发表文章《新经济怎么了》（1 月 17 日），《充分认识生态用水》（2 月 9 日）。

在《经济日报》发表文章《建立合理的水价机制》（2 月 12 日）。

·小情·

《上海合作组织成立宣言》发布时，我正在上海市与市领导协商新建"水务局"，会中听到叶利钦突然提出不参加第二天的早餐会，大家做了各种分析，因为我曾经作为外事干部，所以都来听我的意见。我说："从电视上看可能是喝多了。"后来俄罗斯发言人以"身体不适"致歉，证实了我的分析。

与河北和山西领导的艰难协调

自 1998 年 10 月开始至 2001 年 1 月春节前，经过 15 个月夜以继日的奋斗，在水利部领导指导下，经过全司同志努力和各方面的大力支持，尤其是北京市政府和水利局，海河水利委员会，河北承德、张家口，山西大同、朔州，甘肃酒泉和新疆水利局的大力支持，《21 世纪初期（2001—2005 年）首都水资源可持续利用规划》《黑河流域近期治理规划》和《塔里木河流域近期综合治理规划》终于高质量编写完成。

这个过程中，艰苦的实地调查和巨大的工作量并不是最难的，最难的是以创新的思想制定生态修复规划，以及省际与部门间的协调。

北京市领导对这项工作高度重视，全力支持，率北京各级有关干部，开着十多辆面包车去张家口与河北省协调。水利部派我为代表参加。我一到宾馆，行李还未放下，河北省的叶省长就来到我的房间，我忙说："叶省长，您有事叫我去就成了。"他说："我打听清楚了，你是干实事的。不要说张家口是河北的，所以我来宾馆找你；就是到北京，我也可能找到你家里去。"叶省长的问题是规划如何同时反映河北省的利益，我向他做了详细解释，叶省长满意而归。后来协调会很成功，规划得到了河北省的同意。

在规划即将完成时，部长叫我去，原来是山西省的范副省长坐在他的办公室里，请水利部解释规划如何同时反映山西省的利益。我对范副省长说："不用说规划的宗旨就是流域共同可持续发展，就看我与山西田成平书记是校友，我也不会不考虑山西的。"范副省长说："有这句话，我就走了。"后来田书记在山西省说："解放以来中央从来没给晋北投入过 20 多亿，你们还说什么。"真是感谢这些顾全大局的省领导。

在编写《21 世纪初期（2001—2005 年）首都水资源可持续利用规划》的过程中，许多人认为投入 220 亿人民币进行水利规划，不修一个水库有些说不过去，我耐心地给大家解释："北京密云和官厅两大水库都蓄不满，缺的不是蓄水能力，而是水源，所以不能再修水库。再修水库又促进了上游农业用水，能给北京的水就更少了。"一位老工程师好心地对我说："您说的是对的，但是水利规划不留座水泥大坝作为标志，您退休以后评院士都难。"我说："很感谢您，为了北京人民喝水，我就不留水泥标志物，留个思想的标志物吧。"

国务院批准三个规划

2月7日，国务院总理办公会对《21世纪初期（2001—2005年）首都水资源可持续利用规划》进行评审。2月21日和28日，国务院总理办公会又对《黑河流域近期治理规划》和《塔里木河流域近期综合治理规划》进行评审。3个规划总投资共351亿元，是我国第一批有投资、有进度、有责任的生态修复规划，都得到了高度评价，顺利通过。

水利部汪恕诚部长多次指出，《21世纪初期（2001—2005年）首都水资源可持续利用规划》是水利系统做得最好的规划。我国有关权威也给予高度评价。我国著名生态学家、原中国科学院副院长孙鸿烈院士评价："规划围绕着可持续利用，有新意，体现了我国制定的可持续发展战略。规划的指导思想非常明确，是积极的、以新思路和新方法解决水资源现实问题的规划。"

我担任奥申委主席特别助理，同时负责北京的环境与水资源工作，借机向国际奥林匹克界及他们邀请的评估专家讲述这个规划，专家团队一致认为这是现代的、科学的、切实可行的规划。因此，2000年奥运评估团在北京的评估会议上，以及2001年莫斯科投票前国际奥委会委员质询时都未再提及北京的水问题。

到2005年时，规划已经取得明显成果，北京密云水库增加蓄水1.4亿立方米，2004年北京新增节水能力2.2亿立方米/年，再生水利用量达到2亿立方米/年，新增供水量1.5亿立方米，综合水价从4元/立方米提高到5元/立方米。上游河北和山西累计新增节水灌溉面积100万亩，新增节水能力1.4亿立方米，生态修复土地2000平方千米，建成与在建的污水处理厂18座。可以负责地说，如果没有这个规划和以其为指导思想的后续行动，北京将会不得不在夜间分时停水。

为什么要用水务局管水

以前我的注意力都放在解决水资源短缺这个实事上，在工作过程中我发现，我国三分之二的城市都缺水，国外的大城市也都缺水。我认识到城市是一个人工水生态系统，人口多、生活水平高、工业集中、排污量大、情况特殊，与农村地区有很大的不同，不能再像管农业一样管水，要有一种特殊的管理体制。

经过国内外考察，1999 年我写了一篇报告，提出我国的城市水资源管理体制应该实行改革，得到水利部汪部长认可，由此拉开了水务改革的序幕。

当时北京、上海和天津的水资源管理状况都是"多龙管水，政出多门"，例如北京是水利局、地质矿产局、规划局、公用局、市政工程管理处和市环保局六龙管水；天津是水利局、公用局、市政局、地矿局和建委五龙管水。产业都是断链，水源地不管供水，供水的不管排水，排水的不管治污，治污的不管回用；工作交叉、责任不清；政企不分，效益不佳。缺水由谁负责？水源和输水污染找谁？地面沉降由谁负责？污水处理厂没有运行费怎么办？这些都找不到主管方。主要问题包括：

一是多龙管水，人为地增加了市政管理的难度。例如天津，往往一件事涉及几个部门，涉及两个主管口，一位副市长定不了，甚至需要市长出面协调。

二是没有人对供需平衡负责。京津沪供水的水源地主要在上游省区，多龙管水，没人负责和上游省区统一交涉，保证水源的质与量。多龙管水难以统筹，如果从防洪考虑，当然是弃水保安全，来年可能大旱自然不是当务之急。北京就曾出现这种情况。

三是难以真正节水。多龙管水实际上是政企不分，"卖水的自然想多卖""水价不到位，谁也不在乎跑冒滴漏"，谁能真正负责节水。

四是无法有效地控制污染。控制污染的基本原理是污染总量不能大于由江河湖库决定的纳污总量，而纳污总量由水利部门定，排污总量由环保部门定，公说公有理，婆说婆有理，谁对枯水期生产排污高峰造成的水质急剧恶化负责？

五是没有人考虑河道积累污染和地面沉降等生态、环境问题。治理污染只是考虑减少现有污染量，但谁对已经积累的本底污染和由此产生的二次污染负责呢？由于地下水超采引起的地面沉降同样是一个问题，北京市东部已形成2600 平方千米的地下水位下降漏斗，逼近东郊使馆区。

六是无法建立统一的管理法规。东京、巴黎和柏林的经验都证明，由于水资源分属不同部门管理，所以很难出台统一的水资源管理法规。即使出台了，也因为无执法主体而无法有效实施。不统一管理，就无法依法行政。

七是无法定出合理的水价。水价究竟提多少？提价后各部门如何分配？

谁保证在提价后给用户提供更好的水？不统一管理，这些问题都无法解决。

成立水务局就是要在统一管理的前提下，建立三个补偿机制：谁耗费水量谁补偿；谁污染水质谁补偿；谁破坏水生态环境谁补偿。同时，利用补偿建立三个恢复机制：保证水量的供需平衡，保证水质达到需求标准，保证水环境与生态达到要求。水务局就是这六个机制建设的执行者、运行的操作者和责任的承担者。

水务局局长对市长负责，对城市水资源统一调度，保障可持续利用和发展，只有这样才能形成"一龙管水，多龙治水"的局面。

我们还根据这些原则，经过实地调查研究，为上海制定了水务局的实施方案，使上海在 2001 年建立水务局，成为水务改革中第一个建立水务局的省市自治区。2003 年北京水务局建立，到 2004 年我离任时，全国市级水利部门已有 50% 采用水务局的管理体制，有力地支持了南水北调的实施。

手机没有信号——东北湿地考察

我在联合国教科文组织主持了中国加入《湿地公约》后，一直觉得自己对湿地的了解还不够，所以对黑龙江省西、北、东三个方向的湿地与江河分几次进行了比较全面的考察。第一次是在 2001 年。

东北是我的故乡，我对东北的生态史做过一些研究、调研之后，十分震惊。1644 年清朝入关以后，对东北实行封林禁垦的政策，由于大量人口进关，原有的 400 万人口不断减少，在 100 万平方千米的土地上，每平方千米仅住 3 个人，达到今天自然保护区核心区的标准，是人类所需生态足迹的 9 倍。当年的东北除了沈阳周围有较大的居民区，基本上是森林与湿地的天下，森林连着森林，湿地连着湿地，是一片真正的青山绿水。1908 年弛禁后，大规模的闯关东开始，在短短的 100 年间，森林和湿地所剩无几。乘车奔驰在我的故乡东北大地上，触目惊心，感慨万千，到了长白山和大小兴安岭却要去找哪里有原始次生林，到了三江和扎龙湿地却要去找哪里还有湿地，我心中的郁闷难以形容。

我最先到达的是扎龙湿地，看不到水，看不到绿，只有一片枯萎的芦苇地，有如麦田的一片黄浪。到了核心区才看到水塘，连不成片，水也太浅。我问当地居住 5 代、50 多岁的农民关青山，他说我们站的地方在他小时候都是水，后来湿地连年萎缩，本来他们世代以打鱼为生，现在没鱼了。

管理人员知道我主持了中国加入《湿地公约》后，连连道谢，还专门给我放飞了养的丹顶鹤。正在这时我的邻居、老朋友孟市长暂时离职后，自己开车考察，来到此地。我马上热情招呼，请他与我们一起走，他十分客气地推辞，说别耽误我工作。于是我走前让管理人员给他再放飞一次丹顶鹤，以便照相留下资料，管理人员连连答应说："绝对没问题。"陪同人员还窃窃私语道："这位官也不小，看吴司长对他这么客气。"结果我走以后只放飞了几只丹顶鹤，孟市长后来多次讲这个笑话。

吴季松在扎龙湿地，身后是丹顶鹤

今天扎龙湿地已经成了"旅游胜地"，但实际上危在旦夕的湿地还有许多，比如东边的无人区乌兰湿地。这里的湿地不断萎缩，但仍像海一样，那天高云淡、湖广草深的情景是旅游者看不到的，水鸟成群，白天鹅起落，但丹顶鹤很少，这些鸟都不怕人。

突然，我们来的两辆车有一辆陷在泥里，想打电话求援，手机在这片荒原上却没有信号。我们只有两个选择：一是我坐的车先开走；二是把另一辆车拉出来，但在这种情况下如果两辆车都陷下去，大家就都要在这冰冷的荒原上过夜，等人来找我们。大家让我决定，我当然是毫不犹豫地选择了后者，"好心有好报"，车拉出来了，大家都没有在寒风和狼嚎中过夜，也没有看到那月高夜静的美景。

从这里出发，我们还到了内蒙古的中俄边境，边境上更是一片荒凉，人烟绝迹。大部分边界是沿深沟划出的，有的段落还有水，所以越境还是困难的。但是也有不少地方，只有一条水沟，宽不过二三米，可以跳过去，立在边境上的界碑就只是"防君子，不防小人"了，当然在边界后面中俄都有巡逻队。

中蒙边界也在不远的地方，茫茫的呼伦贝尔大草原的草场已经因为过度放牧而开始退化，不到20厘米高的小草让人不敢相信这里就是成吉思汗起家的地方。当年蒙古帝王死后实行密葬，至今没找到一座墓。关于成吉思汗墓有多种说法，但我相信是在这一带，谁不想葬回原籍呢？在这一马平川的草原上一看就明白，的确不能有坟冢，否则就成了盗墓者的目标了。在这没有参照物的莽原上，谁又能找到密藏地下的墓穴呢？真是高明。但是我认为一定在什么地方藏着记载方位的东西，否则岂不是连后代也找不到了。不过现在连标记也没发现，亡灵得到了真正的安息。

实际上就在百年前，从乌兰湿地经扎龙湿地到大庆以东是一片5万平方千米的大湿地，所以大庆铁人王进喜主要是在与湿地的泥浆战斗。百年之内，这里实现了从荒地到油田的转变，但至少在当年，石油比湿地更重要。

另一个大湿地是三江平原，也是现在东北最大的湿地。当年兴凯湖以北近8万平方千米的地区是一片巨大的湿地。中华人民共和国成立之初，人们在北大荒挖沟排水，砍伐芦苇，开出了一片片粮田，这在那个人们处于饥饿状态的年代是必要的，但其实也可以有更好的规划。而今天大家已经有了共识：要全力保护和适度修复湿地。

在吉林的图们江口，在中国、朝鲜和俄罗斯三国交界的地方，有个哨楼，站在楼顶可以看到三国领土。我站在楼上不但可以清楚地看到俄方的岗楼，还可以看到俄罗斯的巡逻兵，朝鲜的领土也看得十分清楚。

现在大家都埋怨清政府当年派去与俄国谈判的官员腐败，坐在县城喝酒，不到现场勘察，使中国边境后退了15千米，失去了图们江的出海口。其实这个问题早就存在，1727年清朝比俄国强大时，签订《布连斯奇条约》，以额尔古纳河为界，就失去了很多领土，这更让人无法理解。据我的实地考察，原因可能是当年东北原始森林遍布，视野十分受限；湿地遍布，马无法前行，没有使用比例尺的地图，甚至没有居民可询问。因此，清朝当时对大片土地是没有实际控制能力的，地再大也没有多少用处，保住民族发源地和围猎场就够了。

当然，到 19 世纪末列强瓜分中国时，谈判的清朝官员的确昏庸腐败，没有克服困难找到图们江口，但也有缺乏现代地图和观察监测工具的具体困难，否则我国就有日本海的出海口了。但历史是没有"如果"的，我们就在今天为实现中华民族伟大复兴争气吧。

吴季松在吉林图们江口哨所眺望中、俄、朝三国

修复扎龙湿地

2001 年已岌岌可危的扎龙湿地，今天以丹顶鹤著名，成为黑龙江、东北乃至全国的旅游热点。这缘于我在考察后当年就采取了措施，使湿地能有今天。

扎龙自然保护区位于黑龙江省齐齐哈尔市东南，嫩江支流乌裕尔河、双阳河下游的湖沼苇草地带。扎龙自然保护区总面积为 2100 平方千米，其中核心区面积 700 平方千米，是我国最大的以鹤类等大型水禽为主体的珍稀鸟类国家级自然保护区，1992 年被列入国际重要湿地名录。

1999—2001 年，扎龙湿地及其水源补给地乌裕尔河和双阳河流域遇到大旱，2000 年湿地又发生大火灾，延续多日，芦苇连根燃烧，几乎摧毁了扎龙湿地的生态系统，700 平方千米的核心区只剩 130 平方千米有水，湿地几乎覆灭。2001 年在水利部指导下，黑龙江水利厅、刚成立不久的齐齐哈尔水务局和水利部松辽流域水利委员会发挥统一管理的体制优势，筹措资金，启动扎龙湿地应急调水工程，当年就向扎龙湿地补水 3500 万立方米，平均水深 27 厘米，勉强保住了仍在萎缩的 130 平方千米湿地。扎龙湿地调水工程于 2002 年 4 月竣工后，到 2002 年向扎龙湿地补水 3.5 亿立方米。2002 年 8 月 25 日，国务院总理和水利部部长到湿地考察，对补水工作予以表扬。2003 年向湿地补水近 4 亿立方米，约占湿地正常蓄水量的 70%，恢复了 93% 的湿地核心区，达 650 平方千米以上。丹顶鹤种群总数超过 400 只，较 2000 年增加 30%。每个亲历的人都看到，芦苇新绿，湖泊蓄水，水鸟成群，鹤类飞舞，扎龙湿地基本恢复了旧貌。关青山对我说："我们的日子又好过了。"

湿地并没有很大的直接经济效益，对于补水单位更是只有投入没有产出，连续两年的补水之所以能够进行，主要是实现了水资源的统一管理。只有统一管理，才能从自然生态的大系统角度看问题，为保护自然、实现人与自然和谐而互相协调、集中投入。

参加波恩国际淡水资源大会

经水利部领导批准，我接受了德国受联合国委托主办的国际淡水资源大会的邀请，担任国际指导委员会委员。由于工作忙，我未能参加第一次会议，分别于 2001 年 3 月 29—31 日和 2001 年 10 月 4—6 日在波茨坦和法兰克福参加了第二次和第三次国际指导委员会。

我还轮值做会议主席，会议组织者、德国经济合作发展部的科努切维奇局长，资源、环境与核安全部的博巴克局长及会议起草人海尔明先生都对我说："您的许多思想都写入了会议文件，您对会议文件做了很大贡献。"这为以后的部长级会议打下了基础。

2001 年 12 月 3—7 日在德国波恩召开了国际淡水资源大会。会议有 113 个国家的代表参加，其中有 46 位部长，我国派出以水利部陈副部长为团长的水利部、外交部、国家发展计划委员会和财政部组成的代表团与会。

2001 年 12 月 3 日，大会举行高官代表会议，中国代表团委派我和外交部国际司的许参赞参加这次会议，会议的任务是讨论《部长宣言（草案）》，这个宣言将直接为2002年在南非约翰内斯堡举行的可持续发展世界首脑会议奠定淡水资源国际政策的基础。经过仔细研究，我认为该草案有相当的水平，但有一处夹带了某些国家别有用心的用词，问题出在"水是一种人权和一种基本需求"这句话上。

在波恩国际淡水资源大会上，吴季松与陈雷部长在一起

大会对中国的修改意见展开了18分钟的激烈讨论，首先由许参赞提出应该将"水是一种人权和一种基本需求"改为"水是一种基本需求和人类的权利"。俄罗斯、日本和南非等国家代表都支持我国的观点，但英国和荷兰代表坚持要写上"人权"，眼看将要形成僵持局面。我发言道："'人权'和人类的基本需求不是一个层次的概念，因此没有必要并列。'人权'主要是指人的生态、发展和政治权利。而森林和空气都是人类的基本需求，难道要都写成人权吗？"此后全场一片安静，再未提出异议。会后，埃及和以色列代表团向我们祝贺，埃及代表与我们合影说："中国代表团胜利了。"

卢嘉锡院士："要把你看到的新东西写出来"

卢嘉锡先生，生于厦门，中国科学院院士、物理化学家。1934年毕业于厦门大学化学系，1937年赴伦敦大学公费留学，比我父亲晚一年。1939年与我父亲同年获得博士学位，获学位后又去美国加州理工学院，师从两度获诺贝尔奖的鲍林教授，任客座研究员。在鲍林教授一再挽留下，工作了 5 年多。在此期间，他发表了一系列学术论文，其中不少成为结构化学方面的经典文献。1944 年应聘到隶属于美国国防研究委员会第十三局的马里兰州研究室，参加战时军事科学研究，在燃烧与爆炸研究中有出色的成绩。1945 年获得美国科学研究与发展局颁发的"科学研究与发展成就奖"。

1945 年回国，担任福州大学副校长。1981—1987 年任中国科学院院长。1988 年由我在中国科学院外事局整理全部材料申报后，任第三世界科学院副院长。他是中国农工民主党主席，任第七届全国政协副主席。

卢嘉锡先生虽为最高领导，但十分谦虚，诲人不倦，对我说："你是新一代访问学者，要把你看到的东西写出来。"在他的鼓励下，我于 1982 年在《科学报》介绍了"可持续发展"的新理念，于 1987 年出版了《一个中国人看世界》（第一集）。

· 2001 年下：亲历申奥 ·

每一个不同的大文化单位，皆有其对世界史的特殊描绘。

——［德］斯宾格勒

真正的朋友不把友谊挂在嘴上，他们并不为了友谊而互相要求一点什么，而是彼此为对方做一切办得到的事。

——［俄］别林斯基

地球上有些人认为今天世界的一切来自欧洲，的确，现代的物质文明、经济模式和政治体制主要来自欧洲及其后裔所在的北美。但是他们错了，他们只看到了表象。错在三个地方，第一是主流并不代表一切；第二是正确地认识现在必须了解过去；第三是现在并不等于未来。

——吴季松

· 大事 ·

7月，出版《亲历申奥》（吴季松著，京华出版社），为申奥成功后中宣部批准出版的第一本书。许多领导和大师称赞并向我索要，有不小的影响。

在《光明日报》发表文章《八年磨一剑　世纪永生辉》（11月9日）。

· 小情 ·

激战前夜的莫斯科

莫斯科世界贸易中心是决定举办城市的投票地，自然也就是5个申办城市的活动中心。7月8日，大厅门前就支起5个申办城市的展台，分发各种宣传品和纪念品。郎平、黄志红和王治郅等会讲英语的著名运动员都在展台上轮流服务。大厅约有2000平方米，1/3是国际奥委会执委会的会场，2/3由5个申办城市轮流排练。中国代表团于7月11日上午排练，包括提问题在内的1个小时演练，充分表现了以刘淇市长和袁伟民局长为首的陈述人半年来倾尽心血的辛勤劳动。

申奥时，吴季松与运动员代表们在一起

我在红场上坚持12分跑

我住在俄罗斯大饭店，与克里姆林宫近在咫尺，这使我得以在红场上跑步。距1983年我来莫斯科，在中国使馆周围跑步已经有整整18年了。一来我做事一贯坚持，二来我也想在激战前夜放松，我仍每星期跑2~3次12分钟跑。从俄罗斯大饭店北门出发，登小丘跑过瓦西里大教堂，大致是2500米。闻名遐迩的红场位于克里姆林宫东墙外，15世纪末由于火灾被烧成空地，因此被称为"火烧场"，17世纪中期称为红场，俄文中的"红"还有"美丽"的意思。红场东西窄，约80米，南北长约600米，总面积不到0.5平方千米，有 2/3 个天安门广场大，天安门城楼高 34 米，红场西边红墙上的检阅台高 19 米。清晨，红场上的俄罗斯人竖起大拇指对我喊"中国"！

有一件事值得特别记述，就是去莫斯科大剧院看国家芭蕾舞团的演出，这是在世界一流的大剧院看世界一流的演出，每国代表团都只有几张票。我没有票，略带遗憾地在莫斯科逛街，为写书准备资料。等我回来时演出已开始，我见到的每个人都问我："您到哪里去了？张副市长到处找您，把他急坏了。"原来是张副市长又找到一张票想给我，但我出去了，又有不带手机的习惯，所以他找不到人，而张副市长事后并未对我提起此事。有这样一个团体，申奥怎能不成功呢？

申办成功一瞬

7 月 13 日早 8 时 30 分，中国代表团全体成员从下榻的金环旅馆乘车去投票地点——世界贸易中心，比开始时间提早 1 小时前往。当时天气炎热，我开玩笑说："男外交官要西装革履，热了不能脱，现在又有了新时尚，再冷也不能穿毛衣。而女外交官可随便着装，以后应该都请女士当外交官。"大家大笑。

到了世界贸易中心二楼会议大厅，已经是人声鼎沸，国际奥委会委员，各国代表团成员和工作人员、新闻记者和俄罗斯的工作人员及保安都在交谈、找人。有的略显不快；有的喜形于色；有的匆匆忙忙，挤来挤去；有的侃侃而谈，胸有成竹。这座激战前夕的大厅像一个熙熙攘攘的巨大市场，不同的人来自不同的国家，怀着不同的心情，带着不同的目的来到这里，等待着决定历史的时刻，期盼着理想的结果。

北京申办团的陈述于 15 时 04 分开始。首先，李岚清副总理以英语代表中国政府坚定支持北京申办 2008 年奥运会。他说："我保证，2008 年奥运会需要的任何帮助，政府都会提供。我希望借此机会向你们保证，如果此次奥运会发生盈余，我们将用它来建立一个奥林匹克友谊合作基金，来帮助发展中国家的体育事业。如果发生赤字，将由中国政府承担。"字字有力，落地有声。刘淇市长用英语陈述："95％以上的中国人民支持申办奥运会。虽然我过去是学俄语的，但是大家听得出来，我现在正在和市民们一起学习英语。"引起了一阵支持的感叹。袁伟民局长在申奥陈述中说："我们将竭尽全力，支持帮助、参与监督北京奥运会组委会，将 2008 年奥运会办成奥运史上最好的一次运动会。

申奥现场，吴季松拍摄的法国总理若斯潘（左四）和球星齐达内（左三）

我们将继续坚决执行国际奥委会反兴奋剂的有关各项决议，捍卫奥运的纯净性。"邓亚萍、杨凌和杨澜也做了陈述。陈述高质量地进行了整整 45 分钟，是前 4 个申办城市中最准时的一个。

国际奥委会向中国团队提出了 8 个问题，让北京成为申办城市中被提问题最多的，反映了委员对在北京举办的关切程度。关于场馆建设、反兴奋剂、交通系统、语言障碍和基金问题，代表团依据分工给予了有说服力的回答。

北京代表团的高质量陈述后，大家都松了一口气。这时出现了一段插曲，可能是由于早饭来不及吃，巩俐饿得有点支持不住了。我是坐在附近的唯一领导，大家问我怎么办，我只能说赶快互传"谁带了食品？"。有人找出两块口香糖，我摇头说："没用。刘副市长低血糖，可能备有糖。"好在刘敬民副市长还真带了一小袋糖，让这件事变成一场虚惊。我们这一段工作的废寝忘食，由此可见一斑。

17 时 53 分，正式投票开始。经过 3 名监票人审核，萨马兰奇宣布了第一轮结果。与会委员 118 名，属于 5 个申办城市的 14 名委员不能参加投票，投票 104 张，有效票 102 张，分别是北京 44 票、多伦多 20 票、巴黎 15 票、伊斯坦布尔 17 票和大阪 6 票，得票最少的大阪被淘汰。

申奥时吴季松（中）与张艺谋导演在一起

申奥时应朋友之邀的摄影作品，大家说："除了您，别人照不了这张相"

18时05分，第二轮投票开始。在这决定历史的几分钟内，我已经看出北京申办成功了。一是几位监票人表情轻松，开始在座位上移动；二是国际奥委会成员姆巴伊开始给装投票结果的信封封口，而规则规定，投出候选城市才能封口。由于我们两年来的工作，在第二轮就能胜出的只可能是北京。姆巴伊把封口的信封交给了萨马兰奇，18时09分，决定历史的一刻，萨马兰奇向世界宣布："2008年奥运会举办地是北京。"这次的投票，因为大阪已被淘汰，两名日本委员可以投票，投票数为106票，有效票为105票，北京以56票超过半数3票而获得胜利。多伦多22票，巴黎18票，伊斯坦布尔9票。这比我预计的在第三轮获胜早一轮，我们获得了胜利。

8年来从2票之差到3票之胜，我们的祖国、我们的人民和我们的申奥工作走过了一个充满艰辛、充满了奋斗、充满了不眠之夜和喜怒哀乐的8年历程，一切都汇聚于2001年北京时间22时09分这一刻，这决定历史的一刻。记者的摄像机因为挤不进去，恰好对准我们这里，拍下了向世界播送的第一瞬，记录下了我一跃而起的一瞬。事后我的亲友和同事都说他们看到了这一瞬。从我参加第一次申奥起已经8年，奥运之树终于结了果，回顾3000天的努力，我和全国人民一样感到无比欣慰。

国际药检委员会副主席弗里克助申奥

在欧洲奥委会，我结识了一位土耳其体育界的元老——弗里克先生，他又高又瘦，一头白发，面容和善文雅，穿着浅色西装，风度翩翩。他曾是国际奥委会委员，现在是本届欧洲奥委会邀请的唯一的荣誉委员，从与会代表对他的尊敬态度可以看出他的地位。他是欧洲奥委会药检委员会副主席，是现任国际奥委会主席罗格多年的同事和密友，也仿佛认识与会的每一个人似的。他在经营医药公司，我对生物制药高技术又略有了解，于是彼此很快熟识起来。弗里克先生把我介绍给了几乎所有欧洲奥委会的领导。他的面子的确不小，每次介绍都能引起对方重视，真是给我这个门外汉的工作帮了大忙。

我们谈得很深入。他坚决支持北京申奥，认为应该给当今世界发展最快的东方文明古国以机会。但土耳其的伊斯坦布尔也在申奥，他的为难之处不言而喻。他说："去中国是我的梦想。"以后我们互相通信，密切注视申奥的进程，他言而有信，在伊斯坦布尔失利后，运用自己的影响力使大部分支持票倒向了北京。

很快我就有了兑现诺言的机会。我代表 2001 年中国北京大学生运动会组委会，邀请弗里克先生作为特邀嘉宾与会。2008 年奥运会的申办投票已经结束，不必再避嫌，弗里克先生愉快地接受了邀请，携夫人到了北京。当我从机场把他们接到宾馆后，75 岁高龄的弗里克先生激动地说："我参与国际事务已经半个世纪，但像您这样信守承诺的人，实在是凤毛麟角。我的激动是不能用言语表达的，不是为了这次邀请，而是为了认识这样一位中国朋友。"语真情切，感人至深。我也尽了主人的最大努力，请奥申委常务副主席刘敬民副市长接待了他，并让他作为贵宾出席了大运会的开幕式，看了他曾从事的田径比赛，游览了北京的名胜古迹。我还应他的要求，专程陪他去陕西看了兵马俑和华山。老夫妇尽管走过半个世界，但是激动的心情仍难以抑制。他们说："中国的古代文化太伟大了。""我们在世界上从来没有见过这么险、这么美的山。"临走时，他一再邀请我到土耳其去。

事有凑巧，仅仅 8 个月以后，我就有机会访问土耳其。2002 年 6 月我到伊斯坦布尔后，也受到了弗里克先生的热情款待。他们全家，包括已担任他公司经理的儿子在内，请我在海峡东岸，伊斯坦布尔亚洲部分的一个餐馆吃饭。

吴季松（左一）陪同弗里克（右一）访问大雁塔

我多次在海滨餐馆就餐，但是与海只有一米之隔的情况还不多见。海峡的夜太美了。我们谈着未来的奥运、2002 年世界足球锦标赛、中土的友谊和未来的合作，话题像海峡一样美，这真是一个美妙的夜晚。

张维院士："我把这个绝活传给你"

张维，北京人，院士，固体力学和工程教育家。1933 年毕业于唐山交通大学，1937 年在英国伦敦帝国理工学院获得硕士学位，1938 年在柏林高等工业学校获得博士学位。1946 年回国，历任同济大学、清华大学教授，在清华大学任工程力学数学系主任、副校长。

我们的交往多在 20 世纪 80 年代，我作为改革开放后首批访问学者归国以后，起草和参与以王先生和张先生为主建立中国工程科学院的议程，因此和他们有了更多的接触。他们的贡献是划时代的，他们使工程技术专家，尤其是航天和水利专家这样在荒滩和深山里献身的科学家有了自己的家和应得的荣誉。他们谈起这些问题时说，第一批院士都是我们推荐的，有的新学科我们并不太了解，但总得有人，所以尽自己所知推荐了一些人，没有搞"同行评议"。

我与张先生交往很多，让我印象深刻的有几件事。一是陪张先生出国，同行还有周培源等大师。当时还要凭单据报销，每天的出国补助很低，不够在中低档饭店吃中晚餐两顿饭的，张先生在吃饭时总结"经验"："早饭（旅馆含）尽量吃饱，午饭找个咖啡店，吃个小面包，晚饭好好吃一顿，伙食费就够用了。"我听了真有些心酸，这些本可在国外享受优裕生活的大师，为了报效祖国苦干，为了科技交流促进我国科学发展，出国竟要总结这样的经验，这大概是 70 后想不到的。

另一件事也发生在陪张先生出国吃饭时。张先生与周培源先生讨论在国际会议中如何通过观察，识别不知国籍的外国人（主要是欧洲、美国、澳大利亚人），这在外交上是十分有用的。张先生基本是十测九中，他对周先生说："季松有基础，我这个绝活传给他了。"张先生先后多次教我他近半个世纪积累的经验，使我现在基本达到了十测八中的水平，但不知如何再传下去。这个技术不能失传。

2001 年我作为北京奥申委主要负责人之一，在申奥成功后经过批准写了关于申奥过程的第一本书《亲历申奥》，同时在《北京青年报》连载。张先生在 7 月盛夏给我打电话说："你的《亲历申奥》在《北京青年报》连载，看得我太着急了，书出了没有？给我送一本来。"

在张先生家中，我多次见到其夫人陆士嘉，但说话不多。她曾说："杨振宁和何东昌（国家教委原常务副主任）都曾是我的学生，何东昌如果继续学业搞研究，不比杨振宁差。"

张维

·2002 年·

如果人人都为自己活着，世界便会冷却下来。

—— ［英］拜伦

只有弱肉强食的竞争，人将沦为动物；没有竞争，人活得还不如植物。公平和互益的体育、科技和经济竞争将促进人的可持续发展，而源于古希腊的奥林匹克思想开创了这种竞争的先河。

——吴季松

·大事·

李正文（1928—2002 年）先生去世。

顾卓新（1910—2002 年）先生去世。

1 月，出版《现代水资源管理概论》（吴季松著，中国水利水电出版社）。

在《中国水利》发表文章《水务管理体制改革的发展和深化》（2002 年第 7 期）。

在《人民日报》发表文章《足球魅力源于何处》（7 月 3 日），《加强对民营企业发展的引导和服务》（8 月 20 日），《也说按"三个代表"选拔人才》（9 月 5 日），《水害·水消费·水资源》（11 月 19 日）。

·小情·

国务院会议上，我提出的水价新动议取得共识

在水资源管理工作中，我发现有两个棘手问题必须解决：一是水资源统

一管理问题，它牵涉部门利益，九龙管水的盘根错节谁理得清楚？二是水价问题，直接牵涉企业、单位和百姓的利益，谁敢动？

我国北方人均水资源量仅 900 立方米，严重短缺，不节水不能解决。"物以稀为贵"是古训，当时我国水价却低得出奇，黄河灌溉用水才几分钱 1 立方米，使千百年来的大水漫灌得以在缺水的情况下延续。北京的水源——承德以每亩用水 1600 立方米来种稻子，这得合多少钱一斤米？

但是，由于 2001 年起许多企业破产，城市下岗职工的生活困难。各种会议上多次讨论提水价，均被否决。我参加了一次重要会议，除了科技部等个别部门外，一律认为目前水价不能提。

得到领导允许后，我在会上发言："我在企业工作过，知道目前企业的困境；我在北京生活了 50 多年，了解城市贫民的生活状况。但是，目前的严重缺水也是实际情况，我们只有两种选择：一种是适度提价，另一种是缺水、限水、停水。我想最难撑的企业的选择也不是限水，那样就无法生产了。最困难的城市居民的选择也不是分时停水，那样会让生活水平降低得更多。所以，正确的选择是提价，同时对确实困难的企业和家庭予以补助。政府最重要的功能就是引导老百姓做正确的选择，正确的选择是提价。"

此后，再没了反对意见，最后领导做总结："今天大家的意见统一了，水价要提，但要适时、适地、适度，建立合理的水价机制。"这个决定的确高瞻远瞩。自此提水价才有了尚方宝剑，各城市逐步付诸实施。

会后，有位财政负责人问我："您讲得有理，但能否说一下，提了价后，钱到哪里去？"我说："这个我可没有深入研究，大至去四个方向：水资源管理的支出，让自来水厂保本微利，污水处理费的支付和投入开发节水技术。"他说："厉害，四句话就讲清楚了。"

此后，包括中央电视台和《人民日报》在内的众多媒体请我讲提水价的事情，我因为公职在身谢绝了其中绝大部分，讲的时候也着重强调"适时、适地、适度"。还指出："提价了就更要保证给老百姓充足、高质的水。"这个内容大多未予播出。我还讲道："伦敦和巴黎都曾按工资比例把水价提到高位，解决完上述四个问题后，又把水价给老百姓降了下来。"

走遍南北疆考察用水

我前后在新疆住过 5 年，离开新疆近 30 年后又为了检查《塔里木河流域近期综合治理规划》的执行情况，走遍了南北疆。

我们先去看塔里木河上中游节水后断流恢复的情况，向塔里木盆地深处、已经在地图上消失的罗布泊开去。这一带公路本来质量就不高，而且被过量超载的车压得坑坑洼洼；又是无人区，养护不定期，路况很差；再加上我们去时正在修路，要不断地绕路开进戈壁滩、下到深坑、爬上土丘，所以车的颠簸比船还厉害，我手抓紧车中把手，头还不时撞上顶篷。行程 200 千米，要开五六个小时，半天之内身体一直处于抛物运动中，没有好身体是坐不了这个车的。陪同问我："您已经 58 岁，又了解新疆情况，还向前开不开？"我说："我没事，一定要到达目的地。"

到了目的地英苏村，这个中华人民共和国地图上最小的居民点，只有不到 30 户维吾尔族人家。一般比这里大百倍的镇都上不了地图，标出这里的目的，是说明这里有人居住。但是由于塔里木河断流，没了水源，在规划实施前，这里的人都搬走了。我们惊喜地看到，输水后许多人家又搬回来了。其中就有被接到北京过千年日，见过国家领导人的 109 岁维吾尔族老人，他瘦高，背微驼，行走自如，近期的事都记不得了，但对青年时代的事记忆犹新。

我们通过翻译交谈，他说："政府让水流下来，我们又搬回来了。"我正好找老汉了解当年的生态状况。因为我们只有有限的水，所以最多只能逐步恢复原有的植被生态系统，不可能扩大植被面积，而关于当年系统的状况没有任何资料。所以我就请老人追忆半个世纪以前，提出"向西走多远树林就没了？""向东走多远树林就没了？""当年都有些什么动物？"等简单的问题，从而估测出当年的生态状况，以便决定我们以有限的水资源恢复的步骤。老人配合得很好，帮助我们科学输水，解决了大问题。

我们从英苏到了喀什，又从喀什去了克拉玛依。路上司机给我指出孔繁森失事的地点，一看真让人惊叹不已。孔繁森一行从西藏阿里那样陡峭的冰雪山路过来都没有事，却在大平路上翻在了路基下面的浅沟里。这可能是由于司机一路太疲劳了，到了平地就如释重负，开始大意，为捡一盒磁带翻了车，结果导致国家失去了一个好干部。真是大风大浪都过来了，却在小河沟里翻了船。

克拉玛依附近的"魔鬼城"是个自然奇迹，这里是典型的丹霞地貌。喀斯

吴季松与英苏村 109 岁维吾尔族老人的合影

特地形是水蚀形成，在洞里；而丹霞地形，主要是风蚀形成的，在旷野。远远看去，其布局像一座城，有高楼，有低屋，千姿百态。尤其在我们离开时，夕阳西下，各样的土丘投射出千奇百怪的影子，真仿佛有无数魔鬼从城中钻出。

到了克拉玛依，我看到了一个真正的人工生态系统。中学时有一首歌的歌词是："啊！克拉玛依，我不愿走近你，没有草，也没有水，连鸟儿也不飞。"半个世纪后克拉玛依完全变了样。在茫茫戈壁大海中完全像一座海市蜃楼。高大的建筑，整齐的马路，宽阔的草坪，现代的街心公园，让人丝毫不感觉这是一座戈壁中的城市。忽然一阵细雨飘来，雨越下越大，据说这在克拉玛依已不罕见，新的人工生态系统已经使这里易于成雨，石油人的梦想成真。

上天山，不伤民族情的避险

额尔齐斯河上游的电站是荒山中的一座"天降山城"，有平整的道路，有宾馆，有清澈的水面，仿佛一个现代化小城镇，但只要你抬头一看，山峰高耸，怪石嶙峋，额尔齐斯河奔腾而来，原来仍在荒山之中。我站在坝上，想着国际河流的问题，应该是以流域中不同国家的人口和耕地数目来加权分水，而且每次规划 5~10 年，再不断修改。

离开电站南下，热情的地方同志还邀请我们上了天山北麓。近乌鲁木齐的天池我去过，而真正的深山又是一番景色，山路崎岖，苍松翠柏，真是"这山望着那山高，这沟望着那沟深"。突然间，天山在 8 月飘起了雪花，并在顷刻间变成了鹅毛大雪，山间顿时变成白绿相间的世界，与我们这些穿着短袖衫的人形成了鲜明的对照。好在已近山顶，我们进了山间小屋，主人马上生起火来。

很快到了晚饭时间，主人盛情劝酒，我仍是设法婉言谢绝。晚餐近结束，我提出一定要在天黑前下山，主人已喝得半醉，连说"没问题，我们陪您下山"。

过了半天主人仍不见动静，我坚持下山。正如我所料，主人已不准备下山了，盛情留我在山上过夜，还说："我们是少数民族，这是我们的习惯。"我说："我也是少数民族，为工作一定要赶明天早上的飞机回北京。"同行者说："您真有办法，这种情况少有走得了的。"

在红日已落、薄冰已结的归路上，车沿 15° 下倾的路不断急转弯，司机对我说："白天开车危险性很大的路在黑天看不见，心里反而不怕。"原来如此，多诚实可爱的司机。车祸在新疆是家常便饭，新疆水利厅大半年来每天都有人在家养伤。但这次车祸如果发生，就不是养伤的问题了。

沿三江而下考察，忆抗日英雄

考察澜沧江也是个艰难的过程，沿怒江而下除了自然景观依然雄伟、壮丽外，还让我寻访到了历史遗迹，3000 华侨富家子弟回国当司机参加抗战，这是可歌可泣的壮举。

在抗日战争时期，中国接受美英盟国援助的唯一通道，就是沿怒江河谷铺就的滇缅公路。这里河谷狭窄、山势陡峭、浊流汹涌、旋涡湍急，那怒涛拍岸的轰鸣在告诉你为什么这里叫"怒江"。再加上日本飞机的轰炸，在滇缅公路上开车已成为司机的畏途。而且当时战争在大半个中国进行，兵员、弹药和粮草都要运送，司机奇缺，能开滇缅公路的好司机更缺。以东南亚为主的世界各地爱国华侨，就组织了 3000 名志愿者司机来滇缅公路跑运输。

这 3000 名司机多是学生和单身青年，当年这种人中会开车的绝大多数是富家子弟，其中也有一般称为"纨绔子弟"的，但他们无怨无悔地来到云南，在险恶的路上冒生命危险飞驰。

当年他们右顶峭壁，左临深谷，九曲十折，崎岖颠簸，随时有翻入江心的危险。车中没有空调，白天烈日当空，挥汗如雨，他们头上顶着轰炸，还时时要躲避弹坑，结果往往不是翻入江心，就是坠下悬崖，更不用说直接被炸得车毁人亡的了。到了晚上，树丛中的蚊虫又发动了比白天密集得多的"轰炸"，毒蚊咬出大包也腾不出手抓。更危险的是为了躲轰炸不能开车灯，汽车接二连三地滚下悬崖，屡见不鲜。

这些中华民族的优秀子孙就在这样的条件下跑了 6 年，4000 个日日夜夜。他们告别了父母，告别了恋人，不可能回去探亲，连通信也十分困难，但他们个个都默默地行驶着，默默地奉献着自己多彩的青春和宝贵的生命，用鲜血谱写着可歌可泣的史诗。到抗战结束，这 3000 青年中，约 1000 人死于轰炸和失事，1000 人死于伤病，只剩下大概 1000 人，不少人由于父母双亡、家庭破产等原因留在了国内，不少人衣食无着，因为他们不是军人。回到家中的只有几百人，几百个无人奖赏、无人授勋的英雄。

2003 年我们到那时，据说尚在的只有两三人，今天怕是一个也不在了。我当时就想，应该立一个大石碑，刻上这 3000 人的名字，每一个名字都可以写一部小说，这将是世界上最长的史诗。这一定和第二次世界大战诺曼底登陆一样永垂青史，值得立碑，永远被人瞻仰。

当然更值得歌颂的是两次参加赴印远征军的热血学生，其中有十五六岁的中学生，年轻的生灵死于野人山的毒蚊叮咬，死于缅北密林的巨蟒口中，死于密支那的阵地上，死于瑞丽的祖国战壕中。大家现在热衷于到丽江旅游，我却更爱去瑞丽和缅北寻访旧迹，在那里可以见到 60 年前的英灵，可以得到更胜于青山绿水的心灵净化。

当年第二次世界大战的盟军，即中美英联军的司令部就设在瑞丽，许多贫苦农民都给美英军打工，或开个小店、小饭馆为他们服务。所以至今在瑞丽仍有老人不识字，但会讲英语。

往返尼罗河五千里

尼罗河全长 6720 千米，是世界第一长河，发源于东非高原的维多利亚湖，流域面积 280 万平方千米，是黄河的 3 倍半，多年径流量为 850 亿立方米，是黄河的大约 2 倍。尼罗河在埃及境内长达 1530 千米，给埃及带来了绿色和生命，希腊历史学家希罗多德说得好："埃及是尼罗河的赠礼。"

2002 年 6 月，我第三次到访埃及，从开罗到阿斯旺，进行了一次埃及尼罗河往返考察。真正的尼罗河河谷就是从开罗到阿斯旺的这 800 千米。我乘车看了朝霞升起和黄昏日落。

田野上的一切生机都来自水，越远离城市，沟渠越多，有渠的地方绿色就更浓郁，而沟渠的水都来自尼罗河，没有尼罗河就没有这一切。太阳、水和绿色就是人类最基本的需要，无怪乎埃及人从文明建立之初崇拜、渴求、雕刻、记载的就是它们。

越向上游走，尼罗河越窄，平均宽度不到 100 米。河越窄，两旁的绿洲也越窄，铁路、公路和村庄都被压缩到不过 1 千米宽的地方。最窄处，黄沙把人类的生存空间压缩到不过 600 米，人们紧紧地抱住尼罗河这根救命的稻草。

小村庄也越来越破旧，村里最好的屋子是清真寺，次之是学校，居民住宅很小，黄土墙不均匀地刷着白色，房前有几棵不成林的椰枣树。穿着黑白长袍的居民站立在房前，看着几个小孩在修自行车。

突然，前面又豁然开朗，尼罗河宽了，草地宽了，村子也大了，公路和铁路由于周围的开阔也显得宽了。尼罗河给了人们更大的生存空间，一望无际的田野旁出现了红、白等五颜六色的新楼。随后，我们到了艾赫米姆城这个具有 5000 年历史的古埃及重镇。1981 年在这里出土了 3200 年前的巨石女子雕像，原长 11 米，据说是拉美西斯二世女儿阿蒙的雕像，是迄今为止埃及最大的妇女雕像。

更上游的尼罗河时宽时窄，在 200 米到 900 米间伸缩，仿佛天神在拉一根巨大的彩带；尼罗河河谷的绿洲也跟着伸缩，在 1 千米到 20 千米间变动，好像这条大彩带的影子。绿洲大多数在东岸，因为古埃及人崇拜太

吴季松住在尼罗河三角洲湿地旁的旅馆

阳，向往东方，多在东岸垦殖。为什么不向西岸扩展呢？看来古埃及人懂得尼罗河水量是一定的，不能盲目扩张的道理。

过了卢克索，我们到达的下一个城市是考姆翁布。这里居住着约占埃及人口 15% 的科普特人，信奉基督教。城中人穿的长袍五彩缤纷，白的、蓝的、绿的、黄的、玫瑰紫的、深咖啡色的，倒是男人穿着各种颜色的服饰，女人却多数着黑色，真是不爱"红装"爱"黑装"。

过了考姆翁布就到达了长途旅行的终点——阿斯旺，阿斯旺是河面忽宽忽窄、绿洲时大时小的尼罗河在埃及境内的终点。过了阿斯旺就是纳赛尔水库，过了纳赛尔水库就到苏丹了。我站在阿斯旺水库的大坝上，把苏丹看得一清二楚，那是一片荒漠，骑马的牧民还向我打招呼，也算是到了苏丹吧。

见到埃及努比亚人

我考察埃及纳赛尔水库时，还有意外的收获——见到世界上最古老的民族之一努比亚人。关于努比亚人的记载，见诸金字塔等文物上最早的象形文字，他们是头发微卷、黑色皮肤的人，在埃及古都卢克索的石刻上，在金字塔墓葬的文物中多次出现他们的形象。他们一直居住在埃及与苏丹交界的努比亚高原，以游牧为生；没有大的种族融合；一直操着同一种语言，甚至到 20 世纪仍在使用法老时代的象形文字。大坝下居住的努比亚族（埃及少数民族）与我中华民族同为传承 5000 年以上的文明的民族。

我在参观阿斯旺大坝时，住在阿斯旺城四星级的萨拉旅馆，旅馆餐厅的领班是个努比亚人，叫拉里夫，30 岁，瘦高，大约有 1.80 米。他好像开罗埃及国家博物馆中文物彩绘上的努比亚人模型。一样的精干瘦身材，长手长腿；一样的黑色大眼睛，有神；一样的黑头发，微卷。不一样的只是发型和服装，留了现代分头，而不是盖耳的长发；西装革履，而不是腰间缠布、赤裸上身。他隔着玻璃指着阿斯旺水库说："你看库边的小村庄，那里就是我的家，我的父母就在村里，他们还养牲畜，我家里还有骆驼，但是不游牧了。"

拉里夫对我说："我们的祖辈都说我们就是法老时代的努比亚人的后代，延续了 5000 年。我们讲的还是当时的语言。几十年前，我们还有象形文字，但是现在都用阿拉伯文了。法老时代我们是奴隶，法老们灭亡了，我们就回来了。"他说，他们的祖先没有像法老们那样近亲结婚，这大概是他们没有与法老一起灭亡的重要原因吧。古埃及王朝消亡以后，努比亚人就在尼罗河的上游——努比亚高原这块鲜为人知的地方生活了2000多年，直到阿斯旺大坝修建，才又与世界有了接触。现在世界上共有200多万努比亚人，其中在埃及30万，在苏丹100多万。

我们越谈越高兴，我说："这不耽误你的工作吗？"他说："回答客人的问题难道不是我的工作吗？"多聪明的努比亚人。快结束谈话时，他说："您等一等。"然后飞也似的跑去拿回了一条小石头串成的项链送给我作为纪念。我找遍左右也没有找到东西可以给他，就给了他10英镑，他十分真诚地说："我是送您的！"我说："我也是送您的！"他非常感激地收了钱，这个插曲使我们忘记了合影。

修水库以后，水源减少，牧区缩小，也为了保护库区，努比亚人很多都成了工人。在这个饭店里还有几个努比亚工作人员，于是我在征得同意后，与一位努比亚女性工作人员合了影。

吴季松与努比亚工作人员的合影

宏大的埃及"水平扩张计划"

埃及政府制订了一个更为宏大的"水平扩张计划"，到2020年要把埃及的居住区（包括农业区）从目前占国土面积的5%扩大到25%。撒哈拉沙漠、西奈半岛、尼罗河河谷和尼罗河三角洲等地都在漫漫黄沙中大规模地扩大居住区。该计划主要是在纳赛尔水库西北处再修一个大坝，利用低地蓄水1200亿立方米，以这些水源扩大20万平方千米的绿洲。这样的计划可行吗？对此我并不看好。

第一，纳赛尔水库蓄水量已达1690亿立方米，是尼罗河年径流量840亿立方米的2倍多，纳赛尔水库的生态影响已到临界状态。正常的蓄水和引水一般不应超过河流总水量的20%，再加1200亿立方米蓄水，将达3个半尼罗河的年径流量，即使水库可以多年调节、不断积累，从生态学来看也是不合理的。

第二，尼罗河是国际河流，而且95%的水量来自苏丹和埃塞俄比亚，修建如此大的水库的确需要与上游国家协商。

第三，新建水库与纳赛尔水库不同，它不是上游尼罗河峡谷中的山谷水库，而是平原水库，又在撒哈拉大沙漠之中，蒸发量极大，仿佛火炉上一个浅砂锅中的一锅底水，能维持多久呢？

第四，在撒哈拉沙漠扩大约15万平方千米的新居住区，从水资源量上来看也是不合理的。改造这么大面积的沙漠，要在10~20年的时间内，每年耗水上千亿立方米，是埃及全国现用水资源量的2倍，再加上上游苏丹和埃塞俄比亚的用水，可能会用去尼罗河全年平均径流量，从而造成尼罗河断流。

吴季松在阿斯旺大坝纪念碑前

由此看来，这个宏大的计划可能只是纯理论计算出来的，对现实情况考虑不足。同时，该计划也没有考虑全球气候变化。尼罗河枯水时年径流量仅为420亿立方米，如果连续干旱，那么将前功尽弃。

吴季松在阿斯旺大坝上，身后就是苏丹

我对陪同考察的埃及水利官员作了上述分析，他们纷纷点头称是，说一定向上级汇报。后来，在2005年世界水协大会上我得知埃及取消了这个计划。2021年，埃及又作出了迁都计划，新都只有大约2000平方千米，是原计划的1/100，看来是可行的。我的建议至少对埃及有所贡献，我真切地体会到"人类命运共同体"的存在。

12岁声援埃及，58岁去苏伊士运河

我从阿斯旺回到开罗后，特意去了塞得港。之所以如此，是因为我在12岁时，就参加过声援埃及反对英法联军武装侵略塞得港的示威活动。

我们乘车来到塞得港，先直奔港口。我在西班牙的巴塞罗那、法国的马赛、摩纳哥、意大利的那波利、希腊的雅典和塞浦路斯的利马索尔等不同国家的十多个城市看过地中海，这次又从塞得港看地中海的东南水域。地中海还是一样的浩渺，一样的迷人，仿佛5000年来的血腥厮杀从来没有发生过。进入地中海的苏伊士运河河口十分宽阔，宽得像海，河对岸的码头前排满了巨轮，卸货的吊车林立，进港的船和出港的船宛如在大海上航行，各不相扰。

塞得港有30万人，是埃及少见的显得清静的城市，尤其是靠海的老城区，行人很少。老城区沿苏伊士运河而建，靠海处有不少当年英法样式的花园别墅，海滨还有海鲜餐馆和沙滩浴场，但游客不多。我们在海滨餐馆就餐，环境、服务和味道都还不错。塞得港是自由港，免税，因此世界各大公司都在这里设有办事处，布满了沿河大街。沿河大街与海垂直，长7千米，大街北部多欧式房屋，向南就是新城。同一条街上，布满了卖大饼和烤肉的小餐馆，多了不少阿拉伯风情。塞得港是地中海气候，不太热，又有降雨，因此是埃及少有的适合家居的好地方。但当我问一位埃及朋友时，他说："塞得港好是好，就是太清静了。"

从开罗向西北新修了一条到伊斯梅丽亚的高速公路，全长100千米，到了伊斯梅丽亚就到了苏伊士运河的南端，过了运河就能到达西奈。埃及政府有沿高速公路开发的具体政策，先在距离道路30千米以外的地方进行开发，廉价卖地，吸引投资，等30千米以外的地段开发成功后，30千米以内的部分就可以高价出售，被带动起来，真是聪明的好政策。

苏伊士运河于1859年开挖，由法国投资，但由埃及政府提供一切土地和

建筑材料，至 1869 年挖成了长 164 千米的运河，开挖土石 7400 万立方米，是阿斯旺大坝的 1.7 倍，病、累而死的民工达 12 万。运河把绕好望角从欧洲到印度洋的航程缩短了上万千米，成为欧亚之间便捷的海上通道。运河利用了中间的鳄鱼湖、小苦湖和大苦湖等大片湿地，减少了工程量，伊斯梅丽亚就在小苦湖旁。

我们还乘车走马看花地观赏了移民村。村落像个大院子，里面种了几棵树，有几十幢阿拉伯式的小别墅，是两层红砖楼，以便远望，窗户有拱形的，有圆的，式样别致。政府把土地与房子配套出售，据说合人民币 30 万~40 万元一套，虽然不算贵，也不是一般农民买得起的。这么做的主要目的是吸引人口超负荷的开罗近郊的农民，让他们卖掉那里的田，买这里的地，改善住房条件，扩大土地面积，但代价是搬上荒原。不过，在这里种水果能否发家也未可知。

到了苏伊士运河，读者就能明白 1956 年英法联军为什么入侵这里和我为什么 12 岁就要去埃及大使馆示威了。

2002 年，吴季松在苏伊士运河旁

我与李正文司长

李正文

李正文，山东潍县人，1930年进入东北大学与我父亲成为同学，后成为挚友，先参加我姨父领导的东北救亡总会，1933年加入中国共产党，一直做地下工作。1941年共产国际东方部决定派李正文去上海从事对日寇和汪伪的情报工作。李正文在同年8月到达上海，和共产国际东方部负责上海地区情报的尼克莱·伊万诺维奇取得联系，从此开始了长达8年的地下情报工作，出色地完成了党交给他的一个又一个艰巨的任务。解放战争中，他凭借在上海深厚的基础策动了刘昌义起义。

苏州河北是国民党51军刘昌义的防区，包括普陀、闸北、虹口和杨浦区，防线约40千米长。闸北区还有日军以前修筑的防御工事。苏州河北如用重武器进攻，将危及提篮桥监狱中关押的50位革命人士的生命，上海的主要机械厂、制药厂和发电厂等民生工业，还有复旦大学、同济大学、华东师范大学及鲁迅故居，也都会受到严重破坏。

1949年5月26日清晨，解放军接管了刘昌义所属51军布防的各道桥梁，浩浩荡荡开过了苏州河，避免了战火，使上海在短时间内重建成为可能，意义十分重大。这些都在2009年播放的电视剧《英雄无名》中再现了。

2002年李正文因病逝世，追悼会的悼词说他"为革命事业和新中国的诞生做出了特殊贡献"，是毫不为过的。所以他虽然只有副部级待遇，但是在国家教委的老人和我的心目中是"部长"。

在国家教委时，我多次到他家请教。他以父辈的关爱对我说："你很有才能，但才能不是在任何情况下都能发挥的，'官场如战场'啊！"这是我第一次听到"官场如战场"这个词。《潜伏》热播后，我们展开了"办公室里的余则成"的讨论。

我对出生入死、建立功勋的革命前辈的话十分重视，李司长的话引起了我的思考。我从来不是，而且看不起多愁善感、犹豫不决、患得患失、拿不起放不下的人。用了几天时间，我想通了这个问题：我决心不把官场当战场，什么时候觉得烦了，我就不干了！反正我已被正式聘为教授，去当教授，这才是我离开劳动部外事司的理由。没想到自那时起我又当了 15 年的官，虽然没有多大升迁，却做了不少事，直至 2004 年退休，这多亏了众多的好领导、好同事。

我在联合国教科文组织工作时，与李老谈过外交中的国际斗争，他的经历真是我的教科书。当时在上海有中共、国民党的军统和中统、汪伪、日本、英、美（英美两国也不一致）、共产国际八方相互斗争，时有组合，又不断重组，其错综复杂程度是电视剧难以演绎的。李司长问我在联合国教科文组织中的情况如何，我说大概有中、美、苏、法、印度、日本、阿拉伯国家、非洲国家、东欧国家和东南亚国家十派。李老大笑说："比我当年还复杂。"他说搞这样的外交斗争要：

一、立场坚定，代表和信仰国家的利益。

二、诚实正直，可以不说，但不说假话，树立自己的正直可信的形象。

三、机动灵活，斗争要有理、有利、有节，不能僵化。

四、机敏果断，对于一个人的发言、宴会中的闲谈要马上判断他的真正意图，积极应对。

五、广交朋友，交朋友要广泛，不要把圈子划得太小。

六、不许生病。

这六条真是金玉良言，我全部照做了，果然在联合国教科文组织的工作中不仅没犯过错误，还取得了首次申奥、争取中国"世界自然文化遗产"、推荐中国官员、为中国获得世界青年科学奖、成功制定国际水资源标准、推广国际科技园协会、签订《湿地公约》、发表多篇生态考察文章等成绩，交了不少朋友。

其中最主要的和最难做的是"不许生病"，不是带病坚持工作，而是"不许生病"。在国际场合，你如果得了感冒，即使是声音稍变，西方外交官也可以敏感地察觉到，不愿意与你交往。你如果肠胃不好，在长达三四个小时的会议上，中间不出去很难，而出去了就不太礼貌。

在外事工作几年中我做到了不生病，连小病也没有，主要靠三点。

一是规律地生活和锻炼。即使是在晚上 11 点结束的宴会后，我也要绕着使团附近的卢森堡公园跑一圈，大约 2000 米，用时 10 分钟，以防积食。

二是注意饮食。我不喝酒，连咖啡这种刺激性饮料也不喝。其实在国际场合"干杯"只是意思一下，问题不大，因为人家会以为你信什么宗教，我又是少数民族。同时，少吃猪肉，尽量多吃海鱼。不喝酒这一条在李老当年复杂的国际斗争中是没有的，但他也不大喝。这大概也是他活到94岁高寿的原因之一吧。

三是增减衣服。在外交场合只能穿西装，在巴黎的雪天，如果加了毛衣和毛背心就太不合群，穿保暖内衣，外交官一眼就可以看出来。我的办法是备好薄衬衫、厚衬衫直到毛衬衫，在冬天就不会被"外交潜规则"了。

如何"不许生病"是我自己总结的，但"不许生病"是李老教我的。李老精通俄语、英语，功底比我们深厚得多，是教外交官的"外交官"，他的教诲使我能受人尊敬并融入各国外交官群体中，做更多的工作。

顾卓新书记："入选第一批出国访问学者，你会为国争光的"

顾卓新

顾卓新，辽宁义县人，北平大学经济系肄业，1930年加入中国共产党。曾任中共北平市区委书记、市委代理书记，太行第五专署专员，中共辽北省委副书记，中共嫩江省委书记。中华人民共和国成立后，历任东北人民政府计委主任，东北行政委员会副主席兼财委主任，国家计委副主任，中共中央东北局书记处书记，中共安徽省委第二书记。他是第五届全国人大代表，第三届全国政协委员，中共八大、十一大、十二大代表，中顾委委员。

顾卓新同志是我父亲的东北同学、我的良师和忘年交，是共产党高级干部中的经济学家。1981年我在大会上亲耳听到万里书记讲："包产到户责任制，主要是卓新书记做的，他是北大经济系毕业的，经济改革要靠卓新同志。"老一辈革命家的谦逊和实事求是的同志情，值得我们所有年轻干部学习。

1977年我被选拔为全国首批出国访问学者后，顾书记曾代表组织找我谈话，拟提名我担任安徽省教委副主任。但我只想搞科研，表示衷心感谢组织的信任，说："如能选择，还是出国搞科学研究吧！"得到他的支持："入选第一批出国访问学者，你会为国争光的。"我也不负所望，的确在受控热核聚变实验方面做出了欧洲原子能委员会承认的成绩。

后来我们都回到北京，他仍然一如既往地关心我，是使我终生不忘的党的人事干部（另一个是中组部原秘书长张洁瑜）。在他家里的客厅中，他坐在摇椅上几乎与我无话不谈，主要是认为我一直受党培养，有机会应该多做点事，知我之深有如亲人。

他病逝前我去协和医院看他，当时他神智已不大清醒，但见到我仍面露喜色，抬头示意，使我感慨万端。永记顾老是我初心的一部分，也是我的使命感的重要支撑。

·2003 年·

生态平衡只能维护，而不能恢复，更不能回复原始生态平衡。正是由于气候干燥，森林锐减，使猿从森林中爬出直立行走而进化成人，如果回复远古的森林比例，人是否要住回森林去呢？

——吴季松

·大事·

王铁崖（1913—2003 年）先生去世。

1 月，出版《吴季松看世界》全 11 本（吴季松著，北京出版社）。

4 月，出版《循环经济》（吴季松著，北京出版社）。我国城市建筑权威吴良镛先生请我参加他的研究生答辩，签名赠书《人居环境科学导论》："季松尊兄指正"。年终致贺卡。

在《人民日报》发表文章《循环经济的主要特征》（4 月 11 日），接受专访《我们离节水型社会还有多远》（11 月 24 日）。

在《光明日报》发表文章《倡建资源系统工程管理新学科》（6 月 26 日）；接受专访《加强地下水超采区水资源管理》（4 月 16 日）。

·小情·

SARS 期间写《循环经济》

2 月 26 日世界卫生组织得到报告，一名美国商人在越南国内出现 SARS

症状。3 月 12 日世界卫生组织发布 SARS 全球流行警报。7 月 7 日，世界卫生组织宣布控制 SARS。到 8 月 7 日，全球累计 SARS 病例 8422 例，涉及 32 个国家和地区，死 919 人。到 8 月 16 日，中国确诊 5327 例，死亡 349 人。

70 后都感到这是一场巨大的灾难，瘟疫流行，人心恐慌，街上几乎见不到行人和车辆。而对于我来说，这是已经有过的经历，1951 年国内对美国可能发动的细菌战做准备，与 SARS 的情景类似，人人都戴口罩，但当时我年纪太小，反而觉得很有趣。

SARS 就是一场瘟疫。中国和欧洲历史上都多次发生瘟疫，欧洲人至今对中世纪的黑死病记忆犹新。国际和国内都对病源做了研究，国内不知为什么就找上了果子狸，我当时就想，病源可能是多种动物，为什么一定是它呢？个案并不能说明问题。事有凑巧，后来我访问巴西，在伊瓜苏大瀑布旁有成群的这种可爱的小动物，它们没有因"冤案"而被灭门就是万幸了。

班是上不成了，我获得了少见的闲暇时间，干什么呢？写书。在解决水资源问题的实践中，我感到在我国经济的调整发展过程中，资源的短缺和环境的污染是最大的问题。怎么解决呢？就是实施循环经济。资源不是缺吗？循环利用。环境不是污染吗？把污染物再利用，污染物的排放不就少了吗？其实任何污染物都是可用的资源，之所以产生污染，是把它在错误的时间、以错误的数量、放到了错误的地点。我们把它在正确的时间、以正确的数量放到正确的地方不就是资源了吗？水的富营养化是排放营养物造成的，世界上有多少人营养不良，你为什么把它当废物排到了水里呢？循环经济就是知识经济的第一个阶段，人们没实施循环经济是由于缺乏全面的知识。于是我把在联合国教科文组织积累的资料拿出来，整理成书。

2003 年我出版了我国的第一本介绍循环经济的专著《循环经济》，认为循环经济是知识经济的第一个阶段。2005 年又针对其发展，出版了《新循环经济学》一书，提出了一种新的经济学理论，把联合国环境规划署工业发展局局长拉德瑞尔女士提出的清洁生产 3R 原则（减量化、再使用、再循环）扩展成"再思考、减量化、再使用、再循环和再修复"的 5R。2007 年在人民大会堂举行的京台环境与发展高层论坛国际会议上，周铁农副委员长和冯之浚先生与会，《循环经济法》起草委员会主任冯之浚先生说："吴季松先生引入了国际循环经济的理念。"这是过谦之词，冯先生主编的《循环经济导论》的出版时间与我的书的出版时间相差不多。

5000 万吨晋水是怎样进京的

自 1999 年大旱缺水以来，北京已连续干旱 5 年，2003 年是北京水资源供需形势最为严峻的一年。关闭所有游泳池的预案已经被政府纳入考虑范围。在全国经济高速发展和北京准备举办奥运的形势下，这样做是不应该的。但是老天爷不下雨，怎么办？两个办法：一是全面节水，二是提高输水效率。全面节水不是一朝一夕之功，而提高从山西经桑干河向官厅水库输水的效率是完全可能的。

为了减少"细水长流"蒸发渗漏的损失，我们克服了集中调水过程中存在的困难，清理了干涸的已经种上玉米的桑干河道，使 5000 万吨晋水顺利进京。经过我和同事的多方协调，9 月 26 日 11 时，随着我激动地按下控制钮，山西册田水库 50 立方米 / 秒的晋水沿着干涸多年的河道奔腾而下，形成了 30 年从未有过的激流直奔首都。水流经过全长 180 千米、整整 4 天的行程，进入官厅水库。至 10 月 7 日晚 8 时，共放水 5050 万立方米，到 10 月 11 日北京收水超过 3000 万立方米，达到了预期的效果。面对澎湃的激流，我们百感交集。这 3000 万立方米的来水像一场梦。

我们于 7 月 26—27 日召开了首都水资源可持续利用协调小组的密云会议，决定分三个小组对规划区——北京上游的河北省承德市和张家口市、山西省大同市和朔州市——做全面的调查，发现河北省的承德市和张家口市都因为连年干旱而形不成地表径流，河道干涸，情况略好的就是山西省的大同市和朔州市，从山西省放水的决策初步形成。实际上，山西的水库自 2003 年初以来一直以 1 立方米 / 秒左右的流量下泄，但如此小的流量，经过 180 千米河道的蒸发和渗漏到达官厅水库就滴水不剩了。针对这种情况，考虑到今秋可能雨水较多，蓄水和河道的情况较好，我们提出了采用集中输水措施确保收水效果的设想，得到了山西省水利厅的认可。

最后经过反复研究，我们确定了东榆林水库和册田水库联合调度，东榆林水库下泄 1000 万立方米，册田水库下泄 4000 万立方米的方案。

2003 年 8 月 26 日晚，我们到达太原市。山西省水利厅的李厅长表示，集中输水工作已向范省长作了汇报，山西省领导完全支持协调小组的决定。并表示以前的小流量下泄水量可以不计，山西省无偿下泄 5000 万立方米的水，水质达到 II 类。这是山西省同事艰苦努力的结果。山西省也缺水，汾河也在断流。

在决策过程中还遇到一个问题。桑干河河道长年无水，当地农民在河滩地种植的庄稼尚未收割，并且河道中有阻水建筑。一旦输水，将严重侵害违反《中华人民共和国河道管理条例》的农民的利益问题。

沿河农民在河道里种的玉米就是个烫手的山芋。在河道里种庄稼是违法的，但因河道多年无大水，这种行为又可以理解。让农民在输水前，即距成熟期还有半个月时收割是有法律依据的。在会议上不少人提出，由于水库移民等老问题，有人在水利部门前静坐已是家常便饭。这次是新问题，可能事态更严重，决议难以形成。我做总结说："这种情况是可能发生的，但我们是执法，政府的第一功能就是执法，法都不敢执了，我们还干什么呢？"多数县领导顾虑重重，不少主管领导不签字，形成尴尬局面。我说："我以国务院的规划协调小组常务副组长的名义签，一切责任由我负。"下来后，水利部和地方的同事们都好心地对我说："吴司长，您这次的责任可真不小啊！"我知道还有一句未出口的话："您要吃不了兜着走。"

会后我又召集沿途各县的负责人说："你们去调查，确实因为提前收割而生活过不去的农户，逐一用规划的钱补助。但是，今天的阵势你们也看到了，绝不许谎报，否则唯他是问。"不少人说："我们也有良心，不会给您谎报。"结果各县都如实上报，要给补助的人仅几百个。

最后的结果如前所述，输水顺利进行，经过多年无大水的 180 千米长的桑干河道 96 小时的输送，北京收水率达到 60%，这是全体参与人员日夜奋斗，承担责任的结果。看到桑干河两岸的男女老少在岸边雀跃欢呼"桑干河又有大水了！"，我的心中真比自己提了一级还高兴。事后没有一个沿河居住的农民来北京上告静坐，老百姓还是通情达理、愿意守法的。

参加大阪第三届世界水论坛

2000 年我曾作为中国政府的高级官员参加了海牙第二届世界水论坛暨部长级会议，经过一番紧张而激烈的争论，把中国政府提出的 6 条修改意见完全纳入了《海牙宣言》，得到陈雷部长的表扬，自此与世界水论坛结下了不解之缘。

2002 年 11 月我去日本主持中日水资源交流会，见到了老朋友、日本国土交通省水资源局前局长尾田荣章先生，他是第三届世界水论坛的秘书长。我们都曾在法国工作，可以用英语、法语、半通的中文和半通的日语四种语言交流，成了好朋友。尾田荣章先生对我说："只要中国的水利部长与会，即使只有三四个国家发言，我也一定请中国的部长在第一天大会上做主题发言。"

2003 年 3 月 16 日，第三届世界水论坛暨部长级会议如期召开，与会的有来自 160 多个国家的 7000 名代表，其中有 130 位部长。日本政府高度重视，日本前首相桥本龙太郎任大会主席。法国总统希拉克因为伊拉克战事而未能前来。

中国水利部部长和法国环境部部长做了大会开幕式上仅有的两个政府代表团团长主旨讲演，中国的讲演受到了热烈的欢迎。最后大会发布了《京都宣言》，是世界各国为解决全球性水危机进一步的行动纲领。大会举办得很成功，再次唤起世界的水忧患意识。

我在琵琶湖畔的滋贺王子饭店住了两天，早晚与琵琶湖做伴，近看远看、高看低看琵琶湖，尽情欣赏了琵琶湖之美。琵琶湖的清晨是戏剧性的，上午是充满阳光的，傍晚是浪漫的，夜景是宛若梦境的。

琵琶湖的清晨的确是"戏剧性的"，随着黎明的曙光冲破长夜的黑暗，太阳一下子跳上山巅，琵琶湖顷刻从乌黑一片变成阳光下的橘红色，真像一场戏开启了大幕。

琵琶湖的上午是充满阳光的，也是真实的。在阳光下我们才看到了琵琶湖的真面目，从高处看琵琶湖并不大，实际面积与北京的密云水库差不多，但因其曲折更多，显得还不如密云水库大。远处乌黑的山在迷雾中，像披了一层灰色的纱，湖面平滑如镜，湖上只有一个航标，两三只小船和三五只海鸥，尽管都显得如蚂蚁般大小，却那样清楚，仿佛是一张浅蓝色大纸上的几个白点和黑点。游人走到楼下，沿湖散步，就能看得更为真切。近岸有的地方水还是深绿色的，富营养化依然存在，这样一个大湖的彻底治理谈何容易。

说琵琶湖的傍晚是"浪漫的"很贴切。落日的余晖把偌大的琵琶湖整个涂成了淡紫色，琵琶湖成了一个着紫衣的少女，远山和近岸像给这紫色的纱裙镶上了宽窄不一的黑边，那早开的灯光像给黑边缀上晶莹的宝石。

哪里的夜都是宛如梦境的，琵琶湖的夜也是。夜幕中湖边的点点灯光，把琵琶湖变得更神秘。每个人在琵琶湖边都有自己的梦，我在琵琶湖畔也做了一个梦，就是中日友好的梦。

作为水资源专家，我太了解琵琶湖的治理历史了。30 年前，美丽的琵琶湖几乎变成了污水坑，日本人民做了巨大的投入，经过了 20 年的奋斗，才使琵琶湖这个美女逐步恢复，但至今仍未还原旧貌，还有些斑点。

如果琵琶湖的生态修复再迟 10 年，这个生态系统可能就永远修复不了了。经过几百年，人类在 21 世纪应该真正认识到传统工业化式的发展不是可以让人类持续发展的途径，要走新路。

纵贯南北的南非行

南非是一个典型的缺水大国，2003 年我全面考察了南非的水资源。

克鲁格国家公园是南非最大的野生动物园，位于东北部德兰士瓦省勒邦博山脉以东的地区，毗邻莫桑比克和津巴布韦边境。保护区于 1926 年定名为克鲁格国家公园。公园占地约 2 万平方千米，比北京还大。园中规定，在道路上"动物优先"，人不能驱赶动物，游人不能离开汽车。据说一个已有 5 年工龄的公园管理员背对着车与游人说话，没料到车底下钻出一只豹，一跃而起，咬断了他的喉咙。园中一部分是多岩石的草原，另一部分多是森林及灌木丛，有六条自然河穿园流过，但园内仍是植被稀疏，干旱明显。在一望无际的旷野里，生存着各种珍禽异兽，有大象、狮子、羚羊、长颈鹿、斑马、鳄鱼、河马、野水牛和黑白犀牛等动物。

在深秋时节，园中一片黄绿，茫茫荒原，无边无际。园中的柏油路长2300 千米，车速又严格限制在 40 千米 / 小时以下，要开到所有主要的丛林、草原、河流和湖泊等各类野兽聚集和出没的地方，再看上一眼，至少要一星期。动物并没有顾客是"上帝"的意识，没有"义务"接待游客，它们分散四方，有时在园中转上一天也看不见几种动物，这是再正常不过的了。

我们进的是法比尼大门，由巨石垒成，门是木的，简朴而自然。售票处也建成非洲原始民居——草顶泥墙的布茹马形式，没有大师为自己树碑立传的标志性建筑，与自然十分和谐，与我国有些野生动物园不同。

羚羊是在园中较容易见到的动物，多停在路边的树丛中，盯着路上的汽车，十分警觉，随时准备在人来时逃跑。羚羊不但数量多，而且种类多，有水羚、扭角羚和白斑羚，等等。其中黑貂羚比较少见，我们有幸见到了三只。它通体黑蓝，头上还有一块红斑，十分醒目，而且姿态挺拔，是羚中俊杰。还有角马也有角，体形和尾巴都不大，只是脸形像马。

园中最容易见到的动物是鹿。鹿这种可怜的动物食草、温顺，跑得又不快，因此，成了园中弱肉强食的对象。英文中"亲爱的（dear）"和"鹿（deer）"两个词的读法和写法都很接近，不知是不是因为鹿是一种可爱的动物。我们见了许多群鹿，有大有小，有多有少，有土黄色的，有棕色的，有黑白相间的，还有毛色发紫的，但都那么可爱，自由轻盈地奔跑。想到可能几分钟之后这些善良的动物就会血淋淋地躺在地上哀叫，仿佛给明媚的阳光抹上了一层阴影。

大猛禽是一种非洲特有的动物。我们有幸看到了一只非洲秃鹰，它的翅膀一张，翼展有三四米，像一棵小树一样，想来小飞鸟见之胆寒，就是羚羊也怕它几分。那只秃鹰红头、褐毛、黄嘴、黑爪，尤其是一双眼睛，真不愧是"鹰眼"。它立在树梢，昂首、环视，威风凛凛，有点不可一世的气派。

我们看到了长颈鹿，这种陆地上最高的动物。我从小就觉得这是一种很可笑的动物，长了那么长的脖子，就为吃高枝上的树叶，为什么不能吃草呢？大概是因为长颈鹿喜欢待在树木稀疏的草原上，这里草很少，要留给其他动物，千万年后，长颈鹿就进化出来了。大自然的鬼斧神工，至少在近期人工智能是达不到的。

我爱马，更喜欢斑马，早就想过有一匹被驯服的斑马让我骑一下多好。我们也见到几群斑马。斑马鬃毛高挺，体态健壮，斑纹清晰，仿佛披上了一身盔甲，十分醒目，一群斑马走过时，仿佛一队士兵在接受检阅，颇为威武。

我们到公园大门口时，遇到了一位南非白人中年男子，他开了一辆小轿车，里面有4个孩子，后面还挂了一辆拖车，里面有折叠桌、沙滩椅和各种食品，我们简单聊了两句。他说："在克鲁格国家公园里，有时看一天也见不到几只动物，所以我带了这么多东西，看不到动物的话，我就看书，让4个孩子打扑克。"

在看见几只大象后，我又见到那位4个孩子的父亲，他们正遭遇危险。2只象横在路上，前后相距20米，都在路上闲荡，但眼睛的余光在看我们这些游客。最近的一辆车里是4个孩子和父亲，他们正对前面那只巨大的公象，尽管在大象有时偏离路中心时，车可以快速开过去，但是后面还有一只呢，如果把他们截住攻击怎么办？

这时我马上想起了导游在进园前讲的一个故事。1999年，一辆载有30多位游客的大轿车在路上被大象截住，这辆车掉头转向不及，和大象对峙，那只凶恶的体重达5吨的象在等了一阵以后，突然将车撞翻。这只残忍的大象居然在人还没有爬出来之前，又在车上踏上几脚，把车像火柴盒一样踩遍了。车中的人死伤了 20 多人，造成了建园以来最大的惨剧，让人听起来都有点毛骨悚然。

大象向 4 个孩子的父亲靠近了，父亲想转向掉头，没想到拖车碍了事，中年父亲只得停车，处于一种进退两难的状况。我们距中年父亲的车还有 40 米，想掉头还是有可能的。但一是后面还有两辆车，掉头也不容易；二是公园里岔路不多，退回去要走很长一段原路，我不太情愿。我们在犹疑，但更多的是为父子们担心。

突然后面的象走下了路基，前面的象本来就偏在路的一边，这是向前冲过二象组合拦路的千钧一发的时机。我大叫道："冲！"这中间起码有几秒钟留给了中年父亲，笨重的大象回头起码要 5 秒钟。但是，中年父亲不知在干什么，是吓坏了，没反应过来？还是在犹疑？不管是什么情况，都是不可饶恕的！他带了 4 个孩子，还挂拖车，甚至还想在园内下车晒太阳，没做充分的准备，本来就很荒唐，有了机会还不当机立断，4 个孩子的性命都在他的手中啊！

仅仅 10 秒钟，这千金难买的时机错过了，中年父亲没有任何动作。而后一只象转头回了路上，前一只象也回头走向路中间了。第一只象不但回头，而且又向 4 个孩子的车逼近了两步，情况危在旦夕。孩子摊上了这样的父亲也真倒霉。

真要说感谢老天爷了。不过真正要感谢的是那只大象，看来还不是个暴徒，在又制造了 5 分钟的紧张局势以后，它走进了丛林，仅剩一只象，险情显然缓解。过了两分钟，第二只象也走了，危险烟消云散，一场让人心惊胆战的大象危机过去了。真不知这个"可爱的"父亲和几个不懂事的孩子，在这 10 分钟之内是怎么过的。中年父亲缓缓地把车调正，径直向前开去，动作那么慢，是不是还没回过神来？

北大法律系三杰王铁崖、楼邦彦和吴恩裕的亲密友谊

王铁崖，福建福州人，国际法学家。1936 年清华大学研究生院国际法专业毕业。1937 年赴英国伦敦政治经济学院研究国际法，1939 年回国，任中央大学、北京大学政治系教授。中华人民共和国成立后任北京大学法律系教授。他和楼邦彦（1912—1979 年）、吴恩裕都是名师拉斯基的学生，又同是当年

北京大学法律系三杰。楼帮彦在院系调整后任北京政法学院教授，曾任北京司法局副局长。我从小认识他们，这三人之间非但没有争风，反而友谊至深。楼邦彦被错划"右派"后，吴恩裕仍与他正常交往。

我家与王先生家有很深的渊源，王先生是我父亲的同学、同事，王先生的夫人王彩女士是我母亲的密友，我还认了她做"干妈"。

1999年，我在荷兰海牙见到被聘任为海牙国际法院大法官的王铁崖教授。他和夫人王彩热情地招待我，提起往事，回忆起与我家交往的不少细节，也忆起楼邦彦，他86岁的高龄还能有这种热情，使我很感动。

王先生身材不高，鹤发童颜，态度安详，他连声说："您父亲，多好的人，多有才的人，可以做多少事啊，去世得太早了！太早了！"王彩女士也连声说："我和您母亲是好朋友，好人！好人！"原来如此学识渊博的人称赞自己的多年挚友也只有一个词"好人"。是的，做一个好人不容易，人间真情更不容易。

王先生夫妇热情邀我吃饭，在沥沥细雨中，我们一起来到街上不远处的一个小饭馆，王先生说："这里静，好说话。"王先生说："你走遍世界，眼福实在不浅，可惜我们这一代人做不到了，你做到了。记得你父亲说过他要去瑞典，看看马克思说的'最像社会主义'的地方，你继承了你父亲的遗志。"

吃过饭他们又把我请回家中，不放我走，说："看看我们在海牙的家。"走时，老夫妇俩又把我送出很远，回头看去，王先生瘦小的身体仍在海牙街上并不明亮的街灯影中。

王先生谈道："您父亲长期受到不公正待遇，楼邦彦更被打成'右派'。法制对我们国家来说太重要了。"

打倒"四人帮"后国家恢复了法制，可惜楼邦彦未及平反已经作古了。他的外甥钱颖一作为清华大学经济管理学院院长，参加了我任院长期间的北京航空航天大学经济管理学院建院50周年大会。

·2004 年·

明白事理的人使自己适应世界；不明白事理的人硬想使世界适应自己。

——［英］萧伯纳

绿化的科学原则应该是"宜林则林、宜灌则灌、宜草则草、宜荒则荒"。这样才是真正的人与自然和谐相处，人类才能真正建成和保持自己美好的家园。

——吴季松

·大事·

赴土耳其、伊朗考察水资源。

沙洪（1920—2004 年）去世。

12 月，出版《我的父亲吴恩裕教授》（吴季松著，北京科学技术出版社）。

在《光明日报》接受专访《全面建设节水型社会》（2 月 2 日）。

·小情·

获得北京市科技进步一等奖，北京循环经济促进会成立

2001 年完成的《21 世纪初期（2001—2005 年）首都水资源可持续利用规划》得到权威专家高度评价，并于 2004 年获得了北京市科技进步软科学类唯一的一等奖，我是第一完成人。尽管贡献大小不同，但是列入名单的 12 人平分了奖金。

更为遗憾的是该项目无法再报国家科技进步奖。按规定，完成人中只能有一名行政官员，但是我们的项目的完成人中有大半是行政官员，因为我一贯强调"官员的权力要与他的知识相匹配"，所以这些官员是项目的主要完成人。唯一的办法是只报我一个人，再将他人补充到名单里，大家并没有意见。但我认为不合适，于是决定不再申请国家科技进步奖。有关的人对我说，如果这次申报了，那么按往年情况，取得国家科技进步一等奖是可能的。

我的《循环经济》出版后，在全国引起较大反响，请我演讲的省市和其他地方单位不少，鉴于公职在身，我基本上都谢绝了。朋友劝我去，说我退休在即，但促进循环经济的工作还要做下去，去演讲于公于私都是有利的。于是我在各方面的支持下于2月14日成立了北京循环经济促进会，这是全国第一个有关循环经济的社会团体，由我任会长。

北京市市长王岐山给大会发来贺信："促进循环经济的理论研究和实践探索，对首都经济的发展，对2008年奥运会的举办，对北京最终实现可持续发展、全面建设小康社会都是非常有益的。"科技界泰斗王大珩院士，中央委员、国家地震局局长宋瑞祥，北京市范伯元副市长，国防科工委于宗林副主任，新华社徐锡安副社长，北京市原副市长胡昭广和国家行政学院原教育长方克定都出席了成立大会并发表了热情的讲话。北方工业大学校长王晓纯和中国环境科学院副院长夏青等人被选为副会长，王大珩先生、中国科学院原常务副院长孙鸿烈、李京文、过增元、江亿和王浩等院士被聘为顾问，这些顾问后来都为促进会做出了实际的贡献。

北京循环经济促进会成立以来，在北京市科协领导下，对促进循环经济发展做了有效的工作，完成了许多重要项目，为北京市领导的若干决策提供了咨询，我也出任北京市科协决策咨询委员会主任。

22年做清官

可能从小受清官包公的故事影响太深，我自1982年从政，到2004年退休，在长达22年的时间里完全做到了廉洁。

我于1979—1982年、1985—1986年和1992—1994年三次担任访问学者或国际官员。其间的薪金，除了按国内级别折算很少的人民币留作生活费，全部上交，法郎、瑞典克朗、美元和欧元按时价共计678万人民币。这些年人民币对美元汇率一直波动，但按均价可以折合成 100 万美元。我连在法国原子能委员会工作时的核辐射补助都悉数上交，国家教委都开具了发票。据说我上交的资金总额在全国教育系统中排第六。朋友开玩笑说："你是经济学家，如果当年在北京买了房再卖，得款将有上亿元。"

由于廉洁思想，我后来拒收中国科学院出国人员真诚感谢我的小礼品，拒绝几乎所有晚上的宴请（也有怕浪费时间的原因），还曾被认为做得过分，不合群。在这种困难情况下，我还是坚持下来了，22 年中没收过分文，也没收过贵重礼品，真是两难。

担任公职期间，我谢绝了大部分媒体，包括中央电视台的采访，其后也从不参加与娱乐有关的节目，不借以前职务的影响利用公共资源。我的亲友几乎都不需要我帮忙，不够正气的朋友我也不交，所以也没有以权为他人谋私的事。

作为观察员参加雅典奥运会，巧遇日本皇太后

2004 年的雅典奥运会我作为中国代表团观察员参加，赛事已有诸多报道，在这里仅记几件小事。

在 2000 年悉尼奥运会上我没有参加比赛，会后得到了奥运金牌的复制品（其他完全一样，但正反面分为两块，这是我两次申奥的永久纪念）。在雅典奥运会中我则参加了"比赛"，并得了第一名，却没有得到金牌。事情发生在希腊爱琴岛上，大约有 20 国的奥运会观察员在这里游泳，十多个观察员泳者开始了比赛，我想一定要为中国人争回冠军。离岸大约 300 米水就变凉了，我想应该"永不放弃"。到了 400 米，水温下降更多，我想应该"超越自我"。我回头看到所有外国人都开始向回游，这才转向。到了浅水区，我站直身子，几个外国男女泳者都向我竖起大拇指。

在雅典奥运会期间，我第二次登上了卫城。在蓝天白云之下，可以想到当年的古希腊共和国，那些长衫的学者、那些短衣的市民、那肃穆的会议、那热闹的集市，仿佛都在我眼前。

日本的皇太后，怕是大多数日本人都没有面对面见过的，我在二上卫城时难得地巧遇这位老人。当我出了展馆，在帕特农神庙边上流连忘返的时候，忽然看到一队人向我走来。到神庙前，6 个身着统一黑色西装的精干男子簇拥

着一位个子矮小的贵妇人，还有两个陪同的官员，一眼就可以看出，他们都是日本人。从陪同人员来看，这位贵妇人地位显赫，但没有一位希腊官员陪同，只有一个导游。

吴季松在雅典奥运会奥运村中

到了帕特农神庙前，贵妇人驻足站立，6个保镖马上在其两侧及身后围成一个半弧形，背对贵妇人，监视四周；两个官员则在贵妇人两边，目不转睛地盯着前方，组成的群体其形象多少有点可笑，但安保确实是森严。其中一个官员用日语把导游的英语解说进行翻译，不过看样子贵妇人懂英语，表情跟得上翻译的节奏。贵妇人年过七旬，身着浅蓝色西式套装，头戴白色遮阳帽，雍容华贵，但很慈祥，看得出年轻时很漂亮。她耐心地听着讲解，不时微微点头。渐渐周围多了些旅游者，保镖警惕起来，贵妇人的表情却没有变化，看来是久经这种场面。这位年长的贵妇人就是日本的皇太后。皇太后身居尊位，以一个普通旅游者的身份，不给在奥运会的百忙中的希腊政府添麻烦，这是很难能可贵的。

这次以观察员的身份来参加雅典奥运会，我住进了一位退役的希腊空军中将之家，算是一次新的体验。

S 先生很热情地把我们迎进他家，S 先生中等偏矮的个子，背微驼，皮肤白，头发黑，态度谦和。如果不是一双神采奕奕的大眼睛，几乎看不出当年中将威风凛凛的痕迹。

S 先生家里的简朴令我吃惊。他家住在一座 9 层公寓的 7 楼上，家中唯一气派的房间是只有 26 平方米的大客厅。主卧室只有 11 平方米，另两间小卧室不过 9 平方米。厨房可以摆餐桌，大约有 10 平方米。两个卫生间分别只有 2 平方米和 4 平方米。加上过道，整个房间使用面积仅 80 平方米，加上前后各一个大阳台也才 99 平方米。说到可持续发展，算一笔简单的账，我国不适于人类居住的地区面积比例比希腊大得多且不说，希腊人口密度合每平方千米 83 个人，而我国合每平方千米 135 个人，我们是不是应该想想，子孙后代在哪里扩大住房面积呢？

墨西哥考察

美洲印第安人的文化几起几落，却不明原因地突然消失，这至今在国际史学界是个谜。我在 2004 年作为团长带领中国水利部代表团考察墨西哥时，重点关注了这一问题。

公元 1 世纪，印第安人在墨西哥谷地中、距今墨西哥城仅 40 余千米的古特斯科科湖湖畔建立了特奥蒂瓦坎城，于公元 400—600 年达到全盛，人口约 20 万，为古代美洲最大的城市，在世界上也是大城，以至今保留的太阳和月亮金字塔著称于世。太阳金字塔建于公元 1 世纪，比中国的万里长城稍迟，高 65 米，底面 225 米 × 225 米，只比埃及金字塔略小，是古代的几大奇迹之一，到公元 750 年被彻底废弃。

有历史学家认为，特奥蒂瓦坎城的废弃是由于外族的入侵所致。但我一直有几个疑问：一是在当时荒凉的美洲，什么经济文化发达的强大异族能完全毁灭一座有 20 万人口的大城？这没有考古的历史证据。二是这个强大的异族为什么不占领和继续利用这座城市呢？这在世界历史上也是从来没有的。

我考察过墨西哥城的水资源状况后，得出一种解释。当时的异族入侵的确给城市造成很大破坏，却不至于把城市完全废弃。真正的原因是与外族入侵同来的连年大旱，使古特斯科科湖干涸。由于城市规模太大，浅层地下水也

吴季松与水利部索丽生副部长在太阳金字塔合影，背后是月亮金字塔

近于枯竭，而当时的特奥蒂瓦坎人和外侵异族都没有铁器，无法打深井取地下水，因此人们不得不放弃这座巨大的城市。

在墨西哥城人类学博物馆中有一幅描绘当年的地图，它清楚地表明，城边湖泊已大大缩小，只剩南部一隅。我登上 65 米高的太阳金字塔，只见今天的墨西哥城附近的河湖已荡然无存。墨西哥城用水主要靠不断过量地抽取地下水，近 70 年来，城区和近郊区平均下沉 7.5 米，最多处达 40 米。

墨西哥城著名的三种文化广场之一，残存的阿兹克特文化建筑就是一座求雨的祀坛，在 1450—1455 年的大旱中用来向上苍乞水。据记载，那次大旱几乎使城市陷于绝境。

我认真地考察了墨西哥城的古人类学博物馆，发现印第安人虽然有发展程度较高的文化和精美的金银铜工艺品，可以雕高达 8.5 米、重为 167 吨的人头石像，但是直到欧洲人入侵前都没有铁器，不会炼铁，因此无法打深井。所以遇到大旱，只能弃城疏散人口返回森林，等几百年后地下水位恢复时再回来。

陪同的墨西哥水利官员听了我的分析后说："您的结论比美国研究所花百万美元立项研究的结果更有说服力，您马上写文章，我们译成西班牙文在报上发表，这是您的知识产权。"我笑着对他们说："我明天就走，时间来不及了，不过没关系，我的知识产权在世界上被占用已经不只一次。"

乘小艇冲进危机四伏的亚马孙湿地

巴西的水资源总量高达 6.95 亿立方米，居世界第一位。巴西的人均水资源量为 40880 立方米，仅次于加拿大而居世界第二位。如果世界在四大自然奇迹之外再继续排名，我认为亚马孙热带雨林堪称第五，而我国横断山的三江并流则要排第六了。亚马孙河是世界第一大河，"亚马孙"是个希腊女神的名字，当年白人探险队在河边恍惚见到了一个白色的女人，河流因而得名。河全长 6751 千米，有 15000 多条支流；平均年径流量 6.6 万亿立方米，为我国水资源总量的 2.4 倍，约占世界淡水资源总量的十分之一。当时在整个巴西亚马孙河流域仅有 1207 万居民，每平方千米平均 1.93 人，地广人稀，人类活动对生态系统影响不大。但近年来，对森林和湿地生态系统的破坏愈演愈烈。

我们先乘巴西国家水资源署包租的大船从马瑙斯港口下水，进入亚马孙河的第一大支流——内格罗河。内格罗河又称为"黑河"，以水黑而得名。下水后我们看到的水的确微黑。内格罗河发源于哥伦比亚的安第斯山西麓，从北侧流来，经过的是人迹罕至的无人区。流入巴西后更是进入了真正的无人区。

内格罗河河面宽阔，有 3~4 千米宽，水量浩瀚，年均径流量高达 9600 亿立方米，与我国的长江一样。行船在内格罗河上，天高地远，仿佛驶在大海上一样。

船驶出内格罗河，就到了与干流索利蒙伊斯河的汇合处。索利蒙伊斯河俗称"白河"，因为水清而得名，它发源于秘鲁的安第斯山西麓，上游地势较高，沿岸植被不如内格罗河茂盛，枯枝落叶也较少，因此水流较清。几百年来上游城镇增多，破坏了原始森林，导致水土流失，水开始变黄，"白河"变成了"黄河"。两河在交汇处形成了黑水白水泾渭分明的奇迹，黑黄分明的界限犬牙交错、延绵不断、随波逐流、时起时伏，达几千米，人人争相在这个自然奇迹前摄影留念。

索利蒙伊斯河年径流量达 27600 亿立方米，相当于我国全国的水资源量。索利蒙伊斯河与内格罗河交汇后，形成干流，始称亚马孙河，浩浩荡荡向西流去。

过了交汇处，我们又返回内格罗河上溯，向亚马孙热带雨林湿地驶去。过了马瑙斯城，内格罗河两岸就都是热带雨林湿地。从船上望去，树长在水中，大树有少半棵树泡在水里，小树则只有树冠，灌木就只露个头，好像水草。一眼望去层林叠嶂，不知深浅，亚马孙雨林湿地的神秘，更激起人们探险的强烈欲望。

我们换快艇进入大船进不去的河岔热带雨林，看到了原住民印第安人的房子，这些木板扎的高脚楼里面的木板墙上刷有防虫的白粉，白色已经脱落大半，墙变成了灰色。楼门前坐着一个印第安老人，平静地望着我们的快艇打扰他宁静的生活。

亚马孙两大支流汇合处黑白分明（吴季松摄）

这里的印第安人的总数有 10 余万，现在有些印第安人也开始脱离原始生活，建旅游点，我们的快艇就停靠在了一个旅游点。这是一个小商店，也是木板的高脚楼，有点规模，一半卖旅游纪念品，其中少量是自制的，例如鳄鱼牙和野果核做的颈链及手链。商店的主人是一个矮壮的印第安人，他圆脸、双眼皮，脸形和中国人十分相像，头发略卷，古铜肤色，会讲英语，还和我热情地打招呼，我们合影留念。他的家就在旁边，家中水池里养着鳄鱼，小鱼也在水池中游弋，无忧无虑。

我们再向雨林深处驶去，两个白人女青年坐在旅游快艇上大声呼救，原来她们乘坐的快艇在一片芦苇地里搁浅了。可能是她们为了探险，给游艇手多加钱，进入了游艇不许入内的深处，游艇手没有经验而造成搁浅。她们着急地挥手叫喊，而那个游艇手比她们更了解利害，远远望去好像在发抖。我们不能见危不救，快艇驾驶员是个老手，在茫茫苇海中看准芦苇稀疏处，认准那里一定水深，于是驶过去，再退回来，把绳索抛给她们的快艇手，把船拖了出来。我们的陪同说，她们如果见不到第二艘艇，夜里巨大的鳄鱼会出来把被困住的船只轻易地顶翻，人自然成了巨大的鳄鱼或蟒蛇的夜宵，其后果不堪设想。而我们的船救她们，很可能遇上同样的危险。

　　危险还不止于此，林中的树上完全可能有蛇掉下来，水中也可能有鳄鱼游出。在大船上，巴西国家水利署的人偷偷对我说了实情，但嘱咐我千万不要说，怕组员们受不了。

　　向雨林深处驶去，林越来越密，小艇几乎是绕着巨树前进。大木棉树根部呈四棱状，要四人合围才能抱过来，树的直径有七八米，挺立水中，如果不抬头，只见其大，不知其高，一抬头才知道它高达 20~30 米。据说木棉树是印第安人的"手机"，用木棒以特殊的节奏敲击树干，就可以通话。

　　雨林渐疏，又出现了一片露天的水泽，成片的大王莲浮在水面，像千百只圆形的小船，一条大约 2 米长的鳄鱼，静静地趴在一棵直径达 3 米的大王莲上，一动也不动，仿佛在考验王莲的牢固性。

　　在我们返程的路上，我们看到几个小孩自己驾着小船在水中的树上玩耍，女孩抱着一种似乎没有骨头的叫树懒的动物，男孩身上缠着水蛇，那种与自然和谐相处的情趣，真让我们羡慕。但是，这是我们要的生活吗？看来，我们也不要光唱"与自然和谐相处"的高调，而不去实地考察。大家不可能返璞归真，像印第安人一样生活。

　　我们离开了神秘的热带雨林。白天的热带雨林，即使在艳阳之下，那密林中的阴森之气仍向我们阵阵袭来。真不知入夜后，在黑暗笼罩大地后，猿猴从树顶降落，水蛇在水面盘旋，秃鹰在空中飞翔，鳄鱼从水中浮起时，林中又是一种什么景象。那时，这里是动物世界，印第安人呢？他们一定在木板高脚屋中熄灯隐火，等待天明。如果大雨滂沱时又该如何呢？林风呼啸时又要如何呢？

　　食人鱼是亚马孙河中的一种只有 20 厘米长的小鱼。巴西国家水利署的官员曾公开警告大家，说河中有食人鱼，虽然只有 1 斤重，但生性嗜血。如果游客手上有一点破口又伸入水中，它们就立即蜂拥而至，把手指咬到只剩骨头。

游客要是翻船落水，那么顷刻之间，水中就会一片血泛上来，一架白骨沉下去。有一位陪同曾亲眼见过这一幕。

亚马孙河生态系统遭遇到日趋严重的破坏，但目前基本保持了原生生态系统的状态。直至1978年的100年中，毁林面积为51万平方千米。但近年来破坏程度逐年加剧，至今原始森林被毁面积已达总面积的三分之一，到了维持原生生态系统的极限。

在热带雨林中我还有另一个发现。雨林中也有我很熟悉的、20世纪90年代已经开始在我国肆虐、造成严重水污染的水葫芦，学名叫凤眼莲，但在雨林中并不疯长。据说水葫芦就是在六七十年代，由缺乏知识的官员突发奇想引入中国的，其实是想利用夏天闲置的河道养这些速生的水草喂猪，其初衷未必坏。但为什么在条件较好的雨林水葫芦不疯长呢？原来是因为这里有一种昆虫是它的天敌。我真想捞一棵水葫芦，看看上面有没有这种昆虫，但因为想起关于食人鱼的警告而作罢。

我在世界上最宜居的城市——温哥华

我在考察墨西哥和巴西水资源时，路过了加拿大温哥华。温哥华一直名列世界宜居城市首位，名不虚传。

一个城市要适于人类居住，所需的第一位大约就是要有足够的好水了，因为水是生命之源。温哥华不但水量充足，而且水质极好。弗雷泽河发源于落基山，主要水源——降水充沛，流域年降雨量达1200毫米，此外，终年白雪皑皑，集雨面积很大的落基山还有融化的雪水。弗雷泽河经过温哥华流入拉特湾。当然，好的水质也与温哥华市100%的污水处理率分不开，温哥华的优美环境不仅是天赐，也在人为。

温哥华全市处处体现出人与自然的和谐。

首先是人口密度适宜，温哥华有200万人口，近来人口增加较快，就开辟了西温哥华的新区，保持人口密度不增加。

其次是人类活动在自然生态系统的承载能力之内，温哥华的产业以循环经济产业——旅游业为主，在旅游这种产生污染较少的产业中还做了污染排放的严格控制。

最后是人类活动尽可能与自然和谐，例如温哥华的公园都建成自然式公园，利用自然树林和绿地，不过分修整。郊区著名的悬索桥公园，保留了 19 世纪的悬索桥，不再修任何水泥桥，游览和服务设施都因陋就简，回归自然，只在巨树间建了一些木桥，作为游乐设施。人们进入公园中看不到人工雕琢，只有原始森林的原貌，空气十分清新，让旅游者心旷神怡。

尽管温哥华的市政建设处处尽力与自然协调，但是也有例外。一位富商就买了一块市中心的街边绿地，盖了一幢很不协调的小别墅，因此受到舆论的攻击，但这位富商也有高招，居然在楼侧的一面墙上画了一幅风景画作为补偿。

温哥华城区公园有 60 多个，连郊区共 100 多个，可谓是绿茵遍地，鲜花遍城。公园中最有名的是斯坦利公园，它占了温哥华半岛的西端，有 4.05 平方千米，公园于 1889 年 9 月 27 日开放，是典型的英式公园，其中并没有亭园建筑，只有一大片平坦的绿草地。在靠海的地方有几棵孤零零的大树，有一棵大树从远处看去像一座小山，紧邻海岸，高达 20 米，遮阴面积不下 2 亩地，是公园的一个奇观。我不禁想，紧靠海岸有这么大的树，当年这里一定有森林，肯定是殖民者上岸时宿营、生火、做饭，都给砍光了，留这一株是为了遮阳的吧？

公园的东部树木渐密，立着许多图腾柱。"图腾"就是印第安人的佛像，在粗大的树干上刻上猴和鸟的面部，再涂上鲜艳的色彩，颇似京剧的脸谱。柱顶一定是只鸟，有的还装上翅膀，然后把彩柱立起来，成为崇拜的偶像。公园中有多根图腾柱，有以白色为主的，有以黑色为主的，也有以红色为主的，但根根都色彩斑斓。

温哥华北郊还有一个著名的公园，就是卡佩兰奴吊桥公园，它实际上是温哥华森林自然保护区的一角。1890 年 G.麦凯发现了吊桥的谷地，他深深为这里的美景所吸引，就与妻子在这里建了一座小木屋。后来他建了一座 130 米长的麻绳木板吊桥，下面是 70 米深的峡谷，谷中流着湍急的河水，都是雪山的融水。

我们站在颤悠悠的吊桥上，向前看是苍翠的松林，向上看是湛蓝的天空，向下看是清澈的急流。过了吊桥就进入了原始森林，这里是天然氧吧。密密的森林浓荫蔽日，只能透过几缕阳光，林中的红松的树龄有三四百年，已长到 60 米高，直径达 6 米，有几株千年老松高达 90 米，棕色的树干泛着白色，上面还长着绿苔。游人在林中行进全靠巨树之间的吊桥，这里实际上是一个空中公园。园中有野鸭湖，野鸭时起时落。在这奇妙的空中公园里，真是：

> 人在空中走，谷在脚下游。
> 抬头见浓荫，低头见水流。

在终点有个印第安女孩，一身牛仔装束，牛仔帽下的大眼睛说明她是个混血儿。她告诉我："悬索桥大部分是卡在死树干上的，我们保护林木。"

作为国际水协"世界大奖"两候选人之一赴摩洛哥

以我为团长的中国水利部代表团，参加了 2004 年 9 月 20—24 日在摩洛哥中部名城马拉喀什举办的国际水协第四届世界大会（世界水大会）。会议在马拉喀什西郊的国际会议中心举行，在撒哈拉大沙漠边上举行水会更有特殊意义。

世界水大会现在已成为国际上最有吸引力的水领域学术研讨会，之前的几届会议都在世界水行业产生了很大反响，与会人数逐届增加，贸易上也比较成功。

来自世界 100 多个国家和地区以及有关国际组织的 2500 名代表应邀出席这次为期 5 天的盛会。中国建设部、水利部和有关研究机构派出了 100 多名专家学者参加会议。会议围绕水的主题展开学术研讨和交流，具体议题涉及城市供水、污水处理、水的再生利用及节约用水、水的健康安全与卫生、水资源开发利用与保护等领域的管理、科技、合作和商务等多个方面。

国际水协会主席劳斯在论坛开幕式上致辞。摩洛哥领土管理、水资源和环境大臣亚兹吉也发表了讲话。他们讲话的主要内容是：发展中国家面临着越来越严重的饮水和用水问题，仅非洲大陆每年就有 300 万人死于饮用非洁净水导致的各种疾病。因此，他们呼吁加强南北合作，帮助非洲大陆解决饮水和用水问题。

在开幕式上，大会的执行主席，国际水协会常务副主席雷特宣布："中国著名水管理专家吴季松司长长期负责中国的水资源管理，鉴于他在水资源领域理论和实践的杰出贡献，他被来自不同国家的许多国际水协委员推荐，是国际水协'世界大奖'最终两名候选人之一。"大奖最后由世界卫生组织的水、环境卫生与健康协调员巴特兰姆获得。我也做过联合国教科文组织官员，但10年前已离任。授奖给现任官员是不多见的，也有不公之嫌，不少国内外朋友对我提到这点，但这就是今天的国际官场。我认为我做了实事就可以了，其他事并不很看重。

经过会前、会上全体团员的共同努力，我的发言被作为大会5个重点发言之一。在21日的大会上，我阐述了中国在水资源管理方面的新理念、新思路、新政策和新成果，强调以水资源的可持续利用保障中国的可持续发展。我的发言得到热烈欢迎，发言后美国、英国、日本、韩国等国的代表到台前祝贺，消息被简报刊登在显著位置，仅次于新任国际水协会主席索姆里奥迪的讲话，而先于联合国秘书长安南的水资源顾问拜因的讲话。新华社驻摩洛哥分社的康社长夫妇专门从拉巴特赶来采访我，夫妇俩一个听、一个记，我们度过了一个愉快的下午，后来新华社有专稿报道这件事。

卡萨布兰卡的餐馆

在归途中，我们路过因同名电影而著名的卡萨布兰卡，入住的是海边的名叫塞桑的老旅店，即第二次世界大战各国间谍云集的地方。在夜色中，我们从市中心进入沿海岸下斜的小街，一股鱼腥和海水的咸味扑面而来。第二天我们才看清楚，旅馆与大海近在咫尺，而前面有个鱼市。我们上了一层楼才到了窄小的前台厅和高大的柜台，厅中灯光昏暗，柜台后的经理个子不高，身材瘦削，打着领结，头发梳得溜光，十分精干，以冷冷的目光打量着来客，俨然电影《卡萨布兰卡》中的"瑞克"复活在我的面前，使我找到了神秘感。他的言语不冷不热，态度甚至显得有点傲慢，当他知道我曾是联合国官员，而且会讲法语时，马上又变得热情可掬、点头哈腰，态度来了个180°的大转弯。我在这里看了一场"活话剧"。

在伸手不见五指的夜幕里，在巨浪的轰鸣中，我们驶向另一个带有神秘感的地方，号称卡萨布兰卡第一阿拉伯风情饭店的菲布尔饭店。

餐馆中热气腾腾，走廊上有一个老人在一边拉琴一边唱歌，里面是大厅，过道里坐着几位不同国籍的人，他们在交谈，也审视着来客。角上包间里的顾客更神秘，有欧洲人、阿拉伯人，还有亚洲人，他们表情严肃，好像在做什么交易。他们是什么人？自然无人知道。我们坐在大厅里，窗外就是大海，巨浪向窗前扑来，仿佛要压垮这个小餐馆，又悄然退去，仿佛不屑一顾，周而复始，堪称一景。菜肴不错，没有羊膻味，服务生端上来了牛肉、羊肉和鸡肉，其中牛肉味道最好；炸鱼很鲜，不知是用什么油炸的，别有风味。后面的节目是世界闻名的阿拉伯肚皮舞。

过了市场就是卡萨布兰卡老城深幽的小巷子，由于街只有一米多宽，两层楼的阿拉伯式住宅也显得很高大。大概因为少有旅游者，尤其是亚洲旅游者，人们对我这个黄皮肤的来客颇有新奇感。老人站在门口观看，小孩想凑过来又不敢上前。我们友善地互相致意，总算与卡萨布兰卡市民有了接触，可惜我们语言不通，他们的法语不好，阿拉伯语我又不懂。

水的感悟

我小时候对水并没有什么特殊的兴趣，自 5 岁立志走遍世界以后才开始对海洋产生兴趣，因此也就对水产生了兴趣。1968 年我去新疆农场用拖拉机开荒，开渠浇水，才知道水的宝贵，真是："有水才有生命，有生命才有绿洲，有绿洲才有人，才能发展。"1973 年我进入中国科学院，1979 年进入法国原子能委员会芳特诺核研究所，所从事的受控热核聚变研究被通俗地解释为"海水变汽油"的技术。我从中看到了水与未来的关系。1992 年我任联合国教科文组织部门顾问研究环境问题，主持制定了一系列水资源标准。自 1998 年起至 2004 年我主管了 6 年半的全国水资源，更是与水结下不解之缘。

人类进化的过程实际上主要是了解和深化认识两种东西的过程：一个是太阳，另一个就是水。水是一切生命的源泉，人类生存首先要找水。四大古代文明都是在河流附近出现并发展，尼罗河、中东两河、黄河和印度河孕育了人类的文明，谁先找到水，用它止渴、灌溉和运输，谁就先进入文明。这就是农业文明，但是农业文明摆脱不了贫困和闭塞。其实最大的水资源是海洋，谁先进入海洋，谁就先进入世界，谁就先需要现代科学技术。这就是工业文明，但是工业文明带来了资源短缺、环境污染和生态退化的严重问题。短缺的资源主要是能源和水资源；而环境污染主要是大气污染和水污染；至于生态退化方面则主要是水生态系统和森林生态系统的退化，而支撑森林生态系统的就是水。所以谁先解决了这些问题，谁就先进入新的文明，这就是人类发展的第三个阶段——生态文明，而生态文明的关键就是水。

　　水和森林生态系统的状态有个十分明显的标志，就是地下水层的埋深，这是我们必须保证的生态指标。地下有个天然水库，这是自然生态系统赐给我们的，正所谓"山有多高，水有多高"。地下水位足够浅就是"地下有水地表湿，地下有水森林绿"。否则就会出现河流断流、湖泊萎缩、湿地干涸、森林和草原退化。

　　那么要解决的有哪些水问题呢？人们要深刻反思农业和工业文明对水的利用，回答水的18问。

　　1. 为什么把一条河既当自来水管又当下水道？

　　2. 为什么为了上游地区灌溉建水库而使下游缺水？

　　3. 为什么不将重点放在保护天然的地下水库，而是盲目地修水库？

　　4. 为什么要保护原生态河流？能不能修水库？

　　5. 为什么水这么缺，而水价这么低？

　　6. 为什么在很多情况下我们用这么多水，却只生产这么一点产品？

　　7. 为什么在缺水地区种稻米这种耗水作物？

　　8. 为什么我们在半荒漠带放牧，在草原地区种粮？

　　9. 为什么在沙漠与绿洲的过渡带毁掉千年的固沙植物开"荒"？

　　10. 为什么我们在半干旱带植入半湿润带的树种，再抽地下水灌溉？

　　11. 为什么我们用这么多水？

　　12. 为什么我们不用地表水，而是先用地下水——子孙水？

　　13. 为什么我们不以循环经济的思想充分利用污水处理后的中水？

　　14. 为什么我们紧邻河床建城，再筑堤防洪，甚至制造出在地表上流动的"悬河"？

　　15. 为什么我们防洪只修堤，而不建蓄滞洪区？

　　16. 为什么我们防洪只在点上"堵"，而不做系统分析在面上"疏"？

　　17. 为什么温室效应使全球气温变暖，而又趋于干旱？

　　18. 为什么我们不以知识经济的思想加快科技进步向大海要淡水？

　　向海水要淡水是完全可能的，受控热核聚变能在21世纪三四十年代商用以后，能源将变得十分廉价，从而使大规模的海水淡化成为可能。

十一

北京航空航天大学
科研与管理

接触十位诺奖得主，他们不是神

登上国庆观礼高台，江山是人民

2005 　3月5—14日，十届全国人大三次会议召开。

2006 　11月4—5日，中非合作论坛北京峰会举行。

2007 　4月14日，中国成功发射第一颗北斗二号导航卫星。

2008 　5月12日，四川汶川发生里氏8.0级特大地震。
　　　　8月8—24日，第29届夏季奥运会在北京成功举办。

2009 　10月1日，中华人民共和国成立60周年大庆。

2010 　4月30日，2010年上海世界博览会举行开幕式。
　　　　本年，中国国内生产总值超过40万亿元，成为世界第二大经济体。

2011 　11月3日，神舟一号与天宫一号成功实现首次交会对接。

2012 　7月24日，海南省三沙市正式成立。
　　　　11月15日，中共十八届一中全会选举习近平为中央委员会总书记。

2013 　3月3—12日，全国政协十二届一次会议举行。
　　　　3月5—17日，十二届全国人大一次会议举行。

2014 　3月16日，中共中央、国务院印发《国家新型城镇化规划（2014—2020年）》。
　　　　12月12日，南水北调中线一期工程正式通水。

2015 　10月24日，国务院印发《统筹推进世界一流大学和一流学科建设总体方案》。

· 2005 年 ·

友谊需要用真诚去播种，用热情去灌溉，用原则去培养，用谅解去护理。

——［德］马克思

钟鼓馔玉不足贵……千金散尽还复来。

——李白

· 大事 ·

曾呈奎（1909—2005 年）先生去世。

启功（1912—2005 年）先生去世。

1 月，出版《中国可以不缺水》（吴季松著，北京出版社）。

9 月，出版《新循环经济学》（吴季松著，清华大学出版社）。

· 小情 ·

《中国可以不缺水》主要以数据和实地调查说明：中国有 13 亿人，缺的水从哪里来？中国有 4 亿个家庭，汽油轿车进入家庭，需要的至少 6 亿吨石油从哪里来？中国人均可利用土地面积不过 0.3 公顷，不及生态足迹 4 公顷的要求的十分之一，怎么办？只有建设资源节约型社会和开发新技术，才能解决中国资源短缺的问题。为此我提出了万元 GDP 耗水的资源节约概念，这个概念成为"十一五"规划对单位 GDP 耗能和耗水要求的科学依据之一。

《中国可以不缺水》被中共中央政策研究室做了 8000 字的摘编收入书摘，真是高水平的摘编，选取了全书的精华，让我自己摘也不过如此了。

任经济管理学院院长，参与编制国家科技发展规划

2002年我还在水利部工作的时候，我的朋友、国防科工委的于主任就推荐我担任北京航空航天大学经济管理高级研究班指导委员会主任，经请示部领导同意，我接受了任命。这可是一个"很高"的职位。当然我也有不安，北京航空航天大学党委书记担任指导委员会副主任，于主任则是委员之一，他们都是在不同岗位上做出贡献的高层领导。而且这个高级研究班是经过国防科工委和教育部批准，专门为在"两弹一星"基地艰苦地干国家大事而无法到校上课，又由于保密无法发表论文的科研人员及航天员获得博士学位举办的，责任重大。我由此感到，对国家的贡献不是考出来的，更不是评出来的。

2003年11月我还未退休时，北京航空航天大学又盛情邀请我任经济管理学院院长。请示部领导同意后，我接受了任命，又开始了同兼两个实职的工作。

2004年我以全国节水办常务副主任的身份退休，工作32年，至今房无一间。

北京航空航天大学学术委员会（无一人认识我）全票通过评我为一级教授。待遇中包含60万元住房款，但我从未问过这事。好心的同事提醒我，我想如果有，那就算学校投入的中国循环经济研究中心的筹建费吧。中国循环经济研究中心于6月15日成立，为我国高校的第一个循环经济研究实体。

我虽然没当过兵，但是受过严格的军训，有不错的枪法；当过拖拉机手，当过农场分场办公室负责人；做过车工，当过工厂技术组组长；做过研究所科研处负责人，当过科研题目组组长；做过出国访问学者、联合国项目负责人和国际官员；行政上从副处长开始做到正司长，还任过外交官；这次又做教授和学院院长。大半生中大概是工农兵学商和国际组织几大行中，除未做过商人外都干全了。虽然未做商人，但是在经济管理学院教人从商，因此也可以算是干全了。

到了北京航空航天大学，我首先想到的就是我出自教师之家。父亲作为大学教授，曾把有才有病的学生养在家里，却没想到我也被传染了。我的同事说这件事可以列入"感动中国年度人物"。我的母亲是幼儿园主任，为了避嫌，不让我进她任职的幼儿园，致使我没上过幼儿园，而在院里游荡，我的同事说现在这样的园主任怕是难找了。我想"大学者，有大师之谓也"，我不是大师，但也不能误人子弟，于是全力学习教育管理、备课，熟悉学院情况。

我是清华大学工程力学数学系热物理专业毕业，学的是喷气发动机，1964年还在北京航空航天大学上过课。我在清华大学的老师张维先生的夫人陆士嘉女士就是全国第一批一级女教师，是北京航空航天大学的创始人之一。尽管我与北京航空航天大学的渊源比许多人更深，但我还是下定决心从头做起。

我做的第一件大事就是在初来乍到、可调动资源很少的情况下，新制定了经济管理学院加入"985"二期计划的方案，并获得国家教委通过。

2005年刚放暑假时我就接到学校通知，要申报"985"二期的方案，当时院领导都已经离校，联系不上，有的联系上了也因为有事无法及时返校，而方案要在一星期内交出。于是我领导留校做教师的一个博士后，在周副院长和几个老师的支持下顺利完成了方案，先是通过了学校的论证，然后报到教育部。我曾经在国家教委工作过，可能评审组对我一贯认真的工作态度有所了解，如此仓促完成的方案，在投票表决后仍获通过，"985"二期方案前后共争取了730万元人民币资金，使经济管理学院的设备有了较大的改善。

2005年初，我还参加了国家编制《中长期科技发展规划》中循环经济和资源节约两个组的工作，感谢组长孙鸿烈院长和王大中校长的邀请，我也尽了自己的努力，做了点微薄的贡献。

漓江生态补水，让全年上溯阳朔成为可能

"桂林山水甲天下，阳朔山水甲桂林。"到阳朔要从桂林沿漓江上溯，但由于近年来漓江中上游用水日多，所以在冬春枯水季节已无法溯行阳朔了。

桂林以上的漓江干流总长105千米，以秀甲天下闻名于世，是外国游客在我国游览的第四位选择。漓江共有83千米的溯游航程，但每年平均有5个月仅能通航10~20千米，不仅大大减少游客和旅游收入，还极大地影响了旅游声誉。世界著名旅游胜地例如巴黎、威尼斯和新加坡等都是全年适游，桂林有同样的气候条件，却成了季节性旅游地，这是极为遗憾的。据估计，修水库给漓江补水可使桂林直接旅游收入翻一番。

桂林地区平均年降水量高达2000毫米，但年内分配极不均匀，80%的降水集中在3月至8月的6个月中。所谓生态规划，就是人类在对自然生态系统改变尽可能小的情况下使工程获益。因此，这次为新修的水库补水的规划以对河流生态影响较小的、容量不大的水库为主，加上原有以灌溉为主要目的的青

狮潭水库生态补水量，可以使漓江全年上溯阳朔。同时建立生态保护旅游区，以将移民的负效应减到最低。在漓江形成的第二旅游区的年营业额可达 6 亿元，使该工程在还工程贷款的同时，保证了 3500 个移民的就业并大大提高他们的生活水平。库区如果淹没森林，就会释放有害气体，这是国外修水库的大问题。但水库淹没森林的面积很小，而且已规划在放水前将其全部砍伐，把这种负效应减到最小。对洄游繁衍鱼类和人文景观的影响也得到解决。水库工程影响到倒刺鱼鲃、白甲鱼和密鲷等鱼类，解决方法是在坝侧修鱼道。自然景观方面，只有茨林口遗址一处古迹，虽然未列入文物保护目录，但是已被列为搬迁专项。

事后《美国新闻与世界报道》的驻京记者来采访，说这可能是世界上第一个完全按照生态原则制定的水库修建规划。我只是参与主持制定了这个规划，在广西的同志的努力下成为现实，真令我感到无比欣慰。

参加阿布扎比国王组织的"世界思想者节日论坛"

2005 年 3 月 26—30 日，我应邀参加世界思想者节日论坛，它以阿拉伯联合酋长国总统、阿布扎比酋长哈·阿勒纳哈扬为名誉主席，阿布扎比酋长国副总统、迪拜酋长穆·阿勒马克图姆为主席。会议在阿布扎比的"八星级饭店"——酋长宫殿举行，旨在讨论人类发展的未来。

阿拉伯联合酋长国不惜重金举办这次会议，请了 28 位世界的思想者，按外国话来说，应该叫"思想家"，其中包括 10 位诺贝尔奖获得者。这 28 位思想者分别来自美国、德国、英国、意大利、瑞士、荷兰、挪威、丹麦、瑞典、古巴、印度、中国、马耳他和阿拉伯联合酋长国等 14 个国家，包括科学、技术、教育、政府、妇女运动和环境保护等各界，会议对"思想者"做了最高规格的接待，为他们提供的都是头等舱的往返机票，安排他们住八星级宾馆，并由总统接见。此外，与会的还有来自世界 20 多个国家的 300 多名代表，是一次名副其实的世界思想者的聚会。

我被邀请，大概首先是因为我的朋友，世界著名知识经济学家，剑桥大学、博洛尼亚大学（世界第一所大学）和阿布扎比大学原教授弗米卡博士的推荐。其次是因为我主持了联合国教科文组织的知识经济研究，这也是国际上对该领域进行的第一次全面系统的研究，我被国内外称为知识经济的创始人。

"世界思想者节日论坛"参加者合影，第三排右一为吴季松

　　会议的主题是"以科学的观点，通过思考来设计世界的未来"，同时纪念爱因斯坦相对论发表改变人类的宇宙观 100 周年。如果要简单地翻译会议的主题，那么可以说找不到比"科学发展观"更为合适的词了。因此，这次大会可以称为一次"国际科学发展观峰会"。

　　会议分全会、分会和圆桌会议，连开幕式在内一共进行了 5 天的演讲和讨论。我任 3 月 29 日下午召开的"世界水和能源的未来"专题全会主席，做"到 2020 年前后中国可以不缺水"的主题发言，而且做了会议总结。我的发言用科学发展观将知识经济的第一阶段——循环经济的理论做了创新，把减量化、再利用和再循环的内容大大丰富，并且增添了再思考（即提出新的经济理论）和再修复（即修复生态系统）的内容。在演讲过程中，我以水资源为例充分阐明了再思考的意义，这就是新循环经济学，在大会上引起强烈反响。

　　当我提到"我是一个工程师，但我不仅是机械、土木工程师，更是资源系统工程的工程师；我想建一座纪念碑，但我建的不仅是石头和水泥的水库大坝纪念碑，更重要的是节水理念的创新碑"时，会场响起热烈的掌声，新循环经济学的观点得到一致认同。会后，4 位诺贝尔奖获得者当场以各种方式向我表示祝贺，来自各国的代表争相向我要发言稿。

　　会议期间，总统接见了我们，并在会后送了我们礼物———副银质的国际象棋，是让我们看了以后寄到北京的，这是我大半生所收赠品中最贵、最重的一件，按我以往的处理是不会留的，但因无法寄回，且我已退休，馈赠与公职无关，就将它留下做个纪念。

与 10 位诺贝尔奖获得者在一起 5 天的感受

会议期间，我和 10 位诺贝尔奖获得者朝夕相处了 5 天。他们都规规矩矩地在八星级宾馆中待了 5 天，没有如影视明星一样被各处请走，而是在思考和讨论问题，回归了他们学者的本来面目。作为学者，他们尽管性格各异，但都是真诚、质朴的人，都很可爱。

诺贝尔奖的获得者往往也很幽默。他们面对酋长宫殿这座八星级宾馆的"人性化电梯"也束手无策。所谓"人性化"电梯真有点可怕，当你进入电梯后，稍有移动，电梯门就再次打开，可能是怕夹到人，或者怕你要出去。当你去按关门键时，由于移动，门非但不关反而开了，真弄得人哭笑不得。1995年诺贝尔化学奖获得者克鲁岑教授夫妇和我进了电梯以后，教授就主动左摇右摆几次，意思是让电梯门接到足够多的信号，动作够了，门自然就关了。教授那晃动的样子真让人忍俊不禁。

克鲁岑教授是一个重量级的获奖者，他研究出了大气臭氧层破坏的机理和对人类的伤害，可以说是空间环境学的先驱。他是荷兰人，现在在德国工作，十分平易近人，是个和善的小老头。后来他还应邀到我任经济管理学院院长的北京航空航天大学讲学，他不讲话时，就在主席台上认真地不断为会场拍照，那天真的样子很像一个中学生，使听讲的学生想笑又不敢笑，但一下子明白了什么是诺贝尔奖获得者。

论坛期间，我们被安排参加的活动不少，繁文缛节太多，让人有点烦。1973 年诺贝尔物理学奖获得者盖威尔是一个比较矜持的人，但也不乏幽默感。一次活动时，他在被接见时一本正经，等程序一走完，就立刻对我说："吴教授，我来接见您，握手！"然后一本正经地站直身子伸出手。我与他握手后转身要走，他又对我说："为什么您不接见我了呢？"我心领神会地又与他握了一次手，这位诺贝尔奖获得者以这种方式来发泄对官场程序的不满。

2002 年的诺贝尔化学奖获得者乌特瑞克博士是瑞士人，中等身材，尽管他 60 多岁了，但是身体依然健壮。他对我说："我曾经是体操运动员，参加过欧洲比赛，我是世界上所有诺贝尔奖获得者中仅有的参加过洲际体育比赛的人。"他那十分得意的样子颇像一个中学生。他还对我说："我一定去看 2008 年北京奥运会，到时候您能帮助我吗？"我说："我是北京奥组委的顾问，很愿意帮助您。"他真诚地连连道谢。

1996 年诺贝尔医学奖获得者金克纳格尔博士个子瘦高，不修边幅，是个性格比较内向的人。在大家都西装革履的开幕式上，他居然穿着短袖衫，身披夹克前来，除了开会和吃饭等公共场合，他很少出现。但后来我发现他也没有离会，可能是在房间里继续搞研究，因为比较起来他还年轻。但是，他并不是不合群，在我们交谈时他主动走过来听，并和大家合影。

1969 年诺贝尔物理学奖获得者戈尔曼博士是资格最老的诺贝尔奖获得者，他已近 80 岁，但在开会休息期间还在计算机前工作。一次我与戈尔曼博士交谈，他略识几个中国字，便问我："'吴'和'武'有什么区别？"记者给我们合影，但动作比较慢，他等不及记者摆好阵势，就又转过头去看他的计算机，所以我们合了个他转头看计算机的影，老先生真是分秒必争。

在出去参观的车上，由我提出主题，我们开了个小研讨会，主题是：受控热核聚变解决人类能源问题的前景。在车上大家畅所欲言，全车的代表都变成了听众。"会议"的结论有两条：第一，受控热核聚变能和太阳能毫无疑问是解决人类能源问题的替代品。第二，对于受控热核聚变能的商用前景，大家分成三派，刚好一派两个人，三派分别认为商用的时间会是 21 世纪 40 年代、50 年代和 60 年代以后，我属于 40 年代一派的，但我是唯一搞过受控热核聚变研究的。会后，1976 年诺贝尔物理学奖获得者雷泽博士尽管不属于我的一派，仍专门和我讨论："基础研究是科学的源泉，而科学是技术的基础。您搞过受控热核聚变研究，您的预测分量应该更重。"

住在八星级宾馆的烦恼

1985 年，我曾经在瑞典首都斯德哥尔摩住过一个多月王宫，是瑞典国王借给国际高级研究所联盟总部的乌里斯达宫。没有想到 20 年后，我又一次住进王宫——阿布扎比酋长宫殿，号称八星级宾馆。这座宫殿像我国的钓鱼台，但比钓鱼台的商业性还差，主要为王室所用，对顾客的态度是姜太公钓鱼，愿者上钩。

什么是八星级呢？一看价格。标准间是 2200 迪尔汗／天，还要加 20% 的服务费，如果包早餐，再加 170 迪尔汗，共 2815 迪尔汗，合 804 美元 / 天，打一次市内电话要 10 迪尔汗，合 3 美元，的确比超五星宾馆还贵。二看房间。里间有 27 平方米，外面有 5 平方米的大阳台，过道和洗澡间有 14 平方米，加起来差不多 45 平方米，但有点大而不当，坐便器靠墙太近了点。三看设备。说明书称其配备的是 22 世纪的设备。等离子体电视、大写字台、三重窗帘、小保险柜、分离的淋浴间和大浴缸应有尽有，但电水壶和烫衣板要叫酒店服务才能送来。四看服务。清晨有人送英文报纸，早晨有人打扫，中午有人送免费水果，下午有人换小冰箱里的饮料，饮料也是免费的，晚上有人开床。服务人员一天至少来四次，烦得我有时不得不亮起"请勿打扰"的灯，真有点过度服务。"请勿打扰"在门外电子牌上显示，也是新设备，这个倒还有点实际意义。

八星级宾馆的价值主要还不在房间。先说气派，在广阔平坦的波斯湾海边，高耸的酋长国宫大厦圆顶从几千米以外就能看得清清楚楚，很像我住过的乌里斯达宫。整个建筑是文艺复兴式的，又像德国波茨坦的无忧宫，但马赛克穹顶和大落地窗都是阿拉伯式的。大厦气势恢宏，正面朝南，建在高台之上，高台分多级，每级都有花坛和喷泉。大厦耸立在泉林花海之中，犹如荒漠中的海市蜃楼。大厦在阿布扎比市西北角的一个小半岛上，距市区 1.3 千米，本来是一片荒地，现在建起了阿布扎比酋长国最大的宫殿。背面朝北，临波斯湾。入夜，灯火通宵达旦，入港的船只从几十千米以外就可以看到这座金色的大厦，宛如一座海上宫殿。近看棕榈林中的伊斯兰式凉亭，在海岸一字排开，俨然是这座阿拉伯宫殿的卫兵。

第二天早晨起来，我才领教宾馆为何是八星级，因为它是迷宫，大楼内只有一楼和四楼是东西相通的，我住在二楼西侧，要到一楼东侧开会，于是在阿拉伯风格的走廊里东拐西拐，走廊里到处是门，极易走错。好不容易找到电梯，下到一楼又进入了新的迷宫，有的地方门是开着的，有的地方门又锁上了，像在和客人开玩笑。刚来时，我每次走都是一条新路。就连参会的 10 个诺贝尔奖获得者也常找不到路。大家都很忙，一般都按惯例认为大门在一层，结果不少人到一层找不到出口大门，因为实际上大门在四层。

为什么要建这么豪华的旅馆呢？阿布扎布的气温是 24℃，旅馆中却要把空调开到 21℃。我们，包括诺贝尔奖获得者，难道在这样的旅馆中才能思考吗？这难道不是我们思考的内容吗？我只能把空调调到 24℃，谁知调节器不管用，或许是周围环境所致，每每在调后又自动回到 21℃，不让我节能。我只能不用浴缸洗澡，只用淋浴，但我节省的这点水，全被打扫房间的服务员用了，他们打扫时从不关水龙头，大概来自不缺水的国家。我本想把送来的水果分做几天吃，可谁能想到，服务员好不容易忍了一天，第三天就把旧的水果全倒了，换成新的，这大概是旅馆的规矩。人类真的还要不短的时间才能走上可持续发展的道路啊！

大厦真正处在人造生态系统之中，周围看不到一点荒漠的痕迹，一切都人为地改变了。整个宫殿周围都是绿地环绕，面积达1平方千米，里面绿茵遍地；旅馆区刚刚建成，树还没栽多少，稀疏的棕榈散落其间。整个宫殿的靠海面都是海滨浴场，达2千米长。大厦下还有两个淡水游泳池。一切都是人为的：草是人栽的；树是人种的，是从非洲移来的；小假山的土是从非洲运来的；工人也是非洲来的；所有的用水都是海水淡化得来的。只有大海是自然的。这整整1平方千米是个不折不扣的小人工生态系统，内部似乎已经形成小气候圈，不像周围那么干燥。

有一次我结束晚宴后于凌晨2点到达酒店，前台派专人送我到客房，我本来还想谢绝，进来一走才知道没人带路真不行，东拐西拐要走400米，加上电梯至少要6分钟，这还是有人带路，自己走6分钟都不够用。我住的房子距大门还不是最远的，最远的至少要走10分钟。在一座大厦的旅馆里要走10分钟，这在世界上也是罕见的。

中国台湾阿里山

位于嘉义县东部的阿里山，属于台湾省西部冲上断层的阿里山山脉。阿里山风景区以"五奇"闻名，即日出、晚霞、云海、森林和登山铁路。铁路沿线有热带、温带、寒带三类不同纬度带的林木，群山环绕，景致诱人。主要景点有樱花园、高山植物园、姊妹潭、受镇宫和阿里山铁路等。

阿里山的云海是最为著名的景观，千变万化，柔如细棉，连绵不断，又像云毯，色彩多样而淡雅，景象柔媚而壮阔。每当云海从祝山旁的山麓深处冉冉升起，顷刻间便弥漫于群峰之间；山峰在苍茫的云海之间，有飘飘欲飞的意境。在阿里山观日出的最佳地点为祝山，前往祝山可乘坐小火车，全程6千米，蜿蜒在海拔2216米至2451米间的高山上。

日本占领台湾的第二年，即1896年，日本探险者就发现了阿里山山顶的桧木林。阿里山的千年桧林是当时日本人掠夺的目标。我们在阿里山山顶看到，中心区已经没有桧木了，在姊妹潭处只留下庞大的被挖出的桧木根。向前走，原来的桧木林只剩下离地1米的巨大树桩，这是日本人乱砍滥伐的见证。1米正是拉锯舒服的位置，千年桧木就这样被拦腰锯断，资源就这样被肆意破坏。著名景点象鼻木实际上是一棵被伐的、至少有2000年树龄的巨大树根，几乎有一间屋子那么大。不少同胞都在这里微笑着留影，不能怪他们，他们不了解历史，我却有点笑不出来。

从阿里山山顶的旅游街向远处眺望，破坏山林的痕迹还在继续，碧绿的林间又出现一块块黄色的秃斑，表土裸露大煞风景还在其次，不能含蓄水源，使河流断流，形成山洪，造成进一步的水土流失事大。当地一家店铺的女主人对我说："我知道你在看什么，在看山林遭到的破坏。旅游业的发展的确使我们富裕起来，但也损害了我们的山林。"我问："住在青山上的旧房子，还是秃山上的新房子，您选哪个？"她说："我们这一代人选青山上的老房子，年轻一代比我们聪明，但是他们会做聪明的选择吗？"这正是人类应该思索的。

日月潭边的姑娘

考察台湾淡水河湿地与红树林的消失

2005年我在台湾考察湿地。查阅资料可知，原生态的淡水河入淡水湾河口地带，约有100平方千米的湿地，河口处淡水与海水交汇的地带长满红树林。红树是一种耐盐的常绿乔木，高的可达8~15米，生长于南纬32°到北纬32°之间的海滨泥滩湿地，最适于生长在风平浪静、淤泥较厚的海湾。淡水湾湿地原有大片红树林，起着护堤防浪、防止海水倒灌、净化河畔工厂林立的淡水河污水的重要作用。

由于 3 个多世纪以来的开发，尤其近 60 年的经济开发，河口红树林几乎已荡然无存。红树林保留区建于 1986 年，面积仅 76.4 公顷，其中台湾特有的水笔仔科红树林尤为珍贵，占了 60 公顷。

我对统计数字有兴趣，但都要亲自核实，认为这是每个真正生态学家的职业操守。从星星点点的红树林中可以看到历史。百年前未遭破坏时，两岸应该至少有 3 平方千米红树林，2005 年我考察时仅剩下 1/5。如果不加强保护，这种现象继续下去，我们还能给后代留下什么呢？在祖国大地上，这个问题当然不仅是在台湾存在。我向台湾的同行介绍了 1992 年主持中国签订《湿地公约》后对红树林的研究：

（1）红树林的消失，使得海水倒灌，海浪入侵，河口土地盐碱化，减少了土地利用面积。

（2）湿地，尤其是在湿地生长的红树林是天然的"水净化厂"，能净化淡水河两岸排到河口的污水。湿地的填埋和红树林的砍伐，使得下游自净能力大大降低，因此不得不大建污水处理厂，不但要资金投入、占用土地，还要维持日常运行费用。

（3）湿地的毁灭和红树林的砍伐，使得在湿地生长的许多物种失去生存环境而灭绝。多种洄游鱼类，包括不少美味鱼类，已经灭绝。

（4）湿地的毁灭和红树林的砍伐导致近海生态系统自净能力降低，是污水处理厂所不能弥补的。不但在净化的量和质上，污水处理厂不如湿地；而且对于河口船只的污染，尤其是油泄漏的污染，污水处理厂也无能为力。因此，近海生态系统大大恶化，使得海产品捕捞量大大下降。

（5）两岸同行应充分认识湿地的生态功能和经济价值，携手研究，创立引导国际潮流的湿地科学。

台湾同事听了很振奋，十分同意我的分析，表示一定要努力加强两岸专家在湿地修复和红树林保护方面的合作。

迟到的报告：考察世界首个"人民公社"——以色列的基布兹

1999 年我见了宋平同志，谈话结束后他给了我一个任务，让我考察以色列的基布兹。他的亲切和蔼，我至今历历在目，对他从历史和世界的眼光深入研究共产主义更是钦佩之至。但我有深深的遗憾，就是由于各种原因，这个考察报告至今仍未交出，但我与他的合影一直摆在我的办公室里，从未忘记。由于现在更不便打扰，那就写在书里，送书时权当交了这份迟到的报告吧。

2005 年我去以色列考察，当时以色列共有 280 个基布兹，人口约 20 万，占总人口的 2.8%。在从特拉维夫前往耶路撒冷的路上，我在拉姆拉靠巴以边界的地方颇费周折地参观了南什松（Nanchson）的基布兹。

基布兹是一个大院子，面积约 1 平方千米，是在荒原上开辟出的一片绿洲，目前有居民 200 余人。院里的植被明显好于外面，50 年树龄的大树林立，院中绿草如茵，处处打扫得干干净净，但间或出没的砾石片说明这里原是荒石滩，我们看到的是 50 年改造自然的结果，使这里成了"塞外江南"。

基布兹中有托儿所，以前规定，各家孩子在 2 岁后必须进托儿所过集体生活，接受基布兹思想教育，只有度假才可以回家。基布兹中有公共食堂，原来只能在公共食堂吃饭，这种做法坚持了 20 多年。基布兹中还有计算机培训中心，至今仍在使用，但由于个人计算机的普及，大家都在家里办公了，我去看时，里面已经没有人了。基布兹中最多的是生产设施，有制药厂、包装膜制造厂，也有农田和农产品加工厂，工厂都井井有条，还有黑人在其中打工。当时以色列人均国内生产总值为 1.73 万美元，而基布兹的人均生产总值超过 2 万美元。

基布兹组织的原则可以简单概括如下：

1. 组织原则：自由加入或退出，夫妇两人可只有一人加入，孩子到 18 岁成年时可选择加入与否；所有人加入后都可自动退出。

2. 管理原则：民主选举，每 3 年选举一次基布兹秘书，这个职务是真正的服务与奉献，没有任何特殊权力和待遇，所以多数人不愿意干。

3. 分工原则：原则上可以干自己想干的工作，不会可以接受培训，但被证明实在不能胜任所选工作的时候可以经讨论被调换。

4. 财务原则：成员可以在基布兹内或外工作。在基布兹内工作只配给必要的生活用品，然后把劳动所得按等级存入银行，在需要时——例如添置衣物、看病和子女上学——记账支取，退出时统一结算。在基布兹外工作是允许的，例如基布兹内既无大学，也无银行，就有人在外面担任大学教授和银行职员，他们可以从自己在外所得工资中扣除衣食住行费用，余款按在基布兹内工作的人处理。

5. 惩罚原则：有严重犯罪可以找警察，但这个基布兹成立 50 年来连偷窃都没有发生过，最多是年轻人酗酒，这就由基布兹决定处罚，最严重的是在布告栏中公示，这已是奇耻大辱，叫人再不敢犯了。成员之间都谦让互助、和睦相处，邻里冲突最多是小孩打架，由秘书负责协调。

6. 互助原则：基布兹内实行互助原则，平常的邻里互助自不用说，最大的互助是劳动所得公共所有。对于困难家庭，例如有重病病人、小孩在国外留学的家庭可以给予上不封顶的资助，基本做到各取所需。

7. 自觉原则：以上原则的基础就是自觉奉献，一切讲自觉、自愿和自律，例如秘书自觉不以权谋私，成员支出款项时自觉压到最低，在外工作向基布兹交款时自觉做到最高。奉献是成员的义务。

8. 法律原则：上述原则可以在内部实施，如果有外来干扰怎么办？基布兹的外部环境靠法律保证，以色列法律专门有关于基布兹的条款，这是基布兹能生存的必要外部条件。目前这些条款正在修改，据说将更有利于基布兹的生存与发展。

我们在参观过程中看到，基布兹成员果然个个心态平和，礼貌谦让，文化素质高，工作态度好。我们参观了基布兹的小卖部，小卖部是给成员提供配给以外的商品的，这里的大部分商品是基布兹自制的，酒、盐、糖、油、调料、面包、香肠、腌橄榄、酸黄瓜、纸张、笔等，几乎无所不有，只是没有衣服和电器，这些东西要出去买。我们看到，来买酒的人拿了就走，由小卖部主任记账，从银行自有份额中扣除，顾客连看都不看一眼。

小卖部主任 L 太太，50 岁出头，黑发棕眼，为人和善，十分乐观，穿着一件粉底黑花的连衣裙，热情地请我们在小卖部吃了一顿简餐。她全家都是基布兹成员，女儿在外面上大学，大学毕业了就会自愿回来参加基布兹的生活。看来 L 太太是一个坚定的共产主义者，她说支持基布兹的党也是以色列最左的党派。

也有人退出基布兹，比如我的接待人 K 先生，他出生于 20 世纪 40 年代，属于随父母自愿加入的老一代。他退出的理由居然是现在的基布兹变质了，不像当年那样纯洁、那样传统了。他们在等待以色列修改关于基布兹的法律，希望到那时基布兹可以变回去，或者重建他们理想中的基布兹。

K 先生的想法的确令人吃惊，就我看到的基布兹而言，已经超出了我对公有制的想象。他们基本做到了各尽所能，按需分配，物质相对丰富，消除了工农、城乡以及脑力劳动与体力劳动的差别，即使说不上大公无私，也的确做到了大公小私。他们是在实现马克思的共产主义理想吗？我没有深入研究，目前还难以得出结论。

我所认识的启功先生

启功先生是满族爱新觉罗氏，中国当代著名书画家、教育家、古典文献学家、诗人，国学大师。

1949年任辅仁大学国文系副教授。1952年后任北京师范大学中文系副教授。1966年，被打成"右派"。1971年在周恩来的关心下，参与中华书局组织标点《二十四史》和《清史稿》的工作。1978年落实政策仍被聘为教授。1981年，中国书法家协会成立，被推为副主席，后被选为主席。1986年，被任命为国家文物鉴定委员会主任委员。1989年，任中央文史研究馆副馆长。

启功先生与我父亲同为满族人，他们何时认识并成为密友，我不太清楚。他们工作上的协作始于1972年父亲被邀请参与启功先生负责的标点《清史稿》的工作。他们有诸多共同爱好：《红楼梦》研究、文物鉴定和书法。他们的交往完全不受启功先生是"右派"的影响。我多次听到启功先生说欣赏父亲的字。当时启功先生的字还不太有名，父亲说："您的字成一体。"启功先生说："字就像罗丹所说的画'没有好坏，只有你喜不喜欢'。"父亲说："我也同意这个看法，但您的字早晚会出名的。"启功先生说："您是留学生，大教授；我是小学生（指无学历），副教授。"然后二人哈哈大笑。启功先生给我的印象是个慈眉善目的小老头，十分幽默，每次见我都说："大弟（我的小名）先生您好。"我也回答："大教授（当时他是副教授）您好。"父亲去世后，启功先生参加了他的追悼会并送了挽联：

太虚幻境应相引　不坏真身是坐忘
弟启功拜挽

这是所有名人挽联中最短的之一，也是对父亲理解最深的挽联之一。父亲有多幅启功先生送来交流的字，可惜的是现在我连挽联都找不到了。

从 20 世纪 80 年代至启功先生去世，向他求字的人何止千人，我曾经也想过去求字，相信如果是我，他一定乐意。但我一直没去，一是怕回忆往事引起伤感，二是不想麻烦高龄老人。

不为人知的张伯驹、吴恩裕和启功三大名家的兄弟情谊

现在文史界和文史爱好者都知道张伯驹、吴恩裕和启功三大名家，但除了季羡林和吴小如等著名教授外，其他人都不了解他们之间的兄弟情谊。

启功说张伯驹的为国家收藏是"民间前无古人，后无来者"。据我了解，启功很少说"后无来者"这样的话。吴恩裕说张伯驹是"生命诚贵，国宝更珍"，这也是少见的评价。他说启功是"副教授，正大师"。在吴恩裕的追悼会上，张伯驹的挽联是"育得青年人树木，写来红泪笔生花"，启功的挽联是"太虚幻境应相引，不坏真身是坐忘"。启功一再推崇吴恩裕的字。虽然张伯驹比他们大约大一轮，但他们以兄弟相称，结下的是真正的兄弟情谊。他们相识时，只有吴恩裕的情况稍好，他们的友谊是在都身处逆境、不睬周边的时候深深扎根的，真是"路遥知马力，日久见人心"。我也听到过他们的密友谈到他们苦中作乐的自嘲："三个人，四只眼（我父亲自 1971 年起一目失明，张伯驹晚年因为白内障视力很差）；高中生（启功无大学学历），副教授；没户口，有房产（指张伯驹）。"

我对他们三人都了解，他们真诚的兄弟情谊的基础是：

一、都忠心爱国，他们拥有非同一般、冒了极大危险的爱国情。中华人民共和国成立前他们都反对蒋介石，参加爱国运动，是众所周知的。

二、他们都被周恩来总理关注。他们都是人民，周总理爱人民；他们对周总理也无比崇敬。

三、他们都有共同的至爱：文物鉴赏、《红楼梦》研究和书法，而且都达到了

吴恩裕教授墨迹《考稗小记自序》

很高的造诣，虽然各有所长，但是互相赏识。吴恩裕、启功对张伯驹说："我们是只鉴不收。"张伯驹说："能力有大小，水平是一样的。"启功对国宝的热爱不为人知，1996 年起他一直关心着收录了自先秦至隋唐包括帝王、名臣以及书法家等 103 人的 420 篇作品，汇聚了各家书法墨迹的法帖《淳化阁帖》，说："不见宋刻真本，死不瞑目。"启功对吴恩裕的字评价极高。

四、他们都荣辱不惊，都受过不同程度的迫害和不公正待遇。

五、他们都"光明磊落，待人诚恳。对待学生和青年总是满腔热情，不摆架子，循循善诱，诲人不倦。特别是当有的同志遭到困难，处在逆境的时候，肯于仗义相助，这种品质是很可贵的"。这是 1979 年 12 月 26 日吴恩裕同志追悼会上，北京政法学院院长曹海波致的悼词。

他们虽然都是社会科学家，但是在自然科学家中也有这样的例子，如我所接触的汪德昭、王大珩和王竹溪。如果今天自然科学界和社会科学界都能继承、发扬这种中国知识分子的美德，一定会取得更大的成就，在国际学术界占有更高的地位。

曾呈奎院士：求实、协同，"海藻缠绕潮汐发电机的问题该由我解决"

曾呈奎院士，福建厦门人，海洋生物学家，中国科学院院士。1931 年厦门大学毕业，1942 年在美国密歇根大学获得博士学位，1943 年为美国加州大学副研究员。1946 年回国任山东大学教授、系主任，中国科学院海洋研究所所长。他是我国海藻研究和栽培的奠基人，开创了海带南移和海带切梢增产法。主要著作有《中国经济海藻志》和《海带养殖学》等。

我与曾呈奎院士交往颇多，原因是我 1982 年归国到中科院外事局后，曾院士经常出国，我给他办理手续，我对海洋极有兴趣，他给我传授知识；还与他是我家的世交有关。我们每年都有多次交往，曾院士说："我只要到院部来，第一是办公，第二是看卢院长，第三就是到你这里来。"我真有点受宠若惊。曾老是个言必信的人，他来之前会先打电话，我尽可能事先把公事办好，这样就有了更多的谈话时间。我不但从他那里学到了海洋的知识，还认识了许多海洋科学界的院士和专家。

曾呈奎院士是我国当之无愧的、最权威的海洋专家。他的专业是近海植物海带和海藻研究。曾院士最早是利用湿地——海边滩涂来给不得温饱的人从海里找食物，《中国经济海藻志》就是其总结。后来发展到人工养殖，把"沧海变桑田"来扩大种植面积，这是个了不起的创意和实践，当时只知道种粮、种菜、种果树、种经济作物，围海造田，但几乎没有人想到"人与自然和谐"的"种海带"，其实际意义是划时代的。

后来曾院士还跨越学科，想到在滩涂湿地中利用潮汐发电。但我提出，潮汐发电机经常被海藻缠绕而无法正常工作。曾院士说："这是我应该解决的问题。"曾院士可谓桃李满天下，不少院士都是他的学生。

我从曾院士这里学到了什么是"滩涂"——海洋的湿地，这和我1992年主持中国加入《湿地公约》有直接关系。我从大师处学到海洋滩涂湿地，学以致用。

可惜的是1988年我就离开了中国科学院，我们见面就很少了，因为出国，我也未能参加曾院士的追悼会，至今是个遗憾。

·2006 年·

创造财富是人类一项最重要的工作，这是没有疑义的。但是，什么是财富，却是人类在创造财富的过程中不断重新认识的。财富有三种：一种是物质财富，另一种是精神财富，还有一种是容易被人忽略的，这就是自然财富。自然财富就是人类生活于其中的生态系统，虽然古亦有之，却需要人去认识、保护、维系和修复，这既是一种生产，也是一种财富创造，是人类要发展就必不可少的财富创造。

——吴季松

一座城市，不管它有多大的潜力，也不管是出于何种需要，都不能无限地扩大，因为它的生态承载力有限，土地、水源和能源都不可能无限增加。不顾这一自然规律的盲目扩张，必然会给城市带来脏乱差、贫民窟、水源缺乏和交通堵塞问题。曾经的西非明珠拉各斯就是一个例证。

——吴季松

·大事·

王选（1937—2006 年）院士去世。

4 月，出版《新循环经济学》英译本 *Recycle Economy*（吴季松著，EFFEELLE EDITORI）。

5 月，出版《科学发展观与中国循环经济战略》（吴季松著，新华出版社）。

5 月，出版《从世界看台湾》（吴季松著，清华大学出版社）。

11 月，出版《循环经济综论》（吴季松著，新华出版社）。

·小情·

雪夜班车，辽宁沟帮子遇险

1月我应邀去沈阳东北大学参加经济管理学院 MBA 纪念活动并做演讲，这是我父母的母校，所以不能推辞。

1月14日下午我到了机场，大雪导致赴沈阳的飞机停飞，但我要第二天早上在大会上演讲，1000多师生在等待，我必须于当天到达沈阳。只有两条路可以选择：一是乘火车，二是开车去。打电话一问，由于临近春节，火车票已售光。而京沈高速还未封闭，于是我当机立断，从机场直接开车去沈阳。

我们出了北京一路顺利，到了河北省秦皇岛市卢龙县已近下午6时，就在公路餐厅就餐。餐厅中除了大货车司机无其他人，我的小司机看着我说："不然走吧，到大点的城市再吃饭。"我说："没事，我在新疆的戈壁和非洲的丛林里都吃过。"

出了山海关，到了辽宁省葫芦岛市绥中县，距沈阳只有300千米，到达在望。没想到就在这时候，高速公路突然封闭，我们只得被逼上了国道。这里是当年辽沈战役的战场，原野是白茫茫的一片，房子的窗口像黄色眼睛，国道穿村过庄，上下起伏，加上大雪覆盖，十分难走。

我有较丰富的驾驶经验，一再告诫刚刚从汽车团退伍的小司机，要全神贯注，车速中等。如果遇到紧急情况打轮要慢，一定要点刹，第一点要轻。小司机连声答应，但毕竟没有雪地驾驶经验，我们仍然出事了。

就在辽宁省北镇市的沟帮子这个出烧鸡的地方，在很正常的路上，小司机一脚重重的刹车，让车打了转，先向路东的树上撞去，弹回后又把路西停的一辆出租车撞下了路基，车才停了下来。小司机双手在方向盘上不断捶砸，连哭带喊："车完了！车完了！"

我在车中目睹了这一切。好在一是车速不高；二是幸亏路旁有树，没有翻下路基；三是我虽然在后座没系安全带，但是时刻注意行驶，出事时双手推前椅背，所以毫发未伤。

被撞下去的出租车的司机是当地的司机小头头，他马上带了一群人上来，气势汹汹就要动武，小司机吓得不敢上前。我对那群人说："责任全在我们，幸好你没受伤，谁也不愿意这种事发生。人要去医院检查，车子坏了我一定赔。但是，我也是东北人，家里也抗过日，为东北的解放流过血，希望你们不要做不理智的事。"那伙人马上换了一副表情，说："全怪这个司机，你没受伤真是万幸。"我说："让这个司机跟你们走，办理检查、修车和赔偿的事。我去沈阳有急事，你们派一辆车把我送到沟帮子火车站，我赶去沈阳的车。"众人连声说好。

其中的一个司机把我送到了几千米外的沟帮子火车站，我付了 50 元，让他不要找钱。在冰冷的小车站中，我等来了过路火车，进了已没有座位的嘈杂车厢，到了 160 千米外的沈阳，对沈阳东北大学在寒风中接我的司机道了歉，进了宾馆，已经是凌晨 2 点。早上 9 点，我在东北大学经济管理学院发表了演讲。在沟帮子的被撞司机经检查受了震动，但没有受伤，我一直关注他的情况，最后付了检查费并赔了钱。

中国在西方国家全英文出版的第四本大陆经济学家著作《新循环经济学》

4 月，我的《新循环经济学》英文全译本 *Recycle Economy* 在意大利博洛尼亚大学的 EFFEELLE EDITORI 出版。据查，这本书是中国经济学界在发达国家出版的第四本全英文经济学著作。博洛尼亚大学是世界第一所大学，给书配的封面是挪威著名画家的《呐喊》，真是太切合书中大声宣传的新经济学宗旨了，装饰精美，显示了很高的出版水平。更值得一提的是我没出一分钱，出版社遵循国际惯例在互联网上调查，如果可以销售 5000 本，有利润就出书，真是好机制。

根据三年来的工作实践，我给教育部主管领导吴部长写了如何办好经济管理学院的建议，得到文字批示和高度重视，并于 8 月份获得了教育部的科技成果奖。11 月，我创立了教育部批准的管理科学与工程专业的二级学科"循环经济管理"。

作为中国技术经济领域的最高学术团体——中国技术经济研究会的常务理事、学术委员会主任，年底我还在韩国的济州岛主持了"中韩创新研究学术会议"。

卡伦堡生态工业园区调研——写出最佳报告

今天在中国，凡是提到循环经济和生态工业园，几乎没有不说丹麦卡伦堡生态工业园的，这里被认为是"圣地"。近年来到卡伦堡生态工业园的中国团最多时一星期就有两批，每年都超过 60 个，总计已有几百个。2006 年 5 月 31 日—6 月 1 日，作为国际科技园协会的学术顾问，我们对其进行了实地考察。卡伦堡生态工业园其实该叫"工业共生体（即在科技园内实现废料的生态循环）"。卡伦堡市议会议员、议会技术委员会主任、园区的创始人之一克里斯蒂安先生和卡伦堡研究所负责人汉森女士热情接待了我们。

我来到卡伦堡，找到旅游办事处要他们介绍旅馆，一位热情的女工作人员对我说："您是从中国来的，一定是要住新盖好的四星级旅馆了。"我说："为什么？"她说："最近几年来已有几百个中国代表团来这里参观，积累的收入已经让我们盖了四星级旅馆，您当然要住了。"我说："那原来就没有旅馆吗？"她说："过去这个荒凉的海滨小镇哪有人来，有个旅店还是 100 年前的车马店。"我说："我就住这个。"她惊讶得半天说不出话来。

吴季松在卡伦堡工业园区与创始人座谈

我住进车马店后，吃早饭的时候，有个姑娘来找我问道："您是来参观卡伦堡生态工业园的吧？"得到肯定的答复后她说："我们就是旅行社的陪同导游，一天 200 欧元。"我问："你是园区工作人员吗？"回答说："不是。"我问："你懂点循环经济吗？"她红了脸，诚实地回答："不懂，不过有解说词，也没人提问题。"原来如此。

当考察时，我问竭尽心力给我介绍的陪同克里斯蒂先生，来访问的中国代表团有多少，他说不计其数。我又问有多少请他讲解、与他讨论的，他说基本只有国家一级的代表团。他补充说："当然，我们也接待不过来。"这真让我尴尬。

我早在 13 年前在联合国教科文组织工作时就看到卡伦堡生态工业园区的材料，但实地考察在国内算迟的，不过我的考察报告大概可以名列前茅。

我与日本前首相桥本龙太郎的交往

在外国政府首脑中，我交往最多的是日本的桥本龙太郎，他一直是日本的风云人物。我们的相识源于水。我与桥本龙太郎在 2003—2004 年见了三次。第一次是在日本召开的第三届世界水论坛暨部长级会议，那次桥本龙太郎是大会主席。第二次是 2003 年桥本龙太郎来北京参加中日水资源交流会，我作为中国水资源的负责人与其见面并互致了问候。第三次是 2004 年 12 月在东京国际淡水资源统一管理会议上，这次会议是由我的老朋友尾田荣章先生组织的。

在国际淡水资源统一管理会议开幕前，桥本龙太郎提前来到会场，尾田荣章再次给我们做了介绍，我送给他一本近著《中国可以不缺水》。在嘉宾纷至、会前那短暂繁忙的时刻，他饶有兴趣地当场翻了几页，说一定拜读，然后很认真地把书交给了秘书，给我留下了深刻的印象。后来他知道我是北京奥组委的顾问，说他也是北京市的顾问，我们还是同事。在日本，桥本龙太郎是"循环型社会"的主要发起人。我们在晚宴上又再次相遇，谈了很多，他热情地祝福中日的合作，尤其是在水资源和北京奥运方面的合作，其真挚之情溢于言表。

桥本龙太郎作为一个政治家，在百忙中仍对水资源有所关心，更为重要的是他在中日关系低潮期致力于中日友好活动。

非常不幸的是桥本龙太郎于 2006 年 7 月 11 日去世，据说与政坛的龃龉有关，这消息使我十分震惊，没想到一年半前的见面已成永别。中国失去了这样一位有影响的日本好朋友，我心中的哀思油然而生。历史会记住他，因为中日关系紧张时他雪中送炭，比中日关系缓和时锦上添花更为难能可贵。

吴哥窟历史上"失踪"之谜

2006 年我继续自己的全球百国生态考察，要考察湄公河全流域，准备去柬埔寨的吴哥。吴哥的确是个谜。

第一个谜在于城中有上千座建筑，几乎每个建筑的每块石头上都有精美的雕刻，考虑到吴哥城比古罗马还大，这真是不亚于金字塔和万里长城的工作量。当时的吴哥王朝包括了现在的柬埔寨、老挝、泰国的东部和越南中南部，它何以有如此雄厚的实力？其富庶程度是个谜。

第二个谜在于原来的吴哥是占地近 120 平方千米的大城市，大约有 2 个北京城大，其中最高耸的建筑达 100 米，当年有上百万人口。它在被遗弃后的 4

吴季松在吴哥窟前

个多世纪内居然没有被任何人发现，可见环绕其森林之广袤和茂密，应该有不下上万平方千米。而今天这里不过几百平方千米的森林，而且稀稀落落的，让人不敢相信。150年来这里的森林生态系统为何会如此严重萎缩？

第三个谜是柬埔寨的历史肯定会记载这里，为什么在这400多年中，没有曾经强大的柬埔寨、泰国和越南人去探索呢？

从暹粒省的省会暹粒市驱车西行约半小时，就可以到达掩在莽莽丛林之中的吴哥。"吴哥"这个名字出自梵语，是"首都之城"的意思。它位于柬埔寨首都金边西北约240千米处，始建于公元802年，完成于1201年，建设总共历时400年。

发现吴哥的是法国汉学家、考古学家亨利·穆奥，1860年他在中国游历，无意中发现了《真腊风土记》一书，此后就只身进入原始森林按图索骥，探险寻找吴哥，历尽艰难，终于在1861年1月23日重新发现了吴哥。

考古学家把它与我国的长城、埃及的金字塔和印度尼西亚的婆罗浮屠并称为东方四大奇迹。

吴哥古迹共有600多处，散落在约60平方千米的森林里，主要包括吴哥城（又称大吴哥）和吴哥窟（又称小吴哥）两个部分，其中有许多佛寺和宝塔，蔚为壮观。据说当年所有建筑的内墙上都镶有珍宝和宝石，但在吴哥被暹罗占领后被洗劫一空。墙面和屋顶上的大孔小洞表明宝石无一幸存。

吴哥古迹主要由众多的石构建筑和精美的石刻浮雕组成。不用寸金尺木，全部结构都由巨大石块垒砌而成，最大的石块重达8吨以上。更为惊人的是几乎每块石头上都有精美的雕刻。所有的宝塔和楼台的外壁上更是布满千姿百态、形象生动的雕像，有的高达数丈。寺内回廊上也有浮雕，栩栩如生。吴哥寺中心的五座莲花蓓蕾似的圣塔高耸入云，是高棉民族引以为骄傲的精美建筑。

巴肯山是在吴哥之前真腊王国的旧都。在暹粒市北3千米的地方，在大小吴哥之间，是吴哥地区的最高峰，虽然海拔只有67米，比景山略高，但是山势十分陡峭，山上无路，布满乱石，在炎热的柬埔寨旱季，我爬上去时已是汗流浃背。

吴哥城是当时中国称为真腊的高棉王朝于9世纪初至15世纪的首都所在地，由战功显赫、在位长达67年的阇耶跋摩二世（802—869年在位）所建。吴哥城整个城池呈正方形，占地面积9平方千米，城墙每边长约3千米，高7

米，厚 6 米，全部用石块筑成，城门也用巨石砌成，城外有护城河围绕，十分坚固。

巴戎寺在城市的正中心，建于 1181—1218 年，没有最后完工，说明了王朝的衰落。寺院共有 5 个门，每个门上都有精致的雕刻。巴戎寺有三层，一层比一层陡，每层都有浮雕和回廊。三层上共立有 16 座宝塔，象征当时的 16 个省份，中央殿中有一尊大佛，传说是建寺的阇耶跋摩七世的形象。塔顶有四面佛，表情各异，安详中带着几分神秘，看不出是悲是喜。这就是神秘的"吴哥微笑"。

吴哥窟即吴哥寺，高棉语中窟即"寺"的意思，是吴哥地位最高的古迹，也是世界上面积最大的宗教建筑。其中有各种建筑 600 座，规模较大的 292 座，目前可供参观的仅 37 座，全部用砂岩块重叠而成，最大的石块重达 8 吨。寺外面的石块上有许多巨型佛像，其中最惹人注目的是高达数丈的大睡佛。建筑宏伟壮观，精巧细致，艺术成就达到了极高的水平，是人类建筑史上的珍品。今天吴哥窟的大部分已成残垣断壁，保存最完整的梵宫被绘制在柬埔寨国旗的正中。

吴哥寺位于吴哥城南门外大道的东南 1 千米处，暹粒河从其东墙下流过。吴哥寺建造于苏利耶跋摩二世（1113—1150 年）期间。整个吴哥寺长 1500 米，宽 1300 米，占地近 2 平方千米，有两个北京故宫大，一条现在已没有水而长满青草、宽达 190 米的护城河围绕四周。正门为西门，宽大的门廊下有三个门，门上均建有宝塔，塔上有人物和花卉等各种浮雕。

吴哥寺建筑在三层石台基之上，各层以阶梯相连通。第一层台基东西长 215 米，南北宽 187 米，朝外的部分依墙有回廊，长达 800 米，壁上布满浮雕，描绘高棉与外族的战争场面和印度教的神话，堪称高棉浮雕艺术中的精品。

第二层台基东西长 115 米，南北宽 100 米。四角之上各有一座佛塔式建筑，外面是依墙而建的回廊，长近 400 米，廊里没有任何佛雕或塑像等修饰。据说这是为国王、僧众创造的一个适于坐禅而不受外界干扰的圣洁修炼场所。

第三层台基呈正方形，边长 60 米，自高 13 米，其外建有游廊，上面又有浮雕，在中央和回角各建有一座佛塔，形似含苞欲放的莲花，远望宛如出水芙蓉。

中央的佛塔最高，高出庭院地面 65 米，分地狱、人间和天堂三级。阶梯直上直下，"地狱"每阶80厘米，"人间"每阶60厘米，"天堂"每阶40厘米，一步登天是不存在的，但过了鬼门关会越走越顺。上去要手脚并用，尤其是在阳光下，让人汗流浃背，真有如登天一般。由于多年攀爬，石阶被磨光，棱角都磨出了弧度和斜坡，如果穿皮鞋来还真有危险。登上去不但要心诚，还要有体力。登到半程如果回头一看，仿佛在登一架直上直下的天梯，的确让人胆战心惊。据说过去只有国王和高僧才有资格登上第三层台基，到达天堂，但这些权贵们上去不仅要有资格，还要有胆量和体力。看来大腹便便和老弱病残是难以上去的，因此倒真是考核"干部"的一条标准。当年几位国王在位时间都不短，活到六七十岁，不在平日加强锻炼，是难以上天堂的。

"天堂"并不大，一个篮球场大小，雕刻仍然精致，特点是门槛高。在天堂上极目四望，吴哥森林被破坏得十分严重，就连吴哥寺周围也有如秃斑一样，深一块、浅一块，那密掩古迹的山林早已不存在了。但吴哥寺周围有完善的排水体系，使这座在热带多雨的低洼地上的世界最大宗教建筑得以千年不被水淹，保留至今。这说明当时人们拥有完备的水利知识。

巴莱湖，现称巴莱杜特拉水库，在吴哥城西郊外，与吴哥紧紧相连，现有6平方千米，原有近10平方千米，比吴哥城略大，是昆明湖的4倍多。这是在公元9至10世纪时所挖的人工湖。就主体建设而言，吴哥比北京早了200多年，吴哥城的面积比北京城小，但吴哥的宫殿却比北京的紫禁城大，且都为石雕，工程量比紫禁城的木结构建筑要大得多。巴莱湖的位置恰似北京的昆明湖，但大得多，而且近在城边，说明吴哥水源之丰富。

游过后我们也解开了吴哥隐迹4个世纪的谜团。在洞里萨湖畔，猎人和樵夫曾隐约见过这里建筑的奇观，误认为是天宫，望而生畏，不敢近前一步，得以让吴哥沉睡了400多年。实际上，阻碍人们接近的应该是丛林湿地，林密水深，不是探险家是不会深入的。

在尼日利亚拉各斯

9月我应邀去尼日利亚的新首都阿布贾参加"基础设施发展与环境国际会议"，在开幕式上做演讲，受到热烈欢迎，也得以考察这个非洲人口最多、也是最贫穷的国家。

我被大会主席、尼日利亚联邦环境部环境控制局局长邀请在开幕式上演讲，这是很高的礼遇，演讲取得了成功。闭幕式上，我再次被请上了主席台。

会议结束，我离开了还是只见雏形的荒原城市、一般行人难得一见的阿布贾。为转机我到了尼日利亚的原首都，非洲仅次于开罗的第二大城市拉各斯，这下子好像从荒原上一下子跳入闹市。拉各斯有 1400 万人口，尤其在平民居住区，几乎到处是人，不但汽车难开，自行车难骑，连人都难走，人挤人。

拉各斯的贫民区在拉各斯岛与伊科伊岛的交界处和伊科伊岛上，一般外国人是很难去的。我们的主人万先生在临行前一再嘱咐我们，尽可能不要下车，不要开窗，甚至不能向窗外指点，否则会有麻烦。

街区可能多日无人清扫，在湿润的海滨街上居然有一层土。由于排水系统年久失修，大雨过后又有一摊积水，土厚的地方就成了泥塘，让人难以相信这就是美丽的拉各斯。

街上多是摩托车，即使有轿车，也是被撞得坑坑洼洼的二手车。我们的新车在这里格格不入，成为行人向车窗中窥视的对象。街上步行的人、手推车、自行车、摩托车和汽车汇成一股洪流，缓缓地向前蠕动，街上的人都不慌不忙，不紧不慢。坐在车里，人拥着车，车挤着人，人不躲车，车得看人，如

吴季松在基础设施发展与环境国际会议的主席台上

果不是安全问题，下来走肯定更快。街上车辆不分道行驶，也没有见到交通岗，有的地段站着一个交通警做一些疏导，但可以看出警察也顾此失彼，力不从心。

在居住区内有灰色的两层楼清真寺，外表很清洁，门上黑底白字地写着"清真寺"。街上有不少人身着长衫，头戴白帽，街道也比较整洁，是平民区中较好的地方。街上小贩沿街摆摊或提篮叫卖，主要是卖一些热带水果，摊子上有黄色的香蕉、绿色的橘子和红色的木瓜，颜色十分鲜艳。摊主是妇女和女孩，汽车驶过，如果打开窗户，几乎可以伸手拿到摊上的水果。当然，没人敢开窗户。

在山清水秀的阿布贾郊区，尼日利亚农民工说："城市拥挤不堪，我们还要往里挤找工作，为什么不能在绿水青山建新城？"

新城区基本上是棚户，几乎没有上下水和道路等公共设施，街区拥挤不堪，道路泥泞，街上衣衫褴褛的乞丐也最多。汽车经过这一段时几乎是寸步难行，有几个表面上维持交通秩序的人，实际上近于街痞。看到一个身着制服的胖女警察，我们的陪同小万说："这个大概是真的，如果她要罚款，我们大概得给。"但最主要的不是付钱，而是一旦停车，路人围上来就无法再启动了。

谢天谢地，女警察盯着我们看了半天，并没有叫停。

既来之，则安之。好不容易找到可以下车的地方，我们和穷苦百姓一样踏上了地面，但马上被告知立即上车。

这里的华商中还有北京外贸大学的毕业生，他们说，现在来的人太多，生意是越来越难做了，他们为了增加人生阅历还留在这里。最可怕的是疟疾，他们说在这里住上 3 个月，95% 以上的人会得疟疾，没有预防药，更没有根治药，只要体弱年老就会发作。所以他们更担心的是我染上疟疾，说："我们没见过您这样考察世界的，听说了以后，当地人都佩服中国人。您可千万别染上疟疾。"说得我一句话都说不出来，谁说 80 后有各种问题呢？这是自愿从温室中走出，经历了狂风暴雨的 80 后。

只有在拉各斯贫民区考察过，才能真正感受到我国扶贫成就的伟大和世界影响，所以我不吝篇幅写下来，与大家共享。

多哥的潟湖——特殊的湿地

从尼日利亚出发，我克服了交通不便，考察了多哥。多哥的特殊生态系统是潟湖。潟湖是一种奇特的地理现象，就是在海岸后有一片洼地低于海平面，当大风暴过后，海啸把海水填满了洼地，就形成了湖，或者说是海水潟成的湖。它是一种特殊的湿地，符合湿地的两个基本特征：一是水浅，洼地一般比较平，水不会太深；二是年内水位变化很大，海啸来后蓄水，蓄水后不断蒸发，水位降低，等着新一轮海啸的到来。

潟湖与滩涂不相同。滩涂一般是水陆交融，好像鱼鳞坑一般；而潟湖是个真正的封闭湿地，地廓清晰，一片浅水。潟湖与湖也不同，最大的不同在于，潟湖水浅而且水位变化大；其次是潟湖只在海岸边存在，内陆是没有的。

我真正下潟湖是在多哥。就在世界著名的旅游地七色海的北面，一片汪洋展现在我的面前，这就是多哥潟湖，面积有 4~5 平方千米，有 2 个北京颐和园的昆明湖大。

我们租了一艘两头尖的非洲木船下湖，一个肌肉发达的黑人小伙撑篙送我们渡湖。水比较浑，但凭我的经验，尚可判断水深在 1~2 米。撑船人当然会找浅处，2 米深的水就无法撑了。小船最多乘 6 个人，去时我们坐了 4 个人，包括船工在内。船撑得晃晃悠悠，一阵海风吹来，就晃得更厉害了，我指挥人坐成 1-2-1 的点阵，我在第 2 排，随船工的动作而移动重心，总算保持了平衡。其实这样浅的湖，落在水中也问题不大，但弄湿了一身衣服、弄掉了鞋，毕竟是惨事。况且湖水不干净，再弄点什么病，就更不得了。到岸时，我背对船头，忽然一下剧烈的撞击让我摔向了前一排木座椅。船工居然不认为有提醒乘客到岸的义务。还好，我反应不慢，以手触地，没有摔及要害。但第二天早晨就发现前臂肌肉挫伤，大约过了 1 个月才好。

返程就更艰难了，船工带了自己的妹妹———一个胖黑姑娘搭便船，和我们一起回洛美。胖姑娘棕发黑肤，圆脸硕体，虽然不过 1.65 米高，但体重有 80 公斤以上。我只得让她和我们当中最轻的坐在一起，构成 1-2-1-1 点阵。胖姑娘当然不懂重心，而且信任她哥哥，坐在那里纹丝不动。回来时风更大，小船急剧摇晃起来，水打入船舱，很快积了一舱底，我们的衣服也都湿了，像所有考察者都会尝水一样，这样正好，我尝了一点潟湖的水：微咸。

再登上高岗，回首眺望多哥潟湖，仿佛海边的一个池塘，发灰的水轻轻摇起涟漪，塘边都是高岗，岗上绿树成林，岗下潟湖荡漾。潟湖这种湿地的生

吴季松（中）在多哥的潟湖湿地乘船

态功能有两重：一是防海潮不用修堤；二是潟湖微咸的水，不仅许多植物可以在其中生长，大些的动物也可以喝。而且潟湖补充了当地的地下水，增加了当地的水源，调节了当地的小气候，是有益于人类的。

王选院士："中国科学家要走向世界"

王选院士，江苏无锡人，中国科学院院士，计算机科学家。1958年毕业于北京大学数学系计算数学专业，任北京大学教授、计算机科学技术研究所所长。在计算机体系结构、高级语言编辑系统，尤其是汉字信息处理方面有突出成绩，为中国出版业和文化传播跨越式居世界前列做出了历史性贡献。1986年获得第14届日内瓦国际发明展览会金奖、国家科技进步一等奖。

王选院士仅大我7岁，但他的确称得上大师。他早我10年从北京大学毕业，也称得上我的老师。他在"四人帮"尚未被打倒时，就全身心投入创新型科研工作，我当时在中国科学院工作就有耳闻。我也在做这样的工作，深知其压力和不易，和他虽不相识却很理解。

20世纪90年代，我作为联合国教科文组织科技部门顾问，在国内会议和论坛上与他相识。他1993年当选为第三世界科学院院士，而中国科学院与第三世界科学院的联系是我于20世纪80年代在中国科学院外事局工作时牵的线，他对我如此了解第三世界科学院十分感兴趣，说："中国科学家要走向世界，您认识这些第三世界科学院的发起人，开了个好头。"他又于1995年获得了"联合国教科文组织科学家奖"并感谢我，其实1994年评奖时我已不在，只是挂名，仅起了微不足道的作用。但这些都使我们有了共同的话题。

我们真正的交往是1997年国务院开始组织新一届政府时，在王大珩院士指导下，我以日本通商产业省为参照，提出了组建"高新技术产业部"的建议。王大珩、杨嘉墀、陈芳允三位"两弹一星"元勋、"863计划"首倡者签名，中国科学院李振声副院长签名。我还找到王选院士，他毫不犹豫地签了名，更让我感到他敢作敢为的作风。后来此建议书由人亲送国务院王忠禹秘书长那里，他表示感谢。但听说因部委数量限制，建议书在后来阶段未被采纳，真是十分遗憾。麻烦了这么多名家，我心中也很过意不去。

王选院士英年早逝，但他发明了计算机汉字激光照排技术，这是对中国文化、政治、经济和科技不可估量的贡献，将被载入史册。

·2007 年·

当年西方人定的东方七大奇迹中，今天伊拉克的巴比伦空中花园和埃及的亚历山大灯塔已不存在，现存的埃及金字塔、中国万里长城、柬埔寨吴哥窟、印度的泰姬陵和印度尼西亚的婆罗浮屠五大奇迹中，婆罗浮屠是我最后一个看到的，从规模上来看，也应该位列第五。

——吴季松

在中央电视台关于北京奥运火炬传递的直播中，我作为嘉宾，亲口向全国人民介绍了一个大家了解不多的国家的陌生城市——马斯喀特，它是海上丝绸之路的一站，也是郑和下西洋的中间站。

——吴季松

·大事·

为了配合国务院颁布的《中国应对气候变化国家方案》，在《光明日报》发表文章《奥运促进北京温室气体减排》（9 月 17 日），接受专访《专家提出新的绿色 GDP 统计指标体系》（2 月 25 日）。

办好美国签证后，因为大流感取消赴美行程。

作为北京市科协常委，当选全国科协第七次代表大会代表。

出版《看世界：日本的循环型社会》《看世界：欧洲的循环经济与北非的水》《看世界 80 国：西亚和南亚的可持续发展》《看世界 80 国：东亚的生态系统》《看世界 80 国：非洲的自然资源》《看世界 80 国：美洲和大洋洲的自然资源管理》（吴季松著，中国发展出版社）。

·小情·

我考察了全湄公河流域，从老挝、柬埔寨直至越南入海，提出按国际惯例的科学分水方案，被有关谈判采用。

飞越珠穆朗玛峰。与乘务员约好，抓紧时间拍了顶峰的珍贵照片，后曾在有专业人士参加的摄影展中获奖。切身体验到抗日援华的美军航空队飞越驼峰之不易。

2007年11月，我的经济管理学院四年任期已到，我提出了不续任的辞呈。实际上我到北京航空航天大学就是为了继续我的新经济学研究工作，尤其是关于知识经济的第一阶段——循环经济的研究。值此院长到任期之际，我下定决心不再两方兼顾，摆脱行政事务，集中精力进行研究。

撰写王岐山市长作序、国际标准的奥运旅游介绍《我爱北京》

2004年退休后，在领导的关心下，北京奥组委又聘请我为北京奥运总体影响项目的顾问。所谓总体影响，即奥运会举办后对北京和国家有什么影响。这个题目很重要，具体工作就是在北京奥运会后给国际奥委会和伦敦奥组委各交一份报告。我尽力做了指导报告提纲编写的工作，并审了报告若干部分的初稿。

除此之外还应该做些其他工作。我注意到北京至今没有一本国际标准的旅游介绍。已有的旅游介绍的问题在于：第一，基本是名胜照片说明，等于是画册，而不是以一种思想指导来介绍城市，不太符合旅游者的需要；第二，没有地形图和比例尺，就像我们到纽约和巴黎的景点一样，不知道相对位置和大小，和看录像差不多；第三，书的尺寸规格不符合国际旅游者的要求。

目前国外大城市的旅游介绍已基本形成规范，我从国外带回了几十个城市的介绍。我问过有关方面："为什么不能编一本符合国际规范的北京介绍呢？"答复是怕被追究照片版权问题，谁也付不起这个稿酬。

我想，请一个人照相，这个问题不就解决了吗？于是我写了一篇3万字的文章，以我的思想介绍北京，并请了胡先生照相，历尽辛苦、克服困难，春夏秋冬在北京照了一年，全用一个人的照片，问题就解决了。他分文未取。

2007年，旅游介绍画册《我爱北京》以中英文同时出版，北京奥组委主席、王岐山市长拨冗写了序。这本书有以下几个特殊之处：一是完全按国际标准，尺寸大小刚好能装入女士的大包，书上有图示和比例尺；二是以人文奥运、科技奥运和绿色奥运的思想，结合个人经历介绍北京；三是英文版可以说达到国内英文出版物的最高水平，成文后由以英语为母语的英国人、美国人和澳大利亚人分别校了一遍。

在奥组委宣传部门的支持下，奥运期间这本书在奥运村和赛场发行，我也在奥运期间和闭幕后将其大量送给申奥的朋友和国际友人，得到了高度评价。一位论文引用率居世界第二位的美国公共管理学教授说："从未见到这样的书，有了它到北京就不用导游了。"我国台湾和大陆的许多朋友也对此交口称赞。

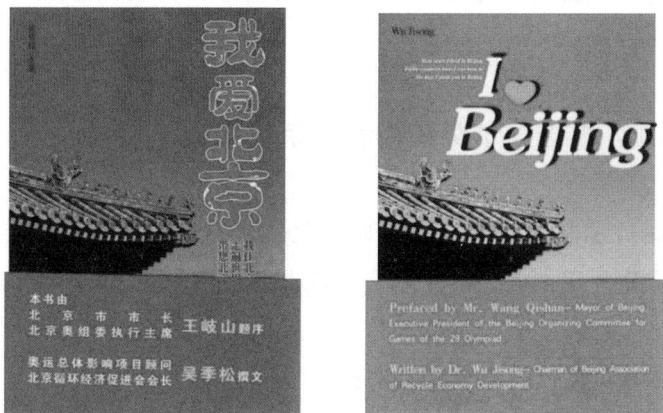

《我爱北京》中、英文版（中国发展出版社）

完成保障奥运水源的任务，获得北京市科技进步二等奖

到 2006 年，《21 世纪初期（2001—2005 年）首都水资源可持续利用规划》已基本完成，取得了很大成绩。但是，从 1999 年到 2006 年北京连旱了 8 年，这是我们事先没有料到的。2007 年，奥运会已不远，但北京严重缺水，南水北调工程又远水不解近渴，我必须对申奥时向世界做出的承诺负责，思想压力很大。

我和北京水务局的同志查看了故宫博物院的降水历史记录，发现北京连旱最多 7 年，以此推测，即使以 10 年算，北京到 2007 或 2008 年也应该是丰水年了，所以北京奥运的水应该是可以保证的。当然，只有历史记载的统计规律还是不够的，我还从生态学做了分析，即如果北京有连旱 10 年的历史，北京的自然生态就不会是乔木、灌木、草本植物相结合的森林系统。因为连旱 10 年，灌木和草本植物固然可以再生，而乔木，即便是多年的老树，也会因为地下水位不断降低，根吸收不到水分而旱死，这样北京就应该是一个以草原为主的生态系统。这从反面佐证了奥运期间给北京足量供水的可能。

我据此向北京市领导做了报告，增强了北京奥运准备工作的科学性，并节约了不必要的开支。这些研究起了重要的咨询作用，也大大缓解了南水北调中线工程在奥运会前不可能进京的压力。作为《北京奥运前水资源保障及关键技术措施研究》课题报告的第一完成人，我获得了 2007 年度的北京市科技进步二等奖。

参加主持 2007 年诺贝尔奖获得者北京论坛

2007 年诺贝尔奖获得者北京论坛在北京隆重举行，北京市委刘书记和王市长都出席了开幕式，大会的主题是"能源与环境"，这是第三次诺贝尔奖获得者北京论坛。大会邀请了诺贝尔物理学奖获得者卢比亚和奥谢罗夫，化学奖获得者科恩、施罗克、马库斯和克罗托，经济学奖获得者蒙代尔、谢林和菲尔普斯共九位诺贝尔奖获得者参加并演讲。

这次活动增进了我与诺贝尔奖获得者的交往，我向蒙代尔赠送了我的《新循环经济学》英文版 *Recycle Economy*，他当时就翻阅了目录，说回去一定认真阅读。

在告别宴会上，有两件事让我不能忘怀。

第一件是当时一共有两桌，在我们一桌互道珍重以后，我去另一桌祝酒，这一桌上有我的老朋友鲁比亚。万万没想到的是当我走向鲁比亚时，那一桌的大多数嘉宾，其中至少有三位诺贝尔奖获得者和夫人站了起来，排队向我敬酒。我虽然在联合国久经战阵，但是这一次也着实吃惊。在向大家祝贺和感谢之后我问："为什么？"他们都说："为您的精彩的演讲和主持。"

第二件是在告别宴会上我与诺贝尔化学奖获得者、美国加利福尼亚州立大学教授科恩同桌，他原是奥地利犹太人，生于 1923 年。纳粹占领奥地利后，

13 岁就失去父母的科恩通过儿童救援计划逃到英国。看了我的书后，他在宴会桌上表示："我要请您去硅谷讲知识经济，但我的资格不够，将请圣塔芭芭拉市市长发出正式邀请。"我说："您的邀请的荣誉更高。"

诺贝尔奖获得者鲁比亚上台祝贺我

从 1989 年到 1993 年鲁比亚任欧洲核物理研究所所长，手下的室主任多是诺贝尔物理学奖的获得者，丁肇中先生和李政道先生都在其中。

他任所长时，我在联合国教科文组织任职，我们在活动中相识。他从科研管理岗位上退休后还做过官，位居意大利国家能源环境局局长，还专门研究过意大利的缺水问题。我们在 2005 年阿布扎比世界思想者节日论坛上一起住了 5 天，更熟悉起来，他对我提出的新循环经济理论十分认同，在我发言后专门点评，高度评价我的发言，并提出要更重视海水淡化。我对他说："您也是水专家。"他说："搞水我不如您，搞核物理您不如我。"

在 2007 年诺贝尔奖获得者北京论坛上，我主持了中关村分论坛，当我宣布分论坛结束，大家还未动的一瞬间，鲁比亚教授大步走上台来和我握手，说："祝贺您精彩的主持"，并称我为"国际最高水平的主持人"，我由衷地感激，记者拍下了这难忘的一瞬间。

鲁比亚教授身材高大，相貌堂堂，性格爽朗，平易近人。他到我在北京航空航天大学的办公室深入交谈，还坐我的车去共进晚餐，请来的陪客没有穿西装，他也毫不在乎。他说："中国的发展是举世无双的，在历史上也少有。中国也有潜在的问题，一是资源与环境的承载力，二是人的问题、农民工和大学生。"他还说："这些问题我见到你们的国家领导人时都提了，他们很重视。"

我们很自然地谈到诺贝尔奖问题。他说："中国是世界上的大国，应该得诺贝尔奖，比较大的可能是在经济学方面。"他表达了对中国的全面关注和殷切期望。

雅鲁藏布江流域考察——污水中的恒河口

2007 年我的全球生态考察继续，重点是雅鲁藏布江（下游称布拉马普特拉河）的全流域考察，于是我趁早春赶快去了孟加拉国。孟加拉国实际上只有两条大河，一条是自西边印度来的恒河，另一条是自北边来的布拉马普特拉河，在孟加拉国首都达卡东部与恒河汇合入海。

我从达卡乘飞机去尼泊尔首都加德满都，有幸从飞机上十分清楚地鸟瞰了布拉马普特拉河和恒河这两条居于亚洲前10位的大河，恒河的景象与我想象的大相径庭，触目惊心。我看到的不是两岸苍翠、洪流滚滚的亚热带河流，而是宽阔的河床中的涓涓细流，仿佛谁在沙滩上浇了点水。这就是人类文明发源地——印度的母亲河吗？相比之下，布拉马普特拉河稍好。但是我国提出要穿山凿洞引雅鲁藏布江江水至新疆的建议者来这里实地考察过吗？整条河流是一个生态系统，唇亡齿寒是生态学的基本原理。

在陆上，我先到了孟加拉国吉大港区。这里是恒河三角洲，正像长江三角洲一样，本来是河网密布的地方，有5条大河，半个世纪前上游修水库导致4条河都没了水，仅剩的一条河也几乎成了一潭死水。我们到那里时，那惨状真让人不忍直视。由于水流几乎停滞，所以水面上长满了水葫芦，像一片菜地，有人在钓鱼，下到水边，在隆冬季节水里还发出刺鼻的腥味。旁边就是圣雄甘地的庙，历史上每逢圣日，都有成千上万的印度教徒来河中洗浴净身，祈求福祉。我问村民："这样的水还怎么洗浴？"答："平常已不能洗了，夏天水大可以把水葫芦冲走。"

"不入虎穴，焉得虎子。"我租了一只宽3米、长10米的大机动木船，下了老恒河。这段河宽300~500米，很有气势。港口上布满了人，船工、乘客和看热闹的人，上船要从人流中蛇形前进。港边船与船之间挤满了漂浮物，在不到20℃的温度下还散发出腥臭味。

我上了船，驶入河中就是水的世界、船的世界。河中心的水质并不好，肯定是劣五类水，水的颜色乌黑，看不见水草和鱼，仿佛进了一条"墨河"。像达卡的街上有各种车一样，河上有各种船，小木船、大木船、机动木船、小铁壳船和轮船。这些船有渡客的、拉货的、远行的、住家的，就是没有游艇。大小船上的孟加拉人都向我们这仅有的游客招手致意，热情友好。

走了不远就看到岸上的鱼市，商贩将鱼从船上搬到岸上的鱼市中，烂鱼和鱼的内脏则从市场中搬下来倒入水中。还有菜市，各种各样的蔬菜从船中搬到岸上的菜市上，烂菜叶则从菜市中搬下来倒在水中。岸上不断出现五颜六色的地方，宽达五六十米，驶近一看，原来是沿岸垃圾堆，下面的垃圾不断流入河中。许多段河岸边上都长满水葫芦，如此水量充沛的大河中也有水葫芦，在世界上确实不多见。

河岸边有男人在洗澡，女人在洗衣服。女人穿着红、绿、紫等颜色的裙子，在蓝天白云下，在乌黑的河水中认真地洗衣服，十分卖力地搓，一遍又一遍地冲，这样就洗得更干净了吗？

河水的干涸和污染，也严重地影响了陆上生态系统。三角洲已很难见到森林不说，世界闻名的孟加拉虎，在河口附近已绝迹，而在 20 世纪 50 年代还有会游泳的孟加拉虎在沿海出现。

陪同人员哀叹恒河三角洲生态系统严重蜕变，说 50 年前他是孩子的时候，老恒河还一年四季波涛滚滚，水是清的，大鱼很容易抓到；三角洲的地都是绿地，原始森林还有所残存，森林中不但鹿很多，还可以看到野猪，甚至可以见到孟加拉虎。不过他说，政府已经开始注意到这个问题，2006 年已经出了法令，年产值在 1000 万塔卡（约合 17 万美元）以上的企业，要办排污许可证，必须建污水处理设施，使污水排放达标。这下总算开始保护恒河了，但是执法效果如何呢？多如牛毛的年产值低于 17 万美元的企业怎么办呢？老恒河如果再不治理，其与日俱增的河床淤泥的本底污染将成为不治之症。

吴季松考察雅鲁藏布江下游孟加拉国的恒河口

东方五大奇迹之一——婆罗浮屠

2007 年我再次来到印尼婆罗浮屠。婆罗浮屠又称千佛塔，是世界上最大的古老佛塔，被誉为东方五大奇迹之一。埃及的金字塔、中国的长城、印度的泰姬陵、柬埔寨的吴哥窟和印尼的婆罗浮屠，这是我考察过这些遗迹后，按照建筑年代、规模和文化艺术价值进行的排序。

佛塔位于印度尼西亚爪哇岛中部日惹特别区马吉冷县的婆罗浮屠村，在麦地拉火山山麓一个 30 米高的矩形小山丘上。"婆罗浮屠"梵文意为"山丘上的寺院"。据近年从距塔几十千米处出土的克里卡夫鲁安石碑来看，婆罗浮屠的始建年代在 817—824 年，据说是由几十万农民和奴隶用 15 年时间建成的。1006 年，附近的麦地拉火山爆发，引起地震，周围居民纷纷出逃，佛塔日渐荒废。15 世纪伊斯兰教传入印尼后，佛教渐微，伊斯兰教盛行，佛塔更无人理会。此后 1585 年和 1772 年，附近的火山又有两次爆发，偌大的婆罗浮屠被火山灰覆盖，后又湮没于丛林之中。1814 年英国占领时期，英国总督 S. 若费斯在出游时重新发现婆罗浮屠并对其进行发掘，200 人费时 3 个月才基本清理了埋于各层的火山灰，使佛塔重现。

佛塔用附近河流中的安山岩和玄武岩砌成，共用了约 225 万块岩石，底层巨石每块重约 1 吨，总体积达 5.5 万立方米。塔为实心，无门无窗，塔基地面部分长 123 米，宽 113 米，占地 1.4 万平方米。塔原高 42 米，主佛塔顶端后来因为遭到雷击而毁掉，现实际高度不到 40 米。

台基和主佛塔共有 9 层，底座为方形塔基，上有 6 层加廊的方形平台，再往上是 3 层圆台及主佛塔。一二层塔基回墙上是 16 幅浮雕；以上 4 层回廊的方形平台有石雕和 504 座浮雕；再上 3 层圆台共有 72 座镂空佛塔，其中有小佛像排立。台基之间以石阶连接，台顶的中央主佛塔气势雄伟，直冲云霄。

早在 1907 年，荷兰人就曾用 4 年时间来修缮婆罗浮屠。之后，整个佛塔于 1975 年开始修缮，1984 年全部完工，共耗资 2250 万美元。现在这里山环水抱，林泉清秀，古木参天。印度尼西亚政府已把佛塔及其周围建设为面积达 85 公顷的国家游览胜地，从大门走到塔基只有 500 米，周围已建了一些配套游览设施。

考察世界第六大奇迹——秘鲁纳斯卡地画

在秘鲁西南沿海伊卡省的纳斯卡镇南部，公元前 10 世纪到公元 5 世纪，印第安人在这里创造了灿烂的纳斯卡文化。在公元前 370 年到公元 600 年长达 1000 年的时间内，印第安人在砾石滩的贫瘠土地上绘制出硕大无朋的几何图形和图画，分布在 500 平方千米的广阔地域。纳斯卡巨幅地画是联合国教科文组织认定的世界文化遗产，号称现存的、继西安兵马俑以后的世界第六大人文奇迹。

看地画要乘有螺旋桨的微型飞机。登机前工作人员先给我们发了地形图，标明航线，并注出航线上的图形，先是鲸鱼，然后是三角形和梯形，接着是人形，被称作太空人，还有猴子、狗、神鹰、蜘蛛、蜂鸟、塘鹅、鹦鹉、人手和树，最后返回。我们登上了只能乘 6 个人的小飞机，起飞顺利，然后就开始了追踪图形的空中盘旋。飞机时上时下，时高时低，时左倾，时右倾，时下冲，时上翘，为的都是看清地画和拍照。没有几分钟，我们胃里开始翻江倒海。又过几分钟，开始有点头晕目眩。再过几分钟我们才开始适应。飞机驾驶员职业道德很好，基本上飞过了所有图案。

纳斯卡镇南部的整个谷地布满了深度约为 0.9 米而宽度不一的沟槽。沟槽有的宽达数米，有的不过 0.15 米。这些沟槽的形状和走向也十分奇特，组成的图形线条十分平直，形成大大小小的三角形、长方形、梯形、螺旋形和星形之类的几何图形。纵横交错的线条像今天机场的跑道和标志线，宽度不一，长短不一，最长的达 2.5 千米。所有的线条都笔直，而且转角、交叉处的棱角都很清楚。这些线条在越过峡谷或横贯小丘时，方向也不改变，依旧笔直。线条所组成的图形大部分是动植物和人类的形象。有一个是典型的印第安人的形象，长达 50 米，只有一个头，两只手，一只手有 5 指，另一只手则只有 4 指。动植物图形则有蜥蜴、蜘蛛、章鱼、鸭子、鹰、蜂鸟、长爪狗以及仙人掌等。图形大小不等，小则几平方米，大则几平方千米。一只大鹏竟有 3 个足球场大，翼长 50 米，身长 300 米。一只章鱼长 65 米，腹底还插着一把长刀。有一组图共有 18 只鸟，总线条量达 13000 条。

这些奇特的图形过于硕大，线条又极其简洁，以致人们走在地面上无法觉察到这是一幅幅巨画。更令人惊奇的是，这些栩栩如生的图形极其准确地每隔一段距离又重复出现，而且不同组同类动植物的形象分毫不差。

平坦的沙砾地上，横平竖直的线条，直线长得在飞机上也望不到头，直得犹如天神用巨笔描出，不亲眼所见真让人难以置信。不管是塘鹅、鹦鹉、神鹰还是蜂鸟，不管是人、猴子、蜘蛛还是狗，全都用直线表示，笔法洗练，形象生动。曲线的过渡也很圆润，真是巧夺天工。

是谁？为什么？怎么画出了如此巨大的地画？它被评为世界文化遗产时，联合国教科文组织照例组织专家来考察过，不少人我在过去工作中都认识，可以说是水平良莠不齐，尤其是有的人已经"职业化"，就像国内的个别人一样"油了"，所以考察也没说出个所以然。地画至今仍是个千古之谜。我仔细观察后有几点看法：

其一，地画的作者是古印第安人，不是什么外星人，因为它是当时的人可以做到的。画线之直在当时可用几十年前还在中国农村使用的三根杆倒换，不断延长的方法做到。线条的沟槽之所以不被动物、风沙和水流所毁，是因为这里砾石表层或当年的土壤层很浅，凿到岩石层就可以保存千年了。我后来走到地画区的高架上细看，线条沟中都有一个黄壳，好像铺上了水泥，实际上是凿到了岩层。

其二，做地画的目的是显示自己的富足、艺术成就和征服自然的情感，与建金字塔、造石窟大佛没有什么不同。如此大范围内，如此多的巨画，说明当时这里人们的富足和聚集人口之多，也说明至少在1400年前这里还有大片绿洲，人们在绿洲生活，用荒滩作画。而今天周围全是寸草不生的荒滩，可见自然生态变化之大。

其三，纳斯卡地区1400年来的生态变化是巨大的，绿洲消失殆尽，主要是由于缺水。画中众多的几何图形可能是引水的水渠，从图形之大可见引水规模之大。过度引水耗竭了地下水资源，使这里荒漠化，而荒漠化更使水土无法保持，岩层裸露，从而导致砾石滩不断扩大，形成了今天的样子。

纳斯卡地画和墨西哥特奥蒂瓦坎城毁灭的原因一样，都是过度滥用水资源后造成的枯竭。其实在中国丝绸之路上的楼兰和尼雅古国又何尝不是这样呢？人类自己毁了自己创造的文明，纳斯卡巨画是人类应该如何科学发展的又一个深刻教训。

·2008 年·

更高，更快，更强。

——［法］顾拜旦

运动就起作用来说，几乎可以代替任何药物，但是世界上的一切药品并不能代替运动的作用。

——［意］蒂索

通过申奥和亲历奥运，我深刻地认识到：人类离不开竞赛、竞争，人民要有劳动竞赛，公司要有公平竞争，但应该避免"竞战"。中庸之道是难以行得通的，即使是实行也有个"谁更中庸"的问题。人是动物，我们应该保留动物的本性，"物竞天择"，但人与动物的不同就在于不能弱肉强食。

——吴季松

·大事·

受北京市副市长赵凤桐委托，推动将国际科技园协会总部迁到北京的工作，几近成功，可惜后来因为市领导工作调动而搁置。

12 月，中央批准出版 20 世纪 100 篇名著（文史哲），以鲁迅、茅盾为首，前 50 篇中有《马克思的政治思想》（吴恩裕著，商务印书馆）。

1 月，出版《循环经济概论》（吴季松著，北京航空航天大学出版社）。

3 月，出版《重归前三名——写在北京奥运之前》（吴季松著，清华大学出版社）。

在《新华文摘》发表文章《让全国人民喝上好水——我国饮用水的战略思考》（2008 年第 21 期）。

发表 1 篇 SCI 文章《北京奥运对温室气体排放的影响》［能源政策，2008，36（9）］，高引用率。

·小情·

2008 年 3 月，我的专著《重归前三名——写在北京奥运之前》由清华大学出版社出版。作为原北京奥申委主席特别助理、北京奥组委总体影响顾问，我在书中写道，"2008 年中国国内生产总值超过德国已成定局，这样，中国将在 1880 年经济总量跌出世界前三名后的 128 年又重归前三名""中国的发展是回归，不是崛起"。此书刚一出版，清华大学出版社就向新闻出版总署推荐该书参加第二届"三个一百"原创出版工程评选活动。

对北京奥运，我还有三点小贡献：

一是奥体中心的选址。对洼里村，有人质疑说"那里原来是水坑，不利于建设"，我说那里是湿地，亦陆亦水，已经干涸多年，不影响建设。

二是吉祥物的选择。主要领导说："你了解国际观点"，我支持了韩美林的福娃。

三是建议赛场外自助餐应该全天供应。结果许多发展中国家代表团的官员都全天在此吃饭，对我说："真方便，真好吃，前所未有"，大大加强了中国的影响。真是一届无与伦比的奥运会。

又见罗格等老朋友，亲历北京奥运

自 2008 年 8 月 8 日晚 8 时 8 分的开幕式起，到 2008 年 8 月 24 日晚 10 时结束的闭幕式，我全程参加了北京奥运。我有贵宾证可以去各场观看比赛，有车证可以开到赛场前，但从未滥用过权力，来求我的人很多，但我从未转让过，算是未利用特权吧。我的重点是会朋友，看场馆，看我认为有价值的比赛。

在这个过程中，我真正看到了这次奥运会的严密组织和 21 世纪的豪华设备。先说鸟巢，除了主席台外，在对面的看台顶上还有一大排豪华包厢，是我在任何一个国家都没有见过的。更使我印象深刻的是拳击赛场——北京工人体育馆，就是 47 年前我看中国第一次得到男子团体冠军的第 26 届世界乒乓球锦标赛的赛场。当年我是高二的学生，在观众席上能有一席之地就已经喜出望外。我进入了当年毛主席和周总理休息的贵宾室，这里不但有饮料点心，还有自助餐，各国的贵宾都在这里大快朵颐，伸出大拇指连声说："看比赛还有饭吃，真想不到，太方便了，北京奥运真是第一。"

吴季松观看北京奥运会田径比赛

老朋友我见得不多，但见到的都十分亲热，他们都像自己国家获得了成功一样。我也见到了罗格，当然是可望而不可即，他已经不是申奥时在华沙饭馆里请我们吃饭的罗格，而是国家的上宾。8 年前我任北京奥申委参加欧洲奥委会代表团团长，欧洲奥委会的部分委员为了罗格竞选国际奥委会主席请我们吃饭的情景，我仍记忆犹新。作为药检委员会主席被选为国际奥委会主席是罕见的，而且他是外科大夫，并不精通药物。药检委员会副主席、德国药学博士、我的老朋友、土耳其的弗里克先生的鼎力支持自然是不可或缺的。不过从远处和电视上看，罗格还一直保持着谦逊的态度，使我们这些久经沧桑的人感到欣慰。

篮球馆是该去的场馆，中美男篮比赛时，我近距离见到了美国总统小布什先生，我的座位离他不远。当然近处都是他的随行人员，着便装，一般人看不出来。有过经历的人就看明白了，谁是他的保安人员就看眼睛，看球赛的就不是，东张西望的一定是。有几个便衣女保安像大学生一样，还真不容易看出来，但看见她们不看球而环顾周围，就错不了。小布什的保安的确个个精明强干。

我看 SCI

2008 年 9 月 4 日，《科技日报》第 8 版整版刊发了我的文章《让全国人民喝上好水——我国饮用水的战略思考》，根据对全球 100 个国家和我国水生态系统的实地考察，对我国水生态系统的现状特点做了分析，提出了 10 项建议。《新华文摘》（2008 年第 21 期）全文收录该文，该期科学类文章仅刊发两篇（另一篇是杨振宁的文章），对各级干部有较重要的参考作用。

我在美国的《能源政策》期刊上发表了 SCI 文章《奥运促进北京的节能减排》的文章。文章分析了气候变化的形成原因，对申奥以来北京应对气候变化采取的具体措施，北京奥运场馆建设中节能减排新技术的采用及其取得的成效进行了分析，对未来北京形成减排机制、推动绿色增长、建成循环经济城市和使奥运留下遗产提出了构想。

我一直对高校高度重视学术文章是否被 SCI 收录有一定的看法。首先，学术文章在国际上影响大固然重要，但这主要是对西方发达国家来说的，因为在 21 世纪以前，它们构成世界的主体。实际上，对学术论文的评价，任何一个主要的发达国家都认为在自己国内的影响最为重要。目前情况变化了，中国是世界出口贸易第一大国、经济第二大国，文章在中国的影响应该说比 SCI 更重要。其次，SCI 只收录文章不收录书籍有缺欠，在国外出一本学术书籍的影响比一般文章要大得多。最后，在国内学术界有一种看法是对学术文章或书籍，国家领导人的评价不算，中共中央政策研究室的摘登不算，《新华文摘》的收录也不算，只在权威和专家之间评来评去。实际上，这是个很大的误区，联合国和主要发达国家都没有这样的惯例，这种认识和做法不但不符合中国，而且不符合世界人民对"实践是检验真理的唯一标准"的共识。但既然人在学校里，就发一篇 SCI 吧。

但是国务院研究室的负责人和中共中央政策研究室的局长对我说："您的书我们都看，最近的新书我还到书店去买了一本。"我认为这是比 SCI 高得多的评价，也是高得多的实用价值和学术地位。

走遍五岳四山

我的全球自然考察当然要首先走遍全国。我已到过全国的 34 个省市自治区，还要走遍五岳三山。我一查才知道，五岳是明确的，三山只是个说法，没有定论。既然如此，那就看五岳四山吧，四山就是佛教的四大名山，这倒是有公论的。

五岳是中岳嵩山、东岳泰山、西岳华山、北岳恒山和南岳衡山。对于五岳，自古以来，已经有数不胜数的描述文章，我不敢再做，就在这里谈一点感想吧。

五岳的说法始于汉朝，所涉山脉几次变迁，是当时无法远行的诗人和旅行家最容易到达的，而且五岳占了东西南北中，分布十分合理，因此一直流传下来。到现代，长白山、天山、昆仑山乃至喜马拉雅山都进入旅游和探险的范围。我是决意要走遍五岳的，从20世纪80年代初爬上中岳嵩山，到2008年爬上南岳衡山，其间隔了26年。

这里对五岳做个比较。从高度来看，在陕西华阴的华山最高，南峰落雁峰海拔约2160米；山西浑源县的恒山次之，主峰为一对，无峰山和基屏山，高约2017米；山东泰安市的泰山第三，独峰突起，高约1532米；河南登封市的嵩山居第四，主峰少室山海拔约1512米；湖南衡山县的衡山最矮，主峰祝融峰高约1290米。我在1986年42岁时曾当天徒步上下黄山高1841米的光明顶，不计游览时间，上山需要4小时，下山需要3.5小时。所以，如果是身体强壮的中青年人走马观花式游览，最高的华山当天往返应该没问题，加上游览、吃饭和休息，大概要12小时。现在缆车四通八达，不知90后和00后是否还需要这样的知识，但一分耕耘，一分收获，不费力气就看不到也体验不到很多东西。

对五岳的总体印象，前人已有许多精彩的描写。我认同"泰山雄"，突兀一峰，雄立东海之前；"华山险"，所谓"华山自古一条路"；"衡山秀"，位处江南的衡山清幽、秀丽；"恒山冷"，所谓"冷"不是寒冷，而是地处北国，植被不好，显得冷峻；河南"嵩山奇"，登封的嵩山，是中原阔野的奇峰，少林寺更给它增添了几分神秘。

山上的人文景观，中外的最大不同就在于，外国在山上建城堡，中国在山上建庙宇，所谓"山不在高，有仙则灵"。中国中原的大山都是寺庙的集中地。其中泰山有一座始建年代不可考的关帝庙，以尊儒为主；嵩山主寺是始建于5世纪的少林寺，是佛寺；恒山的主寺是始建于6世纪的悬空寺，也以佛教为主；华山主寺是始建于公元前2世纪的西岳庙，衡山主寺是始建于8世纪的南岳庙，则都是道教和佛教皆尊。

佛教的四大名山，五台山主峰为山西五台县的北台，高 3058 米，主寺显通寺始建于 1 世纪，现有寺庙 39 座。峨眉山主峰为四川峨眉山市万佛顶，高 3099 米，主寺万年寺始建于 4 世纪，曾有"十万和尚三千庙"之称，这两座山都是"先道后佛"。安徽青阳的九华山，主峰十王峰，高 1342 米，主寺化成寺始建于 8 世纪。浙江舟山市的普陀山立于海岛之上，高仅 291 米，还不如北京香山的香炉峰高，主寺普济寺始建于 12 世纪。这两个寺庙都是佛教徒始建的寺庙。

综观佛教四大名山，都在我国中北部，说明历史上北方佛教的兴盛。但现在我国南方的佛教徒更多，也更虔诚。普陀寺庙宇华丽，香火旺盛就是一个证明，这反映了历史的变迁。

在菲律宾塔尔火山对马尼拉警察显"神枪"

2008 年我要完成全球海岛生态系统考察，赶春天先去了菲律宾的第一大岛吕宋岛，显了一次"神枪"。

塔尔山是吕宋岛的名山，山上有个塔尔湖，乘船渡过塔尔湖，抵达塔尔火山，塔尔火山最高峰仅 300 米，但是在 1000 米的高山之上，所以实际海拔 1300 米。火山上又有个小小的火山湖，所以是山中有湖，湖中有山。山套着湖，湖套着山。绿色套着蓝色，蓝色又套着绿色。在蓝天白云之下，湖光山色，美不胜收，也是个自然地理景观的奇迹。

上山时我乘着马夫赶的马，山中没有路，只有人和马走出来的土路。马夫大概看我还懂骑马，于是很高兴地与我攀谈，但是他的英语十分有限。山路很危险，尤其是在山边开出的陡坡，路宽约 1 米，路边距悬崖也不过 1 米，窄窄的马头过去后，骑在上面的我最担心的是两个膝盖要擦上"道"边突出的岩石。

在上山的窄路上爬坡时，马夫也骑上了这马。我有 150 斤，马夫虽然瘦小也有 120 斤，两个人近 300 斤的重量，累得马大口喘气，我腿上感觉马的肚子一胀一缩，呼吸中的吃力十分明显，真怕它精疲力竭，一脚踩空。

向前看，就是面积大约 100 亩的塔尔湖，像一片圆形的碧玉深嵌在山谷中，而四周的山坡好像为"玉"配上了绿色的丝绸，湖岸边还有几处白烟袅袅升起，证明这里还是活火山。

绝壁长大约 100 米，胆子小点的，走到头会有腿发软的感觉。尽头更是断壁，下面就是百米深渊，不少人在此留影，把这里踩得寸草不生，露出了红褐色的土壤。我站在绝壁前眺望良久，真是"山中有湖湖中山，顶湖高举在深渊；待到山火爆发时，几里焦土几人还。青烟上袅白云间，谁知山神几时烦；万千大师皆不晓，神工鬼斧大自然"。

在山顶还发生了一个有趣的故事。山顶有一个旅游项目，有警察让游客用五四式手枪真枪实弹地打靶，一根横木架在两棵小树的树杈之间，上面吊着 5 个装了水的废矿泉水瓶。游客站在距目标 15 米处，花 400 比索（合人民币 55 元），可以打 5 发子弹，过过手枪瘾。这价格与赶马上山往返一趟需要的 7 元比，实在是太贵了，但这是真枪实弹。我本不想打，无奈大家极力邀请，就不便推辞了。15 米打矿泉水瓶对我来说太小儿科了，我举枪对准横杆，将其一枪打断，5 个矿泉水瓶一起应声落地。

在场的人，尤其是菲律宾警察大吃一惊，但他毕竟是 40 岁的老警察，瞪大眼睛，张大嘴，2 秒后就复原了，赶忙另找树枝再挂水瓶。他的年轻助手，

吴季松在菲律宾塔尔火山显"神枪"

看来也是个警察，则目瞪口呆了好一会儿才回过神来，伸出大拇指说："神枪手！"我说："太近了，这不算什么。"又问他有没有游客试图打横杆而成功的。他英语不错，对我说："欧美游客中有很多试图打过，但从没有命中的。"欧美才取消了男性人人当兵的义务兵役制不到 20 年，我想其中应该不乏 40~50 岁的男性游客吧，居然比不上我这个没当过兵的，我总算给中国人又争了一次面子。

尽管打出了水平，但是我实在不敢恭维这个游乐项目，一旦发生意外，将给游客带来极大危险。

我有两样无师自通的技术。一是写作，我是清华大学工程力学数学系毕业生，除了中学的语文课，再没学过语文，但现在包括专业书在内已经出版了 60 本书，共销售逾 50 万册，以联合国 1 册书平均有 40 人阅读的估算方法，我的书应该有 2000 万读者。另一个就是打枪，我步枪总共打了不过几百发子弹，但 50 米卧射有 3 枪 27 环的把握。手枪一共打了不过几十发子弹，就有了上面的成绩。打枪光费子弹没用，是有窍门的，或者说是有科学道理的。窍门就是打横杆要左右水平的横瞄，不能习惯地用上下的竖瞄。

"神秘"的古巴

我考察过世界上四大内海的滩涂湿地：欧洲的地中海、波罗的海，亚洲的渤海和美洲的加勒比海。加勒比海面积 275 万平方千米，几乎是我国新疆和西藏面积之和，平均水深 2491 米，最大深度 7680 米，是世界最深的陆间海。古巴海域是最浅的，也在 300 米以上。我不仅要下所有的大洋，也要下所有的大海，渤海、地中海和波罗的海我都下过。在巴拉德罗度假村安顿下来以后，我的第一个活动就是下海。

当天的风浪很大，导游和同伴都劝我第二天再下海，但凭我的经验，第二天天气可能更坏，要下就趁早。到了海边，我才见识了以狂风恶浪著称的加勒比海，大风把每个人的头发都吹得散乱，棕榈叶扎的遮阳伞哗哗作响。白色的海浪排山倒海地向岸边扑来，这是我在世界其他海滩没有见过的。海浪像一堵白墙向岸边移动，在近岸处倒下，卷起打着旋涡的小浪，尽管距岸不过几十米，每个小浪也能吞噬一个泳者。这一波刚过去，另一波就又接踵而来，间隔不过 1 分钟，这么快的速度，这么小的间隔也是少见的。所以，尽管度假村中人群熙熙攘攘，但除了我们没有一个人到海边来，沙滩空无一人。

下还是不下？下是需要点勇气的。我和一个同伴迎着滔天的白浪向海中走去，沙滩很陡，走了不到 10 米，水已齐腰深。在两个巨浪之间要抓紧时间快游，还可以游出三四十米，然后返回。等第二个浪来时我已返回。本以为这样就没有危险了，但其实不然，因为浪太大，到水仅齐腰深的地方还是站不住，还是要与海浪搏斗一番。不过第二次时我就可以掌握规律了。如此这般游了五六个来回，算是在著名的加勒比海的狂风恶浪中游了泳。

当天晚上我又来到加勒比海海滩，茫茫大海漆黑一片，天上看不到一颗星星，海中看不到一艘渔船。天水黑成一片，浪也是黑的，仿佛巨熊在咆哮，在这昏天黑地之间，人是那么渺小。我看着怒吼的加勒比海，这里曾是印第安人的天险，这里曾是赌命的殖民者的乐园，这里曾是疯狂的海盗的天堂，而今后，它将是人们，尤其是海中最大的岛上的古巴人民的财富。

古巴工业不太发达，我们亲眼所见，从哈瓦那到巴拉德罗海滩，几乎没有向海口的排污。但是，在巴拉德罗旅游区的红树林却被破坏得很严重。巴拉德罗是个长 18.5 千米，平均宽度约 0.7 千米的狭长半岛，应该是长满红树林的地方，历史记载也是如此。但当我们到达时，红树林零零落落，我们好不容易找到了小海湾中的一片，这一片的确长得十分茂密，蓝水绿林十分美丽。保护得最好的红树林得益于一个海豚表演场，当地人在红树林中建起了海豚表演的跳台和水池，周围以红树林为墙，自然就保住了树林。

巴拉德罗半岛是古巴最著名的海滨旅游区，设有沙滩游泳池、淡水游泳池、近海小舢板、园内树林骑马设施、小剧院、电影院和台球房等。还有各种风味餐厅：海鲜餐厅、意大利餐厅、野外烤肉餐厅，园中不少小卖部的饮料和小点心都是免费的。服务方面，有专车送人看海豚表演、送人乘马车游岛、送人乘大船出海等。各种设施、餐饮和服务五花八门，令人目不暇接。

美中不足的是这些设施、服务和餐饮名不副实。在我们住在岛上的一整天中，以设施而言，近海小舢板因为风浪大而停开，林中骑马项目歇了业，小剧院也因为没有剧团演出而关门。从餐饮来看，海鲜餐厅一星期只开三次，意大利餐厅被告知因故不开，野外烤肉餐厅也因为风大而停业。服务项目中，出去乘马车游岛和乘大船出海都要另买票。

令我吃惊的是这个度假村居然建于 1920 年，即 100 余年前，以那时的水平真是豪华至极了。我住的房间就有 25 平方米，还有外阳台可以朝夕看大海，让人可以想象出当年古巴的灯红酒绿。现在度假村在扩建，在一端建了许多新楼。在草丛中还可以看到古巴的翠蜂鸟，蜂鸟比麻雀还小，生活在海边的草丛中。我刚好看到一只跳到路上来的蜂鸟，的确十分小巧可爱，可是随着大面积的海滨开发，蜂鸟已逐渐减少了。在开发旅游业的同时，应该及时对这种稀有动物加以保护。

·2009 年·

　　大多数人说，人老了，不得不放弃一些事情。我认为是因为你放弃了事情才变老的。

——［美］格林

　　生态系统与人脑系统、市场经济系统一样，属于非平衡态超复杂巨系统，以目前的计算机水平尚无解析的可能，而人工模拟生态系统的尝试又已失败。因此，生态系统分析只有实地考察一种科学手段。河流、山地、海岛、湖泊、湿地戈壁和沙漠是比较常见的生态系统。

——吴季松

·大事·

　　12 月 8 日，吴恩裕教授诞辰 100 周年纪念会在商务印书馆举行，《人民日报》副总编谢宏、国家新闻出版总署副署长阎晓宏、商务印书馆总经理王涛及多位红学专家出席。

　　季羡林（1911—2009 年）先生去世。

　　高扬（1909—2009 年）先生去世。

　　4 月，出版《百国考察廿省实践生态修复——兼论生态工业园建设》（吴季松著，北京航空航天大学出版社）。

　　5 月，出版《看世界 100 国：世界草原与海岛考察》《看世界 100 国：世界的极地与沙漠生态考察》（吴季松著，北京航空航天大学出版社）。

　　在《北京日报》发表文章《建设绿色北京要有科学指标体系》（11 月 18 日）。

纪念吴恩裕教授诞辰 100 周年座谈会

· 小情 ·

从 6 岁挤去看国庆，到参加游行，直至上观礼台

2009 年 10 月 1 日中华人民共和国成立 60 周年大庆是我十分忙碌的一天。上午上观礼台看阅兵游行，晚上在观礼台看晚会和焰火。阅兵于早 10 时开始，到 12 时半结束；晚会晚 8 时开始，至 9 时 40 分结束，都要提早到场。尽管有座位，但是由于心情激动，我一天站了六个多小时，这是我大半生中永远值得记忆的一天。

站在观礼台上等待开始时，我想到了过去。1950 年的国庆，6 岁的我从沙滩的家挤到南池子南口的戒严线，算是参与了国庆。以后我几乎每年都参加游行。1959 年 10 周年大庆时，我走在中学生队伍的前列。1964 年的 15 周年大庆，我作为首都民兵师的一员参加持枪游行。那时我都是远眺天安门城楼和观礼台，绝对没有想到几十年后自己能站在观礼台上。

60 年的变化反映了祖国变得富裕和强大。记得 1959 年我在北京二中参加游行训练的补助是每天 2 两粮票，大概是我平生第一次得到补助，感到 2 两粮票有千斤之重。1964 年在清华大学参加首都民兵师的训练补助是每天半斤粮票，尽管没有儿时那样惊喜，但在自然灾害刚过不久的岁月里，也觉得有百斤之沉。这次在观礼台上听到，60 周年北京某大学游行队伍训练的补助已达每天 60 多元，大概是北京市平均工资的三分之一还多。祖国在半个世纪中的变化，可以从这里窥一斑而见全豹吧。

自 1949 年起到 2009 年，国庆阅兵共有 14 次，即 1949—1959 年的 11 次，1984 年和 1999 年的 2 次，2009 年是第 14 次。而群众游行 1949—1959 年（1955 年除外）有 10 次，还有 1984 年和 1999 年的 2 次，2009 年是第 13 次。此外，1950 年的"五一"也曾阅兵。每逢大庆还有一个大事是编排一场大型音乐、舞蹈史诗，1964 年是《东方红》，1984 年是《中国革命之歌》，2009 年是《复兴之路》。

2009 年的阅兵，显然是 14 次中最为壮观的一次，是国力增强的集中表现。回忆起 45 年前我走过的首都民兵师男女混编方阵，今天的民兵队伍只剩下了女民兵方阵。游行也体现了实事求是和少而精的原则。北京人口较半个世纪前增加了 2 倍，但参加军民共 20 万，而以前的报道一直以百万军民为盛况的标准。

群众游行环节，与我 1959 年参加的学生队伍手举鲜花步行相比，十万群众的游行服装已是争奇斗艳，而且彩车占据了重要部分，共有展现时代主题的 26 辆彩车和各省市自治区和特别行政区的 34 辆彩车，表现力和精美程度都不是半个世纪前能比拟的。《纽约时报》评得好："中国国庆大典是一部极致之作，有力而无瑕。"

此次晚会，无论是人组背景的变换、歌舞服装的豪华还是焰火的新颖，都不是以前历次晚会能比拟的，晚会的参与者已经从业余走向了专业化。张艺谋导演让国家领导人进入群众联欢的创意又一次表现了他的创造力。

庆典应该有三方面的意义，对世界的、对民族的和对个人的。对世界的意义是显示一个国家的实力、精神和未来，尤其在今天电视传遍全球的情况下，国际舆论都拭目以待，以盛典为一个重要的事件来看一个国家。对民族来说，国家的自豪感、个体的归属感和民族的精神都通过庆典得到加强。而

60 周年大庆观礼台上与国务院总理办公室
主任丘小雄合影

对个人来说，从手举鲜花在天安门前跳跃和走正步通过天安门接受检阅，到今天登上观礼台，一样的蓝天、一样的骄阳、一样的鲜花、一样的盛装，那些褪色的记忆，那并未淡漠的激情，让我在观礼台上心潮起伏，不能平静。我站在那里，心都走向了广场，仿佛在与庆典、与祖国一起跳动，人也融入了那欢乐的海洋之中，一如40年前。无论是在白天还是在黑夜，庆典都一样温暖、一样明亮，它使强大昌盛的祖国和多难复兴的民族变得有形，让你融得进去，又跳得出来，我想这就是庆典的意义吧。庆典除了让我们欢乐，让我们自豪外，也应该让我们深思，要居安思危，有忧患意识。

天安门虽不是世界上最大的广场，但真是举行大型集会的最佳地点，当年皇帝在紫禁城建立的建筑布局给盛典带来极大的便利。天安门广场和长安街是中华人民共和国成立后拓宽的，但天安门下的玉带桥和护城河形成的有水有桥的优雅布局却是世界上所有的大广场所没有的。在天安门和午门之间达15万平方米的广场是现成的有围墙的停车场，两边的中山公园和劳动人民文化宫是风景优美的可让上万贵宾通过的林荫通道，这更是世界上任何一个大广场所没有的。在这样一个广场举行盛典，真是面面俱到、浑然天成，只等其到来了。

当选瑞典皇家工程科学院外籍院士，身穿燕尾服被瑞典国王接见

2009 年 6 月 4 日，我经过复杂的程序当选为瑞典皇家工程科学院外籍院士，这是我大半生通过的第 10 次重大考试，也是第 8 次获得重大荣誉。10 月我应邀赴斯德哥尔摩接受证书。瑞典皇家工程科学院建于 1919 年，是世界上

第一个工程科学院，至今已有百余年历史。

当选瑞典皇家工程科学院的外籍院士被认为是一种崇高的荣誉。第一是因为"物以稀为贵"，瑞典皇家工程科学院自 1960 年开始选举外籍院士以来，已授证至今健在的 264 位院士。其中来自发展中国家的仅有 30 位，中国有 12 位，其中大陆有宋健、徐匡迪和徐冠华等 9 位院士。其余发展中国家中最多的是巴西和韩国，各有 3 位；其次是印度，有 2 位。第二是因其规格之高，当选者大都是大学校长、著名教授、某一方面研究或技术开发的国家级负责人。像哈佛大学、麻省理工学院、牛津大学、剑桥大学这样的名校也不过两三位，我是大陆的第三位，第一位恰是我的老师、已故的张维教授。第三是瑞典方面的高规格礼遇，瑞典方面为新当选者举行盛大的授证书仪式，然后穿规定的礼服，由瑞典国王在著名的市政厅三冠厅接见 45 分钟，再参加盛大宴会，与诺贝尔奖获得者的礼遇几乎没有差别，这种院士待遇在世界上是极少见的。

10 月 22 日，在瑞典皇家工程科学院会议中心的宴会厅中举行了外籍院士的证书授予仪式，在其后的晚宴上，瑞典皇家工程科学院主席团主席莉娜女士发表了热情洋溢的讲话。在介绍到我的情况时，她十分准确地介绍了我在国际上创造知识经济，宣传与创新循环经济和在中国主持第一批生态修复工程这三个主要方面的成就，然后风趣地说："瑞典这样小的一个国家把荣誉授予了中国这样大的一个国家的杰出科学家。"我致答谢词，感谢瑞典皇家工程科学院和所有在场人员，然后说："我知道瑞典有多大。1985 年我主持联合国教科文组织在国际上第一个知识经济系统研究时，就住在瑞典国王提供给国际组织的乌里斯达宫内，有一个月，每到晚上只有我一个人在这 200 多间房间的宫中，也许这样的地方有助于产生新思想。"我的话得到大家十分热烈的掌声。

2009 年被授予证书的还有把谷歌做大做强的主要领导人瑟夫先生和保持实验数据世界纪录的日本受控热核聚变的总负责人本岛修先生，他们受此荣誉都是当之无愧的。瑞典皇家工程科学院院士和外籍院士都排队前来对新当选者表示祝贺，仪式在热烈的气氛中结束。

三个接受证书者，一个使信息科学在产业上成功地为世界服务，一个在根本解决能源和气候变暖问题的新能源研究方面取得成绩，而我则拥有新经济学思想创新并主持实际生态修复，这反映了瑞典皇家工程科学院对世界科学新思想及其实践的深刻理解，与我国提的科学发展观完全一致。

在诺贝尔奖获得者发表感言的讲台上，吴季松少有地摆姿势照了相，
因为工作人员说："你有资格在这里讲话"

在宴会上，我才得知一个让我吃惊的消息，参加第二天国王接见和晚宴时应该和诺贝尔奖获得者一样穿晚礼服——燕尾服。而我参加过多次重大活动，都未对此有过要求。我不知去哪里找燕尾服，做也来不及了，真有点火烧眉毛。

第二天刚好延雪平校长来看我，听到这个消息，马上拉上我去会议介绍的租燕尾服的地方。裁缝店的一间大屋中有各种尺寸的燕尾服，老板娘很耐心地给我一一试穿。这身衣服穿起来很费工夫，我怕拿回去自己穿不上，灵机一动，想不如放在这里，到会前请老板娘帮我穿，她也认为这是好办法。

到了斯德哥尔摩音乐厅，我才知道男院士都穿燕尾服，女院士和夫人们则多穿露背装。正式场合，衣着正式也是对他人的尊重。2009年瑞典皇家工程科学院大会暨建院90周年大会开始，演讲中穿插着音乐节目，组织得十分协调。

音乐会后千人大转移到著名的斯德哥尔摩市政厅，我们三个新当选外籍院士被带入三冠厅等候国王接见。三冠厅并不特别豪华，但是是国王接见的固定场所，门前也并无警卫。

国王来了，24 年前我住在他的王宫中研究知识经济时就见过他。他 1946
年生，比我小两岁，明显见老，已经不是那个英姿勃发的年轻君主，头发白了
一大半，但更加稳重和雍容。瑞典皇家工程科学院主席团主席和院长首先把我
介绍给国王，又说了我提出知识经济、创新循环经济和在中国开创生态修复
实施的成绩，国王向我点头示意，听到我研究知识经济的工作主要是在他借
给国际组织的乌里斯达宫中完成的时，十分感兴趣地问："那是哪一年？"我
说："1985 年。"国王说，"那是年轻的时代"，对我们都已变老颇有感慨。我说：
"但是我们做了事情。"国王说："说得好！"

斯德哥尔摩市政厅是世界著名建筑，始建于 1911 年，1923 年落成，红墙、
尖塔，塔高 105 米，顶上有 3 个皇冠。其中宴会厅又名蓝厅，有大半个足球场
大，五层楼高，整个顶是一块巨大的玻璃。每年诺贝尔奖颁发后，晚上国王
与王后要在这里接见获奖者并举行盛大的宴会。厅里可以摆下能坐 30 人的长
桌 30 多张，可让千人就餐，院士和夫人共来了 1200 多人。就座后我才知道，
七八百位先生无一人不着燕尾服，我要是真的没穿，只能悄悄地自动退场，连
国王也不好见了。

这是我大半生中在国外获得的最高荣誉，但我还是像许多重大活动一样没
参加完，宴会还未结束，我就找个适当的机会溜了，因为使馆的参赞还在等我。

评选院士最重要的是指导思想，瑞典皇家工程科学院参与诺贝尔物理、
化学和经济学奖的评选，因此其指导思想秉承诺贝尔奖的指导思想："通过个
人重要的发现、发明或新改进，对人类作出重大贡献。"人类需要什么呢？过
去的第一需要是财富，而在今天资源耗竭、环境污染和生态破坏的情况下，人
类的第一需要是以发展知识经济和循环经济为手段，与自然和谐相处，所以这
次评出了谷歌的开拓者，作为信息科学的代表；评出了日本受控热核聚变的总
负责人，作为可再生能源的代表；至于我本人，从他们的介绍和演讲来看，大
概是由于我在创意知识经济和主持实际生态修复方面的贡献。这种选择是很全
面的，十分符合世界的大潮流，可以说是科学发展观的体现。

提出了"三个三"的国家标准，成为今天的 20 国集团

2004 年我从水利部的工作岗上全退下来，得以在北京航空航天大学经济

管理学院院长的岗位上集中精力、全心全意进行我的新经济学研究。面对国际油价高涨、金砖四国（巴西、俄罗斯、印度和中国）经济兴起和美国经济发展乏力的情况，我认为原有的 7 国集团（美国、日本、德国、法国、英国、意大利和加拿大），后来又加上俄罗斯成为 8 国决定世界经济命运的格局已经改变，应该扩大范围，由 20 个"三个三"国家来共同探讨世界的经济前途。2005 年 3 月，我在阿拉伯联合酋长国首都阿布扎比的"世界思想者节日论坛"上发表了这个看法，得到包括 10 位诺贝尔奖获得者在内的与会代表的赞同。

所谓"三个三"国家就是基本满足人口多于 3000 万，国土面积大于 30 万平方千米，国内生产总值大于 3000 亿美元这三个条件的国家。这样的国家当时在世界上有 20 个：美国、日本、德国、中国、法国、俄罗斯、加拿大、印度、巴西、墨西哥和西班牙 11 个国家完全满足，英国、意大利、澳大利亚、南非、土耳其、印度尼西亚、阿根廷、韩国和沙特阿拉伯 9 个国家分别有一个条件欠缺。这 20 个国家包括了世界上面积最大的 6 个国家、人口最多的 6 个国家和 GDP 最高的 14 个国家，其中有 10 个发达国家和 10 个发展中国家。

随着全球金融危机的发生，2009 年 9 月 24 日 20 国集团峰会在美国匹兹堡召开，参加国与我提出的"三个三"国家只差了一个，即由欧盟代替了西班牙，而西班牙恰是欧盟中除了德国、法国、英国、意大利外经济实力最强大的欧盟国家。到 2009 年，2005 年预测时 GDP 不足的土耳其已达 6492 亿美元，印度尼西亚已达 5396 亿美元，阿根廷已达 3330 亿美元，而且沙特阿拉伯人口已达 2869 万，全满足的"三个三"国家已达 15 个，可见当时的设想还有相当的预见性。

9 月 25 日峰会结束，正式宣告 20 国集团取代了由西方国家主导的 7 国集团和 8 国集团，这 20 国代表了世界上三分之二的人口。会后法国总统萨科奇说："明年就应该终止 8 国集团峰会。"德国总理默克尔说："20 国集团是未来的工具。"

20 国集团世界经济协商体制的确立，宣告了一个旧时代的结束和一个新时代的开始。我的声音自 2005 年 3 月在国际上发表以后，4 年来一直坚持宣传。虽然我人微言轻，但是毕竟为这个新体制的建立添了一块砖，为发展中国家的国际地位，为让世界倾听中国的声音做出了点滴贡献，这也是我的第三次重大预测，被实践所证实。

我的五次重大预测与现实比较

我至今做过五次有据可查的、起过一定作用的重大预测：2000 年对争办第 29 届奥运会投票形势的预测，2003 年对北京降水趋势的定量预测，2005 年对 20 国集团的预测，2008 年对甲型 H1N1 流感传播趋势的预测，以及对受控热核聚变能商用的预测。

在争办第 29 届奥运会的投票在莫斯科进行时，我曾在事前 36 天做了投票分析，并上交有关领导参考，情况如下：第一轮北京 34 票、巴黎 29 票、多伦多 27 票、大阪 8 票、伊斯坦布尔 9 票，准确度为 66%，可以说是大趋势尚可，准确度不够。投票前夕，我又做了修正分析，准确度达到了 81%，因为怕产生误导，没有正式提出，不足为凭，就不详写了。然而，被当时国际外交界誉为世界"权威电视台"的美国 CNN 电视台于 7 月 10 日对投票的快速民意调查预测是多伦多 30%（31 票）、北京 25%（26 票）、巴黎 21%（21 票）、伊斯坦布尔 16%（16 票）、大阪 3%（3 票），准确率为 68%（5 市总和不足 100%，原统计如此），略高于我的预测，但大趋势不准。由此可以看出，先进的设备、广泛的信息都是科学调查所必不可少的，但看问题的观点和实践更为重要，观点正确而且有实践，个人的分析也不见得比权威机构差多少。

第二次预测是对北京水资源的长期预测，已写在 2007 年章节中。第三次预测见上文。

全球性的 SARS 流行过后，2009 年又一场全球性瘟疫袭来，甲型 H1N1 流感传遍全球，我们采取了及时有力的预防措施。4 月下旬我做了统计分析，这是我的第四次预测。我认为在某一个地域或全球患者超过一定数量以后，大规模传染就不可避免，过度严格的措施将失去意义，并把结果向卫生部领导做了汇报，他表示感谢。事后证明，我的预测与世界卫生组织的判断及主要国家放宽措施时的人数十分相近，准确度超过 90%。

这些统计学方法在实践中的应用，都得益于我作为第一批出国访问学者，在欧洲原子能委员会研究受控热核聚变时用的蒙特卡罗计算法。对于我们这个五彩缤纷、千变万化的世界，人类的科学知识还远不够。一般人不了解，对于多折弯管流导的计算就是一个世界性的难题。一折弯管的流导还好算，二折弯管流导的计算公式就比较复杂，三折弯管的公式 A4 纸就写不下了，怎么办呢？这时可以使用蒙特卡罗法。就是依据弯管的空间位置写出方程编入程序，然后以随机数作为气体分子输入，通过计算机运算来模拟气体分子在管内的运行。在计算过程中，输入 300 个气体分子后，流导曲线就已见雏形；到 500 个分子以后，几乎每个分子都无误地打在了已成的曲线上，弯管流导就得出了。

我在运算中看到这种现象，真比自己职位提升和工资增加都更高兴，兴奋得不能自已，连呼："真是神了，神了！"提级和增薪是群众或领导对你的肯定，而这是客观规律，是科学，或者说上天对你的肯定，对于人生价值来说，还有比这更高的肯定吗？

经过上述几次预测，我进一步认识了客观世界，还真有点"天人合一"的思想了，我认为"天人合一"有两个部分，一是人融入自然。二是人掌握自然规律。

我交往的国学大师季羡林

季羡林，山东省聊城市临清人，中共党员。国际著名东方学大师、语言学家、文学家、国学家、佛学家、史学家和教育家。历任中国科学院哲学社会科学部委员、北京大学副校长、中国社会科学院南亚研究所所长，有很高的国际地位。1930—1934 年在清华大学西洋文学系与我父亲吴恩裕相识，开始了长达 45 年的友谊。1935 年在德国学习、任教，第二次世界大战一结束就历险辗转回国报效国家，十年浩劫中受到冲击。

1979 年我被选为改革开放后的首批出国访问学者，出国前因为父亲的关系，曾去向季先生请教，之后一直维持联系，长达 30 年。虽然我见他的次数不多，但终生难忘。

第一印象是季先生在北大朗润园 13 号楼一楼的寓所很旧，但从上至天花板的书架到地面上放满了书，有许多是线装书，"书香"四溢。

第二印象是早就听说季先生爱猫，我到他家时，猫也在，但季先生居然能看出我不喜欢猫，每次我一到就把猫赶到另一个房间去。我想："难怪他在学生中有至高的威信，这样体察入微、尊重学生的老师，到哪里去找啊！"

第三印象是季先生学贯中西，学富五车，但谦虚好学，十分愿意听我讲"受控热核聚变"，全神贯注，心领神会，还时有发问，使我诚惶诚恐，他也能敏锐察觉，说："不着急，慢慢说。"这就是大师，真正的大师。

第四印象是他虽在十年浩劫中受尽折磨，却无怨无悔，从未对我提及。

第五印象是他对母校的怀念。他说："我现在是北大人，但忘不了清华，尽管只有 4 年，但受益终生，受教于许多名师。"谈起陈寅恪，他说："我认识了许多好同学。"他还谈起乔冠华、吴恩裕和于光远。我想这就是季先生"初心"的重要组成部分，永远值得后人学习。

第六印象是季先生对朋友的怀念，朋友们永远在他心中占有地位。我后几次去看季先生时，父亲吴恩裕去世已 20 多年，但季先生还不时回忆起与父亲的交往，有许多细节，让我十分感动。

写季先生的文字已经太多了，拙笔就记这些，希望能让后人了解季先生留下的精神财富于万一。

高扬校长："多讲讲你在国外学到的知识，看到的事情"

高扬，辽宁省辽阳县人。1936 年 12 月加入中国共产党，是中共十二大、十三大中顾委委员，第一、第二、第三届全国人大代表。1928 年入东北大学法学院预科。1934 年就读于迁址北京的东北大学经济管理系，与我父亲是挚友、同学。他积极参加了"一二·九"学生运动。1936 年 8 月毕业后，任我姨夫高崇民为会长的东北救亡总会党支部书记。1938 年 8 月至 1945 年 10 月，先后任冀豫特委宣传部部长，冀西地委组织部部长，太行一地委、七地委书记，战斗在太行山

高扬

上。1945 年回到故乡，任辽东省委宣传部副部长、沈阳市委第一副书记等职。1950 年 6 月至 1954 年 12 月，先后任辽东省人民政府副主席、主席，辽东省委书记兼省委统战部部长，担任中共东北局委员、常委、组织部部长。

1955 年 1 月奉调中央，任中共中央书记处第三办公室副主任，化工部部长。1956 年 1 月任中央工业交通工作部副部长，1962 年任化学工业部部长、党组书记。十年浩劫中受到冲击，平反后，1978 年 1 月任吉林省委书记、农垦部部长、河北省委第一书记兼省军区第一政委等职。1979 年 4 月，高扬同志调任农垦部部长、党组书记。1983 年高老已 74 岁高龄，在河北工作时于正定和无极等县大胆提拔了几位年轻的县领导。

他对养生也有独立见解，说："我不专门锻炼，但多活动；我不养生，但

生活规律；我不吃补品，但不忌口。"98 岁我见他时，他一切如常。99 岁他记忆减退，但头脑清醒，仍与我畅谈国内外大事一两小时。100 岁时无疾而终。

高老对年轻人一贯关心。我多次到他家请教，达 20 年之久。但他说："多讲讲你在国外学到的知识，看到的事情。"一直到新世纪他还多次与我长谈，鼓励我为国家水利多做工作。感恩至深，铭记不忘。

·2010 年·

什么是人生价值呢？古训说："雁过留声，人过留名"。人要留名吗？洋人说："不因虚度年华而悔恨，不因碌碌无为而羞愧。"什么是碌碌无为呢？人生价值的判断的确有自我满足和历史证明两个方面，隐居山林的教徒达到了自我满足，但是人之所以是人，就在于他不能像动物一样，只为自己活着，所以还是实践是检验真理的唯一标准，千秋功罪，历史将予评说。

——吴季松

·大事·

徐乾清（1925—2010 年）院士去世。

1 月、5 月，出版《六十六年变迁——百国归来看中国》自传上、下卷（吴季松著，北京航空航天大学出版社）。

文章《新经济学理论系统及其实践体系》被《新华文摘》全文摘录（2010 年第 2 期）。

在《北京日报》发表文章《建设世界城市不能重蹈覆辙》（6 月 12 日）。

·小情·

水是生产之基，《湄公河的全流域考察报告》是有关部门建设中国—东盟自由贸易区的重要参考。

考察阿根廷拉普拉塔河口湿地。拉普拉塔河口的河网地带面积有 1.5 万平方千米，是世界最大的湿地之一。在这个 5 万平方千米的地区，密布着 5000

条小河，平均每 10 平方千米一条小河，相当于居民的"公路"，家家有船，穿梭如车，是比我国的江南更密的水乡河网。黄色的是河，浅绿色的是湿地，绿色的是土地，相间交错，织出了一幅美丽的水乡图画。

到秘鲁与百姓聊天，都说首都钢铁厂利马分厂是百姓能找到的最好的工作。他们问我："您认识人吗？帮我进去就是救了我全家。"

我在上海世博会

对于中国和世界来说，在上海举行的第 41 届世界博览会都是一件大事，从 1851 年的伦敦世界博览会算起，世界会展已经走过了 120 年的历程，巴黎的埃菲尔铁塔就是为 1889 年的博览会而建，留下了世界文化遗产。

1999 年，德国驻华大使赛康德大使推荐我出任 2000 年德国汉诺威世界博览会国际指导委员会委员。2000 年汉诺威世界博览会的主席是布茹尔女士，她原为民主德国经济复兴委员会主席，在德国是解决政界难题的能手。解决民主德国经济复兴问题初见眉目后，又转任汉诺威世界博览会组织委员会主席。

布茹尔女士金发蓝眼，身材高大，仪表雍容，充满活力。她还颇具特点：既严肃又不失热情；既豁达又不失严谨；既干练又不以势压人；说话简练，言语得体，使所有和她打交道的人都感到愉快。

布茹尔女士邀请中国专家成为 2000 年汉诺威世界博览会国际指导委员会委员是有远见的，邀请中国人进入委员会不仅对于中国有很大的吸引力，对于世界都有很大的号召力。布茹尔的高明之处还在于既然请来，就高度尊重。她不但亲切地单独接见了我，还在会议的开幕式上说："我们还请来了中国的吴教授，中国也是最早参加世界博览会的国家，他的参加一定能使我们的世博会更加成功。"我归国后也尽了我应尽的努力宣传，遗憾的是由于工作的变动和时间的冲突，我未能再去参加汉诺威世界博览会的开幕式。

2003 年申办世博会时，作为北京奥申委主席特别助理，中央领导曾向我作过咨询，我据实回答，在目前情况下申办世博会可能比当年申办奥运会难度更大，因为在不少西方人眼里"好事不能都给中国啊"！领导对这个意见很重视。事后我国政府也的确采取了比申奥力度更大的工作。

2003 年我到上海水务局考察工作时，陈副局长得知这些情况，还专门安排上海世申委的有关负责同志来请我介绍申奥的经验。我提出：一是请政府以更大的力度支持；二是引导国际人士以 7 年后开幕时的中国和上海的发展眼光看问题；三是中国作为世界大国百年积弱，要从历史的眼光来看问题，这些经验可供上海的申办委员会借鉴。

一晃又是 6 年，在即将举办世博会的时候，我来到上海又见到陈副局长，现在他已是陈区长，他特地请我吃饭。回忆起当年的情景，谁又能想到浦东发生了翻天覆地的变化，成了今天的模样呢?

中国科学家要不要得诺贝尔奖

世界上有各种各样投票种类和名目繁多、五花八门的评奖，而诺贝尔奖的评选至今保证了它的原生和公正，这是十分不容易的。为什么呢?

我多次到过颁奖工作单位瑞典皇家工程科学院，接触了 23 年间的三代工作人员。我几次去过卡罗林斯卡皇家医学院，并与评奖的主要工作人员做过长谈。我在院长的陪同下参观过瑞典皇家工程科学院，并且认真探讨了有关评奖的事宜。这些活动再加上文献调研，使我了解了诺贝尔奖。

诺贝尔奖的评选是在高度保密中进行的，提名人、被评人和评选的全过程都保密，只是查成果和贡献的材料，而不知道是谁做的，有关资料的保密期是 50 年。当然，如果你一看成果就知道是谁做的，说明你具有评定资格。此外就看是否公正了。公正的保证是除了人员的资格外，还进行一些自愿的跟踪记录，谁也不愿意因为不公正而把名誉毁于一旦。更为重要的是所有参评者都有高尚的荣誉感、重大的使命感和至上的原则性，所以最重要的还是事在人为。

以 1999 年蒙代尔获得诺贝尔经济学奖为例，可以说明这种公正性。蒙代尔在 20 世纪 80 年代提出了"最适宜货币流通区域理论"，当时并不被看好，他甚至被看成"倔老头"。他是加拿大人，本人与欧盟，尤其是欧洲决策者也没有联系。但是后来欧元得到实施，诺贝尔奖就授给他，而不是欧盟的决策者，也无须欧盟出具证明。当然，像任何一种评选一样，诺贝尔奖的评选也不可能完全准确，例如物理学的薛定谔，化学的门捷列夫，都取得了对人类有重大创造性贡献的成就，但由于各种原因未获奖。这里必须特别声明，和平奖和文学奖不在我的研究范围之内，这里面由于政治偏见不靠谱的事不少。

改革开放政策使我国已进入全球经济一体化，加入国际大家庭，30% 的

GDP 出口，1/3 以上的人的生活改善直接取决于国际贸易。目前各界对争取诺贝尔奖，像申奥、办奥乃至国家领导人参加重大会议有各种不同看法。但是，这是国力、国格和国家对世界发展的认识与贡献的表现，必须争取。我曾任奥申委主席特别助理，申奥成功后北京市民涌上街头，海外华商、华侨和华人见到我们泣不成声，这就是民意对申奥的反映。中国应该争取诺贝尔奖也是同样的道理，运动员得了奥运会冠军，发扬了国威，民众欢庆，诺贝尔奖就是科学的奥运冠军。

中国经济未完全按西方经济学的轨道，摸着石头过河，不断创新，取得了举世瞩目的成就。2008 年中国对世界增长的贡献近 30%，对人类做出了巨大的贡献，因此可能最先获得的是经济学奖。

中央领导对世界级杰出人才的问题十分关心。季老说："要出'大师级'人才。"钱老说："没有自己独特的、创新的东西，老是'冒'不出杰出的人才，这是很大的问题。"

争取诺贝尔奖的过程可能在人才问题上开辟一些新的思路，主要是"自主创新"中的"原始创新"。其实，几乎所有的原始创新都是个人或两三人的思想创新，诺贝尔奖就是要求这种创新，这也是每届诺贝尔奖限授 3 人以下的道理。认为个人的思想创新不必高度重视，对这种知识产权也未致力保护，是在诺贝尔获奖、杰出人才涌现和原始创新方面打不开局面的重要原因。

作为中国人应该争取诺贝尔奖，但这并不是目的，目的是在中国经济创造了世界奇迹的基础上总结自己的创新经济学，这样才能不辜负历史给我们这一代人的千载难逢的机遇，也是对人类经济可持续发展的贡献，我们应该有这个志气。

中国究竟向外国学习什么

从 19 世纪 60 年代以来，中国向西方学习已经 150 多年了。这 150 多年可以分为四个阶段，从 19 世纪 60 年代到 1911 年这近 50 年以洋务运动为主，主要是学习坚船利炮；从 1911 年到 1949 年这近 40 年以五四运动为核心，主要是学习"科学与民主"；从 1949 年到 1979 年这 30 年主要是学习苏联模式；而从 1979 年至今主要是学习深化改革，扩大开放。

我的家庭经历了这个全过程。我的姨父高崇民参加同盟会，东渡日本留学，参与了第一阶段的尾声；我的父亲吴恩裕西去英国留学，处于第二阶段；我的亲友北上苏联留学，是第三阶段；而我的大半生经历了后两个阶段，幸运地走遍了世界百国。

我们今天生活在一个全球经济一体化、可持续发展成为人类共识的时代，究竟要向外国学习什么呢？

一、真正地树立科学的发展观念。我国在全面研究、学习和实行科学发展，科学发展的基础是以现代科学为基础的理念，实际上就是我们在中华人民共和国成立后的历次运动下总结出的一句话：实践是检验真理的唯一标准。检验真理的既不是领导，也不是权威，在很多情况下也不是"群众"。其实，这就是现代自然科学的基本原理：普适的、经得起实践反复检验的结论。

二、建筑在科学基础上的民主理念。什么是民主呢？最基本的就是"生有人权，人人平等"。西方把民主理解为一人一票的选举和由此产生的多党制与三权分立。一人一票的选举就是"民主"，其科学根据是什么呢？就是正态分布的统计规律，也就是足够多的、具备资格的和各自独立的因子的主要倾向反映出的唯一的、正态分布的规律。这可能太学术化了，简单地说就是"通常多数人说的是对的"。一人一票体现民主也是有条件的，首先要投票人数足够多，根据我研究受控热核聚变时用计算机模拟的粒子分析，要在 500 个以上。而且，这 500 个人要有资格，起码是智力健全、有文化的。同时，其中任何人都没有能力左右导向。只有满足这些条件，"民主选举"和"民主测评"才科学，否则就只能作为参考。

三、学习创新开拓精神。历史经验告诉我们，自 1492 年哥伦布发现新航路开始，我们就落后了，我们的落后在于闭关自守、故步自封，因为我们放弃了对人类新天地——海洋的开拓。这里应该特别指出的是，我们学习的绝不仅仅是西方创新的事物，而是这种精神，否则我们就只能跟随。即使学习新事物，我们也要发扬自己的传统继续发展它。我走遍百国的体会是我们自主创新的东西少了，大多数东西都是仿照原版的，即使有些变化也往往只是皮毛，谈不上自主。

四、理解市场经济的真谛。市场经济有两个基本点，一是进入市场的都应该是理性的人，二是把寻求个人利益的人的努力通过市场变成全社会受益，这就是纳税制度和纳税人的理念，一个人对市场经济社会的贡献，最主要的是体现在纳税上。政府的一切财源都直接或间接地来自纳税人。政府的基本功能就是为以纳税人为主的整个社会服务的。不管是高薪者、作家、企业家还是艺人，只要他们不是变相利用公共资源挣钱，只要纳税多，就该受到特别的尊重，否则市场经济无法良性地发展。

五、法制是现代社会的基础。以上所谈是现代社会的软约束，而法制是硬约束。美国是最强大的现代国家，来自世界各地，文化传统、宗教信仰和出走目的各不相同的拓荒者在美国这块土地上，用不到200年时间建立了最强大的国家，最主要的就是得益于法制的硬约束。法律的基本原则是"法律面前人人平等"，应该说"弱势群体"对社会的软约束有益，但这不是法律概念。因为法律没有规定什么人是"弱势群体"，给解释"弱势群体"的人以"治外法权"，有悖法理。同时，如果"弱势群体"在法律面前对他人强势，那就将法之不法了。

六、每个民族都有自己的优秀传统，这些传统都值得其他民族学习。邓小平同志说："以中华民族一员的资格，成为世界公民。"我走遍世界百国，对此体会尤深。欧美人创新精神较强，可以不断开拓，实际上在内心把人分为等级，但从小受到对所有人礼貌周到的绅士教育，表面上不讲，这是我们可以理解的。南亚人对社会不同层次的存在都表现出理解和服从，从而平静地生活。阿拉伯世界大多数人对物质享受淡漠，自得其乐。东北亚人从强烈民族意识和团队精神中得到力量。拉丁美洲人生活随意、热情奔放。南部非洲人和美洲的印第安人质朴、天真，沉浸于自己的传统。这些都是我们应该理解、可以借鉴，而不必去试图改变的。大家生活在人类命运共同体中，生物都有多样性，更应该包容不同的文化，这才是包容性的共同发展。

不刻意模仿外国人平静、乐观的心态，了解世界的知识，积极进取的精神，这三个方面实际上就是人类发展到今天的文化传统和科学技术的精华，使其不断丰富和发展，就是一个有现代观念的人、幸福生活的人、对社会有价值的人、汇入时代潮流的人。

我对幸福和尊严的理解

科学发展观的基本出发点是"以人为本"。如何以人为本呢？我的理解就是满足人的基本需求。什么是人的基本需求呢？从文艺复兴"人本主义"的提出，到法国大革命的"自由、平等和博爱"，到共产主义的"全人类解放"，近千年来人们不断提出同一个问题，并对此有着不断深化的认识。经过数十年来对百国的考察、对人类文化的研究和在联合国对 160 个民族的接触，我认为人的需求有生理、心理和精神需求三个层次，即温饱、幸福和尊严。

人是动物的一种，人像动物一样也有基本需求，就是温饱和安全。要有饭吃，有衣穿，有房住，而且有安全的生存环境，生命不受威胁。20 世纪末以来，人类认识到，虽然对大部分人来说，温饱和战争的威胁已经在相当程度上消除，但是资源短缺、环境污染和生态恶化的问题接踵而来，出现了又吃大鱼大肉又喝脏水，开汽车但吸脏气，住大屋但周围环境恶劣的问题，人类的安全再次受到新的威胁。需求主要是由物质决定的，以人均国民生产总值度量是迄今为止最合理的指标体系。

人是一种特殊动物，是有感情的动物，因此人还有心理上的需求，即建筑在温饱和安全基础上的幸福需求。幸福需求受到人的文化传统、知识水平、性格习惯和所处环境影响，不同人之间有不小的差异。我在埃及开罗街头与贫苦的市民交谈时，他们认为有大饼吃，有茶喝，一星期喝一次肉汤，天天傍晚在街头唱歌跳舞到尽兴就是幸福。不丹国王提出的国民幸福指数指出，幸福主要是实现物质生活与精神生活的平衡。心理需求中有些方面很少取决于物质。

心理方面的幸福需求主要有以下三个方面：

一是爱情、亲情和友情。这些情感的基本点有两条，一是甘愿付出，二是学会感恩。母爱就是女人一种付出的天性，除了父母对子女外，人都要甘愿付出，帮助他人，付出就是一种幸福。同时还要学会感恩，"滴水之恩当涌泉相报"是中国的千年古训，几乎各主要民族都有类似的谚语。感恩、报恩对人来说是一种幸福。

二是学会乐观。学会乐观有两条，一是相信自己，二是回忆美好。人只有相信自己，相信自己有优点、有长处，找到这个优点和长处，相信自己对他人、对社会有益，才能乐观。人与动物最大的不同是人的脑容量大得多，有好得多的记忆力，因此，我们要用这记忆力回忆美好的事物，而不是沉浸于遗憾、失败和仇恨之中。

三是总有追求。我与各种宗教的信徒都有过深入交谈，"无欲无求"实际上极难做到，即使做到了，也只是宁静，"宁静"并不等于幸福。中国讲"宁静致远"，还是要"远"，还是有欲。但是欲望与追求都要科学，不要患得患失，要认识到个人在地球和历史中的渺小，总有希望。若达不到希望，则在短暂的失望过后，又产生新的希望。

至于国民幸福指数的公式，即便有，也都是示意性的，这些指数也无法通过计算得到。

尊严是人需求的最高层次。在人的尊严需求中又分几个层次，目前还没有人提出哪怕是示意性的度量方法。

首先是平等和自由。"法律面前人人平等"，所谓"天赋人权"，有一定的道理，即在法律规定范围内，每个人都有权利和自由，没有人更多，也没有人更少，更没有人可以侵犯他人的权利。

其次是尊重。"尊重知识，尊重科学，尊重人才，尊重创造"，这句话讲得非常好。在英国提出"低碳经济"后，欧盟又提出21世纪的经济，是我早在1985年就提出的"知识和创造"的经济，这些观点都很快得到世界的共鸣。任何人在科学知识基础上的标新立异，只要是在法律的范围内，不管它在任何时候、任何地方、以任何方式出现，都应该得到尊重，而不是被法律以外传统势力和任何权威所压制。同时，想赢得他人的尊重首先要有自尊，自尊就是承担责任，要承担家庭、工作和社会责任，只有这样才有尊严。

最后是创造，或者说成就。一个人的尊严的最高境界就是他的聪明才智能得到有效发挥，而且有社会公认的效益，这种尊严是建筑在人类高文明素质基础之上的，任何人都不应该轻视、压制乃至诋毁。只有这样，才能人人有尊严。人与动物最大的区别就在于人能创造，而动物不能。因此，人的创造得到认可是人的最高尊严。我在美国与许多大家、巨富和高官交流，他们一致认为美国有诸多弊病，但是，一个人才，不管他的领域、种族、出身和经历如何，在美国十之八九成都不会被埋没，这是美国200年来逐步强大起来的根本原因。只有共同营造这样的氛围，一个团体才能成功，民族才能兴旺，一个国家才会发达，这样的团体、民族和国家才会赢得集体的尊严。

这三个方面或许也可以说是五四运动提出的"民主和科学"，再加上"创新"。

徐乾清院士："科学家要有良知"

徐乾清，出生于陕西省城固县，防洪工程与水利规划专家，中国工程院院士。曾任水利部副总工程师，中国水利学会副理事长，第八届全国政协委

员。1945 年 3 月进入交通大学水利工程专业学习，1949 年
1 月参加革命工作，同年 4 月加入中国共产党。

徐乾清长期从事水利规划、江河防洪等方面的综合研
究和科研管理工作，推动、参与、编制、修订、审查全国
主要江河流域规划工作，参与了长江三峡、南水北调等重
大水利建设项目的论证和审查工作。先后担任"黄河治理"
和"长江防洪"等国家科研项目的专家组长。参与主编
《中国水利百科全书》等基础性著作。先后撰写了有关中国

徐乾清

防洪、水资源开发利用保护等方面学术论文数十篇，有许多创新观点和论断，
成为共识。

徐院士和潘家铮院士是我在水利部最敬佩的两位专家，我和徐院士的交
往虽远不如和潘院士的多，但同样印象深刻。

我最记忆犹新的一件事是一次院士评选，按当时遴选规定，由水利学部
推选至我要入的管理学部。可能因为我从未搞过水利工程，有些人有不同意
见。徐院士说："吴司长是搞水资源的，汪恕诚部长提出水利部的工作要从
'工程水利'转向'资源水利'，是中央的精神。吴司长是水资源司司长，提
出并主撰了《21 世纪初期（2001—2005 年）首都水资源可持续利用规划》《黑
河流域近期治理规划》《塔里木河流域近期综合治理规划》和新《黄河水量调
配方案》四个国务院总理办公会批准的规划，汪部长说：'这是我见到的最好
的水资源规划。'吴司长还提出了'生态水''以水资源的可持续利用支撑可持
续发展'和'节水的关键是单位 GDP 用水量要达到国际平均水平'，倡导了改
变'九龙治水'、由水务局统一管理水资源的体制改革。我们都在做水资源的
研究，他为什么不能从水利学部提名？科学家要有良知。"

我从内心感谢认识几年的徐院士对我的理解。"科学家要有良知"，字字
千钧，也是我的做事原则，由此，至今我仍经常想起徐院士。

徐院士为人正直，严格自律，有口皆碑，他的司机后来给我开车，说："每
天他都准时在院中等我，从不晚下楼。你们是我在水利部最尊敬的两个人。"

·2011 年·

人类有史以来，一直在寻找人间仙境，大多数的儿童也曾幻想仙境。什么是人间仙境呢？现在终于找到了答案，人间仙境就是人与自然和谐发展的环境。因此，目前人类的重要任务是保护地球上为数不多的"仙境"。

——吴季松

·大事·

7月21日，恩师益友王大珩（1915—2011年）先生去世。

7月12日，我国探月工程首任总指挥栾恩杰院士签名赠书《航天系统工程运行》："请吴教授拨正"。

主撰了向中央呈递的《新型城镇化的顶层设计、路线图和时间表》报告，报告核心是"加强系统思维"。该报告2013年4月由北京航空航天大学出版社出版同名专著。

接受《瞭望》新闻周刊专访《吴季松：让创新褪去神秘色彩》（2011年第17期）。

·小情·

立陶宛和拉脱维亚考察

作为国际科技园协会专家委员会委员，我考察了立陶宛、拉脱维亚等国的科技园和生态系统。

吴季松在立陶宛考察，右一为立陶宛科技园协会主席

立陶宛首都维尔纽斯的圣安娜教堂精美绝伦。1812 年拿破仑远征莫斯科，途经维尔纽斯时，在河边扎营，每晚在教堂前徘徊，感慨万分地说："如果我是个巨人，就要用双手把圣安娜教堂捧回巴黎，把它和巴黎圣母院放在一起。"

拉脱维亚森林密布，全国每平方千米只有 36 个人，人口密度比我国的甘肃省还低。浓密的森林深浅莫测，林中有一座农舍，仿佛是童话中的小木屋。路上我们几度经过拉脱维亚第一大河加瓦河的支流，每条河中都淌着清澈的河水，河边都标着清晰的木制名牌，连 3 米宽的小溪也不例外。拉脱维亚北部的重镇瓦尔米耶拉只有 6 万人口，小镇完全掩在森林里，仿佛一个绿色的游乐园。居民在其中悠闲散步，仿佛是游客，真是我的世界游历史中不多见的奇景。

吴季松在拉脱维亚

良师益友王大珩院士

王大珩先生去世让我感到近年来少有的悲痛。王先生是我国科学界的泰

斗，春节中央领导给科学家们拜年，在钱学森先生去世后，首先拜访的就是王先生。王先生十分低调，所以他对国家的贡献并不广为人知。在中国科学院，我们相交十多年，他是最让我感动和尊敬的人之一，他几乎具备了所有优秀品质。他首倡的"863"高科技发展计划，其意义不亚于航天工程，而且在多方面为航天打下了基础。让人想不到的是，他一直住在一个老旧的单元中，家里像是一个老旧家具店，也一直没有专职司机。他谦逊、乐观，提携年轻人。

我成立北京循环经济促进会时邀请他为顾问，他不但出席开幕式，而且几乎每次常委会会议都出席，有时还是打出租车来，有事还向我请假，让我说不出话来。他说："我从不任虚职，中国搞循环经济是大事。"他给我的《知识经济——21 世纪社会的新趋势》作序，对我的评价之高、自谦之甚让我汗颜。

·2012 年·

什么是人类文明中最早的文明呢？根据文字记载和物证，目前公认的是古埃及文明。创造古埃及文明的民族今天还存在吗？我研究的结论是"存在"，也就是主要生活在苏丹的努比亚民族。

——吴季松

·大事·

4 月 19 日，世交、民革中央副主席贾亦斌（1912—2012 年）将军去世。

7 月 13 日，亦师亦友的潘家铮（1927—2012 年）院士去世。

10 月 24 日，亦师亦友的张洁瑜（1938—2012 年）秘书长去世。

5 月，出版《中国经济发展模式——摸着科学与知识的石头过河》（吴季松著，北京航空航天大学出版社）。

在《学习与研究》发表文章《多学科综合是学习与研究科学发展观的重要途径》（2012 年第 3 期）。

在《中国科学院院刊》发表文章《我国水利的基本战略及其实施研究》（2012 年第 27 卷第 4 期）。

·小情·

2012 年经向北京市政府办公厅确认，我仍是北京市政府专家咨询委员会委员，我已年近 68 岁，在北京生活了 66 年，应该对故乡做些贡献，我开始了对北京的系统研究。

首先是以水定城，确定北京可以容纳多少人。经过全面的研究，我认识到要维系可持续发展，北京的水资源（包括南水北调的水）最多支撑 1800 万用水人口，外来出差 365 人住 1 天则为增加 1 人（该指标后来被写入北京政府工作报告）。北京要维系稳定的水资源供需平衡，在中水回用和厉行节约的情况下，用水人口不应该超过 1800 万。所以我对建卫星城提出建议并积极支持。

贾亦斌、潘家铮、张洁瑜三位良师益友去世

一年之中我失去了三位良师益友，心情十分沉痛。

我入党后不久就认识了国民党革命委员会的贾亦斌，我们一见如故，也成了忘年交。贾老问："你是党员吗？"我说："刚入党。"他愣了半天说不出话来，我则大惑不解。他告诉我："中央刚有精神，入了党就不能再加入民革，而你的姨父（高崇民）早年参加同盟会，是老左派国民党员，否则以你的素质、才能和资历，加入民革是大有作为的。太遗憾了，太遗憾了，我这是从国家需要人才着想，是不是可以想想办法？"我非常感谢贾老，我当然没有感到遗憾，也没有想办法。这是我大半生的十次机遇中第六次失去机会。

潘家铮院士是我的领导和良师益友，在多次交谈后，他竟能支持我适量修改水库的生态理论。一次国务院会议休息时，他居然说："我是罪人，我修了那么多水库。"我大吃一惊，忙说："您是功臣，在那个年代，您修水库救了多少人的生命，对生态系统，国际上也是刚开始认识。"什么是科学家的良知，这就是！

1982 年我作为首批访问学者回国后，中组部宋平部长委托沙洪副秘书长接待我，希望我多反映外国的人才政策。此后我就一直与张洁瑜局长保持联系，虽然我们在清华大学并不认识，但是按届别，她是我的老师。此后 20 多年我们成为真正的良师益友。她的人品和作用在中组部有口皆碑，她在家里多次像朋友一样接待我，为了我的工作操了很多心，甚至在我自己都感觉"能干事就行了"，又婉拒了去公司（香港招商局）后，她还在努力为我想办法。我经常想，多一些张洁瑜式的人事干部，中国的人才队伍质和量一定能在世界上首屈一指。

·2013 年·

山重水复疑无路，柳暗花明又一村。

——陆游

·大事·

作为 8 位专家之一，应邀参加关于在上海设立自由贸易试验区的论证会，以全球考察为基础，坚决支持成立上海自由贸易试验区，认为"利大于弊"。

于光远（1915—2013 年）同志去世。

傅世垣（1937—2013 年）院长去世。

4 月，出版《新型城镇化的顶层设计、路线图和时间表》（吴季松著，北京航空航天大学出版社）。

在《中国工程科学》发表文章《以生态文明的工程管理实现新型城镇化》（2013 年第 15 卷第 11 期）。

·小情·

作为北京市专家咨询委员会成员，我坚决支持京津冀协同发展。京津冀同在海河流域（除冀南小部分地区），水是人居之本、生产之基，但京津冀除冀北外都是重度缺水地区，首先要全流域治理，建立三地水务局协同机构，其次是处理好上下游和左右岸的关系，再次是尽可能提高再生水的利用率和节水，最后是统一规划建立污水处理系统，不能"西排污，东治理"。我写出全面考察报告，后纳入 2017 年出版的《治河专家话河长——走遍世界大河集卓

识　治理中国江河人实践》（吴季松著，北京航空航天大学出版社）。

于光远先生是著名学者、理论权威、我父亲的同学。我们的深入交谈只有一次，是 1978 年我准备出国前去他家。他十分高兴，说："受控热核聚变是根本解决人类能源问题的重要途径（当时有这种认识的人寥寥无几，他不愧是博学多识）。"我说："是，还可以解决淡水问题，也就是廉价海水淡化。"他说："又学到了新知识。"然后又对我说了一些勉励的话。1982 年归国后，由于项目下马，我离开了专业，不太好意思再去看他。后来国家科委原副主任吴明瑜推荐我担任于老创立的中国技术经济研究会副会长，我猜想是他经手的。回国后我的工作忙，事后才知于老已经去世。以他为师的人很多，想必大家都会永久纪念他。

70 岁下水考察 17℃的贝加尔湖

爱水的人没有不向往贝加尔湖的，关注贝加尔湖的人很多，但真正了解贝加尔湖的人很少，那里有地球最好的淡水资源的 1/5。本着多国协同修复地域生态系统，保住人类这盆圣水的目标，在俄罗斯科学院湖泊研究所的支持下，我于 2013 年 8 月对贝加尔湖做了 8 天科学考察，对贝加尔湖的水资源做了较全面的考察，写出《贝加尔湖水资源考察报告》。

关于俄中蒙三国国际合作修复贝加尔湖水生态系统，我的分析是：

工程上十分困难，但是可能的投资较中国西线调水更低，应该不成问题；将会给俄中蒙三国带来巨大的生态利益，可修复苏武牧羊的贝加尔湖流域生态系统，修复成吉思汗起家的呼伦贝尔大草原生态系统。尤其是俄罗斯政府 2013 年 12 月 25 日关于"将成为淡水出口国"的表态，使该问题可以作为解决中国华北水问题的选项予以考虑。

吴季松在贝加尔湖中游泳

考察土耳其，今天许多东西已看不到了

考察土耳其时，我应邀来到紧邻黑海、著名的马尔马拉海峡上的马尔马拉科技园，这是土耳其最大的科技园。其创始人于 1973 年在一片荒凉的海滩上创业，经过 27 年的奋斗，这里已发展成一个覆盖电子学、自动化、工程塑料、精细化学和食品学等各个领域的研究与开发的世界知名科技园。现有 900 个工作人员，人均产值超过 5 万美元，是土耳其人均 GDP 的 5 倍。我特别考察了园区的污水处理研究。马尔马拉海污染日趋严重，海中的鱼正在大量死去，我亲眼看到工厂的污水从管道中直接向海里排去。我的研究主题是以最经济有效的方法治理污染，能用高技术最好，一时用不上，先遏制污染的发展也不失为良策。

与当年的土耳其老兵在一起

良医挚友傅世垣院长

傅世垣，中国中医研究院（现中国中医科学院）原院长，第九届、十届全

傅世垣

国政协委员，中华医药学会副会长，中医伤寒、金匮大师。1962 年他毕业于北京中医学院，是我国正规高等中医教育培养的第一期毕业生。毕业后留校任教。

傅院长是我的良医挚友，我们从 2010 年相识后，他便殚精竭虑为我医治心动过缓，努力使中医医治心动过缓（当时国内外患者已很多）取得国际性突破。在长达 2 年的时间中，他每周给我诊断 1 次，变换药方，达 100 次之多，使我的脉搏在 40 次 / 分的水平上维持了 2 年之久，这已经是惊人的成绩。在 2012 年我的脉搏降到 40 次 / 分以下时，他实事求是地让我一定马上安装起搏器。

每次诊治时，他都向我学习受控热核聚变和治水的知识。他说："中医是中华民族几千年医疗实践总结出来的科学，现在理论体系还不够完善，所以要学习各方面的科学知识。中医师绝不应该说包治百病，尤其是对于急症，中医只对某些病有特效，而且许多绝活已经失传，例如能在短期内使骨折完全恢复的金疮药，在这方面甚至已经落后于德国。"我也给傅院长举了我的朋友、北京体育大学的田校长的实例，他在德国高位截肢后仍能坚持正常学习，获得我们首批出国访问学者中，也是中国第一个体育博士，傅院长听后说："我要不断向你学习。"

我认识不少中西名医像傅院长一样处处用"实践是检验真理的唯一标准"要求自己，但如此突出的只有他和张主任。张主任为我装起搏器，术前我安睡一夜，他的研究生说："您脉搏最低已落到 30 次 / 分，张主任一夜没睡好。"事实上我自己走上手术台时脉搏只有 27 次 / 分，可能创下了北京阜外医院的纪录。

傅院长和我一样不愿意上电视，说："只有当我确实说的是科学，不被后来的情况打脸，对人民有用时，我才上电视，绝不是为了个人露脸。"万万没想到，傅院长在劝我安装心脏起搏器后一年就去世了。可惜傅院长早逝，如果他能活到新冠疫情发生时，这样的国际级良医能对我国人民、对人类起多大的作用啊！傅世垣大夫永远活在患者心中。

·2014 年·

一个人的品质就是他的守护神。

——［古希腊］赫拉克利特

对于任何一个健全的人，他做任何一件事都是有当时环境的理由的，但无论如何事已做出，他承担的历史责任也是确定的，个人无须多说，历史自有公论。

——吴季松

·大事·

11 月 10 日，中国工程院原副院长师昌绪（1920—2014 年）去世。

11 月 12 日，张小虞（1945—2014 年）去世。

在《北京日报》发表文章《新时期新格局中北京的发展》（3 月 17 日），《这是国际一流城市对待人才的态度》（4 月 21 日），接受《北京日报》专访《北京历史上的水》（4 月 28 日）。

·小情·

考察冰岛极地生态系统

我在考察冰岛极地生态系统时，在极地火山岩碎石地中车胎被扎遇险，幸好当晚有车路过，否则将在极地冰原过夜。我到达的冰岛首都雷克雅未克郊区处于北纬 65°，而我国最北的漠河只有北纬 53°，我又向北极接近了一步。

虽仍未入北极圈，但冰岛夏日几乎不落的太阳和夜晚寒冷的冰原仍使我感到这里是北极。冰岛有 10.3 万平方千米土地，有江苏省大，但只有 33 万人，平均每平方千米仅 3.2 人，达到自然保护区核心区的要求。但因为高寒，人类生存所需生态足迹很大，可谓地广人不稀，人口不能再增加了。冰岛人的生态保护意识很强，从不在苔原湿地从事生产活动，且禁猎。冰岛有地热，很少用化石能源，可谓世界上 PM2.5 最低的地区。冰岛人少，因为天寒又很少出来活动，所以见到外国人时很热情，一个小伙子在街上与我攀谈，说他很想去中国。

吴季松在冰岛的苔原湿地

我与师昌绪先生

我和师昌绪先生虽然同在中国科学院工作，但是我进院时他已是副院长，我们几乎没有来往。我们熟悉起来是在王大珩先生主倡成立中国工程院，让我去瑞典皇家工程科学院调研和协助起草工作的时候。师先生是五位建议人之一，虽然不少搞工程的人达不到当时中国科学院院士的要求，但是他也觉得中国科学院只有一个技术科学部是不足的，因此对成立中国工程院十分热心，做出了贡献。

我和师先生变得更熟悉是在 2006 年以后。那时我们成了邻居，在院中经常遇见，师先生子女都在国外，他只雇小时工，常自己买菜。我虽然已不在中国科学院工作，但是表示愿意帮忙。师先生总是十分和蔼谦逊地说："我还行。"

师先生还不止一次对我说：你对中国工程院的建立做过重要工作，又提倡了管理科学与工程学部十分需要的学术思想，我推荐你当中国工程院院士候选人。2007 年他提到要向他推荐的某个首批院士推荐我，后来又向他提名过的学部负责人推荐我，当时负责人满口答应，但说话与做事不一致，师先生知道了以后很生气，说："唉！我老了。"

戈壁滩上学会开车的我国汽车工业领军人张小虞

张小虞是我相交最久和最深的清华大学同学，他曾是中国机械工业联合会副会长、全球汽车精英组织顾问，被媒体誉为中国汽车业的"形象大使"。这位形象大使逝于肝癌，与国内外和汽车巨头喝酒是主要原因之一。说他"为中国汽车事业奋斗终生"，毫不为过。

他 1962 年考入清华大学动力农机系汽车拖拉机专业，1968 年被分配到乌鲁木齐新疆第二汽车配件厂。我 1971 年到相邻的新疆仪表厂后，他乡遇故知，与他成为密友。1980 年 10 月，他调回北京，担任第一机械工业部汽车总局助理工程师。1993 年 11 月—1998 年 4 月，担任机械工业部汽车司副司长、司长，其间，曾前期参与、后期主持了中国汽车工业"六五""七五""八五""九五"规划编制工作，是 1994 年版《汽车工业产业政策》的重要制定者之一。1998 年 5 月担任国家机械工业局党组成员、副局长。2001 年 1 月担任中国机械工业联合会执行副会长。

我们有十分相似的经历，都出生在抗战末期的重庆，连身高都相仿。他父亲是工程师，给他起名"小虞"，就是企盼哪怕短暂的和平、小康。我父亲是教授，积极为反内战奔走。我们同年入清华大学，在动乱时代还都是"逍遥派"，又同时熬过了漫长的"待分配"时期，都曾被分配到新疆，都早在 1972 年没上过驾校就学会了开汽车——在戈壁滩上，只要不把车开翻、不撞到人就行。在工厂，他当锻工，我当车工；他做技术员，我做技术组组长。我们都为国家的前途担忧，他曾给我看过他的一个高中毕业的近亲来信，对方把"张小虞"写成"张小虎",他叹道:"这样的教育怎么办?"我们又先后回到北京,在不同的部门担任处长和司长。我们有相同的人生轨迹,相近的性格,共同的理想,可以说是无话不谈、心心相印。我们又分别在我国的汽车工业和水利事业做了点事,退休后又都作为社团的负责人继续工作,是我们那一代略有成绩的清华人的模式。

我们只有一点不同,就是他为事业不得不喝许多酒,而我虽然当外交官却巧妙地利用国际惯例,至今不喝酒。

2014 年他在北京友谊医院因病辞世,享年仅 69 岁。我事后才知道消息,在他逝去的病房前,看着他给医院送的锦旗,伫立许久。

·2015 年·

每一本书是一级小阶梯，我每爬上一级，就更脱离牲畜而上升到人类，更接近美好生活的观念。

——［苏联］高尔基

哲人所说："大学者大师之谓，而非大厦之谓也。"这是很对的。没有大师的大厦可以办公、开商店，随便干什么，但不是大学。大学却不一定要大厦，当年西南联大在猪圈旁的讲堂里也培养出杨振宁等诺贝尔奖获得者。

——吴季松

·大事·

在《光明日报》发表文章《以系统思维科学防治水污染》（5 月 6 日）。

·小情·

通过群众组织去吉隆坡做工作，为冬奥会的成功申办尽了点力。

我姨父高崇民是原东北救亡总会会长，亲友多有抗联成员，我对纪念抗日战争胜利 70 周年深有感触。我曾提出过抗日战争应该从 1931 年"九·一八"事变算起，2017 年教育部将 8 年抗战改为 14 年抗战。

在死海游泳

我前往中东地区考察以色列、巴勒斯坦、约旦等世界最缺水地区的水资源和海水淡化。死海位于以色列和巴勒斯坦交界处，是地球的自然奇迹之一，死海中的水盐分高，浮力大，可以躺在水面看报。我试了一下，果然如此，不过担心被腌成咸肉，心里总不太踏实，看报不过是装装样子照张相而已。对岸是约旦的群山，可以看得清清楚楚，这也算是又看了一个国家。约旦没有很特殊的生态系统，我就没有专门去了。

吴季松在死海中看报

我在联合国曾经与西方官员讨论过巴以冲突，他们不少人的观点是："打了 2000 年，从历史上看，难以马上停下来。"难道这是理由吗？

我考察了以色列的海水淡化厂，其效率很高，成本很低。以色列是世界上最缺水的国家之一，人均水资源量未达到我在联合国主持制定的维系可持续发展的最低标准，但海水淡化、再生水回用和全民的节水意识解决了这个国家难题，这一点值得我们学习。

荷兰滩涂的退田还湿

全球围海造陆最成功的范例当属荷兰，其历史已有 800 年。荷兰有 20%（约 7000 平方千米）的国土是从海中"夺"来的。

1950—1985 年，荷兰湿地损失了 55%。湿地的丧失让荷兰在降解污染、调节气候的功能上出现许多生态系统被破坏导致的恶果。1990 年，荷兰农业部制订的《自然政策计划》提出，将用 30 年的时间来恢复"自然"湿地，真是毁于一旦，修复经年。位于荷兰南部西斯海尔德水道两岸的部分堤坝被推倒，一片围海造田得来的 300 公顷"开拓地"再次被海水淹没，恢复为可供鸟类栖息的湿地。目前该项目已取得可喜的成绩。

我乘飞机到达荷兰，在阿姆斯特丹机场降落，之后沿着艾瑟尔湖湿地东行。艾瑟尔湖就是筑堤拦截须德海，然后排出海水形成的滩涂人造湿地。围海造湿地的计划早在 1893 年就由工程师莱莉提出，真正实施则是在 20 世纪。

1932 年荷兰人首先筑起了长达 31 千米的长坝，把北海南部的须德海深入荷兰内陆的部分拦住。然后排水，因为拦出一个咸水湖与拦海无异，但是排出小片地上的水容易，排出 2000 平方千米土地上的水就是个浩大的工程了。排水以后，湖底都是盐碱地，注入淡水后还是会盐碱化，因此要种满一种生长快、扎根深的草，以大的蒸发量使土地熟化。上述工序做完后还有一个大问题，就是发水灾怎么办？洪水来了如何排？为此，还要建设复杂、庞大的排水系统。这些步骤用了 12 年时间，到 1943 年才形成了今天的艾瑟尔湖和马克湖湿地，水深 3 米。然后在湖边逐步垦出良田。如今四大块良田已达 1650 平方千米，占荷兰国土面积的 4%。

艾瑟尔湖湿地地势平坦得如水磨石地面一般，人造痕迹明显。如镜的平地无边无际，渠河纵横，湖水清清。成片的洋葱田和白色的小桥，给镜面上的风景锦上添花。自由嬉水的白天鹅，在白色的水泥杆上转动的新式风车，徐徐前进的成排游艇和随风飘动的芦苇，又给这平静的画面增添了几分动感。荷兰的人造低地是除埃及的金字塔、中国的万里长城和柬埔寨的吴哥窟等人工奇观外的又一人造奇观。

我乘船参观马克湖时，好心的老船工还放心地把驾驶盘给了我，我小心翼翼地开入了一个准备围垦的小湖。尽管两坝之间的通路不下 20 米宽，我还是费了点劲调整方向，成功地完成了有生以来第一次机动船的驾驶。而我在事后才知道，我第一次驾船的地方，不仅是世界上最大的人工湖，还是第二次世界大战空战中飞行员死伤最多的地方，有 700 架飞机沉落艾瑟尔湖底。至今清淤时，还可以打捞出飞机残骸，有多少冤魂葬身湖底就更不得而知了。

目前欧盟日渐统一，从欧盟体系来看，荷兰围海造地很不经济，不如在有条件的其他国家发展农业，因此目前荷兰已停止围海造地，垦区正在减少，而人工湿地变成了农田的防潮区、净水池和生态屏障。尽管荷兰人围海造地的历史已告一段落，但是所创造的人间奇迹将永留青史。

世界著名的荷兰代尔夫特国际水研究中心邀我演讲，我说历史是发展的，在不同历史阶段，人都会由于知识的局限做一些破坏生态系统、发展经济的事情，但只要认识到全球化的趋势，从更大范围考虑资源的利用，就能发展出错误更少的知识经济。荷兰人工造田又退田还湿就是很好的例子。

十二

雄安新区建设八年

雄安事业有我

立体人生无疆

2016 　3月23日，澜沧江—湄公河合作首次领导人会议在海南三亚举行，正式启动澜湄合作机制。

3月24日，确定疏解北京非首都功能集中承载地新区规划选址，并同意定名为"雄安新区"。

2017 　5月14—15日，首届"一带一路"国际合作高峰论坛在北京举行。

10月18—24日，中国共产党第十九次全国代表大会举行。

2018 　3月3—15日，全国政协十三届一次会议举行。

3月5—20日，十三届全国人大一次会议举行。

2019 　1月11日，北京市级行政中心正式迁入城市副中心。

10月1日，首都各界庆祝中华人民共和国成立70周年。

同年，我国人均GDP突破1万美元大关。

2020 　10月23日，习近平总书记在纪念中国人民志愿军抗美援朝出国作战70周年大会上讲话。

2021 　7月1日，庆祝中国共产党成立100周年大会举行，习近平总书记讲话。

10月11日，《生物多样性公约》第十五次缔约方大会在昆明举行。

2022 　10月16—22日，中国共产党第二十次全国代表大会举行。

2023 　2月6日，中共中央、国务院印发《质量强国建设纲要》。

·2016 年·

历史的道路从不是涅瓦大街上的人行道，它在田野中前进，有时穿过尘埃，有时踏过泥污，有时横渡沼泽，有时行经丛林。

——［俄］车尔尼雪夫斯基

对于任何一个新事物，世人必然有不同的看法，"一带一路"也不例外，但是"一带一路"由于它的历史传承、战略远瞩、模式创新和利益共享，一定能越来越取得共识，越走越宽，越走越广，越走越顺。

——吴季松

·大事·

9 月 20 日，首届丝绸之路（敦煌）国际文化博览会举行。

从 2016 年开始，作为专家受河北省委邀请（中共中央国务院委托）参加《雄安新区规划纲要》专家咨询会议，全力投入雄安新区的研究工作。

1 月，出版《生态文明建设》（吴季松著，北京航空航天大学出版社），十一届全国政协副主席、中国生态文明研究与促进会会长陈宗兴为此书作序。

9 月，出版《看世界 105 国：丝绸之路专集——重走丝路两万里》（吴季松著，北京航空航天大学出版社）。

·小情·

中国签署了《巴黎协定》，进入了美国为我国布下的人权、贸易以外的第三个战场（台湾、西藏、新疆和南海属于双边或局部战场）。这是科技性最强的战场，我们一定要占领科技制高点，才能有理、有利、有节地应战。以前我曾提出世界平均 CO_2 排放量的说法，目前我国已超过。现在应该以累积碳排放量为标准，我在《生态文明建设》一书中阐明了我们的观点。更为重要的是出现了 CH_4 排放产生的温室效应问题，我在北京航空航天大学的团队已着手研究。

在巴库世界文明联盟第七届全球论坛演讲

2016 年 4 月，我在阿塞拜疆首都巴库举行的世界文明联盟第七届全球论坛上演讲。我在"民间社会与企业"分会上用英语演讲，发言的开始，我说我只讲 4 点，我认为这 4 点是建设"一带"的社会团体与私人企业应该努力做到的。

一是"理解"，理解是包容的基础，理解不像说起来那样理所当然和简单。我们对生物都提倡保护其多样性，为什么不能理解和包容不同的宗教和理念呢？

二是"发展"，极端主义和暴力产生的一个重要原因是贫穷，所以我们要全力促进经济与社会发展，这是消除极端和暴力的基础。

三是"分享"，人类发展的成果应该分享，但我们不能盲目地提倡平

在世界文明联盟第七届全球论坛上，吴季松与论坛主席、联合国大会前主席纳赛尔合影

等和平均主义，绝对的平等和平均在人类历史上从来没有存在过，但我们要不断努力消除贫困，缩小差别。

四是"持续"，当我们明确了上述目标以后，最重要的就是坚持不懈地做下去。社会团体和私人企业最大的弱点就是努力的不连续性。

如果做到了这 4 点，社会团体和私人企业必将在建立包容性社会的进程中

起到越来越重要的作用。

我的讲话得到主席台上下的热情欢迎和强烈共鸣。会后，阿塞拜疆和格鲁吉亚的群众团体的负责人都找到我，伸出四个手指头说，这是很深刻的四句话，希望我去他们那里演讲并作进一步交流。

我同时考察了阿塞拜疆高科技工业园区。

在国外办大学

在国外办大学是我首创。目前家长送孩子到国外读中学（县一级的家长也不在少数）已成为普遍现象。但这种做法存在十分严重的问题：①许多学生是旅游签证滞留，也无监护人，不合法。②未成年学生自控能力很差，不少人实际上并不学习（家长多数委托在国外的华人照顾，但他们难以尽监管之责）。③有些学生结伙游荡、无度花钱，极可能走上邪路。所以能办中国的大学预科是造福千万家长。

2016年我受北京市委副书记苟仲文委托，利用公司在法国购买土地，以北京航空航天大学为主，在法国办中国的大学（预科）。我在法国深入考察当地条件，并以联合国教科文组织原官员身份联系法国教育部，基本谈成。遗憾的是因领导工作调动，此事未能实现。现作为湿地生态修复全国重点实验室（筹建）的海外研究基地。

吴季松在巴黎郊区筹建中国大学（预科）所用地

不拘小节的大专家——塔夫罗夫斯基

在甘肃敦煌举行的首届丝绸之路（敦煌）国际文化博览会上，我认识了尤里·塔夫罗夫斯基教授，我们共处三天，多次讨论。他毕业于苏联列宁格勒大学东方系，能讲流利的中文，曾在苏共中央任职，现在是俄罗斯人民友谊大学教授、俄中友好协会专家理事会主席，是俄罗斯最重要的智囊团——伊兹博尔斯克俱乐部的成员，著有书籍《习近平：正圆中国梦》，最近又发表题为《中国人类发展新模式》的文章，是一个中国通。

我们的关系中有四个唯一：第一，他是本书中提及的唯一比我小的专家；第二，他是我在全球交往的专家中，唯一可以使用英语、法语、俄语、中文四种语言的；第三，他是我在全球交往的专家中，对对方国家了解最深的；第四，他是至今还对目前国际局势发表观点和文章的。塔夫罗夫斯基平易近人，衣着随便，有点不拘小节，但和我很谈得来，他主动选择用中文和我交流（我的俄语因为久不使用，已不能用于正常交流）。我们都在敦煌会议上，自然谈到丝绸之路，我说："丝绸之路几起几落有多种原因，但主要是由水资源决定的。沿途水源可支持绿洲时，丝路就兴盛，城镇发展，商贾聚集，人口增多。当地表水枯竭，地下水位严重下降，绿洲萎缩，丝路就断了；经过几百年，地下水位恢复，就再兴旺。有了水才有绿洲，有了绿洲才有人，有了人才有丝路。"他说："您是大家，这是我听到的最合理的解释。"

我们谈的话题十分广泛，最多的是"水"。我们认为中俄合作最重要的是俄罗斯的远东地区和中国的华北，在水资源、资金、技术和劳动力上应该有互利共赢的合理布局。他听到我乘火车从恰克图入境，从斯摩棱斯克出境，三天四夜横贯俄罗斯，后来又专门考察布拉戈维申斯克（海兰泡）周边后，说："了不起，我还没乘过这趟火车。"听到我 70 岁在 17℃的贝加尔湖水中游泳时他说："您是我听到的这样做的第一个中国人。"我对他说："您流利的中文也是我所听到的外国专家中的第一人，不真正了解一个国家的语言而靠翻译的西方专家，怎么能真正了解中国呢？"

·2017 年·

时间是真理最好的朋友，偏见是真理最大的敌人。

——［英］查·科尔顿

不要努力成为一个成功者，要努力成为一个有价值的人。

——［美］爱因斯坦

·大事·

在自 2016 年开始的前后 5 次会议上，我以一己之力坚持"白洋淀是湿地"的科学认识。2017 年 2 月 4 日中央领导对上呈的报告批示认可。4 月 22 日，《人民日报》文章《华北明珠再绽璀璨》中写道："白洋淀素有'华北明珠''华北之肾'的美誉，是我国北方稀缺的自然湿地"，对白洋淀是湿地予以明确肯定。

4 月，出版《治河专家话河长——走遍世界大河集卓识　治理中国江河入实践》（吴季松著，北京航空航天大学出版社）。

·小情·

作为北京市政府 20 多年的顾问（后改为专家咨询委员会委员），我早已多次提出：至少由于水资源的局限，北京"摊大饼"式的发展模式不可持续，应该建卫星城。雄安新区是最佳选择：①距北京近；②人口密度小；③气候适宜；④以白洋淀为依托，水源充足；⑤在京津冀协同发展区域内；⑥距河北省会石家庄也近。因此我在多次专家咨询委员会会议上全力支持这个方案。

6 月，我非常荣幸地被聘为"雄安新区规划评议专家组"成员。专家组由中共中央、国务院批准成立，我是仅有的 3 名 70 岁以上（包括组长，无副组长）的成员。自我 1958 年随曾经在白洋淀抗日的大表哥高存信来白洋淀以来，已过去了 60 年。自我 1998 年为北京寻找水源，再次考察白洋淀以来，也过去了 20 年。我是小组 3 名水专家里最资深、最了解实际情况的。

2017 年的白洋淀（吴季松摄）

应提升联合国组织中的中国籍官职员比例

目前我国的国际组织官职员很少。仅以联合国系统为例，我国人口占世界的 18%，交纳的联合国会费占总会费的 7.9%，但中国籍的官职员仅有 1% 左右，与我国的大国地位很不相称，也不利于我国改革开放政策更深入广泛地执行。中央领导对此很关心，这也是我这个做过联合国官员的大学教授的责任。

为什么我国的国际官职员这么少呢？原因是多方面的，有我国政策、国际地位和个人条件等局限。目前我国的政策已开放除了联合国系统最高职位（例如副秘书长）外的官职员职位的选拔，允许而且鼓励我国公民查阅各国际组织公布的空位表并报名竞选。因此，主要原因还是在个人条件上。

首先是不了解对世界重大问题的国际共识。我们是中国共产党领导的社会主义国家，公民自然有自己的世界观和价值观，是不是要屈从西方呢？当然不是，这里说的是"国际共识"。要成为国际官职员的人应该在道路自信、理论自信、制度自信和文化自信的基础上理解和包容国际共识，进而使国际共识有更多的中国因素，例如"人类命运共同体"已成为国际共识。这就是国家大力鼓励和支持更多人成为国际官职员的根本目的。

其次是不了解国际官职员的工作要求和程序。

再次是很少有人懂除了英语外国际组织要求的法语。

最后是不会填写申请表和应对笔试与口试。

这些方面显然都是可以补足的，除了法语外，都可在两周左右办到。

2017年，我在北京航空航天大学与中法工程师学院的洪冠新院长联合举办了"候选国际组织官职员培训班"。我们自筹经费，自找场地，自编教材，办了一期培训班。课程包括：①建立在知识和科学基础上的"可持续发展"。②中国与世界经济发展模式现状。③现代国际社会的新组织形式。④世界概貌。⑤世界的文化遗产。⑥世界的自然遗产。

由于未做广告，报名人数不多，符合条件的更少。尽管如此，我和洪院长还是举办了一期20多人的培训班，并亲自授课，还请曾任国际官员的人授课。

学员们的反应十分热烈，说："上过或听说过这类培训班，但大都收费高昂、纸上谈兵，从未有做过国际官员的人讲课。这样的培训班全国仅有，收获太大了，什么时候办下一期，我们去做广告。"可惜后来我开始了雄安新区的工作，没有再开班。

考察法国、捷克、斯洛伐克和塞尔维亚湿地

根据中央领导的批示，在主持我国签订《湿地公约》25年后，我再次组织团队对湿地进行全面、科学的研究，先后赴法国、捷克、斯洛伐克和塞尔维亚进行湿地实地考察。

考察法国敦刻尔克海滩湿地时，我了解到在第二次世界大战中，英法联军著名的敦刻尔克大撤退之所以成功，不仅有德军动作迟缓的原因，在很大程度上还因为敦刻尔克是海滨湿地，大船不必靠岸，可派小艇来接，士兵还可以下艇涉水上岸，这样德军飞机就无法有效轰炸击中大目标。这是中外史学家几乎从未研究过的，说明了湿地科学研究的薄弱。

捷克和斯洛伐克的河畔内陆湿地面积虽小，但类型和气候近似，且各有

特色，可供白洋淀修复参考。流经布拉格的伏尔塔河就是一片湿地，但由于沿河修了水库，湿地已显出退化迹象。所以一定要科学蓄水，保证河流流量，这样才能保住湿地。

临近捷克第三大城市俄斯特拉发，有臭名昭著的波兰的奥斯威辛集中营，现已是联合国教科文组织世界文化遗产，纳粹在这里屠杀了成千上万手无寸铁的人，所以这里应该是"反文化、反人类"遗产。集中营建在这里是由于湿地地广人稀，而且泥泞地带很难越狱。

斯洛伐克首都布拉迪斯拉发东南的多瑙河湿地与奥地利维也纳相连，两国合建了多瑙河湿地国家公园，占地9600公顷，是中欧地区未受污染的湿地景观。多瑙河湿地国家公园自1996年以来一直受到两国的特殊保护，成为两国合建湿地公园的典范。这里奔流不息的多瑙河落差高达7米，为各种各样的动物和植物系统提供了良好的栖息地。爬行动物池塘龟和留鸟海鹰是湿地的特殊动物。

2000多年前，在南斯拉夫最大的河流——萨瓦河和欧洲最大的河流——多瑙河的交汇处，西欧的克勒特部落建立了一座名为欣吉杜姆的城市。公元9

吴季松在塞尔维亚贝尔格莱德考察多瑙河湿地

世纪，欣吉杜姆改名为贝尔格莱德。在西北老城区的萨瓦河口，我站在罗马帝国时期建立的卡列梅格丹古城堡上，眺望两岸湿地。当年奥斯曼土耳其帝国击败东罗马帝国占领贝尔格莱德时，这里是坚守到最后的一个碉堡，原因一是碉堡坚固，二是湿地泥泞，十分易守难攻。

今天，塞尔维亚作为"一带一路"倡议的积极参与者，已经与我国签订了贝格莱德－布达佩斯高速公路和跨多瑙河的贝尔格莱德泽蒙－博尔察大桥建设等多个项目。

·2018 年·

陆上丝绸之路只走陆路吗？答案是否定的。古丝绸之路是一条贸易之路、经济之路，并不受"陆路"和"水路"的局限。经过研究，我认为 13 世纪末最兴盛的丝绸之路是一条"陆"和"水"结合的路，经济实惠，且技术条件满足，所以我重走了从哈萨克斯坦上船到阿塞拜疆的路。今天的"一带一路"更要坚持"陆海统筹"。

——吴季松

·大事·

5 月 18 日，全国生态环境保护大会召开，提出新时代推进生态文明建设的原则。

5 月 28 日，为了推进雄安工作，在戴思乐科技集团建立吴季松院士（戴思乐）工作站。

8 月 31 日，将《关于修复长江黄河生态环境的研究报告》报送中央，在报告中提出了一些创新看法，例如"滚滚长江自净能力已到极限，不能再建排污企业"。

3 月，出版《人·人类·人工智能》（吴季松著，电子工业出版社）。

6 月，出版《世界特色小镇巡礼》（吴季松著，中国建筑工业出版社）。

8 月，出版《湿地修复规划理论与实践》（吴季松著，中国建筑工业出版社）。

·小情·

在北京航空航天大学工作 15 年（2003—2018 年）后辞职，非常感谢李未校长和杜玉波书记 2003 年聘我来北京航空航天大学。我对北京航空航天大学有深厚的感情，也做了不少工作，但我时年已 74 岁，许多参加"两弹一星"工作的院士 72~73 岁就离开了一线岗位，所以我提出了辞职。

1964 年我曾在北京航空航天大学上过课，也与创建北京航空航天大学的陆士嘉院士（张维先生的夫人，第一批 3 名一级女教授之一）多次交谈。父亲的同学、少将王振乾曾在 1982 年我作为首批出国访问学者归国后希望我到北京航空航天大学工作。北京航空航天大学是我除了清华大学外渊源最深的学校（我离职前，是全校最早到过北京航空航天大学的在职员工）。

北京航空航天大学中国循环经济研究中心办公室

《看世界》系列 22 本出版

什么叫"走遍世界"呢？这是个很难定义的概念。首先，世界上有多少个国家和地区就是个不确切的概念。现在联合国有 193 个会员国，这是确切的。世界上有 224 个国家和地区，这只是一般地图集的说法，但并未得到一致认同。但是，世界上国家和地区的大小真是差别太大了，面积最大的俄罗斯有 1700 多万平方千米，而最小的梵蒂冈只有 0.44 平方千米，二者相差 3880 万倍。人口最多的印度超过 14 亿人，而最少的英属皮特凯恩群岛只有 50 个常驻居民，二者相差 2640 万倍。所以以国家和地区而言，真正走遍这 200 多个国家和地区的人，在世界上还没有出现，可能也没有必要。我由于特殊的工作性质，先后访问过 106 个国家和地区，在联合国教科文组织工作时与 160 个国家和地区的人接触过，到过世界上所有主要的国家，这些国家的面积占世界的 79%（南极和格陵兰岛的无人区除外），人口占世界的 80%，国内生产总值占世界的 97%，姑且称为走遍世界了。

自 1979 年来，我前后出国 60 次，在国外住了 8 年多、3000 多个日夜，仅航空里程就达 120 万千米，可绕地球 30 圈，乘火车、轮船和汽车（包括自己开车）的里程尚未计在内。

其中，除了南极洲外所有的 6 个大洲，每个洲我至少去过 3 次。除了大洋洲外，每个洲我至少去过 3 个国家。我几乎走遍了欧洲和亚洲，走到了北非、南非、东非和西非，在北美从北走到南，在南美从东走到西。

我到过目前国际公认的 G20，即世界上前 20 个经济大国：美国、日本、德国、英国、法国、意大利、加拿大、巴西、俄罗斯、印度、西班牙、土耳其、沙特阿拉伯、韩国、巴西、墨西哥、阿根廷、澳大利亚、南非，当然还有中国，所有国家我都去过 2 次以上，其中在法国住过 6 年，日本和德国（统一前后）都去过 8 次，英国和意大利都去过 5 次，美国、澳大利亚、西班牙和俄罗斯都去过 3 次，印度、韩国、土耳其、墨西哥、巴西和加拿大去过 2 次。在联合国组织中，我接触过世界上 160 个国家和地区的人，包括上至总统下到乞丐的各种各样的人。

我到过世界上 24 个排名前列的大城市：亚洲的东京、孟买、德里、上海、达卡、雅加达、卡拉奇、曼谷、马尼拉、北京、大阪、德黑兰和伊斯坦布尔，美洲的墨西哥城、圣保罗、纽约、布宜诺斯艾利斯、洛杉矶和里约热内卢，非洲的开罗和拉各斯，欧洲的伦敦、巴黎和莫斯科。我到过世界上人口最多的 10 个国家：印度、中国、美国、印度尼西亚、巴西、巴基斯坦、尼日利亚、孟加拉国、俄罗斯、墨西哥。我到过世界上面积最大的 10 个国家中的 9 个：俄罗斯、加拿大、中国、美国、巴西、澳大利亚、印度、阿根廷、哈萨克斯坦。

我进过巴黎法国总统府爱丽舍宫、莫斯科克里姆林宫，在华盛顿美国国务院举行的中美论坛上做过首席发言，去过波兰总统府，在日本通商产业省考察过。纵穿过纽约的哈莱姆贫民区、伦敦的东区、巴黎的北郊黑人区、开罗的死人城、加尔各答的棚户区、南非约翰内斯堡的索威托贫民区、里约热内卢的贫民区，还住过罗马的贫民区。我和腰缠万贯的富翁交了朋友，也和沦落街头的乞丐作过长谈。我见过世界闻名的大国总统，也邂逅过四处流浪、目不识丁的吉卜赛人。我不愿意乘舒适的出租汽车，宁愿挤公共汽车和地铁；不愿意有人陪同导游，宁可孤身徘徊街头。我到过五大洲的主要城市的主要大街和一些阴暗的小巷，在那里留下了我的足迹，也留下了我绵延的思考。

我探访过现存的古代东方五大奇迹：万里长城、埃及的金字塔、印度的泰姬陵、柬埔寨的吴哥窟和印度尼西亚的婆罗浮屠佛塔。我到过世界的十大博物馆：大英博物馆、卢浮宫博物馆、纽约大都会博物馆、梵蒂冈博物馆、东京国立博物馆、德意志博物馆、开罗埃及国家博物馆、圣彼得堡艾尔米塔什博物馆、希腊考古博物馆和故宫博物院（包括北京和台北部分）。我到过几乎所有历史上大帝国的宫殿：罗马帝国皇宫的废墟、法兰西帝国的卢浮宫、大英帝国的白金汉宫、德意志帝国的波茨坦宫、日本皇宫、奥匈帝国皇宫、俄罗斯的冬宫、奥斯曼土耳其帝国的托普卡珀宫、阿拉伯帝国的几个皇宫和北京的故宫，我还曾经在瑞典的乌里斯达宫住过 1 个月。

我到过世界上的 10 大河流中的 8 条：密西西比河、尼罗河、亚马孙河、长江、鄂毕－额尔齐斯河、澜沧江－湄公河、黑龙江和巴拉那河（南美），有机会还会去刚果河。我考察过世界 8 大淡水湖中的 5 个：苏必利尔湖、维多利亚湖、休伦湖、密歇根湖和贝加尔湖。我考察过世界 8 大有人湿地中的 6 个：长江三角洲、东北三江平原、湄公河三角洲、布拉马普特拉河三角洲、多瑙河三角洲和尼日尔河三角洲湿地。我曾 4 次飞越太平洋，6 次飞越大西洋，2 次飞越印度洋，32 次飞越赤道，还飞越过世界 2 大高原——青藏高原、安第斯高原和喜马拉雅山。我曾在太平洋东西两岸、大西洋东西两岸、印度洋南北、地中海、日本海、波罗的海和加勒比海游泳。我到过世界上 4 大沙漠：撒哈拉大沙漠、塔克拉玛干大沙漠、维多利亚大沙漠（澳大利亚）和阿拉伯半岛的鲁卜哈利沙漠。我考察过世界 3 大优质草原：欧洲的顿河 – 第聂伯河草原、南美阿根廷的潘帕斯草原和中国的呼伦贝尔草原。我到过世界上的 4 大自然奇迹：青藏高原、东非大裂谷、尼亚加拉大瀑布和美国大峡谷。

《看世界》系列我写了整整 40 年，包括写祖国的《从世界看台湾》，共 22 本，总计 478 万字，涉及 106 个国家和地区。明代徐霞客（1587—1641 年）的《徐霞客游记》写了 30 年，原文可能达 260 万字（今天只存 60 万字），其记述范围只有中国。清末的张德彝（1847—1918 年）8 次出国，在欧洲做了 10 年外交官，也写了 30 多年，才留下《航海述奇》《再述奇》直至《八述奇》共 8 部游记，有 200 余万字。有趣的是张德彝与我同为铁岭人，但他也只写了欧洲。看来，完成这样一系列巨著的确需要 40 年时间。478 万字的游记，就字数和规模来讲，在世界上堪称翘楚。

这套书的出版，我在这里要特别感谢鼓励我写这套书的中国科学院原院长卢嘉锡先生，著名光学家王大珩院士和著名水声学家汪德昭院士，我父亲的同学和同事季羡林先生为我题写了书名，他们都已离世，但精神永存。

我也真诚地向所有给予我深切关怀和理解，热情鼓励和支持，真诚和无私帮助的，身世不一、年龄各异、地位参差、职业不同而对我满怀期待的国内外朋友致以衷心的谢意。

我湿地研究团队已引领国际湿地科学界潮流

1992—1994 年我任联合国教科文组织科技部门顾问，分管《湿地公约》秘书处。这些年来秘书处的变化很大，其中已没有联合国教科文组织的国际官员，国际群众团体职员主持工作后不断闹"独立"，而且做出不少违反国际规则的事情。

《湿地公约》秘书处近年来不做科学研究，数据均来自具有美国陆军工程兵团背景的"国际湿地科学家学会"。其所用的湿地定义狭隘片面，连世界最大湿地是亚马孙热带雨林湿地、我国最大湿地是三江源湿地都不清楚，对习近平总书记提出的"湿地贵在原生态"和我们据此提出的湿地全面定义、"湿地是河流的母亲"、"湿地是人类文明的发源地"等理论创新更是一无所知，或装聋作哑。可举以下两个典型例子。

1. 湿地不仅仅是禽类栖息地

1971 年通过的《湿地公约》关于湿地的定义"特别是候鸟栖息地"完全是针对特殊情况，而《湿地公约》秘书处 50 多年来未做认真科学研究，将该定义沿用至今。应该全面、科学地认识湿地。原生湿地是三大生态系统中生物多样性最丰富的，例如非洲博茨瓦纳的奥卡万戈等原生湿地，不仅有大象、河马、犀牛、豹和鹿等大型哺乳动物，还有巨鸥、秃鹫等鸟类和大鱼，鸟类也多是候鸟而不是留鸟。

2. 哪里是最大湿地必须实地考察

《湿地公约》秘书处称，巴西潘塔纳尔湿地面积达 24.2 万平方千米，为世界最大湿地。但我在实地考察亚马孙热带雨林湿地时，得出亚马孙热带雨林湿地才是世界最大湿地的结论，陪同的巴西水利署官员一致认同。《湿地公约》秘书处认为的最大湿地潘塔纳尔也在巴西，巴西政府设立的潘塔纳尔保护区面积仅为 1878 平方千米，就算全部为核心保护区，加上缓冲区和实验区的总面积，至多不会超过 5 万平方千米。这说明《湿地公约》秘书处不仅没有实地考察，而且缺乏湿地知识。这直接导致许多数据在国际上和中国不断误传，严重干扰了科学研究和宣传普及。

3 月，根据中央领导精神，我在北京主持召开首届"国际湿地生态修复高层论坛"。尹伟伦院士、倪晋仁院士、联合国教科文组织科技部门原负责人韩群力教授、雄安新区规划评议专家组成员田莉教授等 17 位湿地、湖泊、生态、环境、地理、地质、水文和水资源等领域的著名学者、专家做大会发言，一致支持我关于湿地科学、全面的创新定义，白洋淀是湿地成为大会共识。

考察文莱的湿地生态系统

文莱的海湾实际上是浅滩湿地，大片的红树林在两岸交错排列。林木都仿佛生在水中，像海上的一丛丛杂草，"河流"在草丛中蜿蜒。鳄鱼海滩则十分宽阔，是一片典型的湿地。

文莱斯里巴加湾红树林中的珍稀动物——加里曼丹长鼻猴

北京养宠物狗的数量超过更富裕的巴黎

世界公认，养人比养宠物更重要。在我国倾全国之力扶贫，到2020年才以年人均净收入580美元的标准全民脱贫的条件下，大力宣传"养狗是有爱心的体现"显然不妥，应该对人更有爱心。

1979年我到巴黎芳特诺核研究所工作，和同事们熟起来以后，直言不讳地说巴黎的确比北京好，但市中心街上都有狗屎，这点不如北京。我的共产党员同事们说："说得好。法国的'自由、平等、博爱'引导了周恩来和邓小平等老一代中国革命者。但就清除狗屎这件事来说，法国至今也没做到。'自由'是不能侵犯他人的自由，公共场所留下狗屎就侵犯了他人的自由；'平等'是人人权利均等，如果巴黎人人养狗，那巴黎就不是巴黎了；'博爱'首先是爱人，而不是爱狗。"

他们说得太好了！以讲"自由、平等、博爱"为时髦的当代青年过度养宠物者应该知道，目前大巴黎的年人均GDP是8.2万美元，而北京只有2.8万美元，只有大巴黎的三分之一。但据我2018年最后一次去巴黎时的小调查，北京户籍人口（与大巴黎相当）百人养狗的数量，在巴黎孤寡老人比例更大的情况下，肯定超过巴黎。

无须禁止多养宠物，但宠物数量要与经济发展程度相适应。可以养狗，但也要为"粮食安全"做点贡献，不能过度。如果说应该认识国情的话，这就是国情；如果说要爱人的话，能认识到这一点才是真正的爱人。

"手机依赖征"是病，不能再加重

国际卫生组织已把"手机依赖征"列为成瘾性疾病。近年来我国媒体转载国外的报道，说欧美日的青年每天平均用手机 2 小时，而我国是近 4 小时。据我 2018 年最后一次出国考察，这个统计大体符合事实。工作人士都在用笔记本电脑，故该统计中，工作用机占的比例很小。如果按照每天睡眠时间 8 小时来计算，那就是说每天清醒的时间有 1/4 在玩游戏、看直播。

不少人乘公交看，坐过了站；吃饭看，影响消化。过度用手机养成的懒散、不负责任（看多了八卦消息）的习惯，可能毁了一个本可以有成就的人。

有我国媒体引外国报道，目前法国也有 1/2 的人（可能老人占很大比例）每天用手机 3 小时以上。即便如此，我们为什么不能比外国人更理智、更自我控制呢？这应该是中华民族伟大复兴的一个重要部分。

·2019 年·

在我对祖国湿地的全面考察中，台湾淡水河口约 100 平方千米原生态湿地几近消失，尤其是茂密的红树林已经孤独成棵，真让人扼腕叹息。而和台湾水利界同仁对湿地修复的探讨，又让我深感血浓于水。

——吴季松

湿地与森林和海洋同为世界三大生态系统之一，现在被破坏的森林生态系统的修复已得到各国的重视，但同样破坏严重的湿地生态系统修复则刚开始不久，不但得到的重视不够，湿地科学理论也没能得到深入研究。

——吴季松

·大事·

9 月，完成《白洋淀申请湿地国家公园及国际湿地城市条件研究（一期）》规划，得到时任省委书记王东峰的高度评价。

11 月，在中国雄安集团建立院士工作站，为雄安新区唯一院士工作站，陈刚书记在揭牌仪式上讲话。

12 月，完成《雄安新区（白洋淀）国际湿地博物馆展陈规划》，得到时任雄安新区党工委书记陈刚（现任青海省委书记）的高度评价。主持完成《入白洋淀河流综合治理河长制实施研究》。

张百发（1934—2019 年）去世。

11 月，《吴恩裕文集》全 6 卷（商务印书馆）出版。

11 月 28 日，雄安集团院士工作站揭牌仪式

·小情·

国内一度有取消 GDP 统计的言论，我的看法是：要改革开放，要全球化，要研究经济史，不能没有 GDP。但 GDP 不是十全十美的，也没有任何一种经济指标统计体系是十全十美的，GDP 是相比之下最好的。至于"挖一个坑再填上就可计两倍 GDP"，这是瞎指挥的问题，而不是 GDP 本身的问题。我正在研究绿色 GDP 理论，使之包容"绿水青山就是金山银山"。

31 年来带领团队修复湿地的业绩

自 1988 年我在中国科学院工作，首次把"wetland"译为中文"湿地"以来，我带领团队持续研究，在湿地生态修复方面取得国际领先的理论成果和实践成绩。

我自 1998 年任全国节水办常务副主任起，先后主持制定、指导实施《21世纪初期（2001—2005 年）首都水资源可持续利用规划》《黑河流域近期治理规划》《塔里木河流域近期综合治理规划》和新《黄河水量调配方案》4 个国务院总理办公会批准的规划，投入资金 360 亿元，其中湿地修复是重要部分。

1.《21世纪初期（2001—2005年）首都水资源可持续利用规划》修复了北京水源地潮河源湿地，解决了北京夏奥会的水源保证和首都重度缺水的问题，也解决了冬奥举办地张家口的水供应问题，使2008年北京夏季奥运会成为一届"无与伦比的盛会"。

2.《黑河流域近期治理规划》，修复了干涸的东居延海湿地，通过地下水的回补压下了上泛的苦咸水，保证了载人航天基地饮用水，协助神舟五号成功上天。同时，使该地区从沙尘暴源变成碧波荡漾、胡杨成荫的旅游热点；2019年额济纳旗游客量达521万人次。

3.《塔里木河流域近期综合治理规划》实施后，干涸的塔里木河尾闾台特马湖湿地始终保持水面，最大时曾达到200余平方千米。因为缺水搬离的维吾尔族居民迁回水草丰美的英苏村，109岁的维吾尔族老人说："政府让水流下来，我们又搬回来了。"

4.留下了"生态水"创新理念的新《黄河水量调配方案》，使自1972年起断流的黄河不断流，恢复了世界上最年轻的河口湿地。现在河口湿地芦苇丛生，绿茵遍地，成为环西太平洋鸟类最重要的栖息地之一。2021年湿地上的鸟类多达450万只。黄河湿地断流问题的解决也使济南泉涌重现，再次成为旅游热点。

各地被修复湿地发展情况

湿地名称	2019年水面面积（平方千米）（在1999年均基本无水面）	所属县域	人口（万）	2019年区域GDP（亿元）	2019年区域人均GDP（万元）
东居延海湿地	38.5	内蒙古自治区额济纳旗	3.2	37.05	11.5
台特马湖湿地	300	新疆维吾尔自治区巴音郭楞蒙古自治州若羌县	6.8	58.29	8.6
黄河口湿地	59000	山东省东营市东营区	51.78	431.26	8.3

湿地名称	2019 年水面面积（平方千米）（在 1999 年均基本无水面）	所属县域	人口（万）	2019 年区域 GDP（亿元）	2019 年区域人均 GDP（万元）
潮河源湿地		河北省承德市丰宁县	41.1	119.57	2.9
桑干河滩湿地	47.2	山西省大同市云州区	19.4	124.56	6.4

从湿地干涸的 1999 年到湿地恢复的 2019 年，由于我们倡导种经济作物，发展旅游业，当地人均 GDP 分别提高了 2~10 倍，百姓得到了实惠，交口称赞，欢迎读者去考察。

香山革命纪念地

香山革命纪念地对我来说是一个难忘之地。早在 1954 年我就随父亲去考察在香山脚下的曹雪芹旧居，那里还是一片湿地，当时的北京烤鸭只用这里养的鸭。去过香山别墅。

从 2000 年开始，我每周至少一次从西门登香山，一直坚持到 2018 年膝盖出了问题，达 18 年之久。我去过毛泽东旧居不下百次，那时游客都从正门进香山，且数量很少。我曾多次进入破败的大永安寺。刘少奇、周总理和任弼时旧居只相当于现在的三间单元房，周总理住的照例是位置最差的一间，我对此印象至深。山坡西北的一个院子就是中共中央和中央军委所在地，那时机构该是何等精干！从中共中央所在地到周总理故居，我还发现了一条已被丛生的灌木掩盖的一条小路。要说研究香山的专家，我可算是历时最长的一个。

与张百发师傅相识 60 年

我中学时就知道张百发是建筑业的劳动模范、青年突击队长。北京许多建筑有他的汗水，其中最著名的当然是人民大会堂。

我 14 岁时作为优秀少先队员参加了建设人民大会堂的义务劳动，给张百发突击队送水，看到工人不分昼夜地站在脚手架上挥汗如雨，心想："困了掉下来怎么办？"这个经历让我在实际中真正了解了工人阶级。

1993年我因为北京申奥与张百发相识，他已是北京市副市长，握住我的手说："原来我们30多年前就认识了！"那次，作为中国常驻联合国教科文组织代表团副代表，政府间体育运动委员会中国委员，经过细致的工作和艰难的努力，我说服了政府间体育运动委员会同意1993年委员会会议在中国召开，但体育运动委员会这边一再推托。张百发以建筑工人的经验和为国为民的气魄，坚决支持我的建议，在建议仍不受重视后甚至说："如果是经费不足，由我包了。"但最后仍无结果，于是我只能回复政府间体育运动委员会，我们不主办了。

最后我们以2票之差未能获得2000年夏季奥运会主办权。

事后张百发同志和我都对此十分遗憾，我们像在一个战壕中战斗过的战友一样关系越来越近，来往越来越多，谈得也越来越广。他还专门请我吃"北京饭"，我是只有"眼福"没有"口福"的，记得我们吃的是炸酱面、爆肚和面茶等。

不过事有成全，2020年我的办公室搬入了他亲自主持建设的亚运村，这让我经常想起我们相处的日子。

· 2020 年 ·

今天对大国真正的考验不在于制造战争的能力，而在于防止战争的能力。

——［美］麦可尔森

不一定把所有的话都说出来，但说出来的话一定是真话。

——季羡林

· 大事 ·

4 月，主持完成《藻苲淀退耕还淀生态湿地恢复工程（一期）可行性研究报告》，并据此完成工程招标。

特勒格尔（1929—2020 年）教授去世。

1 月，《高崇民全传》出版（高凌主编，辽宁人民出版社），收录了彭真、李先念、徐向前、聂荣臻、屈武、朱学范、侯镜如和钱伟长等人题写的书名与题词。

12 月，《百年红学经典论著辑要（第一辑）吴恩裕卷》出版（叶朗主编，安徽教育出版社）。

· 小情 ·

科学抗疫至关重要

1 月呈中央领导报告，请求立即制止专家在媒体上发表"新冠疫情不会人传人"的没有根据的讲话，否则将对抗疫产生严重误导。很欣喜看到该建议被落实。

新冠疫情在全球肆虐，是 100 年来全球发生的最严重的传染病大流行。

抗疫是关乎人民健康乃至生命的大事，专家不能随便在公共媒体上发表评论。专家首先应该是科学家，讲话不能使用外交辞令，例如"新冠在近期大流行的可能性不大"是一句没有科学意义，反而容易产生误导的话。首先，什么是"近期"？其次，什么是"大流行"？什么是"中流行"？什么是"小流行"？多大范围？多长时间？最后，什么是"可能性不大"？从统计学观点看，概率低于 15% 才是不大。

人类走遍世界去找太阳

在以色列卡夫扎发现的 9.2 万年前的人类颅骨表明，最早的现代人——非洲人大约于 10 万年前走入亚洲。基因科学分析表明，现在的人类都是大约 5 万年前的晚期智人的直接后代，而不是 188 万年前的、刚刚能直立行走的直立人的直接后代。

蒙戈湖的化石表明原始人沿亚洲南海岸迁徙，于 5 万年前到达澳大利亚。而基因分析表明，西欧人可能是在距今三四万年前从中亚迁徙到那里定居的。基因证据表明，原始人到美洲的时间是大约 1.5 万年以前。

一般认为，中国的古文明是由北向南发展的。但近年来新的考古发现，例如浙江的河姆渡文化、四川的三星堆文化都早于北方的中原文化，说明中华早期文明可能是由南向北发展的。

非洲的原始人为什么要向世界各处走呢？是什么动力驱使他们克服一切艰辛走遍全球呢？为什么他们到了条件明显不如以前的地区还要继续向前走而不退回原处呢？

通过研究他们向世界扩散的路线，我提出了一种假说，得到了专家的认同。这种假说就是原始人的智力已经相当发达，他们已经有了追求，去寻找不落的太阳，寻求光明。

现代研究结果表明，原始人向世界扩散有两条主线。一条是九曲十折永远向东的路线，去找太阳升起的地方。他们从起始点就开始向东，由于东非高原的阻拦，他们只得沿尼罗河谷向北，然后又转向东方，进入亚洲。他们克服了阿拉伯半岛北部荒漠的干旱，到达水肥草美的美索不达米亚平原，但并没有停住脚步，又向东走上了荒凉的伊朗高原。随后他们到达自然条件好的印度河流域，仍不停步向东越过印度中部的荒凉高原，到达自然条件比人类起源地区更好的恒河流域。他们仍没有在这里止步，而是继续向东，遇到中印半岛横断山的阻拦只得向南，到中印半岛的南端后分成两路继续向东，一路向东北去中国，另一路向东南去印度尼西亚诸岛。

去中国的一路无力渡海只得向北，到达北京附近的猿人因为东北气候太冷而停顿，这可能是北京猿人留下较多遗迹的原因。但猿人仍不放弃向东的念头，于是在适应寒冷气候以后，克服冰天雪地的困难，渡过了当时被冰封在一起的白令海峡，到达了美洲。横跨美洲大陆后又遇到了海洋，无法向东，因此停留。考古证据表明，美洲的原始人向南扩散的速度明显减慢。去印度尼西亚的一路继续东进，到达了毒蛇猛兽横行、瘴气瘟疫肆虐的印尼诸岛的最东端，但仍然没有找到太阳升起的地方。

现代人向世界扩散的另一条路线是去欧洲。现代人到了欧洲为什么向北呢？原因可能是他们发现，越向高纬度走，夏天的白昼越长，很像是一个太阳落下了，另一个太阳就升起。于是他们仍以走向太阳、寻求光明为目标，向北去寻找有两个太阳的地方。走到小亚细亚半岛后，他们遇到黑海，就近折向西（可能曾向东试探，被高加索山所阻），从当时可能连在一起的达达尼尔海峡进入欧洲。先是到达德国，这就是德国中南部留下较多古人类例如海德堡人和尼安德特人遗迹的原因。此后他们又向北欧进发，从当时的丹麦诸岛进入可能连在一起的斯堪的纳维亚半岛，终于找到了白昼——有两个太阳的地方。这个神话一直被斯堪的纳维亚人信奉到 19 世纪，现在体现在瑞典国旗上。

这种假说有以下几个要说明的问题：

其一，原始人找太阳是十分自然的，因为太阳给他们带来的是温暖、食物、安全和光明。我曾在非洲丛林旅行，夜幕降临后的凄冷、无助、恐惧和黑暗，对现代人也是极大的威胁。

其二，上述迁移是在 10 余万年中完成的，在某一个地方停留的时间可能较长达万年。在如此长的时间中，可能已经形成不同的人群，有的留在原地，并未东寻，从而形成不同的人种，但都带着非洲原始人的基因。

其三，人类到了美洲以后，在美洲东海岸又遇到了大洋，无法继续向东，停止了向东的脚步，但是古人为什么没有停留在北美的宜居地而是转去南美呢？我以为在这个迁移过程中，人类也没有忘记寻找太阳、寻求光明的使命，从美洲最古老的印加帝国在海拔高达 3400 米的秘鲁库斯科建城居住就可以看出。为什么要在这样空气稀薄不宜居住的地方长期居留下去呢？可能因为这里是赤道附近的最高处，距太阳最近。

其四，原始人在百余万年中不忘东寻光明的初衷，一方面可能是因为不断产生这种需求，另一方面更可能是因为原始人已经是"人"，可以世代传承理想和知识，寻求光明这个伟大目标就成了人类克服一切艰难险阻而进化的动力。

其五，当然，原始人的迁移并不只有向东寻求光明这一个单一目标，被环境逼迫，发现新事物和各种目前未知的原因都是他们迁移的动力。因此，人类如何到达西南非、西欧和澳大利亚等地，也是可以解释的。

向着太阳，向着自由，向着光明至今是人类不懈的追求。

·2021 年·

任何一片土地上的故事，在你踏上这片土地之前，是难以真正理解的。

——吴季松

不知道世界上有多少人不借助翻译和专职服务人员走遍了 100 个国家，还写下了 400 多万字，出版了 20 册书。只有这样做了的人才知道其中的艰辛危险、酸甜苦辣、思想震撼、无尽收获和人生的成就感。

——吴季松

·大事·

我的朋友、诺贝尔化学奖获得者克鲁岑教授去世。

国际友人、诺贝尔经济学奖获得者蒙代尔教授去世。

舒乙（1935—2021 年）先生去世。

9 月，出版《湿地生态修复工程原理与应用》（吴季松著，中国建筑工业出版社）。

·小情·

我在唯一参加的征文活动——《作家文摘》征文"从北大红楼说起的百年风华"中获得一等奖（共 2 名，并列第一），这是对党百年诞辰的最好纪念。今年同时又是辛亥革命 110 周年。辛亥革命比较久远，但对我来说毫不生疏。姨父在 1911 年年仅 20 岁时，经辛亥革命元老宁武介绍，秘密加入同盟会辽东支部，他经常与我提起多位同盟会元老。

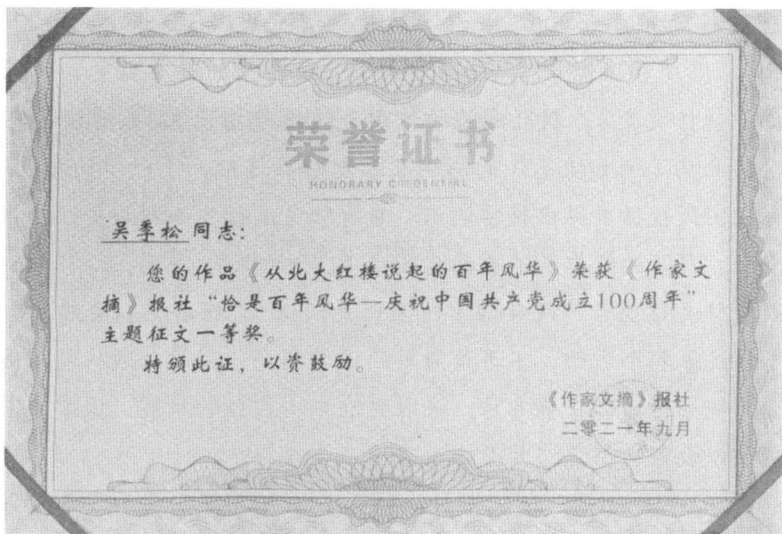

在《作家文摘》征文中获得一等奖（并列第一名）

为了白洋淀生态修复的开端、藻苲淀的完全修复二期工程，我出版了《湿地生态修复工程原理与应用》，指导中标单位的工程实施。

《生物多样性公约》第十五次缔约方大会领导人峰会在昆明举行，我未能与会，但提出了"湿地是生物多样性最丰富的地域"的观点：非洲博茨瓦纳奥卡万戈湿地有130种哺乳动物，64种爬行动物，482种禽类和80种鱼类。这种观点纠正了湿地"只是候鸟飞来飞去"的片面定义。

《横琴粤澳深度合作区建设总体方案》的出台对粤港澳大湾区的发展恰逢其时，我全面考察了澳门，发现其地域狭小，难以发展，与横琴一水之隔，只有建立合作区才可能持续发展。

就新冠肺炎的防治和宣传对领导的建议

李斌副主任：您好。提出几点看法供您和张维庆主任参考。

"只有85%以上的人类不受威胁，我们才能安全。"

一、基本形势分析

1. 应该承认人类目前对新冠肺炎还没有系统、全面、科学的认识。"文化大革命"留下的最重要的教训之一就是"实践是检验真理的唯一标准"，要牢记历史教训。

目前对新冠病毒来源（"来自实验室"是恶意造谣）、宿主、传播条件（包括距离、温度和湿度等）、传播方式、导致感染的病毒数量、新冠病毒的变异速度（包括突变）、新冠疫苗的作用（统计平均值）、病毒变异是否会避开抗体、其他病（例如流感）的影响及治愈的后遗症，下一步的发展的预测，都还没有从实践数据中得出科学认识。新冠肺炎流行才不到两年，这对从实践中取得全面、科学的认识是不够的。

2. 新冠肺炎目前已涉及政治（污名化是阴谋）、经济、社会组织、文化传统和生态系统等各个方面，不再是简单的医学问题。因此必须从包括医学（为主）的大系统分析才能正确宣传，采取更准确、有效的对策。医学专家的公开言论都应该以数据为根据，片面言论容易产生误导。

3. 经过 20 个月研究，我认为新冠肺炎全球大流行已属于钱学森先生提出的"非平衡态复杂巨系统"性疾病，数据过于庞大，且变化太快（例如德尔塔病毒的出现和传播）。建模型分析已不适用，只能靠统计规律判断。

二、我以蒙特卡罗（Monte-Carlo）算法对难以解析的复杂巨系统做过成功的分析

钱学森先生在全国高校唯一担任教授的系就是我系（清华大学工程力学数学系），改革开放后我被选为首批出国访问学者，1979 年在欧洲原子能联营法国芳特诺核研究所任题目组长，为受控热核聚变实验器欧洲大环（JET）主持设计、研制中性束注入器，使之曾保持约束时间和温度的世界纪录，克服了多重弯管流导计算的世界难题，用的就是蒙特卡罗法。该算法说明，随机事件在 300 个以上就可以得到未知事物的统计规律。研究所副主任、欧洲著名核物理学家瓦尔克斯评价："吴先生在到达我所时已远远超过博士水平。"（存国家教委）。用于新冠肺炎就是"只有 85% 以上的人类不受威胁，我们才能安全"。

三、几点建议

众所周知，一种新药从试制到临床一般需要几年甚至更长的时间。由于新冠疫情暴发，急于研制出新药是必要的，但几个月的时间对其有效性做出准确判断是不够的。仅仅说"还是有效的"容易产生误导，造成人群聚集等行为。

根据统计规律，可以将不同疫苗保护的应接有效性的百分比分级，对不同年龄和有基础性疾病的人应该再细分，大于 85% 才是很有效的保护。科学

家应该依此研究和宣传疫苗，才能避免无意误导。

1. 在基本防治具备的条件下，抗疫最重要的是自身的免疫力。必须坚持正常作息制度，坚持户外锻炼身体（尤其是老年人和基础病人），让免疫系统正常运转。

2. 正如国外医学界主流研究的结论，新冠肺炎会成为一种不断反复的长期流行病，因此：

（1）应该从现在开始以系统论指导进行多学科综合基础研究，包括医学、数学、药学、信息科学、生物学和生态学等各学科。

（2）让"人工智能""大数据"和"量子技术"等新技术为了人民的生命安全，马上用于新冠疫苗的持续创新研发，例如研制纳米抗体，并不断接受实践检验。

（3）人类是一定会战胜新冠肺炎的，中国将起主要作用。我曾经担任国务院新闻办国际局代局长，我认为个别医学专家的个人讲话是次要的，主要的是少发表使公众产生疑惑的言论。

祝顺利健康

中国雄安集团吴季松院士工作站主任

全国先进科技工作者

瑞典皇家工程科学院外籍院士

中国生态文明研究与促进会首席咨询专家

北京市政府专家咨询委员会委员

2021 年 8 月 5 日

成立湿地生态修复全国重点实验室筹委会

2021 年全国政协会议组织 15 位政协委员提案《关于建立湿地生态修复国家重点实验室，加强湿地生态基础研究的意见》，在 2022 年 3 月全国政协会议上，全国政协委托科技部让国家林业和草原局给予答复，国家林业和草原局给予高度评价，积极支持。摘要如下：

但从总体上看，我国湿地保护工作起步较晚，尤其是湿地科技支撑较为薄弱，始终是我国湿地保护修复的一个突出问题。您的提案建议及时准确，意义重大。下一步，科技部将在"十四五"国家重点研发计划"典型脆弱生态系统保护与修复"中，进一步加强湿地生态保护与修复相关研究，开展湿地生态修复关键技术研发与示范应用。同时，我局已将"湿地生态保护与人为活动互作关系研究"列入局 2021 年重点课题。

我局、科技部高度重视湿地科研平台建设和项目研究工作。

下一步，科技部将认真研究吸收你们的相关意见，积极支持相关国家重点实验室建设，并加强白洋淀湿地生态修复研究，我局也将在局级重点实验室层面加快湿地领域重点实验建设。在科学研究方面，科技部高度重视湿地生态领域科技创新发展，成立"十三五"期间国家重点研发计划"典型脆弱生态修复重点专项"，国家拨经费 1.1 亿元。

关于"白洋淀生态湿地"科学研究问题：科技部将认真研究吸收你们的意见，积极支持相关国家重点实验室，加强白洋淀湿地生态修复研究。我局也将充分依托现有平台，为雄安新区湿地生态修复及相关产业科学发展提供科技支撑。

关于"《湿地公约》第十四届缔约方大会"问题：向世界展示中国湿地保护成效，贡献中国智慧和中国方案，讲好中国故事。

按全国政协、科技部、国家林业和草原局的答复，根据科技部文件，我们在院士工作站基础上成立了"湿地生态修复全国重点实验室筹委会"，产学研三结合，多学科综合研究。

我与克鲁岑教授和蒙代尔教授两位诺贝尔奖得主的交往

年初，我的朋友、诺贝尔化学奖获得者克鲁岑教授去世。除了臭氧层破坏机理研究外，他对现在 PM2.5 广受重视也有重大贡献。我们相识 15 年之久，一直保持联系，他应我之邀到北京航空航天大学演讲，是北京航空航天大学第一位非华裔诺奖演讲人。夫妇两人都到我办公室畅谈，他为我的《知识经济——21世纪社会的新趋势》作序，并做出高度评价。他谦虚地对我说："其实我就能讲那么点东西，现在我的司机都能代讲。"这和有些无行不通，夸夸其谈的"演讲专家"形成鲜明对照。我本拟邀他再次来华，但因其身体原因，一直未能成行。

国际友人、诺贝尔经济学奖获得者蒙代尔教授也于年初去世。有些人对蒙代尔教授略显高傲颇有微词，我的感受有所不同。在我们未相识时，我曾在意大利演讲时评论欧元实行得有些超前。意大利《共和国报》对会议有所报道，不知这位"欧元之父"看到没有。但在我向他赠书时，他不是转手交给秘书，而是认真地看了几页，我看并不"高傲"。

我受托争取进入诺贝尔奖提名委员会，但这两位至关重要、对华友好的人物都已仙逝，这不仅对我，对我们的科学事业都是损失。

1999年蒙代尔教授接受吴季松赠书后立即翻阅

北京人在上海相识——忆舒乙先生

舒乙，满族，中共党员，中国当代作家、画家、工程师，中国现代文学家老舍之子。历任中国现代文学馆馆长、博士生导师，全国第九、第十届政

舒乙

协委员，中国博物馆学会副理事长。

1953年舒乙从北京二中毕业，进入北京俄语专修学校留苏预备部。1954年9月留学苏联，在列宁格勒基洛夫林业技术大学攻读林产化学工艺专业。1959年回国后，被分配至中国林业科学院从事科研工作。1978年调北京市光华木材厂当工程师，后晋升为教授级高级工程师。同年，开始进行文学创作，首篇作品《老舍的童年》在《人民日报》连载。

舒乙先生集画家和工程师于一身，在当代是罕见的。为筹建中国现代文学馆新馆，他呕心沥血近10年，东寻西访大家听取意见。2000年5月，中国现代文学馆新馆落成，他任馆长。2013年患病后，他仍笔耕不辍。2016年他出版散文集《老舍先生》。2018年8月他出版与冰心、季羡林、史铁生等人合著散文集《胡同的故事》。2019年8月出版《爸爸老舍》。2021年在北京去世，享年86岁。

我和舒乙先生都是北京人，且都是满族，两家的距离也不过约1千米，虽一定见过面，但并不认识。直到2008年在上海的一次论坛上，我们同在主席台上，这才得以相识。在会议期间，我们多次相谈甚欢。

我们首先谈的是两人都毕业自北京二中，不过他比我早了9年，但有些老师是共同认识的。其次是两人都懂俄语，他留苏5年，俄语精通，而我恰在他自苏联回国那年进入高中开始学习俄语，但不是"自愿"的。他听了哈哈大笑，说："就算是为我们交谈学的吧。"

1999年他听说我在世界上考察游历了50多个国家，已出版游记5册，非常感兴趣，说："2005年现代文学馆落成后，一定要把您的书收入其中，摆在显眼的位置。至少自民国以后，还没有人游历过这么多国家，这是一部很重要的作品。"我说："您建的是文学馆，我的写作水平只有高中程度，能进文学馆吗？"他说："没问题，说定了。"因为当时很忙，我只是派人把书送去，至今一直未去过现代文学馆，不知是如何摆放的。

现在舒乙先生已成故人，但音容笑貌俱在，写此文作为纪念留存下来。

·2022 年·

这个了不起的应用科学，把劳力减半，使生活变得更舒适，尽管如此，为什么它没有带给我们幸福？答案很简单，因为我们未曾把它利用在有意义的事情上。

——［美］爱因斯坦

科学研究可分成三类：基础研究、应用基础研究和应用研究。后两者是技术开发创新的基础，两者合称 R&D。科学是发现自然规律，技术是个人或小团队发明。诺贝尔奖鼓励科学发现，而专利制度保障技术发明。两者都是创新，都由知识产权保护。

——吴季松

·大事·

中国设计建造的印度尼西亚从雅加达到万隆的高速铁路通车，行程从 3 个多小时缩短至 40 分钟。

中共中央统战部原副部长、全国工商联原第一副主席、党组书记、曹雪芹研究会会长胡德平（中学同学）专送《曹雪芹研究》2022 年第二期，上面载有载樊志斌文《吴恩裕〈废艺斋文稿〉研究争议节点析疑》。

在《作家文摘》发表文章《让世界重新认识武汉》（3 月 11 日），获得优秀奖。

7 月，应邀接受中央电视台中文国际频道（CCTV-4）《鲁健访谈》节目专访，节目《对话吴季松》于 7 月 29 日播出。

在《环球时报》发表文章《武汉国际湿地大会，警惕有人抹黑中方》（9 月 6 日）。

·小情·

在《湿地公约》第十四届缔约方大会日内瓦分会场做两个演讲，争取中国话语权

《湿地公约》第十四届缔约方大会（135 个国家参加）于 2022 年 11 月 5 日至 13 日在武汉召开。我在大会的日内瓦分会场做了两个重要发言，为中国正名，以保证中国话语权，避免西方大国利用中国的大会对我国进行攻击。

11 月 8 日，大会第三天，我与中国生物多样性保护与绿色发展基金会合作，在以"通过邻里生物多样性保护恢复湿地并促进可持续生计"为主题的会议上，我被邀请担任荣誉主席，温州大学校长、俄罗斯工程院外籍院士赵敏教授和中国洛阳师范学院校长梁留科教授担任荣誉副主席，这使我国在日内瓦分会场占据了应有地位。

我做了题为《以白洋淀研究为基础创新湿地科学》的演讲，详细阐述了中国关于湿地的全面科学的定义，我主持中国湿地修复的实践，以及对国际湿地面积的排序，得到大会的一致认同。

吴季松做《以白洋淀研究为基础创新湿地科学》演讲

11月12日，中国生物多样性保护与绿色发展基金会携手国际工程技术协会等机构，在日内瓦分会场成功举办了题为"近海湿地和海岸线的生态系统保护：海草床及其所支持的生态系统"的边会。此次会议还得到了《湿地公约》秘书处、《生物多样性公约》秘书处、《保护野生动物迁徙物种公约》秘书处的支持，三大公约秘书长均派代表参加。

我做了题为《粤港澳大湾区广州南沙湿地二期建设规划》的主旨报告，在国际上首次提出经过多年创新研究得出的科学、全面的湿地定义；介绍了我的国际水平专著《湿地生态修复工程原理与应用》；介绍了中国湿地生态修复规划的成功经验和关键技术；强调为了应对气候变化，亟须研究湿地排放甲烷的问题，中国已积极开展相关工作。

吴季松作《粤港澳大湾区广州南沙湿地二期建设规划》主旨报告

11月，我线上出席2022世界青年科学家峰会，在湿地论坛作为首席特邀嘉宾发表了演讲《以白洋淀研究为基础创新中国湿地科学》。

北京双奥入场顺序的奥秘

我是北京2001年奥申委主席特别助理，2018年北京奥运会总体影响项目主持人。2008年奥运会有一个开创性的举动，就是在"鸟巢"田径赛场上，各国代表团入场的顺序，不按拉丁字母排序，而是按国名的中文笔画排序，国际震惊。

按照奥运会的传统，第一个入场的是希腊代表团，其余按希腊字母的顺序。1921年，国际奥林匹克委员会首次确定了各参赛国的入场规则：参赛的各国代表团在入场时，必须在队首展示带有国家名称的标牌以及国旗。参赛各国按照英文字母顺序入场。修订后的章程规定，主办国有权按照自己母语的字母顺序，组织安排开幕式入场。

2008 年北京奥运会，希腊代表团按惯例首先进入"鸟巢"，接下来是几内亚、几内亚比绍、土耳其、土库曼斯坦、也门……这是奥运史上第一次不按照任何字母顺序组织各国代表团入场。

中国按照笔画数给各国中文名称排序。汉字笔画数相同的，则按汉字基本的笔画构成排序，依次为点、横、竖、撇、捺、挑、折、钩。因此，土耳其先于也门入场。

2008 年 8 月 9 日晚，有网站发表帖子：《美国全国广播公司篡改了奥运会开幕式吗？》，实际上是指责我国的排序。第二天我们发表声明，各国代表团的入场顺序遵循了中文的规则，才平息了这场鼓噪，也做了一次创新变革。

2022 年北京冬奥会又有一个创举。自雅典奥运会起，主持开幕式的都是主办城市的市长（当然一般是执政党的领导人），但是北京冬奥会的开幕式是由北京市委书记蔡奇而不是市长主持，打破了这个惯例，向全世界公示中国共产党是领导中国人民的核心力量，在西方引起了不小的反响，达到了创新的目的。

我在北京生活 76 年，并担任北京市人民政府专家咨询委员会委员 24 年，北京成为"双奥之城"，我引以为荣。

养生之道

"您有什么养生之道？"许多人都向我提出这个问题，大概是因为我的身体状况比较好。其实我并不养生，现在我年近 80 岁，可以在 1 小时内轻松地游出 1 千米；头发多白，但未减少；眼睛不花，身高略降。比较特殊的是自己感觉仍能像 25 岁一样每天工作至少 6 小时，飞到西半球和南半球，回来下飞机后先去游泳，基本不休息，强倒时差，在候机时间和飞机上不睡觉的时候都在工作、写作，星期六、日也最多休息一天，因此至今出版了 1800 万字著作，赶上了专业作家。但是，大概由于遗传所致，近 60 岁起血压和血脂都高，需要靠吃药来维持。2003 年我在雪天登香山时滑倒，大腿肱四头肌断了一条，几天内竟不知道。后来又得了滑囊炎，名医认为腿部功能难以恢复，但 10 年来我坚持推拿和锻炼，功能基本恢复。

我不"养生"，但是尽可能地科学生活，就我看来，身体健康大致有以下五大因素。

一、积极乐观的心态。我认为这是最重要的，革命前辈、105 岁故去的吕正操在 83 岁（1987 年）时还对我说："你写了书（《一个中国人看世界》），为什么不给我，害得我派秘书去买！"先说乐观，我的忘年交、自然科学的泰斗王大珩先生在 92 岁闲暇时还自己编相声。再说积极，我认为一定意义上的积极更重要。儿时就听志愿军军医讲，两个身体和受伤状况相似的重伤员，谁有信心谁就能活，我至今不忘。人要有欲有求，总有追求，有事做，不悲观，不消极，这显然对新陈代谢和免疫力都是大有益处的。为什么幼儿成长而老人衰退呢？有自然规律的因素，但人与动物不同，精神因素十分重要，幼儿总有欲望，但老人多处于无欲无求的状态，自然不会成长。问题在于求什么？怎么求？我们可以从幼儿的欲望中得到启示。幼儿有无穷的欲望，一时气愤，过去就忘，不往心里去，满足了又有新的追求。我想这应该是每个正常人，包括老人应有的心态。老人的最高境界是"有欲有求、欲求有度"，永远有一个积极乐观的生活态度。

二、规律的生活。我认为生活规律是十分重要的，我自己从此得益不少。生活规律包括按时起床、睡觉，按时吃饭，工作 1 小时后一定要休息一下。按时吃饭其实也很重要，长途飞行的时差不仅反应在睡眠上，肠胃反应也不小就是证明。当然，生活规律还包括不暴饮暴食，晚上宴请的大鱼大肉、大量饮酒是最伤身体的。20 年来我除了外事活动基本不参加晚宴，得罪了不少人，认为我太清高、不合群。当然我主要还不是养生，而是舍不得那个时间，仅不参加宴请这一项，我每周就比不少人多出来了一天的时间。

三、科学的锻炼。科学的锻炼是健康的重要保证，而科学的锻炼就是量和质都要控制。根据国外的研究，依我个人体验，一星期锻炼 3 次可以保持体能，一星期四五次可以增进体能，天天练则没有必要，反而失去了刺激的作用。作为锻炼的量应该做到有氧运动的时间超过 5 分钟，即体内存氧耗尽，需吸氧补充。一般慢跑、爬山和游泳运动控制脉搏在（180 − 年龄）/ 分钟，运动 20 分钟左右以后可达到有氧运动，所以锻炼以半小时为宜。运动时脉搏控制十分重要，否则就不是健身，而是比赛。再就是运动要有正确的姿势，我以从山民处学来的脚跟着地、八字脚、后仰的错误姿势爬了 6 年山以后，关节就出了毛病。

四、防污保健重在总量控制。很多人以为绿色食品和吸氧等现代的生活方式对健康大有好处，其实在这些方面要实行的是总量控制。因为我们处在大气污染、水污染和食品污染的环境之中，防不胜防。你天天喝纯净水，出去开会呢？其实纯净水和矿泉水也有净水机和塑料瓶污染的问题，现在却没有检验标准。你天天吃保健食品，进饭店呢？过期食品和剩菜是难以避免的。你经常去氧吧、去森林，但大部分时间还是在家和办公室。所以喝白开水，吃非绿色食品是不可避免的，也是没有关系的。对于可能接触的污染，不要草木皆兵，非纯净水不喝，非绿色食品不吃，这样只是心理安慰，没有多少实际意义。只是污染不能多，要控制总量。我的忘年交、科技泰斗汪德昭先生93岁辞世，他说："我什么都吃，吃什么就是需要什么，但不要多吃。"他听说北京有个长寿老太太每天吃一碗红烧肉，就专门去访问，原来对方吃的是精致的一小碗，里面只有两块肉。

五、针对遗传适当补养。遗传因素是很重要的，例如我的高血压和高血脂是父亲的遗传，这是无法改变的。但这也与知识有关，我知道得太晚。在我血脂还不高时，一个朋友劝我服绞股蓝茶，尽管味道不好，我还是照办了，一年之后见血脂不高，我就停了。没想到过了半年血脂就又高了起来，再喝绞股蓝茶就没用了。进补的中药只是调理，不能治病，调理可以延缓病态的出现，有针对性的进补还是有用的，这就是我对补药的认识。我还做过了解，多进补的皇帝，更别说吃"仙丹"的，都不长寿。我熟悉的一位老革命，中央党校原校长高扬100岁去世，一直到90岁时他的各项指标都正常，且步履轻快，思维敏捷，我问他原因，他说："我认为最主要的是遗传，自己也要扬长避短。"

为什么要养生呢？长寿并不是唯一的目的，因为还"有欲有求"，所谓"求"就是"求"高质量的生活，而"欲"对于我们这些年近八旬的40后来说，就是要看到21世纪30年代，中国GDP总量超过美国重归世界首位、受控热核聚变商用、低碳经济实现、水资源和全球气候变暖问题解决的那一天。时代给了我们40后这样的历史机遇，还有比把握住它更幸福的事情吗？

·2023 年·

无知的人最好沉默，他若知道这一点，便不算无知。

——［古波斯］萨迪

患难可以试验一个人的品格；非常的境遇才可以显出非常的气节；风平浪静的海面，所有船只可以并驱竞胜；命运的铁拳击中要害的时候，只有大勇大智的人才能处之泰然。

——［英］莎士比亚

·大事·

按官方人口统计，4 月份印度人口超过中国，成为世界第一。中国 5000 年来居世界人口第一位的历史今年结束了。1 月 17 日，国家统计局公布中国人口自 1962 年以来，第一次出现了负增长，为 -0.6%，净减 85 万人，是一件大事。但世界上仍然每 6 个人中就有 1 个中国人（包括华侨），而且更为重要的是人口素质。人口素质不是学历，关键是教育，是每个人对社会发出的正能量（创造大于索取）。据最保守估计，如果不再破坏生态系统，需要 2 个半地球的自然资源才能养活 80 亿人。提高自然资源利用效率和尽量使用可再生资源，才能保护地球家园，才能可持续发展。

2023 年被多家西方媒体称为"人类虚拟身份元年"。

据报道，北京有 120 个功能性湿地，"十四五"期间，北京市园林绿化局将进一步落实《北京市湿地保护发展规划（2021—2035 年）》，加大湿地保护修复力度，利用有限空间，加强小微湿地修复。

世界旅游及旅行理事会"世界最有影响力"旅游城市揭晓，为巴黎、北京、奥兰多、上海、拉斯维加斯、纽约、东京、墨西哥城、伦敦、广州。

厉以宁（1930—2023 年）先生去世。

2月6日，北京日报《理论周刊·理论清样》第111期刊登了我的文章《创造世界领先的高品质科技园区》。

·小情·

法语有用吗——辨析新型全球化

40年前，中国人大规模学英语推动了英语的"全球化"，甚至学了香港的英式汉语"你有看过吗？"（不如"你看过了吗？"），"好好吃呀"（不如"太好吃了"）。这是持续了40年的一个时代，但是随着以英语大国为首力推的"逆全球化"，这个时代过去了。

法国总理马克龙于4月访华。这再次提出了"法语有用吗"的问题。一个世纪以前，国际条约以法语文本为准，例如《联合国宪章》。至今，法语仍有广大的应用区域。在欧洲，有14个国家的货币仍叫"法郎"。西非法郎在非洲的8个国家流通，包括贝宁、马里、多哥、尼日尔、塞内加尔、科特迪瓦、布基纳法索和几内亚比绍；中非法郎在6个国家流通，包括乍得、加蓬、刚果（布）、喀麦隆、中非共和国和赤道几内亚。它们曾与法国法郎长期保持着稳定汇率。法国加入欧盟后，欧元对非洲法郎的汇率长期稳定。阿尔及利亚、摩洛哥和突尼斯的第一外语仍然是法语。欧洲比利时和瑞士的部分地区用法语。在亚洲，法语仍是柬埔寨和老挝的第一外语。在美洲，加拿大魁北克地区讲法语，海地、马提尼克和瓜德罗普讲法语。算起来共有20多个国家，占联合国成员的1/8在使用法语。所以法语是有用的。

"全球化"像任何一个事物一样，是波浪式前进的，现在处于波谷时期，但是，它是不可逆转的。新型全球化正在发展，它有如下特征：

一是以"多元化"代替一元化。西方英语大国主导的一元化将被多元化代替，北京冬奥会就首先用法语，再用英语。

二是以"地缘化"代替碎片化。若干以资源、文化和地缘联结的地缘区将代替某大国制造的"碎片化"。

目前全球没有一个国家，甚至一个地区，可以实现资源（例如多种稀有金属）完全自给自足，因此资源利用的全球化是不可抗拒的。

目前处于第四代新技术革命时期，无论是全球网络、人工智能还是电动汽车和 3D 打印，其基础研究、技术开发和市场推广虽然可能交替领先，但是都只可能全球化发展，而不可能由一个国家或几个国家持续引领和垄断。

全球不同的文化不可能由一个国家或几个国家主导。生物都要保护多样性，人类文化过去、现在和将来都更应保持多样性。

所以"逆全球化"和"去全球化"不过是一些不学无术者的思想和行动，阻碍不了新型全球化的进程。

人类只要突破自我约束，就永远不可能被人工智能超过

2022 年 11 月，微软 OpenAI 开发的人工智能产品 ChatGPT 问世，不到半年已经席卷全球。尽管其间出现很多问题和错误，但它的学习和纠正错误的能力是惊人的，其功能超过以往任何一个人工智能产品。ChatGPT 和将来可能出现的一系列人工智能产品是否能超过甚至控制人类，已经成为全球的热门话题，国内也有非常多的讨论。

我及我的团队自 1993 年对人工智能（以下称 AI）进行研究，1994 年出版中国研究互联网的第一部专著《"信息高速公路"通向何方》（当时对互联网称"信息高速公路"）以来，对 AI 研究已有 30 年之久。

1. 人工智能不可能控制人类

3 月 30 日，李强总理在博鳌论坛的主旨演讲中向世界宣示："在不确定性的世界中，中国的确定性，是维护世界和平与发展的中流砥柱。"我拟说明"AI 发展的确定性"，即"只要人类破除束缚自己的各种障碍，AI 就永远只能依靠人类，而不可能超越和控制人类"。

这些年出现了一个新观点，即距离机器智慧超过人类的"奇点"到来还有 7 年，霍金和比尔·盖茨都相信这一点，其根据是人类智慧是恒量，而机器智慧可以无限增加。霍金（1942—2018 年）在生命的最后几年，频繁发出对 AI 的警告："AI 可能毁灭人类。"比尔·盖茨称："未来将会产生超级 AI，它可以完成人脑的一切工作，而内存大小和运行速率则将远超人脑。"

这种观点是不科学的。迄今为止的历史，是人类的智慧在无限发展（尽管的确受到种族、传统、制度、社会和意识形态的局限），而 AI 短短 40 年的

历史还远远不足以证明 AI 发展的无限性。

2. 人类要突破自我束缚不断创新

人类的科学工作者的创新受到种族、制度、意识形态、行政机构所挑选的专家进行的无穷评比、推选和鉴定的限制。而 ChatGPT 的优势就在于，它可以广泛搜集人类的所有成果，而不受上述因素的限制和影响。所以，它可以暂时在某些领域超过人类。

上述障碍及其影响正在逐渐被破除，尤其是在中国，随着改革开放的深化，"尊重知识、尊重人才和尊重创造"正在落到实处，将率先破除这些障碍。党的二十大报告指出，必须坚持科技是第一生产力、人才是第一资源、创新是第一动力，深入实施科教兴国战略、人才强国战略、创新驱动发展战略，开辟发展新领域新赛道，不断塑造发展新动能新优势。习近平总书记指出："世界已经进入大科学时代，基础研究组织化程度越来越高，制度保障和政策引导对基础研究产出的影响越来越大。必须深化基础研究体制机制改革，发挥好制度、政策的价值驱动和战略牵引作用。""要完善基础研究人才差异化评价和长周期支持机制，赋予科技领军人才更大的人财物支配权和技术路线选择权，构建符合基础研究规律和人才成长规律的评价体系。"

3. 从湿地科学看 ChatGPT

从长远和全局来讲，ChatGPT 不可能超过人类，更不可能控制人类。仅以湿地（与森林、海洋并称世界三大生态系统）生态修复研究为例，ChatGPT 就落后于以我为首的湿地生态修复全国重点实验室筹委会团队。

首先，关于湿地定义，ChatGPT 只提到"被水覆盖或者土壤中的水分含量很高"，没有任何数量标准。

而我团队将湿地定义为："自然形成的、常年或季节性的积水，水深一般在 3 米左右，陆地湿地季节或年际水深变化超过 30%，如沼泽地、湿原、泥炭地、滩涂、稻田或其他积水地带。是陆水交融、亦陆亦水的区域，具有湿地特有的动物、植物和微生物系统。海岸滩涂湿地低潮时水深不超过 6 米。"此定义对于湿地的地下水埋深和边界的土壤湿度都给出了数量标准（我列出后，可能 ChatGPT 会马上引用）。

这一科学的定义建立在深入的科学研究和我对 106 个国家和地区实地考察的基础上，已在《湿地公约》第十四届缔约方大会上以视频讲演形式发表，至今没有异议，得到国际共识，引领国际湿地修复。

其次，ChatGPT 对于世界十大湿地、中国十大湿地的排序混乱，缺乏可信度。ChatGPT 可以用其强大的语言模型，生成自然流畅的对话和文本，甚至完成聊天、翻译、文本摘要等多种任务。但 ChatGPT 不可能进行实地考察，其数据全部来源于其在互联网上超强的收集和处理能力，缺乏判断能力，不能保证内容的正确性。

关于《湿地公约》秘书处搞的"国际湿地城市认证"，ChatGPT 仅解释："国际湿地城市认证得到了联合国环境规划署和联合国人居署的支持，并得到了各国政府和国际组织的广泛认可。"这体现出它缺乏国际法律知识，城市认证是政府行为，必须由政府间国际组织批准。而且"广泛认可"没有根据，多个主要国家和国际组织都没有参与和认可。习近平总书记强调国际事务的判断是"以联合国为核心的国际体系、以国际法为基础的国际秩序、以联合国宪章宗旨和原则为基础的国际关系基本准则"，这才是标准。

最后，ChatGPT 等 AI 产品缺乏前瞻性。湿地排放大量甲烷（CH_4）。国际研究共识是甲烷贡献了温室效应的 14%，仅次于二氧化碳，但对单位面积湿地的贡献率尚无真正研究。甲烷排放对温室效应的贡献率是二氧化碳的多少倍，从 25 倍到 100 倍众说不一，ChatGPT 也无从判断。

湿地科学已证明 ChatGPT 等 AI 产品无法真正超越人类，但它确实已体现出超强数据搜集能力、超强自我修正能力和超强辩护能力。但是它将永远依赖人类的数据及其准确性，所以它永远依赖于人类。如果我们的研究成果不能及时发表并得到保护，即便是在会议中的发言也完全可能被它所用（我的研究成果就有这样的实例），而成为 AI 产品超过人类的依据。

如果我们人类像 ChatGPT 一样有无障碍的数据搜集能力，有及时公示发表的话语权，它就超不过人类。我们要做的不是大喊"AI 将超过人类"，而是认识到"人类命运共同体"的现实，全人类团结破除种族，制度，社会，意识形态，行政机构挑选的专家评比、推选和鉴定的限制等一系列人为障碍。"不拘一格降人才"，则"人类智慧无疆"。

4. 各国开始约束 AI 发展

3 月 3 日，意大利数据保密局宣布暂时禁止 ChatGPT 网站向用户提供服务，依据是它广泛收集个人信息，涉及隐私。这说明 ChatGPT 可以随心所欲（如它可以轻易翻过报刊付费墙）的时代已经结束，而微软的"悉尼"和谷歌的"巴德"等类似产品已经出现。法律的约束将永远落后于 ChatGPT 之类 AI 的发展，而不受任何约束的人才将永远领先于它。

人类使用 ChatGPT 的方法，是分析和采纳其建议，作为人的一种不受限制的创新能力。如果缺乏这种创新能力，它将控制企业，对投资者、劳动者和消费者都带来极大的危害。

希望所有关心这些问题的同志和外国朋友，能够支持和帮助我们具有这些本来人类应该有的能力，为"人类命运共同体"展开全球合作。如果做不到超越 ChatGPT，那么不仅是我们的遗憾，也是人类的遗憾。因为这会造成如 ChatGPT 等 AI 产品将超过进而控制人类，反过来压制人类的创造性，阻碍人类、自然和科学技术的"可持续发展"。

AI 正在取代实验室科学家，但不可能取代实地考察科学家

AI 已经可以代替在实验室工作的科学家。西班牙《机密报》2023 年 4 月 25 日报道，新系统结合 AI 与机器人技术，以比传统实验室快数十倍的速度自动创造和分析新材料的试制。

美国伯克利大学的 A–Lab 实验室正在利用这种技术每天 24 小时工作，生产新材料。它的研究能力最高能比其他同类实验室高 100 倍，但不需要让科学家们整天轮班工作，大部分研究是由几乎无须人类监督的 AI 所控制的机械臂完成的。在 AI 和机械臂工作的同时，研究人员可以通过视频系统和设备来监控这一过程，如有问题可发出警报，机器可自我纠正。这使科学家能够在监控研究进展的同时，将时间投入到设计新实验中。

以湿地科学为例，我们绝不能再坐在实验室中，依靠"数学模型"进行实验。要沿着我们开创的成功道路跟上来，以湿地实际勘察为主，克服一切困难，不畏危险，"沉下身子"，老老实实进行世界范围内（因为我国湿地的类型并不全）的湿地实地调研，才能不负人民和国家的重托。否则我国的湿地科学研究将处于后继无人，无法维持国际引领地位的状态，研究者将被 AI 取代，而不能再以科学家自居，审查、评议他人。

科学家以"世界眼光""国际标准"进行的实地考察、数据获取、分析研究是 AI 无法取代的。它在实地考察的领域始终依赖人采集的数据。AI 受采集者偏见的影响，虽然能及时以新数据纠正，不断提高其准确性，但依赖的还是实地考察专家提供的数据。不但 AI 机械臂，就是因此将处于盲动的机器人也

不可能取代实地考察专家。

考察我国第一个湿地国家公园——杭州西溪国家湿地公园

我国第一个湿地国家公园——杭州西溪国家湿地公园于 2005 年 4 月 30 日开园，时任浙江省委书记习近平同志写了亲笔贺信。2020 年 3 月 31 日，习近平总书记对西溪湿地进行了考察。我于 2023 年 3 月 30 日考察了西溪湿地。曾陪同习近平总书记考察的西溪湿地生态文化研究中心副主任刘想全程陪同我们。

西溪湿地在杭州西部，距主城 6 千米，距西湖 5 千米，是典型的城市湿地。它的总面积 11.5 平方千米，历史上就是一片湿地，在汉朝就有记载，次原生面积达到 60 平方千米，现在已经萎缩了 5/6，萎缩程度与开始生态修复前的白洋淀相近。西溪国家湿地公园按国际惯例分为保育区（核心区）、生态修复区（过渡区）和合理利用区（科考旅游区）三大部分，分别占公园总面积的 56%、4% 和 40%。核心区占到次原生态时的 1/10 是科学的。鉴于杭州地区年均降水量高达 1600 毫米，是雄安地区的近 3 倍，水量充沛，过渡区较小也是科学的。

西溪湿地本着习近平总书记"湿地贵在原生态"和"水是湿地的灵魂"的指导思想，实施修复自然生态、保护动植物多样性、改善水环境、修复传承人文生态四大措施，始终坚持"生态优先、最小干预、修旧如旧、注重文化、以人为本、可持续发展"六大原则，科学制定《西溪国家湿地公园总体规划》。

目前，西溪湿地已由原来的部分劣 V 类水质，整体达到优 III 类的水平。与 2005 年所录数据相比，截至目前，维管束植物增加了 819 种，现为 1040 种；昆虫增加了 461 种，现为 898 种；鸟类增加了 117 种，现为 196 种。

西溪公园被称为"城市湿地，天堂绿洲"。湿地公园内河流纵横，水塘密布，芦苇丛生，绿茵遍地，繁花似锦，陆水交融，蓝绿交织；区划明显，保护得当，古迹如旧，利用合理，是杭州人民和全国游客的旅游和休闲胜地。

在交流中，我们也对西溪湿地的下一步工作提出了几点建议。

1. 通过生态史的研究，确定次原生态的定标年代。

2. 湿地是人类活动区域，保持目前优 III 类水已经达标，没有必要不计成本地争取 I 类水。世界上只有条件特殊的苏格兰湿地达到。

3. 可以引入我们的挡板（特殊挡板）砌岸，来代替目前易腐烂的木桩。

4. 维系当前的植物生态系统，尤其是原生植物（可不再引入外来植物）。

5. 适当引入麋鹿和河狸等湿地动物，丰富湿地生物多样性。

6. 西溪湿地管委会加入湿地生态修复全国重点实验室筹委会平台。

以上均与西溪湿地领导达成一致。

国产大型客机 C919 商业首飞

2003 年 3 月，"两弹一星"元勋王大珩院士联合中国科学院 20 多名院士，就发展我国大型喷气运输机提出了建议，得到重视。在国家中长期科学和技术发展规划的编制工作中，"大型飞机"被纳入重大专项的论证。

2003 年 11 月，大型飞机重大专项论证组成立。论证专家组成员共 22 人，我的朋友、时任北京航空航天大学校长的李未院士被任命为论证专家组组长。空管航电专家、时任北京航空航天大学电子信息工程学院副院长张军，我任院长的北京航空航天大学经济管理学院邱菀华等教授也是专家组成员。

2004 年 7 月，论证专家组历经 8 个月全面深入细致调研，反复论证权衡，就"买技术还是自主研发""独资还是合资""上大还是上小"和"军用还是民用"等问题达成一致，郑重向国务院提交了《大型飞机重大专项论证意见书》以及 12 份附件供决策。

2004 年 7 月，国家中长期科技发展规划领导小组办公室向参加规划战略研究的专家颁发荣誉证书，李未院士获得突出贡献表彰。

2006 年 6 月，大型飞机方案论证组成立。论证组成员共 19 人，李未院士和中航二集团科技委员会主任张彦仲院士共同担任组长。经过 6 个月的工作，论证组提交了《大型飞机方案论证报告》。

2017 年 5 月 5 日，C919 圆满完成首飞，之后进入试飞取证阶段。

2023 年 5 月 28 日 12 点 31 分，东方航空 MU9191 航班平稳降落在北京首都国际机场。机上近 130 名旅客共同见证了 C919 圆满完成首个商业航班飞行，标志着该机型正式进入民航市场。

我国民航市场规模大，潜力大，这为国产飞机事业的发展创造了独有的市场优势。承载着中国人的"大飞机梦"，C919 必将在新征程上高飞远航。

人能像太阳一样生产能量——2030 年受控热核聚变能商用走进千家万户

当今人类面临着两大问题，一个是主要由碳燃料造成的全球变暖，另一个是缺水，而且都愈演愈烈。联合国报告指出，全球变暖很可能在 10~25 年超出《巴黎协定》将气温升高控制在 1.5℃以内的最低目标；而到 2035 年，超过 40% 的人类可能面临缺水。世界上 1/4 的人口，即约 20 亿人生活在水体正在减少的湖泊流域。对包括世界上 2000 个最大的湖泊和水库在内的水位变化的测量显示，全球大型湖泊中有 53% 的水已经流失，世界上 2/3 的主要水库都遭遇了严重的水流失情况。

气候变暖和缺水问题应该如何解决呢？靠受控热核聚变能的商用。地球所有的传统能源（煤、石油、天然气）都来自太阳，而太阳靠不停地核聚变辐射能量。人为什么不能通过科学技术像太阳一样产生能量，而不再用太阳能在地球上积累的碳能源呢？

地球有无尽的海水，为什么会缺水呢？因为海水是咸水。但海水完全可以淡化，问题是成本太高，如果有廉价的受控热核聚变能，海水淡化就可以解决人类的缺水问题。

滩涂湿地可以用来净化海水，并提供了建立海水淡化厂的土地。

1. 对受控热核聚变能商用的不同预测

从理论上论证受控热核聚变可行性的劳森判据，早在 1997 年已被实验证实，受控热核聚变实验正在主要国家大规模进行，关键是什么时候能实现。国内外专家大多认为需要 50 年以上，以致在国内出现尚不能预期的非科学模糊认识；联合国也只能根据国外专家的说法，作出 40~50 年内实现的预测。其实早在 2018 年，联合国系统就采用了我提出的 "2035—2040 年可能实现" 的预测，这是我根据自己在较强核辐射条件下工作的实践而提出的。另一位瑞典皇家工程科学院外籍院士、已从事受控热核聚变研究 40 年的日本科学家，与我持相同观点。

1976 年，美国曾做出于 2000 年以前实现聚变示范电厂联网的计划，并于 1980 年 10 月 7 日写入《磁聚变能量工程法》。但之后并未执行，反而不断削减预算。20 世纪 90 年代又把计划修改为 2025 年建成第一个示范电厂，以后该计划再被搁置，主要都是出于政治原因。

2022 年 12 月 13 日，美国能源部、美国国家核安全管理局、劳伦斯利弗莫尔国家实验室（LLNL）联合举办新闻发布会，宣布"国家点燃实验设施"（NIF）在 2022 年 12 月 5 日的一次实验中首次实现了聚变产生能量是输入能量的 1.5 倍，有了"正能量"（原为本专业术语，现已成为社会用语）。这才是关键指标，而反应温度和约束时间只是系统的子指标。

2021 年 5 月，中国科学院合肥等离子体物理研究所的全超导托卡马克核聚变实验装置（EAST）创造了新的世界纪录，成功实现可重复的 1.2 亿摄氏度 101 秒等离子体运行。12 月底，EAST 又实现电子温度近 7000 万摄氏度的长脉冲高参数等离子体运行 1056 秒。

2. 受控热核聚变能研究在进展，但关于何时商用的预期众说不一

对一项重大科学研究商用的科学预测，应该由从事过这种研究的、一直密切关注该研究至少 30 年的权威科学家做出，而非由其他领域的"权威"随意地发表说法。科研的历史已证明了这一点。

一些政治原因也影响了人们对于商用时间的预期。

其一，美国在这方面的研究领先，但由于美国控制了伊拉克和利比亚的石油，以及美国的页岩气可被利用，已达到控制国际能源的目的等一系列政治原因，使得人们对商用时间的预期被推迟。

其二，ITER 是一项国际合作计划，而一项大的科技工程，如航天工程，从未有过在研究的突破阶段国际合作成功的先例。俄乌冲突使欧盟和英国注意力转移，ITER 更难有效工作，所以计划推迟。

其三，科学研究与技术开发的合作问题。我当年在合肥和巴黎从事这项工作时都亲自到大工厂，与技术工作人员共同突破技术难关。而目前在国内外，科学研究与技术开发合作的层次、规模和密切程度都不如当年。

其四，多学科综合研究问题。载人航天等大工程都是一项多学科综合研究，不但包括系统论专家，甚至包括食品专家，而国内外受控热核聚变研究都没做到这一点。

其五，受控热核反应器需要多种高要求的特殊材料，如强磁场、耐高温和致低温等材料，而这些问题以目前材料科学的水平是完全可以解决的，这反过来也会推动材料科学的发展。

3. 最新进展证实了我的预期是最为准确的

近期，受控热核聚变能商用已在国际上拉开序幕，全球热核聚变发电研发竞赛也已进入白热化阶段。

5月，美国氦核能源公司与微软签署了历史上第一份供应核聚变能源的合同，约定后者将在 2028 年获得至少 50 兆瓦的电力。氦核能源公司是第一家实现超过 1 亿摄氏度核聚变的企业，其"北极星"反应堆项目最早将于 2024 年成为世界首个展示净发电量的聚变发电机。它的发电成本降低至每千瓦时 1 美分，而目前美国平均发电成本超过每千瓦时 10 美分。这说明了成本主要在耗电上的海水淡化将可能大规模实施。

全球核聚变"三强"企业——英国托卡马克能源公司、美国麻省理工学院的美国联邦聚变系统公司、加拿大通用聚变公司分别筹集了 2.5 亿至 20 亿美元以上的资金，力争在 21 世纪 30 年代初期实现核聚变发电的商业化。如果获得成功，核聚变的实用化将大幅提前。

我国正在争取到 21 世纪 30 年代启用具备发电能力的国家聚变工程实验堆（CFETR），此规划显然应当修改。我国对美国改变国际能源结构的页岩气研究未能及时跟踪，不过由于及时跟上了技术开发，目前已追上了世界前列，但对其利弊的科学研究仍未重视，具体地说，就是页岩气对我国这个缺水国家的水资源分布，尤其是地下水分布的影响。

由此可见，多学科综合的战略研究及其人才选择是国家科技、经济与可持续发展的头等大事，建议建立国家直接领导的有力、有效机构，真正实现高质量发展。

以我国目前的经济实力和科技水平，只要像当年抓"两弹一星"和现在抓航天工程一样倾全国之力，中国一定能占领受控热核聚变能商用研究的制高点，完全可能在 2035—2040 年实现商用的开端。

厉以宁先生：创新、奉献，"经济体制改革的道路很曲折"

厉以宁，江苏仪征人，我国著名经济学家、教育家，第七、第八、第九届全国人大常委会委员，中国民主同盟原副主席。1951 年至 1955 年在北京大学经济系学习。1956 年至 1985 年任北京大学经济系资料员、助教、讲师、副教授、教授。1985 年起，先后任北京大学工商管理学院院长、光华管理学院院长。

厉以宁

厉以宁同志是市场经济理论的重要开拓者、经济体制改革的积极倡导者，在推动国有企业改革、城乡二元体制改革，以及促进民营经济和低碳经济发展等方面做出了突出贡献。

我们的相识是在 1987 年，我在《人民日报》以系列文章发表了关于知识经济的系统研究和"高技术创新"后，我们共同参加了多次论坛和研讨会。厉先生是我老师辈的大家，但十分谦虚，和我谈话很随便。他说："我听过您父亲的课，是您父亲的学生。"实际上他 1951 年进入北京大学，1952 年院系调整后，我父亲就很少在北京大学讲课了，但他记忆犹新，有老一代真心尊师的遗风。

他说："您研究知识经济学，我研究的是改革经济学。"他听说我 1986 年在安徽并和顾卓新书记是亦师亦友的关系后说："万里和顾卓新书记在安徽搞的联产承包责任制是经济改革的第一步，是改革开放的先锋。"我说："听人称您是'厉股份'，我也有点体会。在联合国教科文组织讲坛上，我曾说'公有制永远是主体，你们（指西方国家）的股份制是私有制的重大变化'，取得了与会者的共识，就此向您请教。"他说："你说得对。国内股份制的实行也几起几停，我倡导股份制曾挨批，到（20 世纪）90 年代邓小平讲话才肯定下来。任何创新的东西都不是一帆风顺的，您肯定有体会。"

我的确对此深有体会。作为全国节水办常务副主任，我提出的"节水的关键是以万元 GDP 用水为指标提高用水效率"和"水资源、水环境、水生态三水统一理论"，开始时许多部门都不理解，甚至反对，认为我国是农业大国，农业 GDP 低，用单位 GDP 衡量不适合。我说："不是和以色列比，是和全世界平均水平比。如果和世界平均水平都比不了，就不是农业现代化，大水漫灌改不了，节水灌溉就实行不下去。"这才取得了共识，也是经过五到十年才成为国家政策和党的方针。而厉以宁先生在经济体制上创新，甚至挨批，是要有奉献精神的。

厉以宁先生晚年曾对我说："我真正的兴趣在写旧诗。"真正的大师都是童真依旧在，从不掩饰的。